Couverture:
Al-Qastal, pierres sculptées, détail,
al-Badiya.

Les guides thématiques *Museum With No Frontiers (MWNF)*

L'ART ISLAMIQUE EN MÉDITERRANÉE | **JORDANIE**

Les Omeyyades

Naissance de l'art islamique

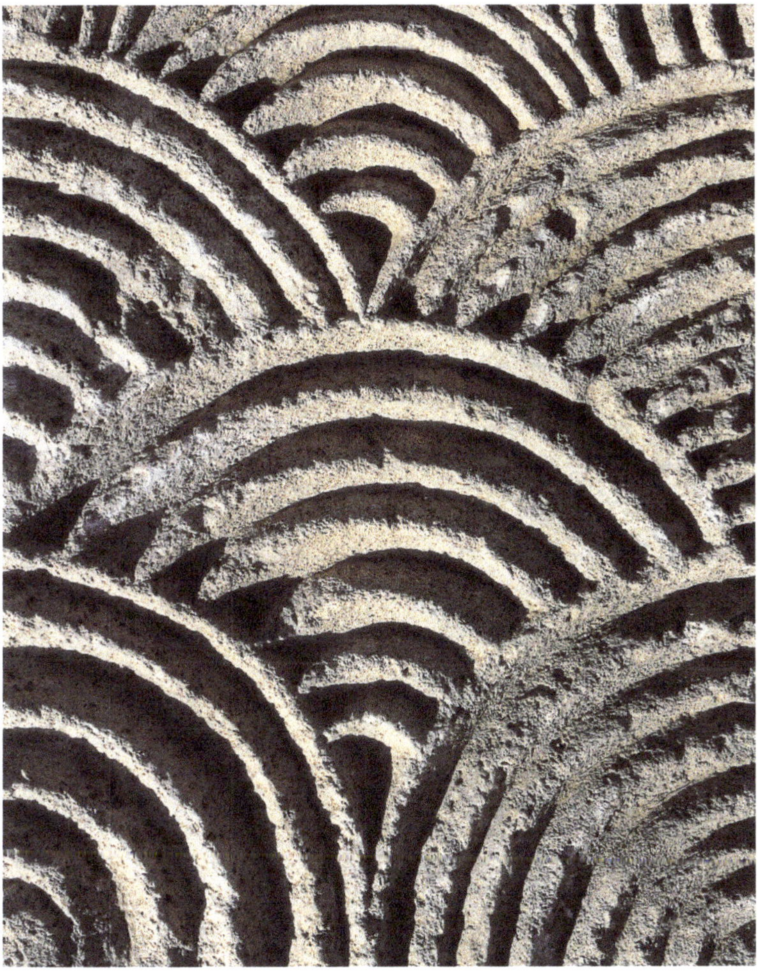

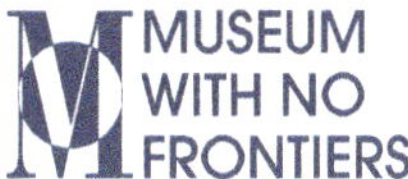

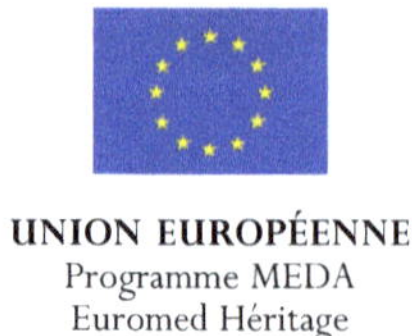

UNION EUROPÉENNE
Programme MEDA
Euromed Héritage

La réalisation de l'Itinéraire-Exposition *LES OMEYYADES. Naissance de l'art islamique* a été cofinancée par l'**Union Européenne** dans le cadre du **programme Euromed Héritage** et a bénéficié du soutien des institutions jordaniennes et internationales suivantes:

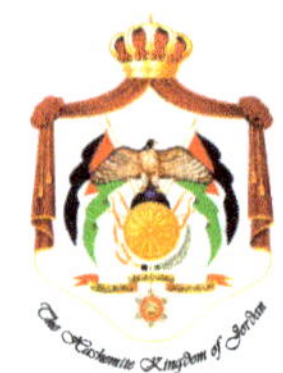

Ministère du Tourisme, département des Antiquités, Amman, Jordanie

Ministère de la Culture, Amman, Jordanie

ISBN 978-3-902782-29-8 (eBook)
978-3-902782-28-1 (livre de poche)

Informations: **www.museumwnf.org**

Musée Sans Frontières
Idée et conception générale
Eva Schubert

Direction du projet
Fawwaz al-Khraysheh
Directeur du département des Antiquités

Coordinatrice
Rabiha Dabbas
Conseillère et coordinatrice des projets euro méditerranéens de collaboration du département des Antiquités

Coordinateur du comité scientifique
Ghazi Bisheh, Amman

Comité scientifique
Ghazi Bisheh, Amman
Fawzi Zayadine, Amman
Mohammad al-Asad, Amman
Ina Kehrberg, Amman
Lara Tohme, Beyrouth – EEUU

Catalogue

Introductions
Mohammad al-Asad, Amman
Ghazi Bisheh, Amman

Présentation des circuits
Comité scientifique

Avec la collaboration de
'Abdel Qader al-Husan, Amman

Textes techniques
Lubna Hashem, Amman

Traduction
Joëlle Mnouchkine et
Georges Lemattre, Paris

Édition
Gilles Plaisant, Paris

Photographe
Bill Lyons, Amman

Carte générale et tracé des circuits
Atalla Design, Amman

Plans des monuments
Sophie Vattéoni, Damas (IFAPO)

Introduction générale
L'art islamique en Méditerranée

Textes
Jamila Binous, Tunis
Mahmoud Hawari, Jérusalem-Est
Manuela Marín, Madrid
Gönül Öney, Izmir

Traduction
Anne-Marie Lapillonne, Marseille

Révision des textes
Gilles Plaisant, Paris

Plans
Şakir Çakmak
Ertan Daş
Yekta Demiralp

Maquette et design
Agustina Fernández, Madrid
Christian Eckart,
Museum With No Frontiers, Vienna
(2ème édition)

Coordination technique

Directrice de production
Lubna Hashem, Amman

Coordination internationale

Coordination générale
Eva Schubert

Coordination comités scientifiques, traductions, révision des textes et production des catalogues
Sakina Missoum, Madrid

Remerciements

Nous remercions les institutions suivantes pour leur soutien au projet:

Mission archéologique de Qastal
Bureaux et musées archéologiques du département des Antiquités de toutes les régions jordaniennes
Parc archéologique et école de la mosaïque de Madaba
Banque centrale de Jordanie
Darat al-Funoun
Institut français d'archéologie du Proche Orient (IFAPO)
Amis de l'archéologie (FOA) et leurs succursales dans toutes les régions de la Jordanie
Institut protestant allemand d'archéologie d'Amman (DEI)
Bureau jordanien du Tourisme
Ministère des Affaires religieuses
Autorité municipale du Grand Amman
Nebo Tours
Centre géographique royal de Jordanie
Agence espagnole pour la coopération internationale (AECI)
Stadium Biblicum Franciscanum, Jérusalem
Mission archéologique suisse de Jordanie (Max Van Berchem Foundation)
Centre d'information et du tourisme d'Oum al-Jimal
UNESCO
Université de Yarmouk (Faculté d'archéologie et d'anthropologie)

Ainsi que:
'Aqel Beltaji, ministère du Tourisme
Fawwaz al-Khraysheh, directeur du département des Antiquités
Nidal al-Hadid, maire du Grand Amman
Fernando Garcés de los Fayos (chargé d'affaires a. i., délégation de la Commission européenne en Jordanie)

Par ailleurs, Musée Sans Frontières remercie:

le ministère des Affaires étrangères espagnol pour avoir manifesté son soutien au projet dès ses débuts, à travers l'Agence espagnole pour la coopération internationale (AECI) et les ambassades d'Espagne dans les pays méditerranéens participant,

ainsi que le gouvernement de la région du Tyrol (Autriche) –où a été mis en place le projet pilote Musée Sans Frontières– pour avoir financer la formation des directeurs de productions chargés de la coordination technique des expositions dans les pays participant au cycle *L'art islamique en Méditerranée.*

Références photographiques

Voir page 5 ainsi que
'Abdel Qader al-Husan (objets omeyyades "n. p.")
Antonio Almagro & Ignacio Arce (CD-ROM du palais omeyyade d'Amman)
Jane Taylor (Oum Qays)
Fr. Michele Piccirillo (Madaba et Oum al-Rasas)
Nayef Goussous (monnaies omeyyades)
Salem al-Da'ja (Lieu du Baptême "Oued al-Kharrar")
Zohrab

Introduction générale "L'art islamique en Méditerranée"
Ann & Peter Jousiffe (Londres), page 20 (Citadelle d'Alep).
Archives "Oronoz Photographes" (Madrid), page 23 (Alhambra, Grenade).

Références des plans

Institut protestant allemand d'archéologie "DEI" (Oum Qays)
Jacques Bujard (restitution volumétrique d'Oum al-Walid)
Robert Bewley (Jérach)

Introduction générale "L'art islamique en Méditerranée"
R. Ettinghaussen et O. Grabar (Madrid, I, 1987), page 26 (mosquée de Damas)
Z. Sönmez (Ankara, 1995), page 27 (mosquées de Divriği et d'Istanbul) et page 28 (mosquée de Sivas)
S. Viguera (Madrid), page 28 (typologie des minarets)
R. Ettinghaussen et O. Grabar (Madrid, II, 1987), page 29 (mosquée et madrasa Sultan Hassan)
R. Ettinghaussen et O. Grabar (Madrid, I, 1987), page 30 (Qasr al-Khayr oriental)
A. Kuran (Estambul, 1986), page 31 (Khan Sultan Aksaray)

Nous désirons également exprimer nos remerciements à toutes les personnes qui, trop nombreuses pour être citées ici, nous ont offert leur soutien inconditionnel ainsi que leurs conseils pratiques durant la préparation de ce projet.

Avertissement

Translittération de l'arabe

Nous avons conservé l'orthographe usuelle des mots arabes passés dans l'usage et introduits dans le dictionnaire tels que fondouk, oued, souk, beylik, diwan, hammam… Les mots (arabes ou berbères) qui apparaissent en italique, comme *mihrab, qibla, timchent, sabbat, wast al-dar, balata, ahellil, taguerrabt* … sont soit accompagnés de leur traduction immédiate (entre parenthèses ou dans le corps du texte), soit repris dans le glossaire où ils sont définis. Pour tous les autres mots, nous avons utilisé un système de transcription simplifié pour lequel nous avons choisi de ne pas transcrire la *hamza* initiale et de ne pas faire de différence entre les voyelles brèves et longues qui sont transcrites en *a, i, ou/u*. Nous avons décidé de ne pas respecter la règle pour certains noms de lieu, comme el-Ateuf, el-Biar, el-Kantara, el-Khemis … et de lui préférer la transcription en usage en Algérie.

ء	'	ح	*h*	ز	*z*	ط	*t*	ق	*q*	ه	*h*
ب	*b*	خ	*kh*	س	*s*	ظ	*z*	ك	*k*	و	*u/w*
ت	*t*	د	*d*	ش	*sh*	ع	'	ل	*l*	ي	*y/i*
ث	*th*	ذ	*dh*	ص	*s*	غ	*gh*	م	*m*		
ج	*j*	ر	*r*	ض	*d*	ف	*f*	ن	*n*		

Les mots qui apparaissent en italique dans le texte, sauf s'ils sont accompagnés de leur traduction entre parenthèses, sont repris dans le glossaire et suivis d'une brève définition.

Ère musulmane

Les dates antérieures à l'ère musulmane (Préhistoire, Antiquité et Antiquité tardive) ne sont données que selon le calendrier chrétien, de même que celles qui sont postérieures à l'établissement du colonialisme en 1830.

Cette émigration est fixée au 1er jour du mois de *Muharram* de l'an 1 de l'Hégire qui correspond au 16 juillet 622 de l'ère chrétienne. L'année musulmane est composée de douze mois lunaires, chaque mois de 29 ou 30 jours. Trente années constituent un cycle dans lequel les 2e, 5e, 7e, 10e, 13e, 16e, 18e, 21e, 24e, 26e, et 29e années sont des années bissextiles de 355 jours; les autres sont des années communes de 354 jours. L'année lunaire musulmane est de dix ou onze jours plus courte que l'année solaire chrétienne. Chaque jour commence, non pas juste après minuit, mais immédiatement après le coucher du soleil, au crépuscule. La majorité des pays musulmans utilisent le calendrier hégirien (qui marque toutes les fêtes religieuses) en parallèle avec le calendrier chrétien.

Mention des dates

Les dates antérieures à l'ère musulmane (Préhistoire, Antiquité et Antiquité tardive) ne sont données que selon le calendrier chrétien, de même que celles qui sont postérieures à l'établissement de la colonisation en 1830.

Abréviations:
début = d.; moitié = m.; première moitié = p. m.; deuxième moitié = d. m.; fin = f.

Indications pratiques

Les meilleurs mois pour visiter la Jordanie sont avril, mai, juin, août, septembre et octobre. La période à partir de la mi-juillet et en août est celle des festivals locaux et des événements culturels (Festival de Jérach, Festival de Fuheis, etc.). Les premiers et derniers mois de l'année sont ceux de la saison des pluies et présentent des risques de mauvais temps et de froid.

Les divers événements culturels sont habituellement mentionnés sous l'épigraphe "What's going on" dans le journal "Jordan Times". Pour plus d'information sur ces événements culturels, contacter :
Ministère du Tourisme et des Antiquités, département des Relations publiques, Tel.: 064642311.
Ministère de la Culture, direction des Relations publiques et Activités, Tel.: 065696218.

Les bureaux régionaux du département des Antiquités, où se trouvent les musées et les lieux de visite, servent de points d'information et donnent aux visiteurs tout type d'aide et d'orientation.

Bien que la visite durant le mois du Ramadan ne représente pas de difficultés, la pratique du jeun peu imposer des restrictions (manque des services de restauration et autres, horaires de fermeture avancés, etc.) lors des déplacements sur le territoire. Étant donné que les dates du Ramadan changent chaque année il est recommandé de s'informer avant d'organiser son voyage.

Un service local d'autobus relie les villes principales aux villages les jours ouvrables. Comme il est assez difficile de rentrer en bus, dans l'après-midi, depuis les villages les plus éloignés, il est vivement conseillé de louer une voiture pour la visite des lieux situés à grande distance des villes.

Les horaires d'ouverture et les prix des entrées sont sujets à des changements ; il est donc recommandé de vérifier par soi-même avant de programmer une visite. Les droits d'entrée doivent être payés en monnaie locale.

Lubna Hashem
Directrice de Production

Note de la traductrice:
Les traductions du Coran sont extraites de la traduction de Jacques Berque (Albin Michel, édition revue et corrigée 1995).
Les traductions de la Bible sont extraites de la bible du Grand Rabbinat de France (éditions Colbo, 8e édition, 1994) et de la Bible de Jérusalem (éditions du Cerf, édition revue et corrigée, 1988).
Les traductions des Évangiles sont extraites de la Bible de Jérusalem (éditions du Cerf, édition revue et corrigée, 1988).

Sommaire

LES DYNASTIES ISLAMIQUES EN MÉDITERRANÉE

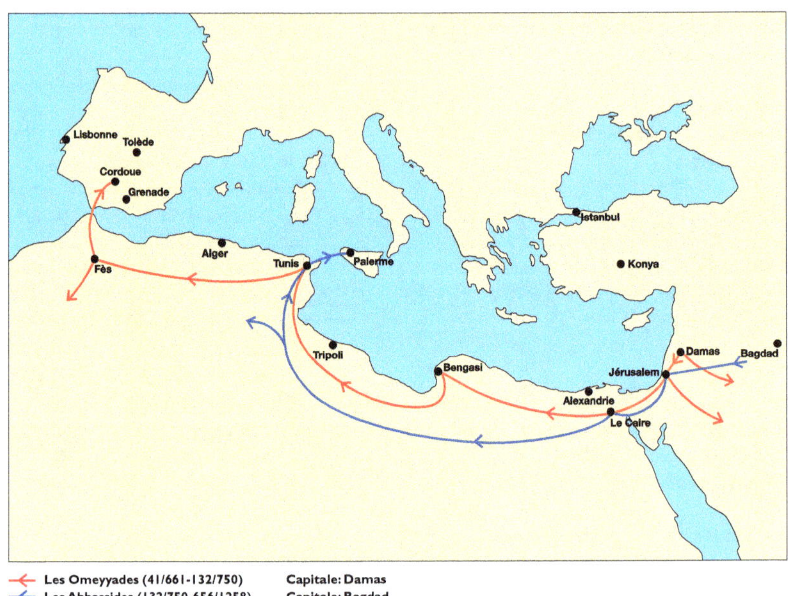

Les Omeyyades (41/661-132/750) Capitale: Damas
Les Abbassides (132/750-656/1258) Capitale: Bagdad

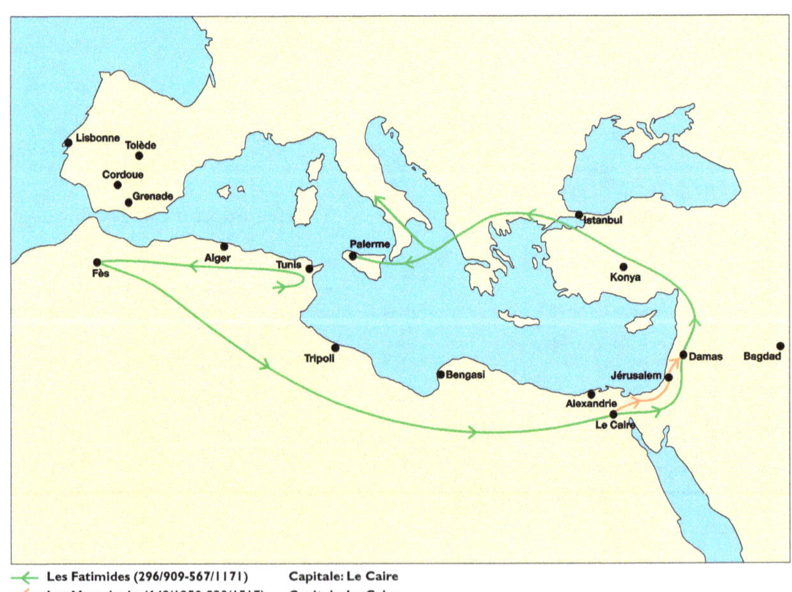

Les Fatimides (296/909-567/1171) Capitale: Le Caire
Les Mamelouks (648/1250-923/1517) Capitale: Le Caire

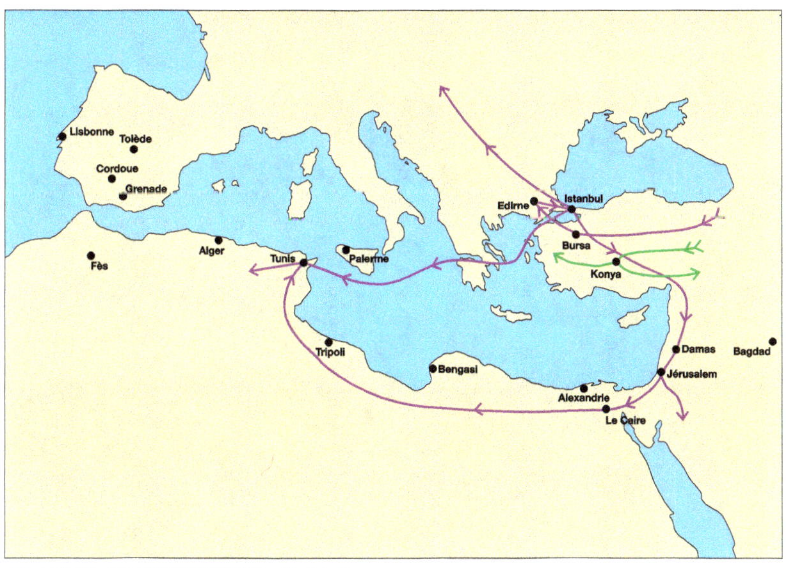

Les Seldjoukides (571/1075-718/1318) Capitale: Konya
Les Ottomans (699/1299-1340/1922) Capitale: Istanbul

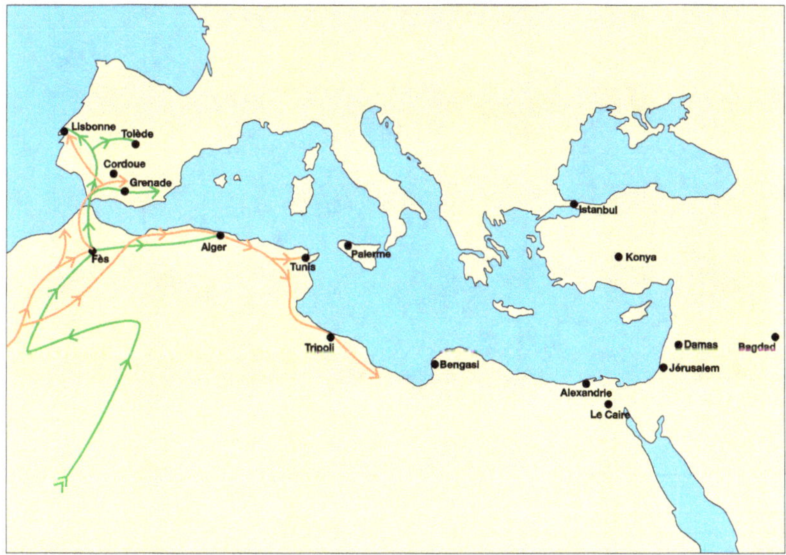

Les Almoravides (427/1036-541/1147) Capitale: Marrakech
Les Almohades (515/1121-667/1269) Capitale: Marrakech

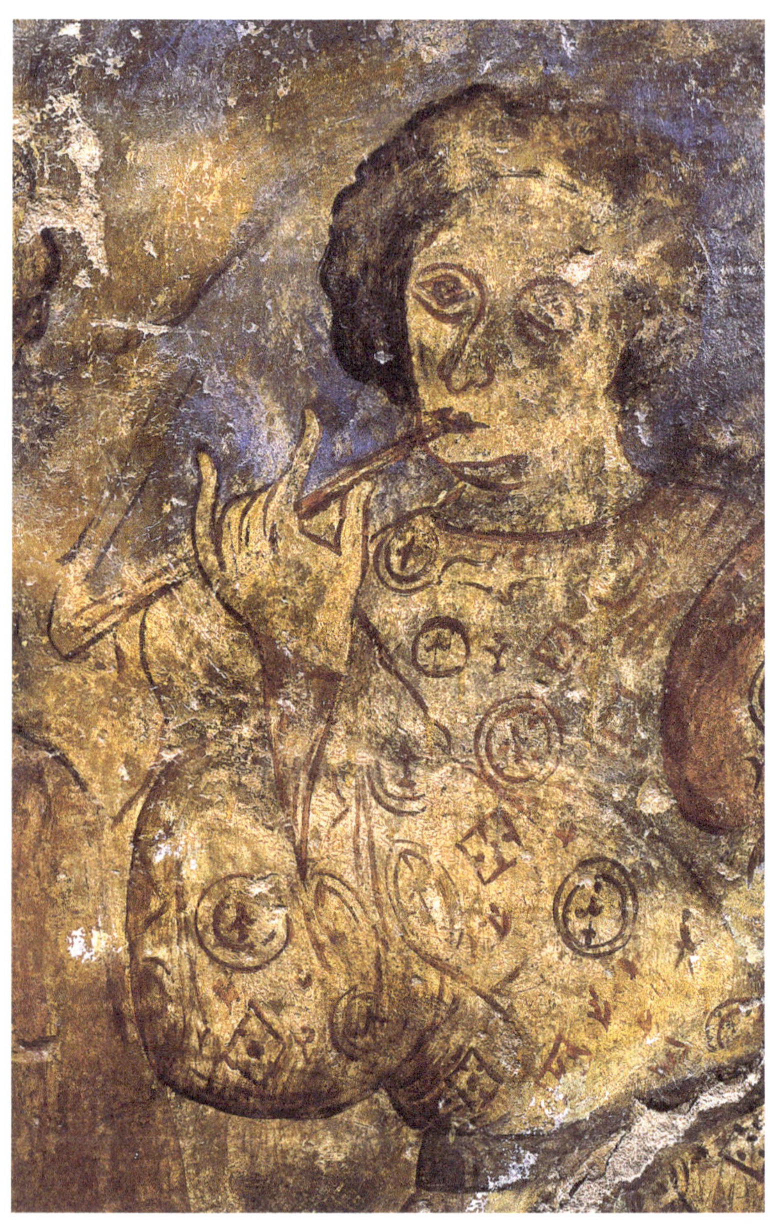

Qusayr 'Amra,
peinture murale de la
Salle d'Audiences,
Badiya de Jordanie.

L'ART ISLAMIQUE EN MÉDITERRANÉE

Jamila Binous
Mahmoud Hawari
Manuela Marín
Gönül Öney

Le patrimoine islamique en Méditerranée

Depuis la première moitié du Ier/VIIe siècle, l'histoire du bassin méditerranéen se partage, de façon étonnamment équitable, entre deux cultures, la culture islamique d'une part et la culture chrétienne occidentale d'autre part. Cette très longue histoire de conflits et de contacts a contribué à créer un mythe largement répandu dans l'imaginaire collectif, fondé sur l'image de l'autre comme étant l'ennemi irréductible, étranger et inconnu et, par là même, incompréhensible. Il est vrai que ces siècles sont ponctués de batailles, depuis les temps où les musulmans s'étendent à partir de la péninsule Arabique et prennent possession du Croissant Fertile, de l'Égypte et, plus tard, de l'Afrique du Nord, de la Sicile et de la péninsule Ibérique – et pénètrent en Europe occidentale jusqu'au sud de la France. Au début du IIe/VIIIe siècle, la Méditerranée est sous contrôle islamique.

Cette énergie à se déployer, d'une intensité rarement égalée dans l'histoire de l'humanité, ne peut se développer qu'au nom d'une religion qui se considère comme l'héritière des deux religions qui la précèdent, le judaïsme et le christianisme. Mais ce serait extrêmement réducteur d'expliquer le développement de l'islam en termes de religion uniquement. L'une des images très répandues en Occident présente l'islam comme une religion de simples dogmes, adaptée aux besoins du petit peuple, disséminée par de vulgaires guerriers sortis du désert, le Coran gravé sur la lame de leurs épées. Cette image grossière est très éloignée de la complexité intellectuelle d'un message religieux qui transforme le monde dès son commencement. Elle identifie ce message à une menace militaire et justifie par conséquent une réaction dans les mêmes termes. En fait, elle réduit l'ensemble d'une culture à l'une de ses composantes uniquement – la religion – et la dépossède ainsi de son potentiel à évoluer et à changer.

Les pays méditerranéens qui sont progressivement intégrés dans le monde musulman commencent leur parcours à des points de départ très différents. Les formes de vie islamique qui commencent à se développer dans chacun de ces pays sont par conséquent distinctes malgré l'unité qui résulte de leur adhésion commune au nouveau dogme religieux. La capacité à assimiler les éléments de cultures antérieures (hellénistique, romaine, etc.) constitue précisément l'une des caractéristiques qui définissent les sociétés islamiques. Lorsque les observations se limitent à la zone géographique de la Méditerranée, qui est extrêmement diversifiée au plan culturel à l'époque de l'émergence de l'islam, on remarque rapidement que ce moment initial ne présente aucune rupture avec le passé et on en vient à réaliser qu'il n'est pas concevable

d'imaginer un monde islamique monolithique et immuable, suivant aveuglément un message religieux inaltérable.
S'il convient de choisir un *leitmotiv* définissant tout le bassin méditerranéen, c'est bien la diversité d'expression mêlée à l'harmonie de sentiment, sentiment plus culturel que religieux. Dans la péninsule Ibérique – pour commencer par le périmètre occidental de la Méditerranée –, la présence de l'islam, imposée initialement par les conquêtes militaires, génère une société qui se différencie clairement de la société chrétienne, tout en étant continuellement en contact avec elle. L'importance de l'expression culturelle de cette société islamique se ressent encore même après qu'elle a cessé d'exister en tant que telle et donne naissance à ce qui constitue probablement l'un des éléments les plus originaux de la culture hispanique, l'art mudéjar. Au Maroc et en Tunisie, l'héritage d'al-Andalus (l'Espagne musulmane) est assimilé dans les formes artistiques locales et continue d'exister de nos jours. La Méditerranée occidentale produit des formes d'expression originales qui reflètent son évolution historique conflictuelle et plurielle.
Insérée entre l'Orient et l'Occident, la mer Méditerranée est dotée d'enclaves terrestres, lieux historiques majeurs témoins des siècles passés, notamment la Sicile. Conquise par les Arabes établis en Tunisie, la Sicile continue de perpétuer la mémoire culturelle et historique de l'islam, longtemps après que la présence politique des musulmans sur l'île eut disparu. La présence de formes esthétiques siculo-normandes que révèlent les monuments architecturaux démontre clairement que l'histoire de ces régions ne peut s'expliquer sans la compréhension de la diversité des expériences sociales, économiques et culturelles qui s'épanouissent sur ces terres.
Tout à fait à l'opposé, donc, de l'image immuable et constante à laquelle il est fait allusion plus haut, l'histoire de l'islam en Méditerranée se caractérise par une surprenante diversité, née de la fusion entre peuples et ethnies, déserts et terres fertiles. S'il apparaît clairement que la religion adoptée par la majorité est l'islam depuis le Moyen Âge, il est également vrai que les minorités religieuses maintiennent historiquement leur présence. La langue du Coran, l'arabe classique, coexiste avec d'autres langues de même qu'avec d'autres dialectes arabes. Dans ce cadre d'indéniable unité (religion musulmane, langue et culture arabes), chaque société évolue et relève les défis de l'histoire à sa façon propre.

L'émergence et le développement de l'art islamique

Sur l'ensemble des territoires de civilisations aussi anciennes que diverses, un nouvel art apparaît, mêlé aux images de la foi islamique qui émerge à la fin du

IIe/VIIIe siècle et qui, en moins d'un siècle, s'impose avec succès. À sa façon, cet art donne naissance à des créations et à des innovations qui reposent sur des formules et des procédés architecturaux et décoratifs d'unification régionale. Il s'inspire simultanément des traditions artistiques qui le précèdent : traditions gréco-romaine et byzantine, sassanide, wisigothique, berbère ou encore d'Asie centrale.
L'objectif initial de l'art islamique consiste à répondre aux besoins de la religion et aux divers aspects de la vie socio-économique. De nouveaux édifices religieux voient le jour, notamment les mosquées et les sanctuaires. L'architecture joue ainsi un rôle central dans l'art islamique, puisque de nombreux arts s'y rattachent. Cependant, hormis l'architecture, un ensemble d'arts mineurs apparaît et trouve son expression artistique dans une variété de matériaux, notamment le bois, la poterie, les métaux, le verre, etc. En poterie, une grande variété de techniques de vernissage est employée, notamment, parmi les groupes les plus utilisés, les céramiques peintes polychromes. Du verre d'une grande beauté est produit, atteignant le sommet de l'art avec le verre orné de couleurs dorées et vives vernissées. Le bronze incrusté d'argent ou de cuivre constitue la méthode la plus sophistiquée du travail du métal. Des textiles et des tapis d'excellente qualité, à motifs géométriques, animaliers ou humains, sont confectionnés. Des manuscrits enluminés de miniatures représentent l'aboutissement spectaculaire de l'art du livre. Ces différentes formes d'art mineur témoignent de l'éclat remarquable de l'art islamique.
Toutefois, l'art figuratif est exclu du domaine liturgique islamique, ce qui signifie qu'il est banni du cœur de la civilisation islamique et qu'il n'est toléré qu'à sa périphérie. Les reliefs sont rares dans la décoration des monuments et les sculptures sont pratiquement planes. Mais l'extrême richesse des ornementations des panneaux de stuc somptueusement ciselés, des panneaux de bois sculptés, des faïences murales et des mosaïques vernissées de même que des frises à stalactites, ou *mouqarnas*, compensent cette absence. Les éléments décoratifs empruntés à la nature – feuilles, fleurs, branches – sont généralement stylisés à l'extrême et sont si complexes qu'ils font rarement penser à leur source d'origine. L'entrelacement et la combinaison de motifs géométriques, notamment les losanges et les polygones étoilés, forment des réseaux entrelacés qui recouvrent entièrement les surfaces, créant des formes qui prennent souvent le nom d'arabesques
L'introduction d'éléments épigraphiques dans l'ornementation des monuments, des meubles et de divers objets représente une innovation du répertoire décoratif. Les artisans musulmans savent utiliser la beauté de la calligraphie arabe, la langue du Livre sacré, le Coran, non seulement pour transcrire des versets coraniques mais dans toutes ses variantes, comme simple motif de décoration de l'ornementation des panneaux de stuc et des encadrements de panneaux.

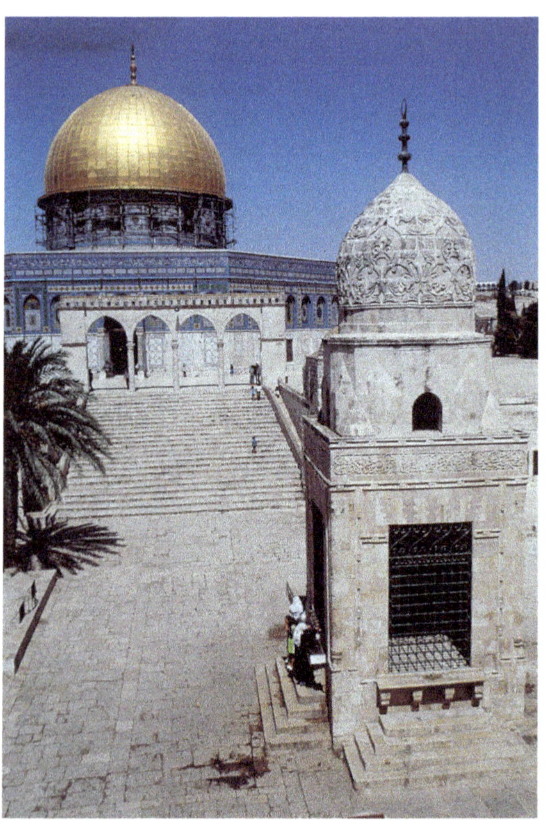

Dôme du Rocher, Jérusalem.

L'art se met également au service des souverains. Les architectes construisent, pour leurs mécènes, des palais, des mosquées, des écoles, des hôpitaux, des bains publics, des caravansérails et des mausolées qui portent parfois leur nom. L'art islamique est, avant tout, un art dynastique. Chaque tendance y contribue en apportant un renouvellement partiel ou complet des formes artistiques, en fonction du cadre historique, de la prospérité dont jouissent les États et des traditions de chaque peuple. L'art islamique, malgré son unité relative, permet la diversité, donnant naissance à différents styles, chacun étant assimilé à une dynastie.

La dynastie omeyyade (41/661-132/750), qui transfère la capitale du califat à Damas, représente un aboutissement singulier de l'histoire de l'islam. Elle absorbe et intègre l'héritage hellénistique et byzantin de façon à refondre la tradition classique méditerranéenne en un nouveau moule innovateur. L'art islamique naît donc en Syrie et l'architecture, nettement islamique du fait de la personnalité de ses fondateurs, continue également à offrir cette relation à l'art hellénistique et byzantin. Le Dôme du Rocher à Jérusalem, premier sanctuaire islamique monumental, la Grande Mosquée de Damas, qui sert de modèle aux mosquées ultérieures, et les palais du désert de Syrie, de Jordanie et de Palestine en constituent les monuments les plus importants.

Lorsque le califat abbasside (132/750-656/1258) succède à la dynastie omeyyade, le centre politique de l'islam se déplace de la Méditerranée vers Bagdad, en Mésopotamie. Ce facteur contribue à influencer le développement de la civilisation islamique et tous les aspects culturels et artistiques portent les stigmates de ce changement. L'art et l'architecture abbassides subissent l'influence de trois traditions majeures : sassanide, asiatique et seldjoukide.

L'influence de l'Asie centrale est déjà présente dans l'architecture sassanide, mais à Samarra, cette influence se retrouve dans le style du stuc avec ses ornementations en arabesques qui se répandent rapidement dans le monde islamique. L'influence des monuments abbassides se [illegible] dans les édifices construits au cours de cette période dans les autres provinces de l'Empire, tout particulièrement en Égypte et en Ifriqiya. Au Caire, la mosquée Ibn Touloun (262/876-265/879) est un véritable chef-d'œuvre, admirable pour son plan et son unité de conception. La Grande Mosquée abbasside de Samarra lui sert de modèle, tout particulièrement son minaret hélicoïdal. À Kairouan, capitale de l'Ifriqiya, les vassaux des califes abbassides, les Aghlabides (184/800-296/909), embellissent la Grande Mosquée, l'une des plus exemplaires du Maghreb dont le *mihrab* est recouvert de faïences de Mésopotamie.

Les Fatimides (296/909-567/1171) règnent sur une période remarquable de l'histoire des pays méditerranéens islamiques, l'Afrique du Nord, la Sicile, l'Égypte et la Syrie. Seuls restent quelques exemples de ces constructions architecturales, témoins de leur gloire passée : dans le Maghreb central, la Qal'a des Beni Hammad et la mosquée de Mahdia ; en Sicile, la Cuba (*Koubba*) et la Zisa (*al-'Aziza*) à Palerme, construites par les artistes fatimides sous le règne du roi normand Guillaume II ; au Caire, la mos-

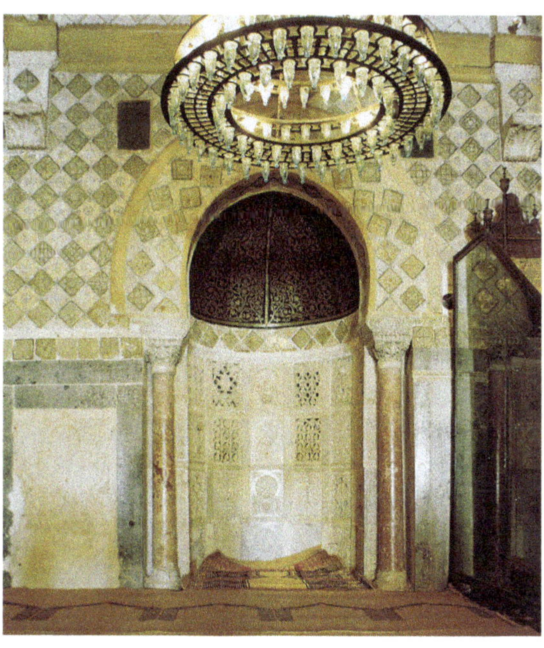

Mosquée de Kairouan, mihrab, Tunisie.

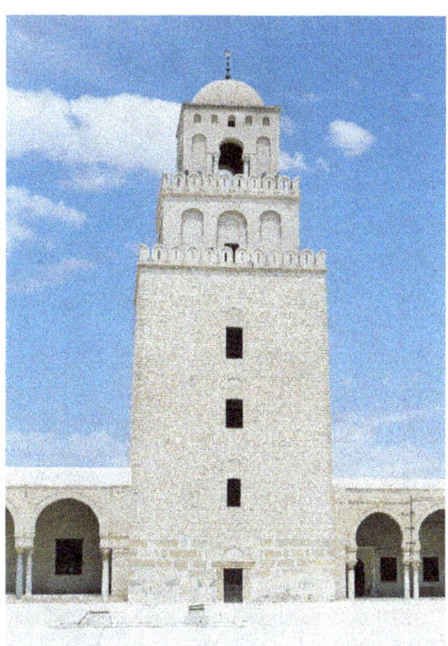

Mosquée de Kairouan, minaret, Tunisie.

Citadelle d'Alep, vue de l'entrée, Syrie.

Complexe Qalawun, Le Caire, Égypte.

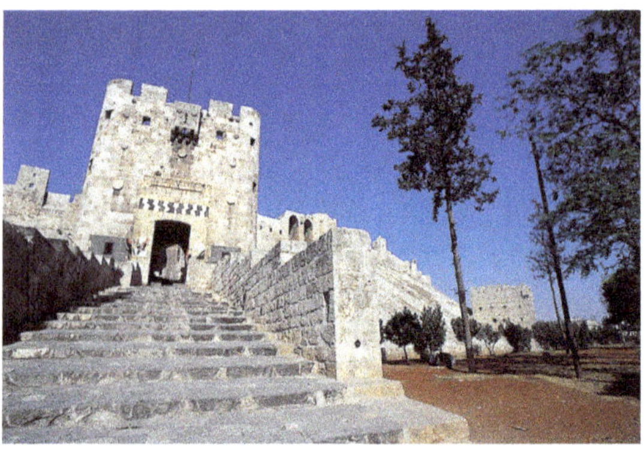

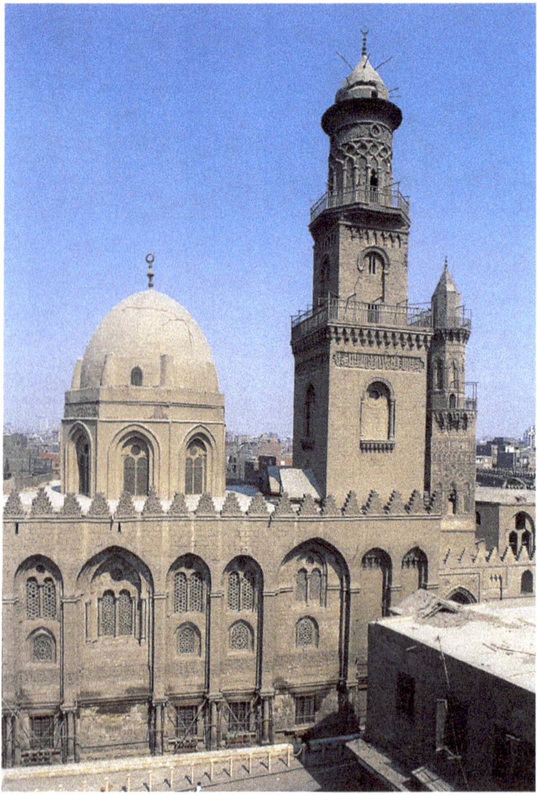

quée al-Azhar constitue l'exemple le plus remarquable de l'architecture fatimide en Égypte.

Les Ayyoubides (567/1171-648/1250), qui renversent la dynastie fatimide au Caire, sont des mécènes importants dans le domaine de l'architecture. Ils fondent des institutions religieuses (*madrasas, khanqas*) afin de propager l'islam sunnite, des mausolées et des établissements de bienfaisance sociale, de même que des fortifications imposantes en vue de faire front aux conflits militaires avec les Croisés. La Citadelle d'Alep en Syrie constitue un magnifique exemple de leur architecture militaire.

Les Mamelouks (648/1250-922/1517), successeurs des Ayyoubides, résistent vaillamment aux Croisés et aux Mongols, parviennent à obtenir l'unité de la Syrie et de l'Égypte et fondent un puissant empire. La richesse et le luxe de la cour du sultan mamelouk au Caire poussent les artistes et les architectes à atteindre un style d'architecture extraordinairement élégant. Pour le monde islamique, la période mamelouke marque un essor et une renaissance. L'enthousiasme à créer des édifices religieux et à reconstruire les édifices existants place les Mamelouks parmi les plus grands mécènes dans les domaines de l'art et de l'architecture dans l'histoire de l'islam. La mosquée de Hassan (757/1356), mosquée funéraire construite selon un plan cruciforme, les branches de la croix étant formées de quatre *iwans* autour d'une cour centrale, est typique de cette époque.

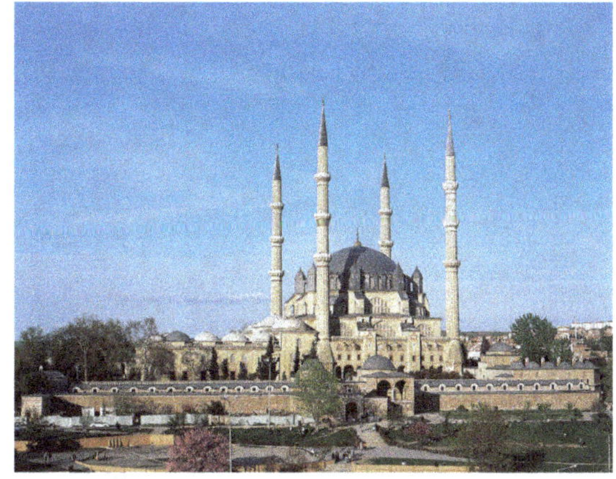

L'Anatolie est le berceau de deux grandes dynasties islamiques : les Seldjoukides (571/1075-718/1318), qui introduisent l'islam dans la région, et les Ottomans (699/1299-1340/1922), qui entraînent la fin de l'Empire byzantin avec la prise de Constantinople et assoient leur hégémonie dans la région.
Un style distinctif de l'art et de l'architecture seldjoukides s'épanouit avec des influences d'Asie centrale, d'Iran, de Mésopotamie et de Syrie qui s'entremêlent à des éléments du patrimoine de l'Anatolie chrétienne et de l'Antiquité. Konya, la nouvelle capitale de l'Anatolie centrale, ainsi que d'autres villes, s'enrichissent d'édifices dans le nouveau style seldjoukide. De nombreuses mosquées, *madrasas*, *turbés* et *caravansérails*, richement décorés de stuc et de faïence aux diverses représentations figuratives, survivent encore.

Mosquée Selimiye, vue générale, Edirne, Turquie.

Avec la désintégration des Émirats seldjoukides et le déclin de Byzance, les Ottomans peuvent étendre leur territoire et transfèrent rapidement leur capitale d'Iznik à Bursa puis à Edirne. La conquête de Constantinople en 858/1453 par le sultan Mehmet II donne l'élan nécessaire à la transition entre un État émergeant et un grand empire. Une superpuissance qui étend ses frontières jusqu'à Vienne, y compris les Balkans à l'ouest et l'Iran à l'est, de même qu'en Afrique du Nord, de l'Égypte à l'Algérie, transformant la Méditerranée orientale en mer ottomane. La course en vue de surpasser la grandeur des églises byzantines héritées, dont la Sainte-Sophie constitue l'exemple le plus frappant, culmine avec la construction de grandes mosquées à Istanbul. La mosquée Süleymaniye, construite au Xe/XVIe siècle par le célèbre architecte ottoman Sinan, en est l'exemple le plus significatif et incarne le point culminant de l'harmonie architecturale des édifices à coupoles. La plupart des grandes mosquées ottomanes font

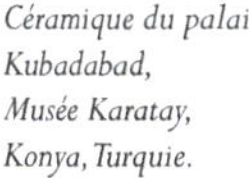

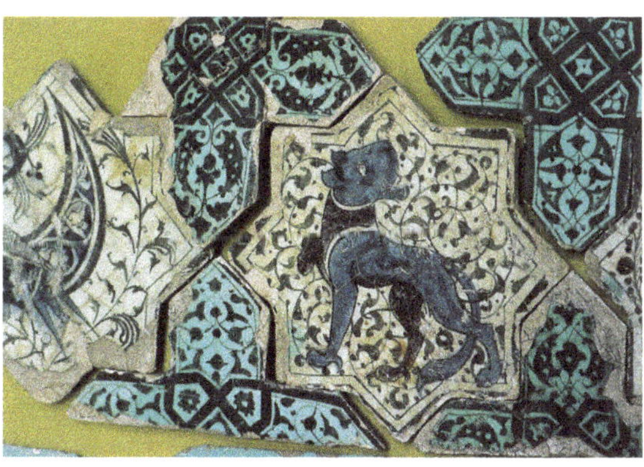

Céramique du palais Kubadabad, Musée Karatay, Konya, Turquie.

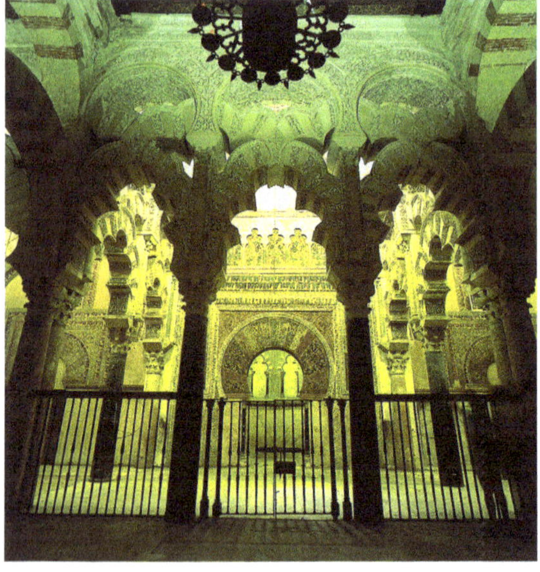
Grande Mosquée de Cordoue, mihrab, Espagne.

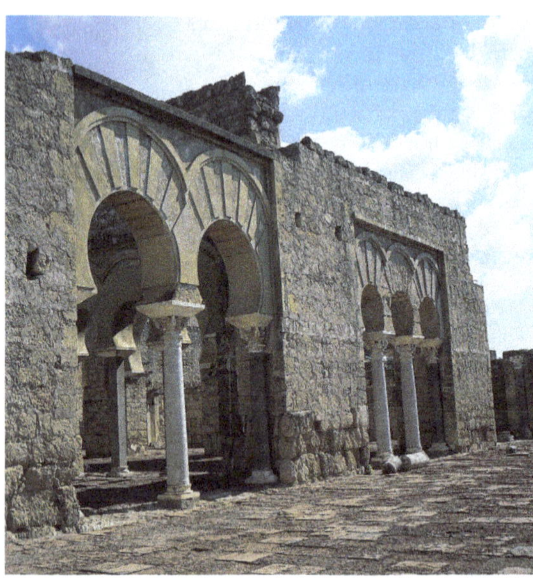
Dar al-Jund, Madinat al-Zahra', Espagne.

partie d'un grand ensemble d'édifices, *külliye,* comprenant des *madrasas*, une école coranique, une bibliothèque, un hôpital (*darüssifa*), une auberge (*tabkhane*), une cuisine publique, un *caravansérail* et des mausolées (*turbés*). À partir du début du XIIe/XVIIIe siècle, au cours de la "Période des Tulipes", l'architecture et le style décoratif ottomans reflètent l'influence du style baroque et rococo français, annonçant la période d'occidentalisation de l'art et de l'architecture.

Al-Andalus, dans la partie occidentale du monde islamique, devient le berceau d'une expression artistique et culturelle brillante. Abd al-Rahman Ier y fonde un califat ommeyade indépendant (138/750-422/1031) avec Cordoue pour capitale. La Grande Mosquée de cette ville ouvre la voie aux tendances artistiques innovatrices, notamment avec les doubles arcs bicolores superposés et les panneaux à ornementation végétale, qui sont passées dans le répertoire des formes artistiques andalousiennes.

Au cours du Ve/XIe siècle, le califat de Cordoue se divise en de multiples principautés qui ne sont pas en mesure d'éviter l'avancée progressive de la reconquête initiée par les États chrétiens au nord-ouest de la péninsule Ibérique. Ces roitelets ou rois de Taïfa font appel aux Almoravides en 479/1086 et aux Almohades en 540/1145 en vue de repousser l'arrivée des chrétiens et de rétablir l'unité partielle d'al-Andalus.

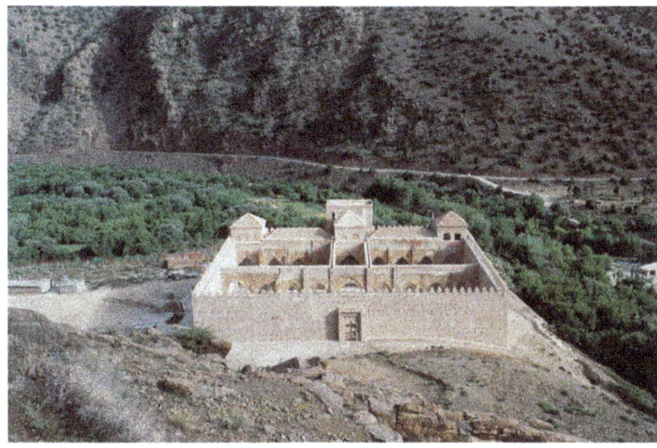

Par leur intervention dans la péninsule Ibérique, les Almoravides (427/1036-541/1147) entrent en contact avec une nouvelle civilisation et tombent rapidement sous le charme du raffinement de l'art andalousien, comme le reflète leur capitale, Marrakech, où ils construisent une grande mosquée et des palais. L'influence de l'architecture de Cordoue et d'autres capitales, notamment Séville, se ressent dans tous les monuments almoravides de Tlemcen, Alger ou Fès.

Mosquée de Tinmel, vue aérienne, Maroc.

L'art islamique occidental atteint son apogée sous le règne des Almohades (515/1121-667/1269), qui étendent leur hégémonie jusqu'en Tunisie. Au cours de cette période, la créativité artistique favorisée par les souverains almoravides se renouvelle et des chefs-d'œuvre de l'art islamique font leur apparition. La Grande Mosquée de Séville avec son minaret la Giralda, la Koutoubiya à Marrakech, la mosquée Hassan à Rabat et la mosquée de Tinmal érigée au sommet des montagnes de l'Atlas au Maroc en sont les exemples les plus remarquables.

Avec la dissolution de l'Empire almohade, la dynastie nasride (629/1232-897/1492) s'installe à Grenade et vit une période de splendeur au cours du VIIIe/XIVe siècle. La civilisation de Grenade devient un modèle culturel pour les siècles à venir en Espagne (l'art mudéjar) et, particulièrement, au Maroc, où cette tradition artistique a bénéficié d'une grande popularité et est préservée jusqu'à nos jours dans les domaines de l'architecture, de la décoration, de la musique et de la gastronomie. Les célèbres palais et forts de *al-Hamra'* (l'Alhambra) à Grenade marquent l'aboutissement suprême de l'art andalousien, avec toutes les caractéristiques de son répertoire artistique.

Parallèlement, au Maroc, les Mérinides (641/1243-876/1471) succèdent aux Almohades, alors qu'en Algérie règnent les Abd al-Wadids (633/1235-922/1516) et en Tunisie

Tour des Dames et jardins, l'Alhambra, Grenade, Espagne.

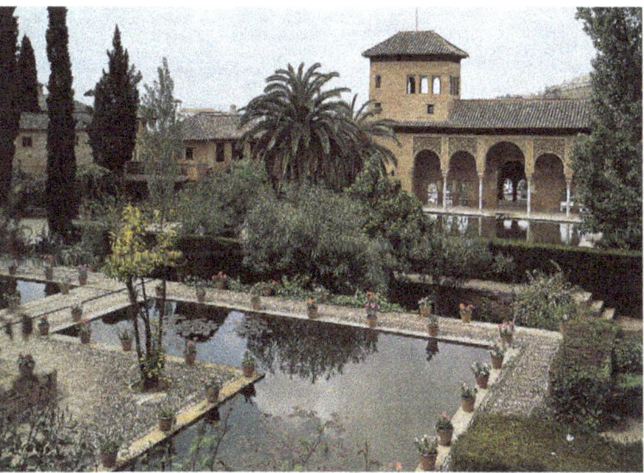

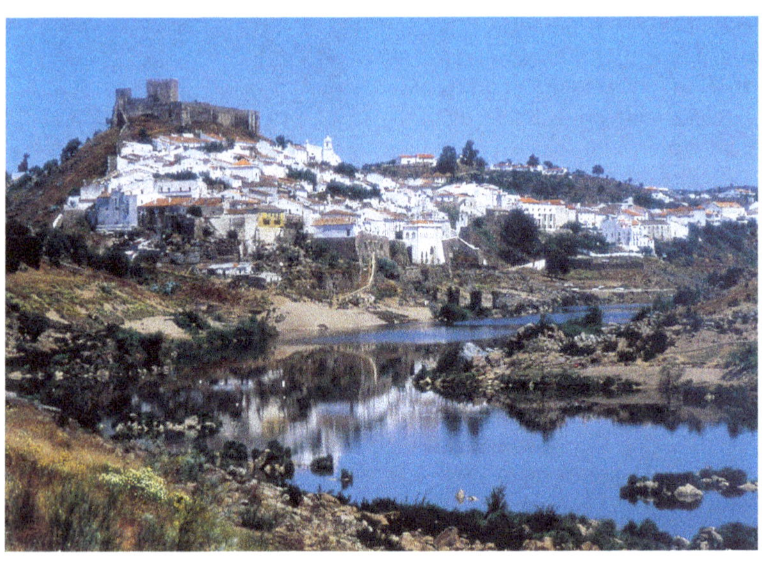

Mértola, vue générale, Portugal.

les Hafsides (625/1228-941/1534). Les Mérinides perpétuent l'art andalousien, l'enrichissant de nouveaux éléments. Ils embellissent leur capitale Fès par une abondance de mosquées, palais et *madrasas*, considérés comme étant, avec leurs mosaïques de céramique et leurs revêtements de *zellige* dans les décorations murales, les œuvres les plus parfaites de l'art islamique. Les dynasties marocaines suivantes, les Saadiens (933/1527-1070/1659) et les Alaouites (1070/1659 à nos jours), perpétuent la tradition artistique des Andalous exilés de leur terre natale en 897/1492. Ils continuent de construire et de décorer leurs monuments en utilisant les mêmes formules et les mêmes thèmes décoratifs que les dynasties précédentes, ajoutant des touches innovatrices caractéristiques de leur génie créatif. Au début du XIe/XVIIe siècle, les immigrés d'al-Andalus (les Morisques), qui s'établissent dans les villes du nord du Maroc, introduisent de nombreuses

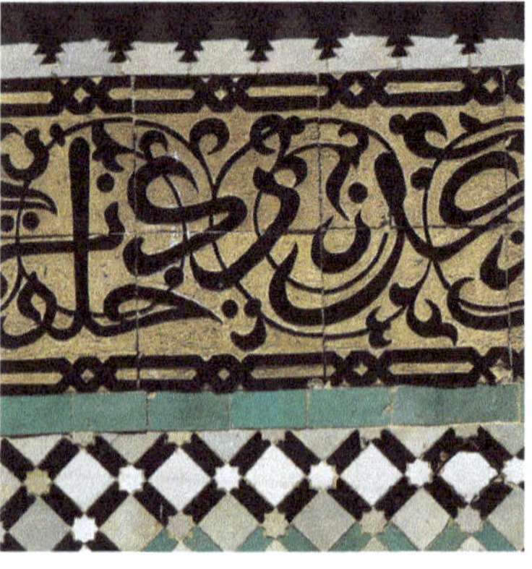

Frise épigraphigue en caractères cursifs sur carreaux de faïence, Madrasa Bouinaniya, Meknès, Maroc.

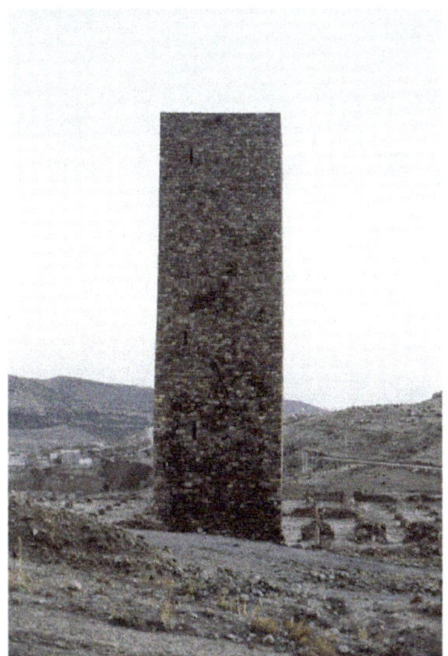

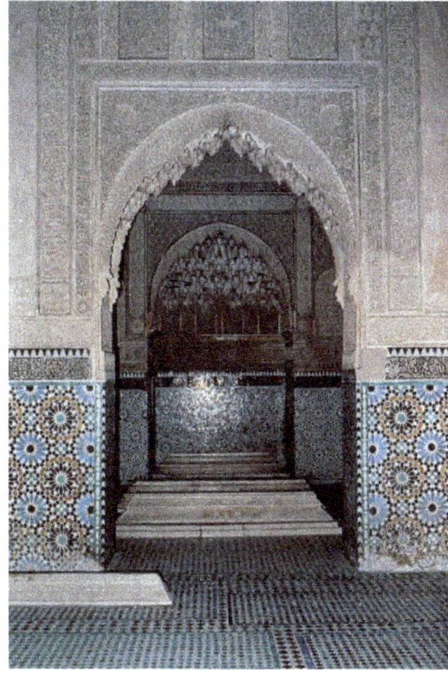

Qal'a des Beni Hammad, minaret, Algérie.

Tombeau des Saadiens, Marrakech, Maroc.

caractéristiques de l'art andalousien. Aujourd'hui, le Maroc est l'un des rares pays à perpétuer les traditions andalousiennes dans son architecture et son ameublement, modernisées par l'introduction de techniques et de styles architecturaux du XXe siècle.

L'ARCHITECTURE ISLAMIQUE

De façon générale, l'architecture islamique peut être classée en deux catégories : religieuse, avec notamment les mosquées, les *madrasas*, les mausolées, et séculaire, tout particulièrement avec les palais, les *caravansérails*, les fortifications, etc.

Architecture religieuse

Les mosquées

Pour des raisons évidentes, la mosquée se trouve au cœur de l'architecture islamique. Elle représente le clair symbole de la foi qu'elle sert. Très tôt, les musulmans comprennent ce rôle symbolique qui constitue un facteur important dans la création d'indices visuels appropriés dans le domaine de la construction : les minarets, coupoles, *mihrabs*, *minbars*, etc.
La cour de la maison du Prophète à Médine représente la première mosquée de l'islam, sans raffinements architecturaux. Les premières mosquées construites par les musulmans au fur et à mesure de l'expansion de leur empire sont simples. À partir de ces édifices se développe la mosquée du vendredi (*jami'*), dont les traits essentiels n'ont pas changé depuis 1400 ans. Son plan général consiste en une grande cour entourée d'arcades, avec un nombre de rangées plus élevé sur le côté orienté vers La Mecque (*qibla*) que sur les autres côtés. La Grande Mosquée omeyyade de Damas, dont le plan s'inspire de celui de la mosquée du Prophète, sert de modèle aux nombreuses mosquées construites dans les différentes provinces du monde islamique.

Mosquée omeyyade de Damas, Syrie.

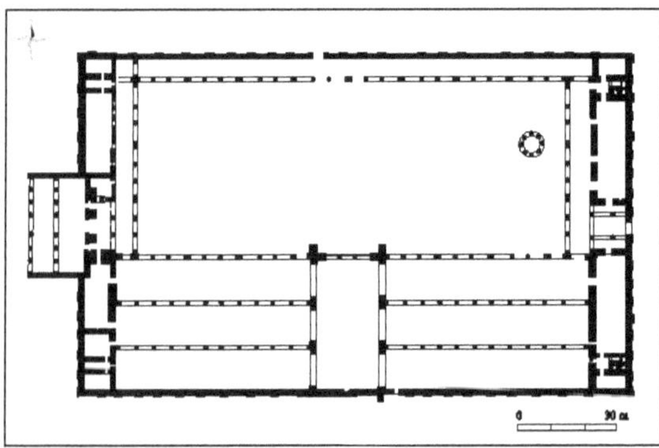

Deux autres types de mosquées se développent en Anatolie et, plus tard, sur les territoires ottomans : les mosquées basilicales et les mosquées à coupoles. Le premier type consiste en une simple salle à piliers ou basilique, style influencé par la tradition romaine tardive et par la tradition byzantine de Syrie, introduite avec quelques modifications au Ve/XIe siècle.
Le deuxième type de mosquées, qui se développe au cours de la période ottomane, organise l'espace intérieur

sous un dôme unique. Les architectes ottomans créent dans les grandes mosquées impériales un nouveau style de construction à coupoles qui réunit la tradition de la mosquée islamique et la construction des édifices à coupoles en Anatolie. Le dôme principal repose sur une structure hexagonale et les baies latérales sont couronnées de coupoles plus petites. L'importance d'un espace intérieur dominé par un dôme unique devient le point de départ d'un style diffusé au Xe/XVIe siècle. Au cours de cette période, les mosquées deviennent des complexes multifonctionnels à caractère social, composés d'une *zaouïa*, d'une *madrasa*, d'une cuisine publique, de bains, d'un *caravansérail* et du mausolée du fondateur. La mosquée Süleymaniye à Istanbul, construite en 965/1557 par le grand architecte Sinan, constitue l'exemple suprême de ce style.

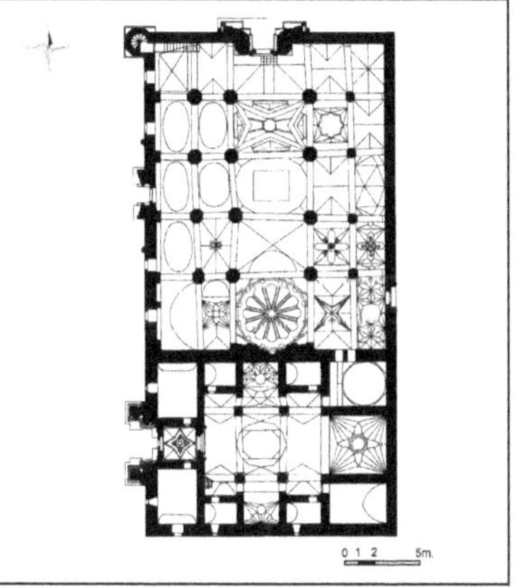

Grande Mosquée de Divriği, Turquie.

Le minaret du haut duquel le *muezzin* appelle les fidèles à la prière constitue l'indice le plus saillant de la mosquée. En Syrie, le minaret traditionnel consiste en une tour carrée construite en pierre. Dans l'Égypte mamelouke, les minarets sont divisés en trois zones distinctes : une section carrée à la base, une section médiane octogonale et une section cylindrique au sommet, surplombée d'une petite coupole. Les fûts sont richement décorés et la transition entre deux sections se fait au moyen d'un bandeau de *mouqarnas*. Les minarets d'Afrique du Nord et d'Espagne, qui partagent leur tour carrée avec la Syrie, sont décorés de panneaux à motifs autour de fenêtres jumelées. Pendant l'époque ottomane, les minarets octogonaux ou cylindriques remplacent la tour carrée. Il s'agit souvent de hauts minarets effilés, et bien que les mosquées ne possèdent généralement qu'un seul minaret, dans les grandes villes, elles peuvent avoir deux, quatre, voire six minarets.

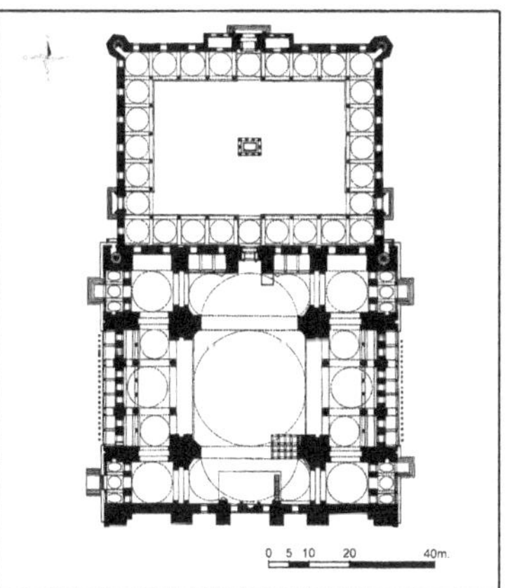

Mosquée Süleymaniye, Istanbul, Turquie.

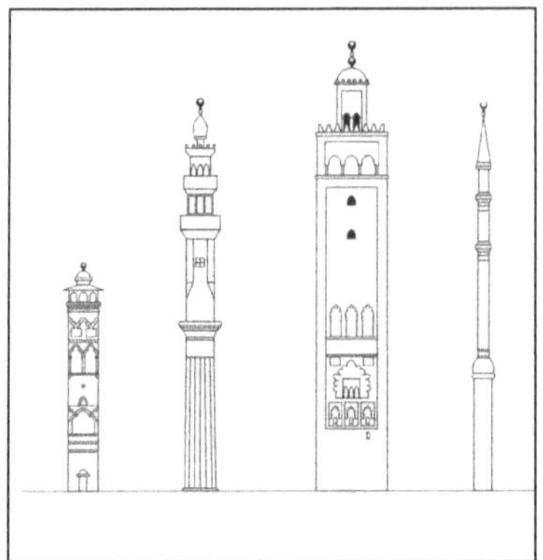
Typologie de minarets.

Les madrasas

Il est probable que les Seldjoukides ont construit leurs premières *madrasas* en Perse au début du Ve/XIe siècle. Il ne s'agit encore que de petites structures dotées d'une cour surmontée d'un dôme et de deux *iwans* latéraux. Un autre type de *madrasas* se développe ultérieurement avec une cour ouverte et un *iwan* central entouré d'arcades. Au cours du VIe/XIIe siècle en Anatolie, la *madrasa* devient multifonctionnelle et sert d'école de médecine, d'hôpital psychiatrique, d'hospice équipé d'une cuisine publique (*imaret*) et d'un mausolée.

Le développement de l'islam sunnite orthodoxe atteint un nouvel apogée en Syrie et en Égypte avec les Zengides et les Ayyoubides (VIe/XIIe-début VIIe/XIIIe siècles). Cette époque voit l'introduction de la *madrasa* fondée par un dirigeant civique ou politique, dans le but de développer la jurisprudence islamique. Ce type d'établissement est financé par des biens de mainmorte (*waqf*), généralement les revenus de terres ou de propriétés, comme les vergers, les échoppes dans un marché (*souk*) ou les bains publics (*hammam*). La *madrasa* suit généralement un plan cruciforme avec une cour centrale entourée de quatre *iwans*. Très vite, la *madrasa* devient une forme architecturale dominante avec des mosquées adoptant leur plan à quatre *iwans*. La *madrasa* perd progressivement son seul rôle religieux et de fonction politique comme instrument de propagande et tend à avoir une fonction civique plus large, servant de mosquée du prêche et de mausolée pour le bienfaiteur.

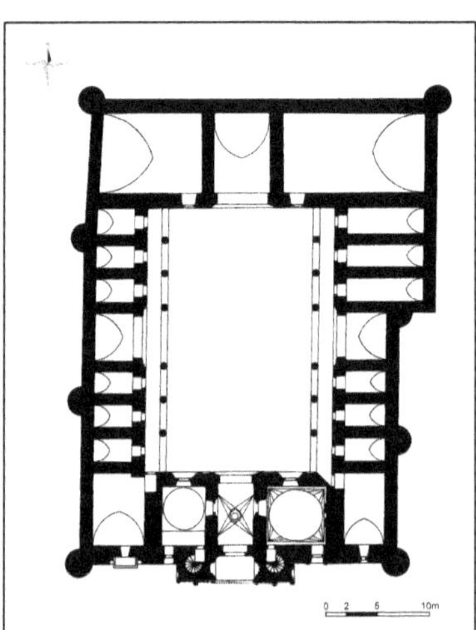

Madrasa de Sivas Gök, Turquie.

La construction de *madrasas* en Égypte, et tout particulièrement au Caire, apporte un nouveau souffle avec l'arrivée des Mamelouks. La *madrasa* cairote typique de cette époque est une structure multifonctionnelle à quatre *iwans* avec un portail à stalactites (*mouqarnas*) et de splendides façades. Avec l'arrivée des Ottomans au début du Xe/XVIe siècle, la double fondation – généralement une mosquée-*madrasa* – devient un grand centre très répandu qui jouit de la protection impériale. L'*iwan* disparaît progressivement, remplacé par une salle à coupole dominante. L'augmentation considérable du nombre de cellules pour étudiants surmontées de coupoles constitue l'un des éléments qui caractérisent les *madrasas* ottomanes.

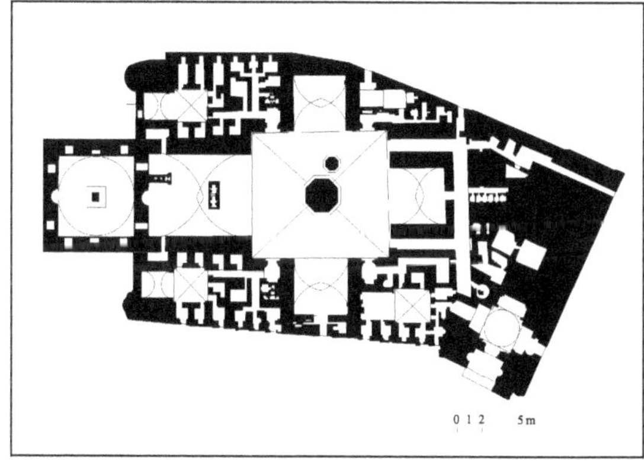

Mosquée et Madrasa Sultan Hassan, Le Caire, Égypte.

La *khanqa* constitue l'un des types d'édifices qui, du fait de sa fonction et de sa forme, peut être associé à la *madrasa*. Ce terme indique une institution plutôt qu'un type particulier d'édifice, qui abrite les membres d'un ordre mystique musulman. Il existe de nombreux autres termes synonymes de *khanqa*, utilisés par les historiens musulmans : au Maghreb, *zaouïa* ; dans les territoires ottomans, *tekke* et, le terme le plus généralement utilisé, *ribat*. Le soufisme domine constamment la *khanqa*, en provenance de Perse orientale au cours du IVe/Xe siècle. Dans sa forme la plus simple, une *khanqa* est une maison rassemblant un groupe d'étudiants autour d'un maître (*cheikh*). Celle-ci est dotée de salles de réunion, de prière et communautaires. La création de *khanqas* se développe sous les Seldjoukides au cours des Ve/XIe et VIe/XIIe siècles et bénéficie de l'étroite association entre le soufisme et le *madhhab* (doctrine) shafiite favorisés par l'élite au pouvoir.

Les mausolées

Dans les sources islamiques, la terminologie servant à désigner le type de construction des mausolées est très riche. Le terme descriptif usuel *turbé* se réfère à la fonction d'inhumation de l'édifice. Un autre terme, la *koubba*, se réfère à son élément le plus identifiable, la coupole, et s'applique souvent à une construction qui commémore les prophètes bibliques, les compagnons du Prophète Muhammad et des notables religieux ou militaires. La fonction des mausolées ne se limite pas simplement à un lieu d'inhumation et de commé-

Qasr al-Khayr oriental, Syrie.

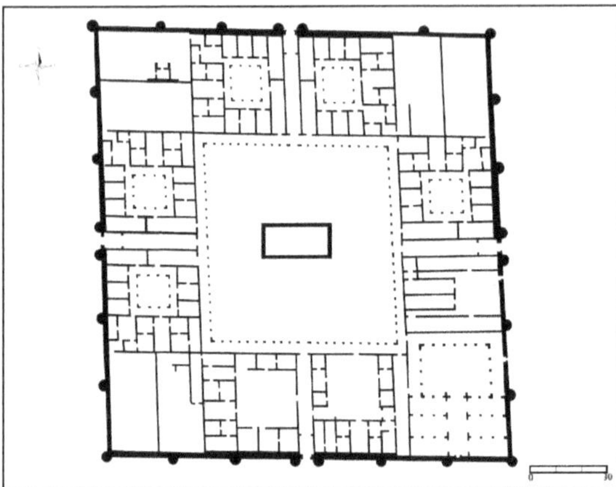

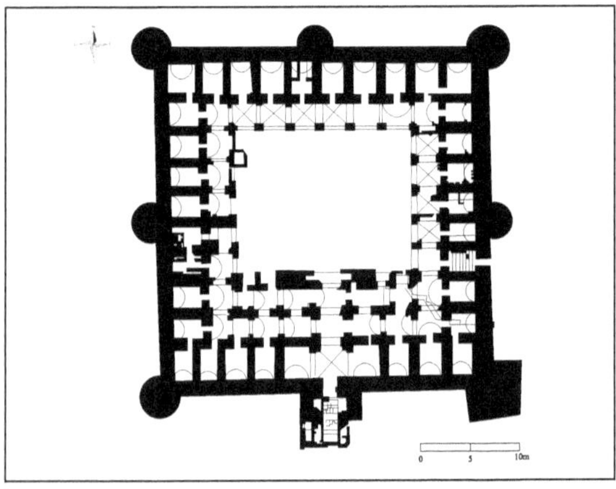

Ribat de Sousse, Tunisie.

moration, mais joue également un rôle important dans la religion "populaire". Ils sont vénérés comme des tombeaux de saints locaux et sont devenus des lieux de pèlerinage. Très souvent, la structure du mausolée est embellie par des citations du Coran et est dotée d'un *mihrab*, afin d'en faire un lieu propice à la prière. Dans certains cas, le mausolée fait partie d'une institution commune. Les formes des mausolées islamiques de l'époque médiévale sont variées mais la forme traditionnelle consiste en un quadrilatère recouvert d'une coupole.

Architecture séculaire

Les palais

La période omeyyade se caractérise par des palais et des bains publics somptueux dans les lointaines régions désertiques. Leur plan de base découle des modèles de campements militaires romains. Malgré leur décoration éclectique, ils constituent les meilleurs exemples du style décoratif islamique naissant. Les mosaïques, les peintures murales, les sculptures en stuc ou en pierre sont les moyens utilisés pour cette remarquable variété de décorations et de thèmes. Les palais abbassides en Irak, notamment ceux de Samarra et d'Ukhaidir, suivent le même plan que leurs prédécesseurs omeyyades mais se caractérisent par des dimensions plus imposantes, par l'utilisation de grands *iwans*, de coupoles et de cours, et par l'utilisation intensive de décorations en stuc. Les palais de la fin de la période islamique élaborent un nouveau style distinctif, plus décoratif et moins monumental. L'Alhambra constitue probablement l'exemple le plus remarquable de palais royaux ou princiers. La grande superficie du palais est fragmentée en une série d'unités indépendantes : jardins, pavillons et cours.

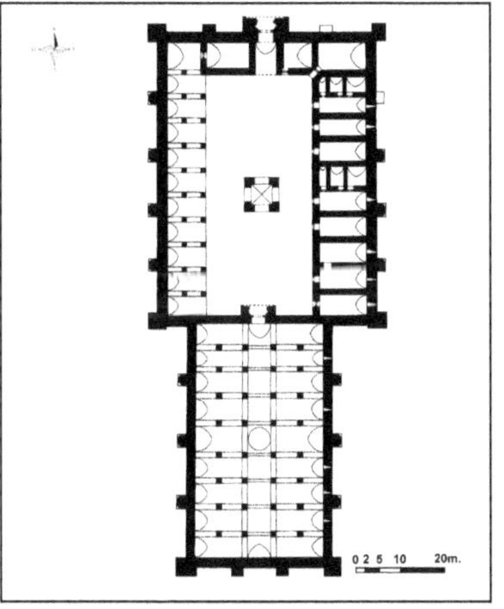

Han Sultan Aksaray, Turquie.

Cependant, l'élément le plus singulier de l'Alhambra est la décoration qui produit un effet extraordinaire à l'intérieur de l'édifice.

Les caravansérails

Un *caravansérail* se réfère généralement à une grande structure qui offre le gîte aux voyageurs et aux commerçants. Il s'agit normalement d'un espace carré ou rectangulaire, avec une entrée monumentale en saillie et des tours qui flanquent l'enceinte extérieure. Une cour centrale est entourée de portiques et de pièces réservées à l'hébergement des voyageurs et au stockage des marchandises, et qui abritent également des écuries pour les animaux.
Cette typologie d'édifice répond à une grande variété de fonctions, comme le démontrent ses différentes dénominations : *khan, han, fondouk, ribat*. Ces termes ne sont que le reflet de différences linguistiques régionales et ne désignent pas véritablement des fonctions ou des types distinctifs. Les sources architecturales des différents types de *caravansérails* ne sont pas aisément identifiables. Certaines découlent probablement du *castrum* ou campement militaire romain, dont les palais omeyyades du désert se rapprochent. D'autres types d'édifices qui existent en Mésopotamie et en Perse sont associés à l'architecture domestique.

Organisation urbaine

À partir du IIIe/Xe siècle, chaque ville, quelle que soit son importance, se dote d'enceintes fortifiées et de tours, de grandes portes élaborées et d'une puissante citadelle (*qal'a* ou *casbah*), symbole du pouvoir établi. Celles-ci sont des constructions massives réalisées avec des matériaux typiques de la région où elles sont édifiées : pierre de taille en Syrie, Palestine et Égypte ou brique, pierre de taille et terre battue dans la péninsule Ibérique et en Afrique du Nord. Le *ribat* constitue un exemple unique d'architecture militaire. Techniquement, il s'agit d'un palais fortifié conçu pour les guerriers de l'islam engagés, temporairement ou de façon permanente, à défendre les frontières. Le *ribat* de Sousse en Tunisie comporte des similitudes avec les premiers palais islamiques, mais présente des différences dans l'organisation intérieure pour ce qui est de la grande salle, de la mosquée et du minaret.

La division de la plupart des villes islamiques en quartiers est basée sur l'affinité ethnique et religieuse et constitue, par ailleurs, un système d'organisation urbaine qui facilite l'administration de la population. La mosquée est toujours présente dans le quartier. Un bain public, une fontaine, un four et un ensemble de magasins se trouvent soit à l'intérieur du périmètre du quartier, soit à proximité. Sa structure se compose d'un réseau de rues et d'impasses, et d'un ensemble de maisons. En fonction de la région et de l'époque, les maisons présentent différentes caractéristiques régies par les traditions historiques et culturelles, le climat et les matériaux de construction disponibles.

Le marché (*souk*), qui fonctionne comme le centre névralgique du commerce local, constitue l'élément le plus caractéristique des villes islamiques. Sa distance par rapport à la mosquée détermine l'organisation spatiale par corps de métiers. Par exemple, les professions considérées comme propres et honorables (libraires, parfumeurs, tailleurs) se trouvent à proximité immédiate de la mosquée, tandis que les métiers bruyants et nauséabonds (forgerons, tanneurs, teinturiers) s'en éloignent progressivement. Cette distribution géographique répond à des impératifs qui s'appuient sur des critères purement techniques.

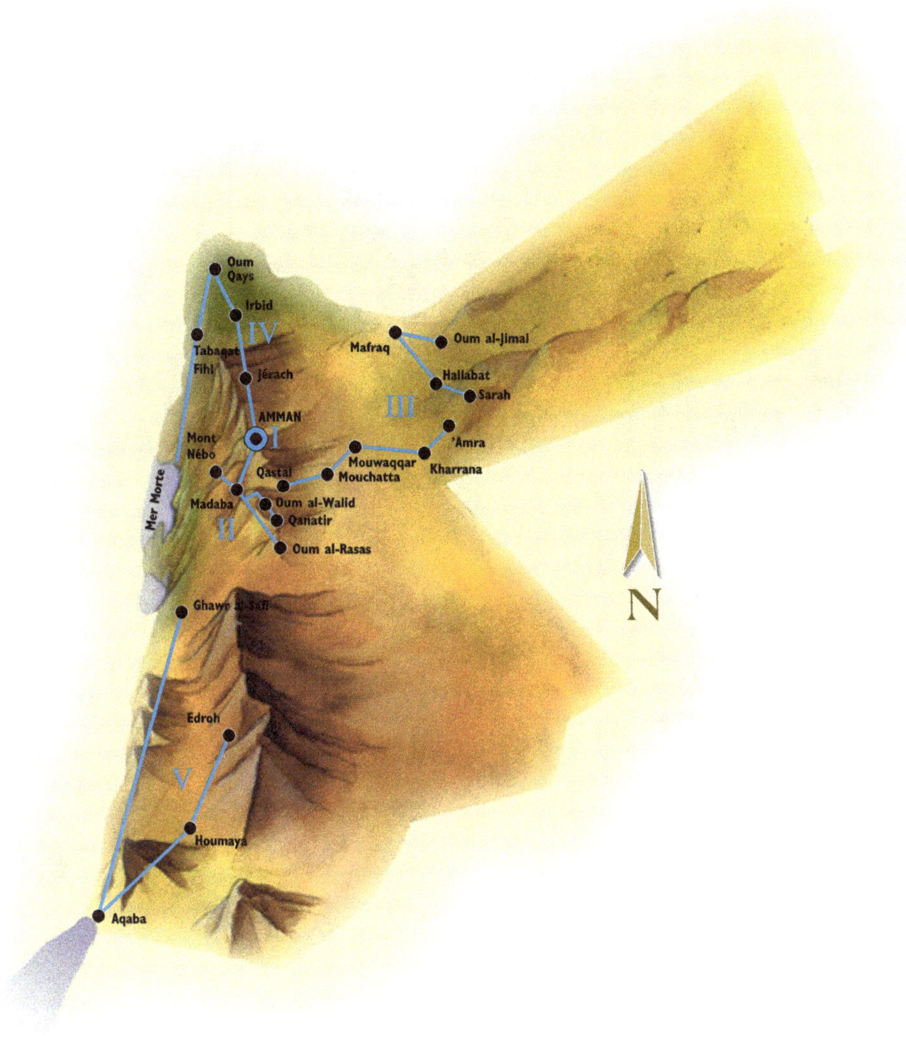
Oum Qays
Irbid
IV
Tabaqat Fihl
Jérach
AMMAN
I
Mont Nébo
Mer Morte
Qastal
Madaba
II
Oum al-Walid
Qanatir
Oum al-Rasas
Mafraq
Oum al-Jimal
Hallabat
Sarah
III
'Amra
Mouwaqqar
Mouchatta
Kharrana
Ghawr al-Safi
Edroh
V
Houmaya
Aqaba
N

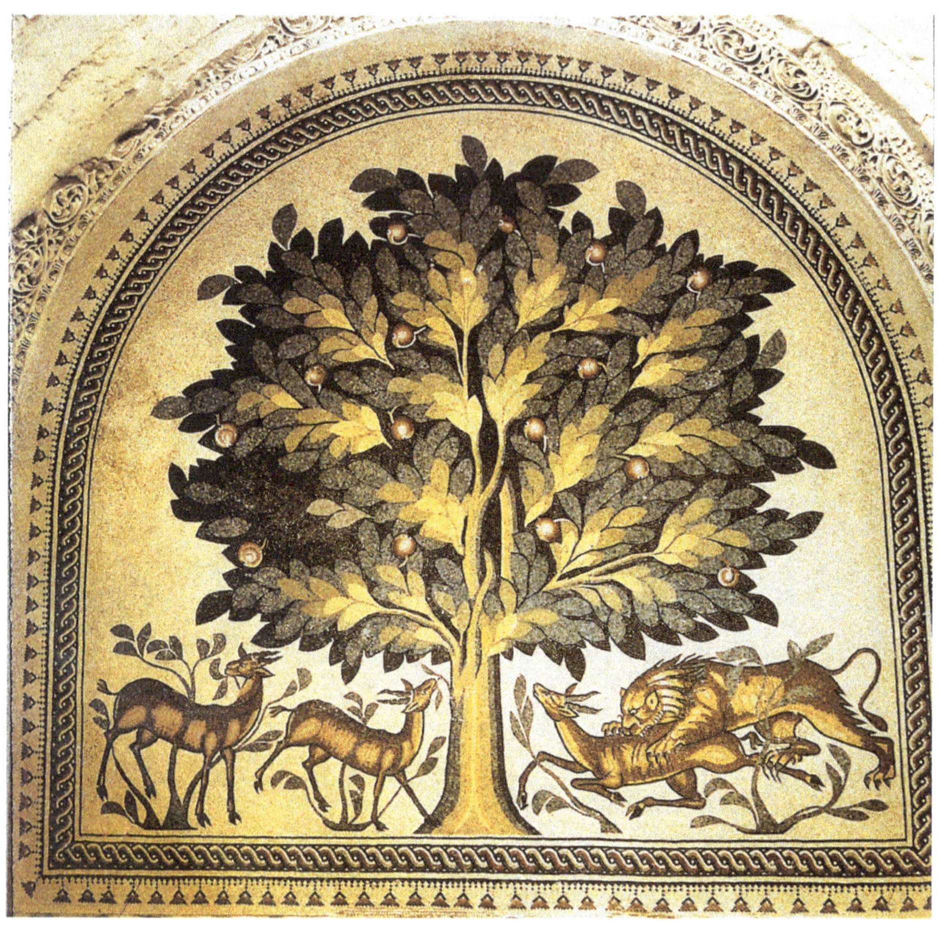

Khirbat al-Mafjar,
sol en mosaïques près
des bains du palais,
Jéricho
(Ettinghausen, 1977).

INTRODUCTION HISTORIQUE ET ARTISTIQUE

Mohammad al-Asad

Le règne de la dynastie des Omeyyades a duré moins de quatre-vingt-dix ans (41/661-132/750). Pourtant, cette période relativement brève a suffi pour modifier radicalement le paysage politique et culturel du monde méditerranéen, du Moyen-Orient et de l'Asie centrale. Portés par la nouvelle religion de l'islam, ils ont réussi à créer un vaste empire qui s'est étendu du sud de la France, à l'ouest, jusqu'en Inde et aux confins de la Chine, à l'est. Ce fut le plus grand empire jamais rassemblé par la conquête jusqu'à cette époque: plus vaste que l'empire romain, seuls le dépasseront les empires russe et britannique de l'ère moderne. Bien que son expansion ait pris très peu de temps, elle aura des conséquences à très long terme: la grande majorité des territoires qui formaient l'empire omeyyade musulman du IIe/VIIIe siècle fait encore aujourd'hui partie intégrante du monde islamique.

L'essor des Omeyyades est en relation étroite avec celui de l'islam. En effet, la dynastie va s'imposer moins de quarante ans après que le prophète Muhammad (570-11/632) eut proclamé le premier État musulman en l'an 1/622.

La religion islamique naît en 611 à La Mecque, une ville de la région du *Hedjaz,* à l'ouest de la péninsule arabe. Selon la tradition, le prophète Muhammad reçoit la révélation d'Allah par l'intermédiaire de l'archange Gabriel. Au commencement, il est, avec ses quelques disciples, persécuté par les habitants de La Mecque, car la ville –qui est un important centre de pèlerinage du paganisme arabe– en retire de grands bénéfices. "L'unicité de Dieu" que le message de Muhammad véhicule est perçue comme une menace par les habitants pour leur façon de vivre et leurs intérêts économiques.

Les habitants de Médine, ville située à quelque 400 km au nord-est de La Mecque, sont les premiers à adopter la religion de l'islam et son prophète. Médine est alors en proie aux querelles de deux de ses tribus arabes les plus importantes: les Aws et les Khazradj, et ses habitants voient en Muhammad un homme de discipline, de pouvoir et de spiritualité qui pourrait les unifier. Ils acceptent de le prendre pour chef spirituel et politique et l'invitent à quitter La Mecque, sa ville natale, pour s'installer à Médine, ce qu'il fera en l'an 1/622 avec un petit groupe de ses disciples.

Cet événement, célébré sous le nom d'Hégire (*Hijra,* migration, en arabe), va marquer le début du calendrier musulman. Qui aurait pu imaginer que, sous la bannière de cette nouvelle religion, allait se développer, à partir de cette cité, un des plus grands mouvements militaires, politiques et culturels de l'Histoire ?

Le prophète et ses fidèles vont diffuser l'islam à travers la péninsule arabe à partir de Médine. En 8/630, il entre en

Filiation des Omeyyades avec le prophète Muhammad.

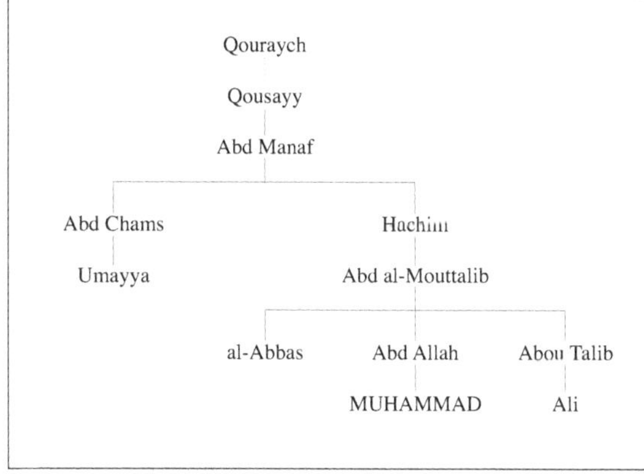

conquérant dans La Mecque, sa ville natale, et à sa mort, en 11/632, toute la péninsule est sous l'autorité de l'islam.

Les califes "orthodoxes"

Après la mort du prophète, il faut élire un successeur. Un certain nombre de ses proches désignent Abou Bakr, son plus ancien et plus fidèle compagnon, qui devient ainsi le premier calife de l'islam (du mot arabe *khalifa*, successeur). Il sera un parfait successeur du prophète. Réputé pour sa douceur et sa modestie, il va aussi s'avérer un guide efficace. À la mort de Muhammad, plusieurs tribus arabes s'estiment déliées de leur allégeance à l'islam, mais Abou Bakr réussit à imposer son autorité, sauvant ainsi la nation musulmane à peine née d'une rapide désintégration. Pendant les deux brèves années de son règne, les forces musulmanes entreprennent la conquête des territoires syriens de l'empire byzantin et des territoires irakiens et perses de l'empire sassanide. Quelque temps avant sa mort en 13/634, Abou Bakr désigne pour sa succession un autre compagnon du prophète, Omar Ibn al-Khattab, que les chefs de la communauté musulmane de Médine acceptent à l'unanimité.
À son tour, Omar sera un guide compétent dont la piété, la modestie et le sens de la justice seront reconnus. Au cours des dix années de son règne, l'expansion musulmane va se poursuivre au-delà des confins de la péninsule arabe. L'empire sassanide s'écroule, l'empire byzantin est affaibli par une série de défaites qui se concluront par la perte de la Syrie et de l'Égypte au bénéfice des musulmans.
Omar a créé les bases d'un système administratif (cf. "Le système administratif omeyyade") dont l'efficacité va permettre aux musulmans de gouverner le rassemblement complexe des communautés regroupées sous leur sceptre. Grâce à ce système, les populations chrétiennes, juives et zoroastriennes placées sous leur domination vont conserver une liberté non négligeable, propice au développement de leurs activités, en échange de leur assujettissement à un impôt annuel de capitation. Dans leur grande majorité, les habitants de ces régions –qui avaient été exploités sous le joug des administrations sassanide et byzantine corrompues– vont s'accommoder du nouveau gouvernement musulman.
Omar est assassiné en 24/644 et c'est un autre compagnon du prophète, Othman Ibn Affan, son gendre, qui est élu. Pendant les douze années de son règne, Othman, de caractère pieux et mesuré, va poursuivre avec détermination la conquête des territoires byzantins et d'Asie centrale. Mais, à l'inverse de ses prédécesseurs, il ne parviendra pas à imposer son pouvoir à l'élite arabo-musulmane. On lui reproche de favoriser les membres de son clan qui ont accaparé les postes les plus importants de l'empire, et les révoltes qui en dérivent vont conduire à son assassinat en 35/656.
Ali Ibn Abi Talib succède à Othman. Ce musulman pieux et très estimé est à la fois cousin et gendre de Muhammad, mais au cours de son règne, comme pendant celui d'Othman, les conflits au sein de l'élite arabo-musulmane vont s'exacerber. Ses rivaux politiques l'accusent de ne pas avoir puni les responsables du meurtre d'Othman, et un certain nombre d'entre eux vont contester ouvertement la légitimité de son califat.

Le plus grand danger pour Ali vient de Mou'awiya Ibn Abi Soufyan, gouverneur de Syrie et membre de la riche famille des Omeyyades de La Mecque dont faisait aussi partie le troisième calife, Othman. Mou'awiya accuse Ali d'avoir pardonné le meurtre d'Othman et refuse de reconnaître son autorité. En 36/657, ils s'affrontent sur les rives de l'Euphrate, à la bataille de Siffin, qui n'arrive pas à mettre un terme au conflit. La lutte entre Ali et Mou'awiya ne prendra fin qu'avec la mort d'Ali, assassiné en 41/661 par un Kharijite, adepte d'une secte puritaine et militante opposée à la fois à Ali et à Mou'awiya. Le fils aîné d'Ali, Hassan, peu enthousiaste, est poussé à prendre sa succession, tandis que Mou'awiya Ibn Abi Soufyan est lui aussi proclamé calife.

Mou'awiya va finalement conclure un accord avec Hassan qui renonce à son titre de calife en échange du versement d'une généreuse pension par le Trésor musulman. Dès lors, Mou'awiya va s'imposer comme chef indiscutable de l'empire musulman et sera solennellement proclamé calife au cours d'une cérémonie organisée à Jérusalem en 41/661. Il choisit Damas comme capitale (Ali avait alors transféré la capitale de l'État de Médine à Koufa, dans le sud de l'Irak). Ainsi commence le règne de la dynastie omeyyade.

Pour les musulmans, les califes "orthodoxes", Abou Bakr, Omar, Othman et Ali, sont dits "Les Bien-Guidés", et leur règne correspond à l'âge d'or de l'islam. Ils furent tous compagnons du prophète, connus pour leur piété, et furent tous élus par les chefs de la communauté musulmane. À l'inverse, Mou'awiya, qui n'était pas converti à l'islam avant la conquête de La Mecque en 8/630, va substituer au principe électoral de gouvernement mis en place pendant le règne des califes "orthodoxes" le pouvoir absolu du calife fondé sur la succession héréditaire.

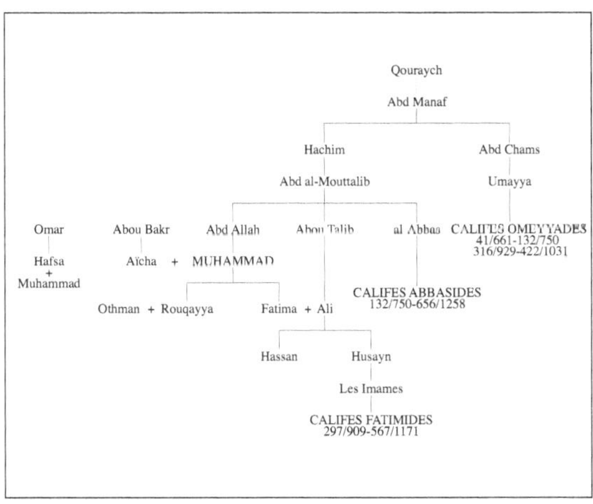

Filiation des califes.

Les Omeyyades

Tout comme les califes "orthodoxes" qui le précèdent, Mou'awiya fait partie de la tribu des Qouraychites à laquelle appartenait aussi le prophète Muhammad. Il n'est pas un parent aussi proche qu'Ali –qui était son cousin– mais descend en revanche de la même branche omeyyade qu'Othman. Ces liens de parenté vont jouer un rôle important dans l'accession au pouvoir de la dynastie ainsi que dans sa chute, quatre-vingt-dix ans plus tard.

La principale objection de Mou'awiya à l'élection d'Ali au califat est qu'il a renoncé à punir les assassins d'Othman. Cependant, pour la majorité des musulmans, Ali, cousin et gendre de Muhammad, ses descendants, les petits-fils du prophète,

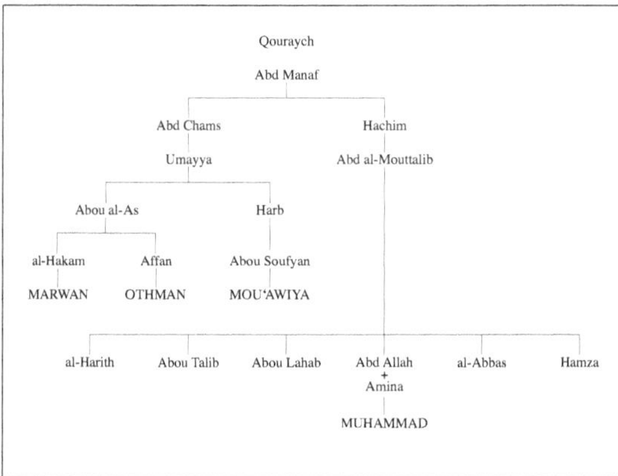

Filiation du prophète Muhammad et des Omeyyades.

sont les seuls prétendants légitimes au titre de calife. Pour eux, Mou'awiya est un usurpateur, et c'est à partir de cette opposition que va se former le schisme le plus important de l'islam, la *Chi'a* (de *Chi'at Ali*, le "parti d'Ali"). Il va prendre une telle importance qu'il contribuera à la chute de la dynastie omeyyade.

En attendant, pendant ses vingt ans de règne, Mou'awiya va contrôler fermement l'empire musulman. C'est un politicien habile qui sait recourir à la persuasion plutôt qu'à l'usage de la force. Avant de parvenir au califat, il a été pendant presque vingt ans gouverneur de Syrie. Durant cette période, il est parvenu à réunir les anarchiques tribus de guerriers arabes en une armée disciplinée et efficace, qui va sous son commandement venir à bout des forces byzantines au nord. Sous son règne sera mis en place un excellent système administratif, largement inspiré du modèle byzantin, et bénéficiant de conseillers et d'administrateurs compétents, musulmans et chrétiens. Il va créer aussi un organe consultatif composé des notables des différentes tribus arabes sur lequel son pouvoir pourra s'appuyer.

Plus controversé sera son rôle dans l'instauration de la succession héréditaire au califat lorsqu'il désigne son fils Yazid. Le droit de naissance est un principe totalement étranger à la tradition arabe et contraire à la pratique des origines de l'islam, où le calife était élu. Cependant, Mou'awiya réussira à convaincre les chefs des tribus d'accepter que son fils lui succède. Pour s'assurer de leur consentement, il va leur concéder le droit de confirmer son choix. En fait, au cours du temps, cette procédure de confirmation se réduira à une simple formalité.

Mou'awiya meurt en 60/680 et son fils Yazid lui succède (voir tableau p. 39 pour la succession des califes omeyyades). Celui-ci sera un bon souverain, mais son règne ne sera pas à l'abri des conflits. Le second fils d'Ali, Husayn, conteste sa légitimité et prend la tête d'un petit groupe de parents et de partisans médinois pour marcher sur Koufa, en 60/680. Le groupe est intercepté à Kerbala par une armée omeyyade, et comme Husayn refuse de se rendre (certains récits disent qu'on lui ordonne de rentrer à Médine), il est massacré avec tous ses partisans. L'événement n'a en lui-même, ni une importance militaire, ni une signification politique considérables, mais il prendra une valeur essentielle pour les musulmans chiites. La date de la bataille devient un jour de deuil, Kerbala un lieu sacré entre tous et le renversement des Omeyyades sera dû en partie à la détermination du *Chi'a* de venger le meurtre de Husayn.

Un petit-fils d'Abou Bakr, par sa fille Asma, Abd Allah Ibn al-Zoubayr, défie à son tour le pouvoir de Yazid. Le calife dépêche un contingent pour se débarrasser de lui, mais l'expédition tourne court

quand Yazid meurt prématurément à Damas. Le commandant de l'armée revient en Syrie pour prévenir des troubles éventuels. Et en effet, des révoltes éclatent. Mou'awiya II, fils de Yazid, est un faible, et son bref règne sera marqué par une instabilité politique endémique. Al-Zoubayr va en profiter pour réaffirmer ses prétentions au califat. Il réussit finalement à se faire proclamer calife de la péninsule arabe, d'Irak, d'Iran, d'Égypte et même d'une partie de la Syrie, le fief des Omeyyades.
Cependant, la dynastie omeyyade va l'emporter avec l'accession au pouvoir de Marwan Ibn al-Hakam, un homme d'âge mûr, membre de la branche marwanide de la dynastie. À sa mort, Marwan aura réussi à sauvegarder sa souveraineté sur la Syrie. Son fils, Abd al-Malik, pourra lui succéder. Il va devenir le plus important des califes omeyyades après Mou'awiya. À l'issue d'une longue lutte, il parvient à briser la révolte d'al-Zoubayr, et son gouverneur, l'impitoyable al-Hajjaj, met en déroute al-Zoubayr qui est tué à La Mecque en 72/692. Le pouvoir des Omeyyades en sort renforcé.
Mais l'importance du règne d'Abd al-Malik ne se limite pas au rétablissement du pouvoir omeyyade et au retour de la stabilité. Fort de sa souveraineté, il va reprendre l'expansion de l'empire musulman sur tous les fronts et amorcer l'important mouvement d'"arabisation" des registres publics de l'État jusque-là rédigés en grec en Syrie, et en pahlavi en Irak et en Iran. C'est lui qui proclame l'arabe langue officielle et qui va aussi créer une monnaie arabe (cf. "Les premières monnaies islamiques").
Quatre des cinq califes qui lui succèdent sont ses fils, le cinquième est son neveu, Omar Ibn Abd al-Aziz. La succession de ces cinq califats prend fin avec la mort d'Hicham Ibn Abd al-Malik. Ce sera la période la plus resplendissante de la souveraineté omeyyade. Les frontières de l'empire s'étendent sur trois continents. Tous ces souverains seront des grands bâtisseurs, tout particulièrement le successeur immédiat d'Abd al-Malik, son fils Walid Ier, qui fera édifier sous son règne trois somptueuses mosquées à Médine, Jérusalem et Damas. Walid Ier va aussi faire construire et instaurer les premières institutions charitables pour les lépreux, les aveugles et les handicapés.
Hicham Ibn Abd al-Malik sera le dernier des grands souverains omeyyades. À sa mort, l'État va péricliter rapidement. La puissance de l'opposition à la souveraineté omeyyade croît continuellement. Parmi les opposants les plus farouches figurent les non-Arabes convertis à l'islam. Ceux-ci, qui espéraient obtenir l'égalité sociale et économique avec les musulmans arabes, n'ont dans la majorité des cas obtenu ni l'une ni l'autre. En effet, les convertis, dont beaucoup sont Persans, peuvent au mieux, en étant affiliés en tant que clients à une tribu arabe, accéder à un statut de citoyens de second

Branche soufyanide de la dynastie omeyyade et sa filiation avec le fondateur de la branche marwanide.

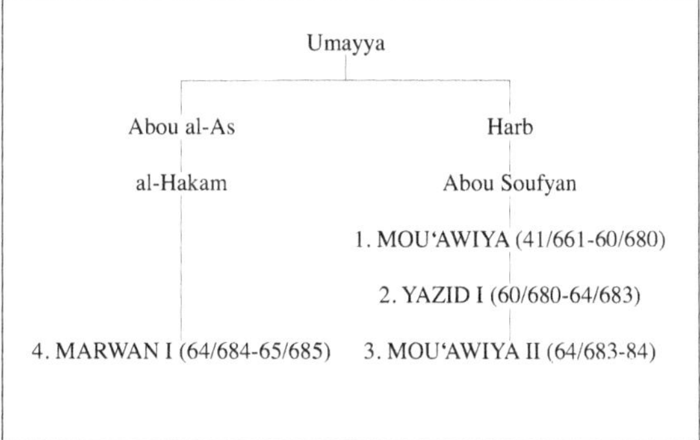

ordre sans toujours se voir exemptés de l'impôt de capitation payé par les non-musulmans. Parmi les Chiites, le nombre d'opposants au règne omeyyade augmente rapidement en Perse et en Irak. Ils n'ont jamais pardonné le meurtre d'Ali et de son fils Husayn et, de leur point de vue, les Omeyyades sont trop frivoles et trop impies pour servir de guides au monde musulman.
Ces différentes factions, qui contestent les Omeyyades pour des raisons économiques, sociales, religieuses et politiques, vont s'unir sous la conduite des Abbassides. Cette famille descend d'al-Abbas, un oncle du prophète. Ali était lui aussi fils d'un oncle de Muhammad (Abou Talib), mais les Abbassides considèrent qu'ils sont plus proches de la famille du prophète que les Omeyyades et que leur droit au califat est plus légitime.
Les Omeyyades ne pourront pas triompher de l'alliance abbasside. Ils seront privés du soutien essentiel des tribus arabes de Syrie lorsqu'elles se scinderont en deux groupes rivaux: les Arabes de l'Arabie du sud ou Yémen, et les Arabes de l'Arabie du nord. Ce conflit va perdurer pendant toute la période critique de la lutte dynastique des Abbassides contre le pouvoir des Omeyyades.
Plus grave encore, les trois califes qui succèdent à Hicham –leurs règnes cumulés ne durent pas plus d'un an– sont des incompétents: Walid II, par exemple, s'adonne plus volontiers au vin, à la poésie et à la musique qu'aux affaires de l'État, et la situation du pouvoir se détériore irrémédiablement. De sorte que lorsque Marwan II, qui, lui, a toutes les qualités d'un guide, va accéder au trône, il sera trop tard. Il devra consacrer ses six années de règne à mener une guerre perdue d'avance.
Les Abbassides sont guidés par Abou al-Abbas, arrière-petit-fils de l'oncle du prophète, al-Abbas. Leur révolte armée éclate en Perse dans la région du Khorasan, en 126/744. C'est Abou Mouslim, un agent perse des Abbassides, qui prend sa tête. Koufa tombe en 131/749 et Abou al-Abbas se proclame calife. Marwan II est vaincu au cours d'une bataille sur les rives du Tigre en 132/750. Peu après, Damas tombe à son tour et Marwan II doit s'enfuir. Les Abbassides vont le poursuivre sans relâche et finir par l'assassiner en Égypte, quelques mois plus tard. En fait, ils vont exterminer systématiquement tous les membres de la famille des Omeyyades. Un seul d'entre eux, Abd al-Rahman, un petit-fils d'Hicham, va en réchapper, en se réfugiant en Espagne où il fondera une nouvelle dynastie omeyyade, éclatante de raffinement et d'intelligence. Mais au cœur même du monde islamique, les Omeyyades auront trouvé une fin sanglante et tragique.
Il est généralement admis que les faits marquants de la dynastie des Omeyyades ainsi restitués sont véridiques. Précisons cependant que l'historien est confronté à des lacunes et à des difficultés considérables pour reconstruire l'histoire et établir dans sa continuité la période omeyyade. Du fait que l'on ne dispose que de très rares documents historiques avant 235/850, un siècle après la chute de la dynastie, la recherche de la vérité historique n'est pas facilitée. Il est évident que toutes les sources documentaires datant de la période abbasside doivent être abordées avec la plus grande circonspection.
Quoi qu'il en soit, on peut considérer qu'on bénéficie, dans l'ensemble, d'une connaissance satisfaisante du début de

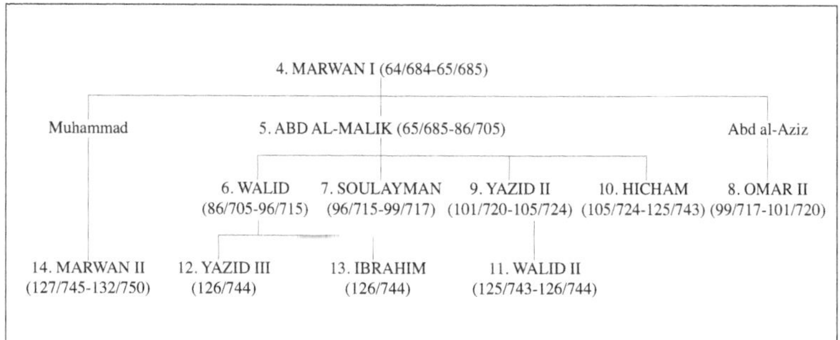

Filiation des califes marwanides de la dynastie omeyyade.

l'histoire de l'islam et de la période omeyyade. Cette page cruciale nous importe pour ses conséquences considérables: expansion de la conquête musulmane, fondation d'un empire bien administré qui a l'islam comme religion, l'arabe comme langue officielle, sa propre monnaie et dont un réseau postal relie tous les territoires. En outre, c'est aux Omeyyades que l'on doit le remplacement du système électif du calife par la succession héréditaire. Ils ont su transmettre la tradition et fonder sur elle une civilisation dont la contribution à différents savoirs sera considérable pour les siècles à venir. Au cours des IIe/VIIIe et IIIe/IXe siècles, en particulier, ils excelleront dans la diffusion de leurs connaissances et de leurs arts qui brilleront sur trois continents.

Dans les régions sous leur autorité se retrouvait l'héritage culturel de la Grèce et de Rome (en Syrie, Asie Mineure, Égypte et Afrique du Nord), des Assyriens, des Babyloniens, des Achéménides, des Parthes et des Sassanides (en Irak, Iran et Asie centrale). Ils ont réussi à vivifier cet héritage grâce au pouvoir fédérateur de la foi islamique et de la langue arabe, en le respectant et en le réinterprétant tout à la fois.

Si les empires grec, romain et byzantin n'ont pas ignoré l'importance de la grande Syrie, connue sous le nom de *Bilad al-Cham* (Liban, Syrie, Jordanie, Palestine et Israël) –qui était de longue date une province riche avec une agriculture prospère– c'est sous le règne des Omeyyades qu'elle va devenir le centre politique du pouvoir. Le fondateur de la dynastie, Mou'awiya, la gouvernera pendant près de vingt ans avant de devenir calife, ce qui va l'aider à appuyer sur elle son pouvoir. Cependant, l'Irak va peu à peu rivaliser avec la Syrie: au cours de la domination omeyyade, le rôle de cette région ne va cesser de croître. La stabilité sous le règne d'Abd al-Malik va en effet permettre d'exploiter pleinement le potentiel agricole de l'Irak, ce qui n'était pas le cas avant l'avènement de l'islam. En particulier, tous les territoires bordant les frontières entre les États byzantin et sassanide avaient été négligés. À partir d'Abd al-Malik, ces régions vont devenir stratégiques pour l'empire, et le gouverneur de l'Irak, al-Hajjaj (celui-là même qui a brisé la révolte d'Ibn al-Zoubayr dans le *Hedjaz*), les dotera d'un immense réseau d'irrigation. Par la suite, les ressources de l'Irak vont supplanter celles de la Syrie et le centre économique de l'empire omeyyade va basculer peu à peu en Irak. La nouvelle suprématie de l'Irak se confirme lorsque le dernier calife omeyyade, Marwan II, transfère sa capitale de Damas à Harran, en Mésopotamie. Quand les successeurs abbassides s'établissent eux aussi en Irak –d'abord à Koufa puis, très vite, dans la nouvelle ville de Bagdad– ils s'avèrent davantage continuateurs de la politique initiée par les Omeyyades que véritablement novateurs.

À côté, les territoires de la Jordanie actuelle qui faisaient alors partie de la Grande Syrie vont présenter aussi un intérêt considérable pour les Omeyyades, notamment parce qu'ils sont situés entre leur capitale, Damas, et le *Hedjaz*, région de grande importance religieuse et politique.

L'intérêt que les Omeyyades portaient à cette région est manifeste, comme en témoigne le nombre de châteaux, de palais et de résidences de campagne qu'ils ont fait construire dans la *Badiya* jordanienne (ou semi-désert). On aura l'occasion de s'étendre plus longuement au cours de l'exposition sur la signification de ces édifices, qui sont une énigme pour les historiens.

Pour comprendre le rôle de la Jordanie pendant la période omeyyade, il faut aussi évoquer les événements qui se sont déroulés dans deux petites villes du sud du pays: Edroh et al-Houmayma. Les premiers ont un rapport direct avec l'accession de Mouawiya au califat et, donc, avec la naissance de la dynastie omeyyade; les seconds ont contribué à sa chute.

Le sort de la bataille de Siffin, près de l'Euphrate, entre Ali et Mou'awiya était indécis. Selon certaines sources, Mou'awiya aurait alors réussi à convaincre Ali de soumettre l'accession au califat à un arbitrage. C'est à Edroh que sera organisée la session publique du fameux arbitrage. L'exactitude des relations dont nous disposons a été discutée par les historiens modernes, pour qui le point de vue abbasside est trop prévalant dans les documents. Il semble qu'il ne soit pas sorti grand-chose de cet arbitrage. En tout cas, les événements d'Edroh vont affaiblir considérablement Ali et donner à Mou'awiya –à l'époque, il est seulement gouverneur de Syrie, et donc théoriquement sous les ordres du calife– une position presque égale à celle d'Ali.

Les événements d'al-Houmayma sont de nature très différente. Suite à la révolte armée des Abbassides contre les Omeyyades qui éclate d'abord au Khorasan, en Iran, la famille des Abbassides va s'emparer de ce domaine des Omeyyades du *Bilad al-Cham* et en faire son quartier général. Al-Houmayma était une ville très isolée et apparemment sans intérêt. Toutefois, elle était quand même stratégiquement importante, proche des routes de pèlerinage et des voies commerciales reliant le *Bilad al-Cham* et le *Hedjaz.*

L'art omeyyade

Bien que bon nombre de chefs-d'œuvre de l'art et de l'architecture omeyyades aient disparu, de précieux témoignages de cette civilisation ont survécu aux ravages du temps. Il s'agit pour l'essentiel de vestiges architecturaux, plus d'une soixantaine. Du fait que nous ne disposons d'aucun texte de cette époque, ces monuments en sont les seuls témoignages indiscutables. La grande majorité de ces constructions était située

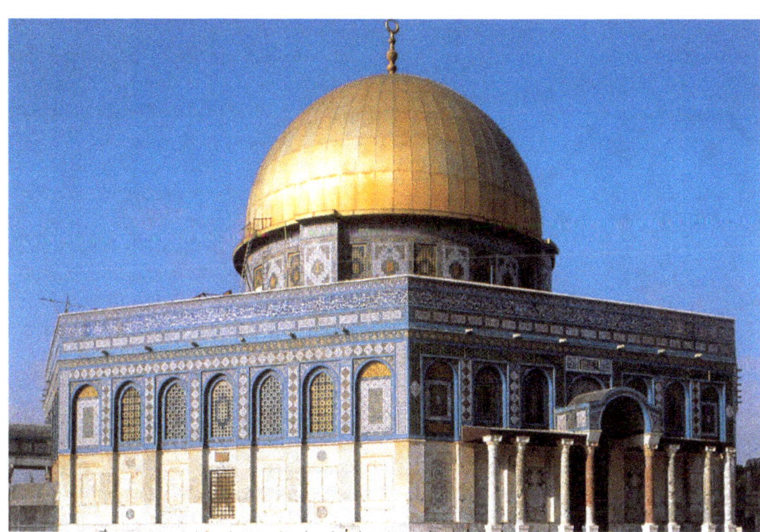

Le Dôme du Rocher, vue d'ensemble, Jérusalem.

en Syrie ; c'est le cas en particulier de celles qui ont été préservées. Cependant, les vestiges les plus anciens ne remontent pas au-delà de 70/690, quand Abd al-Malik restaure l'ordre dans l'État omeyyade (les soixante années qui suivirent seront une période de construction intense), de sorte qu'il ne nous reste rien des trente premières années du règne omeyyade.

Les grands historiens, Oleg Grabar et Richard Ettinghausen, ont établi une classification en cinq groupes de l'ensemble de l'art et de l'architecture omeyyades: le Dôme du Rocher, les premières mosquées du vendredi, les mosquées de Walid, les édifices laïques et les arts mineurs. On remarque évidemment que quatre catégories sur cinq font référence au patrimoine architectural; c'est que les Omeyyades, à commencer par Abd al-Malik, ont été des constructeurs passionnés. Les arts dans lesquels ils ont excellé –mosaïques, fresques, sculpture figurative– sont ainsi tous liés à l'architecture.

Les mosquées

Le Dôme du Rocher, à Jérusalem, érigé par Abd al-Malik Ibn Marwan et dont la construction sera achevée en 72/691-692, représente pour nous le plus ancien des témoignages de l'art islamique. L'édifice est majestueusement situé sur une vaste esplanade artificielle appelée *al-Haram al-Charif*, "le Noble Sanctuaire", d'où il domine toujours la ville. On suppose que le site était à l'origine celui du temple de Salomon et, plus tard, celui du temple construit en 18 av. J.-C. par Hérode le Grand (mort en 4 av. J.-C.). C'est le général romain Titus –futur empereur de 40 à 81 après J.C.– qui commande la destruction du temple d'Hérode en l'an 71. Le lieu restera à l'abandon jusqu'à la conquête de Jérusalem par les musulmans

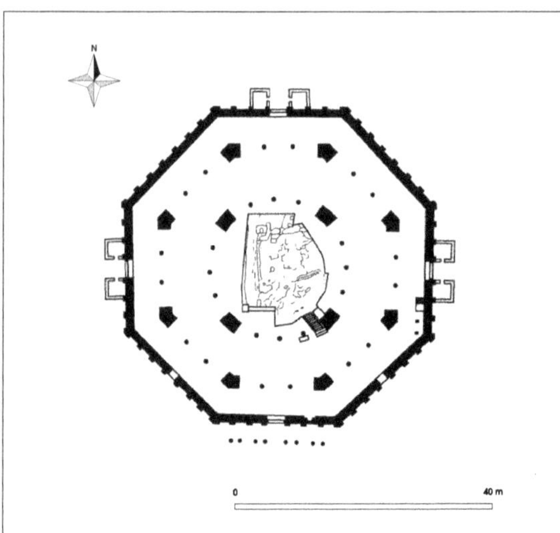

Plan du Dôme du Rocher, Jérusalem (Burckhardt, 1976).

en 16/637. Ils vont rapidement construire une première mosquée dans la partie sud de l'esplanade.
Le bâtiment, construit sur une formation rocheuse naturelle, est de forme octogonale, avec une vaste coupole centrale qui s'élève jusqu'à une hauteur de 25 m environ. L'octogone a un diamètre de 60 m, et celui de la coupole atteint 20 m. Pour les musulmans, il symbolise le lieu d'où le prophète s'est élevé vers les cieux pendant son miraculeux "Voyage nocturne". Le Rocher a aussi d'autres significations importantes pour les musulmans, les juifs et les chrétiens. Il est traditionnellement associé à l'histoire de la création et au sacrifice d'Isaac, fils d'Abraham. Selon certaines sources historiques musulmanes très anciennes, Abd al-Malik aurait eu l'intention de faire du Rocher de Jérusalem le lieu de pèlerinage le plus important pour les musulmans, à la place de la *Ka'ba* de La Mecque. Cependant, cette supposition reprend trop à la lettre le point de vue abbasside, et les historiens modernes ont démontré son inexactitude.
La plus grande partie du bâtiment date de l'époque d'Abd al-Malik. Le plan et la configuration générale de l'édifice ne seront pas sensiblement modifiés après la fin du Iᵉʳ/VIIᵉ siècle. Toutefois, l'aspect du Dôme et sa décoration résultent de restaurations et de remaniements plus tardifs. À l'origine, les murs intérieurs et extérieurs étaient entièrement décorés de mosaïques ; il n'en subsiste que 280 m^2 environ. Les mosaïques extérieures ont été retirées au cours du Xᵉ/XVIᵉ siècle et remplacées par des tuiles vernissées.
Le bâtiment est d'inspiration byzantine, tant par son architecture que par sa décoration, sauf pour les motifs des mosaïques où les fleurons, couronnes, palmettes et fleurs traduisent une influence sassanide. Cependant, et ceci vaut pour tout l'art omeyyade en général, ces emprunts stylistiques sont systématiquement réinterprétés, ce qui se remarque à la très grande innovation soit dans la composition globale, soit dans l'introduction de variantes. Le Dôme du Rocher présente déjà un certain nombre de particularités stylistiques dans lesquelles on identifiera plus tard les principales caractéristiques des traditions de l'art et de l'architecture islamiques. Cela est évident dans les dessins des mosaïques, d'où sont absentes les figures humaines ou animales, ce qui atteste bien la précocité de la résistance des musulmans à ces représentations dans les édifices religieux.
Au Dôme du Rocher, la calligraphie s'affiche déjà comme motif dans la décoration du bâtiment. Ce sont principalement des versets du *Qur'an* (Coran) qui sont transcrits dans les grandes inscriptions des

mosaïques intérieures. Ces textes constituent un des documents écrits les plus anciens de l'islam dont nous disposons, en même temps qu'ils figurent évidemment comme élément décoratif. Ils ont aussi une fonction épigraphique pour la partie du texte qui précise que l'édifice est achevé sous Abd al-Malik, en l'an 72/691-692.

On notera que le calife abbasside al-Ma'mun (197/813-218/833) va substituer son nom à celui d'Abd al-Malik, sans cependant corriger la date initiale. Ces textes ont aussi un dessein politique, plusieurs versets coraniques ayant pour objet les relations de l'islam avec le christianisme. Le choix de construire un édifice aussi important au cœur d'une des villes les plus sacrées de la chrétienté impose l'idée de la suprématie de la révélation islamique sur les deux autres religions monothéistes et de la victoire de l'islam.

Enfin, cette réalisation témoigne aussi de la mise en œuvre d'un nouveau rapport entre l'architecture et la décoration murale, une des caractéristiques essentielles dans la tradition architecturale islamique à venir. Dans l'art et l'architecture grecs traditionnels, de la Grèce antique à Byzance, l'utilisation de la décoration reste au service des formes architecturales. Dans le Dôme du Rocher, la valeur picturale de la décoration murale joue un rôle de premier plan et va même parfois prévaloir sur celle de son support architectural.

Nous devons à Walid I la plus grande partie de nos informations sur l'architecture des mosquées de la période omeyyade. Pour les mosquées qui ont précédé son règne, il ne nous reste pratiquement rien, et c'est seulement grâce aux documents écrits que nous nous en faisons

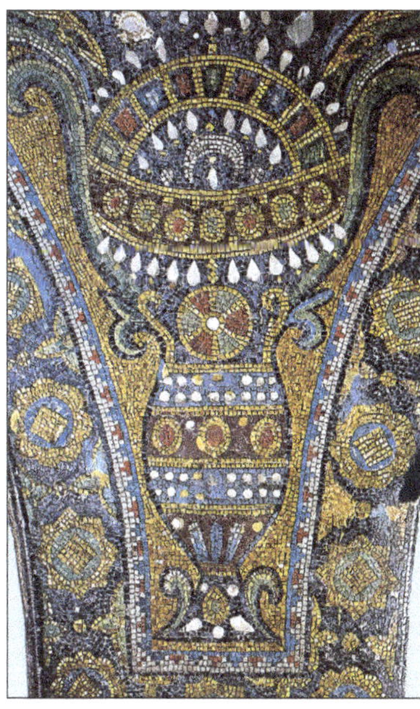

Dôme du Rocher, détail des mosaïques intérieures, Jérusalem (Ettinghausen, 1977).

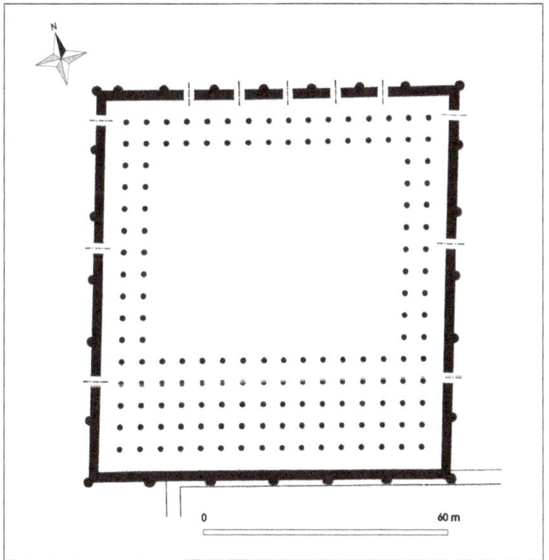

Plan de la grande mosquée, reconstruite en 50/670, Koufa (Grabar, 1973).

Plan de la maison et de la mosquée du prophète, Médine (Grabar, 1973).

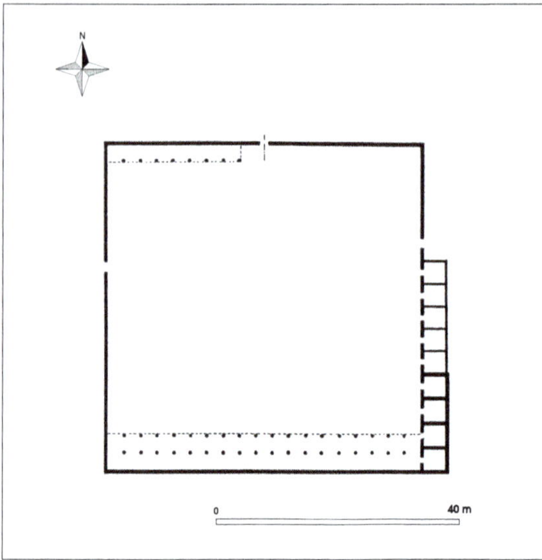

Plan de la mosquée du prophète, reconstruite en 91/710, Médine (Grabar, 1973).

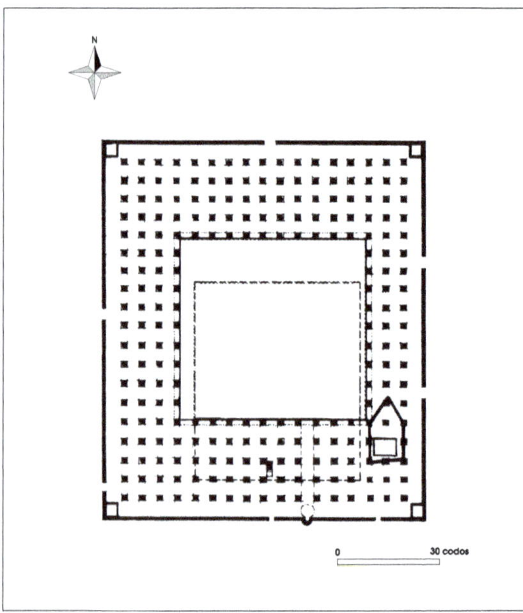

une idée. Les Omeyyades vont construire, reconstruire et agrandir les mosquées du vendredi soit dans les villes anciennes, soit dans les nouvelles implantations musulmanes comme Bassora, Koufa et Wasit en Irak, Foustat (aujourd'hui un quartier du Caire) en Égypte, et Kairouan en Tunisie.

Avant Walid, la mosquée du vendredi (ou mosquée du prêche) respecte généralement un plan carré disposant, autour d'une grande cour ouverte, une salle de prière couverte sur un côté (celui en direction de La Mecque, connu sous le nom de *qibla*) et des portiques sur les trois autres côtés. L'ordonnance hypostyle de la salle de prière ménage une distribution ordonnée des colonnes selon un quadrillage carré ou rectangulaire. Dès qu'il y en a un grand nombre, les colonnes ainsi disposées imposent une extraordinaire impression de forêt. Ce plan est celui-là même que le prophète Muhammad avait adopté pour la maison et la mosquée qu'il avait fait construire après avoir quitté La Mecque et s'être installé à Médine, en l'an 1/622. Les mosquées du vendredi sont les mosquées principales de chaque ville; elles n'ont pas seulement une fonction religieuse, mais aussi politique et sociale. Elles sont le centre d'activités diverses, comme l'enseignement et l'administration de la justice.

Avec ces mosquées vont s'imposer deux caractéristiques importantes dont l'origine précise nous échappe. En premier lieu, la *maqsoura* –une enceinte spéciale réservée à l'usage du souverain– qui vient prendre place au milieu de la *qibla*. La *maqsoura* était conçue en partie pour protéger le prince d'un éventuel assassinat, et en partie pour le magnifier en le séparant de ses sujets. On estime aussi que le minaret, le symbole architectural le mieux associé à l'islam, date de cette époque. Les textes indiquent qu'il viendrait d'Égypte ou de Syrie, sans plus de précision sur la date de son introduction.

C'est sous le règne de Walid, période de grande expansion et de consolidation, que seront entreprises, à son initiative, les constructions de trois mosquées monumentales à Médine (91/710), à Damas (96/715) et à Jérusalem (96/715). Malheureusement, les mosquées de Médine et de Jérusalem ont subi de très importantes modifications, de sorte que leur état actuel nous renseigne mal sur les bâtiments primitifs.

À Damas, par contre, la mosquée a conservé une grande partie de son caractère originel, malgré l'incendie de 1310/1893 qui a causé des dommages considérables. À l'emplacement de la mosquée était à l'origine un temple romain dédié à Jupiter, puis, pendant la période byzantine, l'église de Saint-Jean-Baptiste (son autel se trouve toujours dans la mosquée). Au début, les musulmans partagent l'édifice avec les chrétiens, une partie faisant office de mosquée, l'autre d'église. Walid va racheter tout le terrain pour y faire construire sa mosquée.

Le bâtiment mesure 100 m sur 157 m, ce qui lui vaut de rester aujourd'hui encore l'une des mosquées les plus vastes de l'islam. Elle propose un compromis intéressant entre le plan basilical romain byzantin, avec sa nef centrale longitudinale, ses nefs latérales, et le plan hypostyle de la salle de prière dont la colonnade accentue la disposition horizontale de l'espace, permettant ainsi aux fidèles de s'aligner sur un axe transversal de la salle des colonnes. Elle est

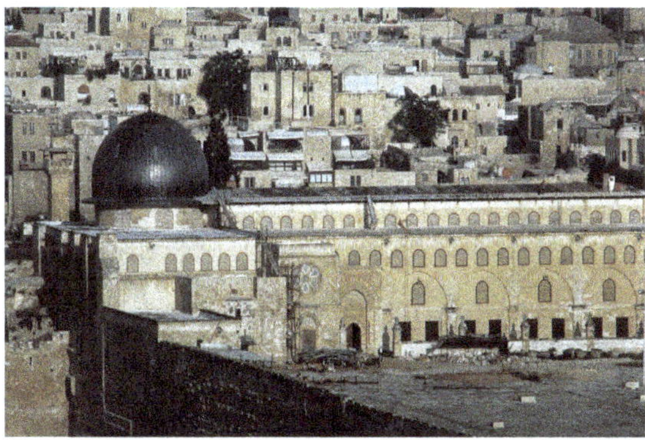
Mosquée al-Aqsa, vue générale, Jérusalem.

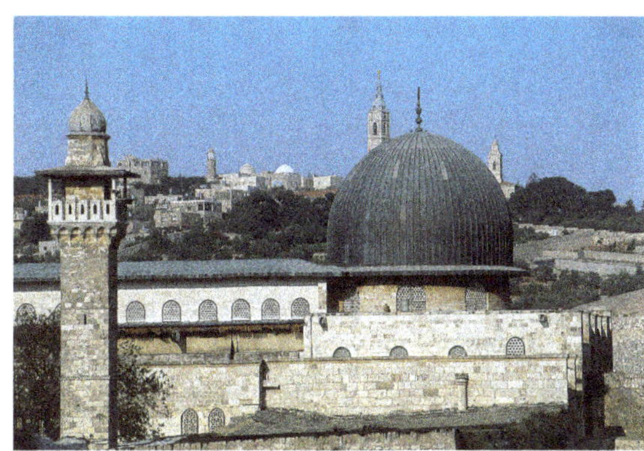
Mosquée al-Aqsa, vue du dôme, Jérusalem.

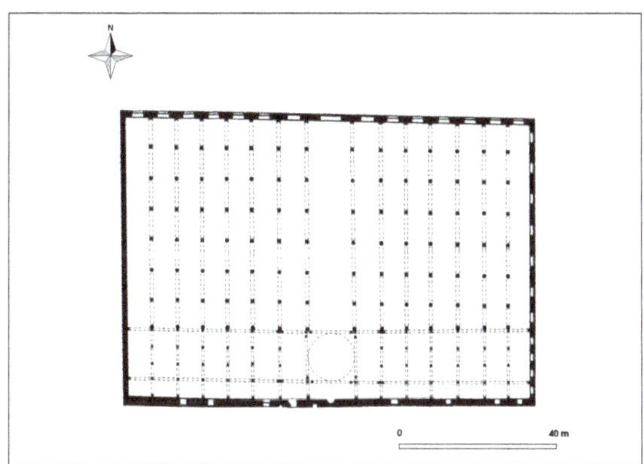

Plan de la mosquée al-Aqsa, 96/715, Jérusalem (Grabar, 1973).

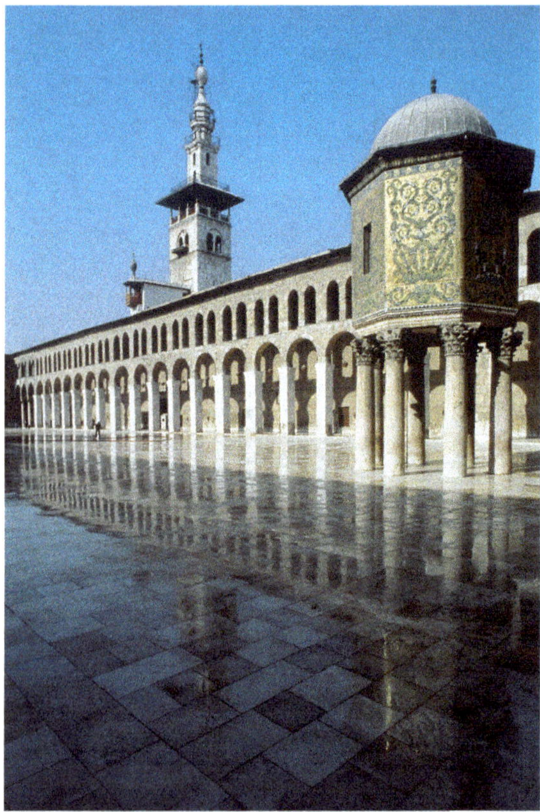

Mosquée omeyyade, vue de la cour, Damas.

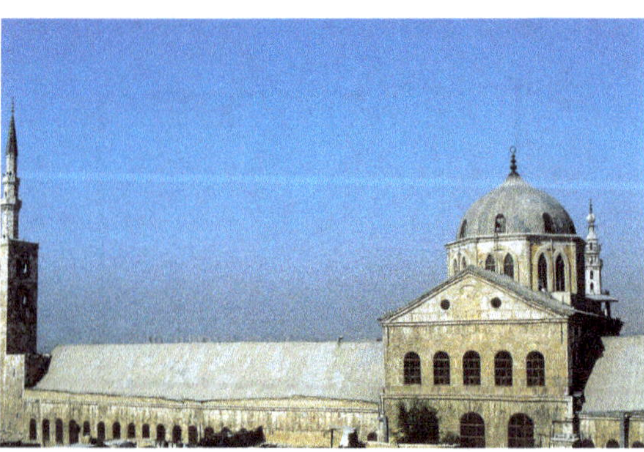

Mosquée omeyyade, vue du dôme depuis la cour, Damas.

surmontée de trois minarets, dont deux aux angles de la *qibla*, et un au milieu du côté nord. Le troisième minaret n'a pas pu être daté avec certitude de l'époque de Walid. Les superstructures de ces trois minarets sont toutes d'une époque postérieure, mais les deux tours du sud, qui reposent sur les fondations de tours d'angle romaines, comptent assurément parmi les minarets les plus anciens du monde.

La mosquée abrite aussi le plus ancien *mihrab* concave connu de l'islam. Le *mihrab* est une sorte de niche, généralement placée au centre du mur, et qui contribue à distinguer la *qibla*. D'après les documents, le *mihrab* que Walid a fait construire pour la mosquée de Médine sera le premier de l'islam, mais il n'a pas été conservé. Selon les chercheurs modernes, les premiers *mihrabs* auraient commémoré la place occupée par le prophète lors du sermon du vendredi.

On remarque en particulier les centaines de mètres carrés de mosaïques murales figurant des paysages avec des rivières, des arbres et des bâtiments. Leur manière évoque plus le deuxième style des fresques de Pompéi que celui des mosaïques byzantines, d'habitude très stylisées. Comme dans les mosaïques du Dôme du Rocher, toute représentation humaine ou animale a été écartée. L'interprétation des sujets représentés a opposé les commentateurs. Pour les uns, il s'agirait de vues de Damas et d'autres villes syriennes; les autres y voient des images symbolisant la paix, la sécurité et la prospérité sous le règne des Omeyyades. D'autres encore les ont interprétés comme des évocations du paradis. Sans doute chacun a-t-il en partie raison. La qualité de ces mosaïques est si exceptionnelle qu'on a longuement

Mosquée omeyyade, détail des mosaïques de la cour, Damas (Ettinghausen, 1977).

Mosquée omeyyade, détail des mosaïques de la cour, Damas (Ettinghausen, 1977).

débattu tant de leur sens que de l'identité des artisans qui les ont exécutées: avait-on attiré des artistes de Constantinople ou choisi des artisans locaux ? Les fenêtres sont ornées de grilles de marbre dont les entrelacs géométriques préfigurent le style décoratif caractéristique de l'islam.

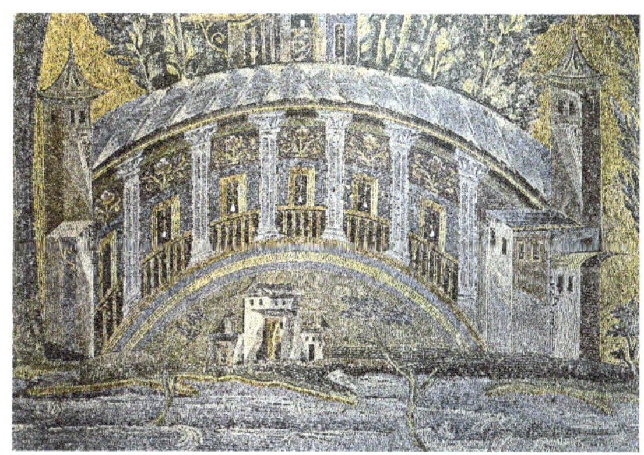

Les édifices séculaires (Khirbat al-Mafjar)

Des édifices construits dans les villes pendant la période omeyyade, presque rien n'a été sauvegardé. Il ne reste plus rien de leur palais de Damas. Dans l'état actuel des fouilles, on a retrouvé les vestiges de *Dar al-Imara,* ou "Maison du gouverneur", à Koufa, et des vestiges qui pourraient être ceux de palais omeyyades à Jérusalem. Il s'agit surtout de fondations et de ruines qui nous apportent peu d'informations. L'un des monuments citadins les mieux préservés est le palais des Omeyyades de la citadelle d'Amman, dont nous parlerons plus loin.

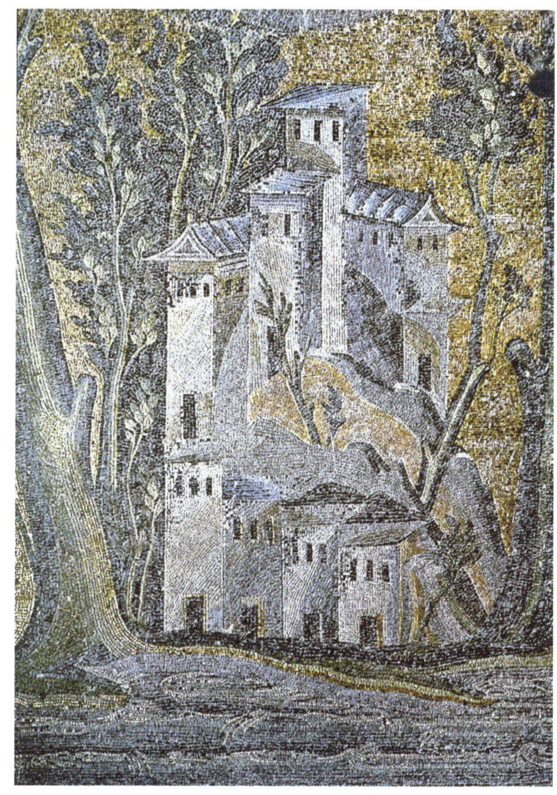

Par contre, nombre de résidences construites en dehors des centres urbains, à la campagne et dans la *badiya* syrienne, ont bien résisté. Comme beaucoup de constructions de ce genre sont situées en Jordanie et qu'elles représentent une bonne part de son patrimoine architectural islamique, leur étude sera abordée dans les circuits. On proposera ici seulement quelques commentaires sur l'une de ces résidences, la plus importante et la plus étrange encore existante, Khirbat al-Mafjar, près de Jéricho, en Palestine.

On pense qu'elle a été construite par le quelque peu excentrique calife Walid II.

Plan de Khirbat al-Mafjar, 126/744, Jéricho (Grabar, 1973).

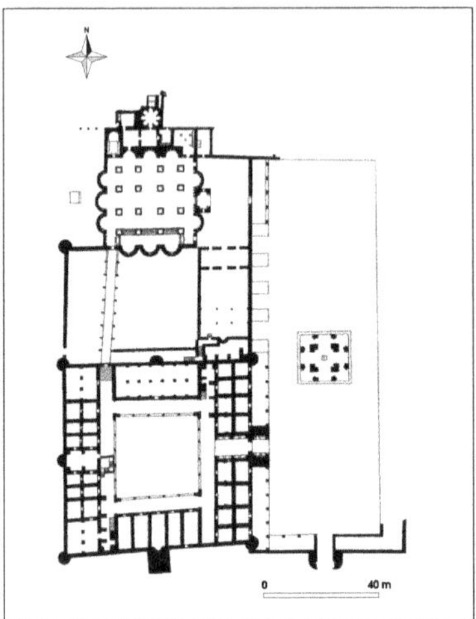

On croit aussi qu'il en a ordonné la construction avant même d'être calife et que, à sa mort en 126/744, elle n'était pas encore terminée. L'ensemble est constitué d'une mosquée, d'un château et de bains qui sont bien conformes à la personnalité supposée de Walid II. En effet, les récits historiques font allusion à une sorte de petite piscine qui existe encore. On rapporte que Walid II la faisait remplir de vin pour s'y plonger et en ingurgiter tant que le niveau de la vasque baissait considérablement !

Khirbat al-Mafjar est surtout remarquable par ses stucs et ses sols en mosaïques. Celles des bains sont immenses, et l'assemblage de leurs trente-neuf panneaux constitue le plus grand ensemble de mosaïques anciennes encore existant depuis l'Antiquité. La plus grande partie du décor, d'une extraordinaire qualité, est à motifs géométriques, mis à part celui qu'on trouve dans une pièce à l'écart des bains et qui est un véritable chef-d'œuvre. Cette décoration, d'un dessin et d'une facture superbes, figure un arbre dont deux gazelles broutent les feuilles sur le côté gauche tandis qu'une autre gazelle est attaquée par un lion à la droite de l'arbre. La bordure à motifs de glands indique que le dessin est repris d'un tissu. Le panneau a été interprété comme une allégorie du pouvoir omeyyade : il oppose la félicité ressentie sous la férule omeyyade à la colère du calife envers ses ennemis.

Alors que les mosaïques reflètent l'influence byzantine, les stucs de Khirbat al-Mafjar sont inspirés des modèles sassanides. La technique du stuc était très prisée dans l'art sassanide, car elle était à la fois peu onéreuse et d'une mise en œuvre facile –soit en moulage, soit en sculpture. Il faut rapporter l'existence de ces œuvres à l'influence croissante de l'Irak et de l'Iran pendant la dernière période du pouvoir omeyyade. Au milieu des nombreuses sculptures retrouvées sur le site, on remarque celle d'un prince, figuré en pied sur un piédestal à deux lions. Il est revêtu de l'habit traditionnel sassanide et tient dans sa main une dague ou une épée, attribut de son statut royal. Ce travail, comme celui des autres stucs, n'égale cependant pas le raffinement remarquable des mosaïques. Il faut dire que la Syrie est à l'époque un centre de production de mosaïques très réputé, ce qui n'est pas le cas pour ses sculptures en pierre ou en stuc.

Concernant les arts décoratifs omeyyades, dits souvent "arts mineurs" –comme le travail des métaux, des textiles, de la céramique et des ivoires– nous sommes plus démunis. Il est très difficile de dater et d'identifier les styles de la plupart des objets, sauf par recoupements avec le contexte de leur découverte. En effet, la tradition de la

Moule en fer d'un éléphant d'al-Foudayn, Musée archéologique jordanien (J 16514), Amman.

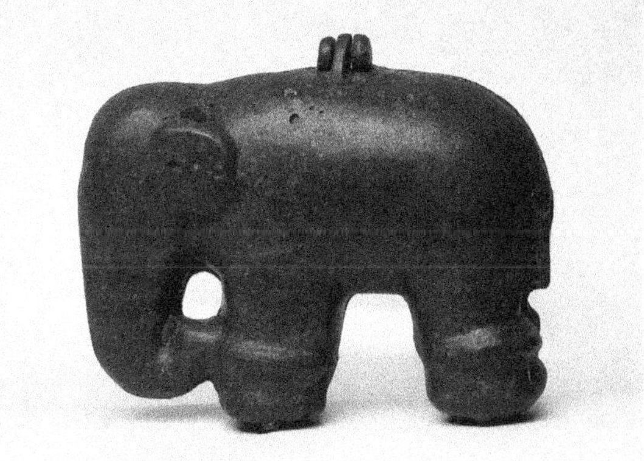

première période va continuer à dominer les productions plus tardives. De sorte qu'il est parfois pratiquement impossible d'attribuer une pièce à l'art omeyyade, byzantin, sassanide ou même copte. En général, la production de tissus, de tapis, le travail des métaux, de la céramique vernissée et des enluminures ne sont pas encore très répandus sous les Omeyyades, contrairement à la grande tradition de l'art islamique plus tardif où ces techniques vont occuper une place non négligeable. Au fond, les arts décoratifs ont un rôle très secondaire face à la prééminence de l'architecture, et les mosaïques et la sculpture figurative sont des arts intimement complémentaires de l'architecture à cette époque. Il faut toutefois faire une place à part à l'art de la monnaie. Il naît sous le règne d'Abd al-Malik, et va évoluer en excluant toute représentation figurative. Cet apport sera déterminant pour l'histoire de la monnaie musulmane aux époques suivantes (cf. “Les premières monnaies islamiques”).

Finalement, les Omeyyades ont été les créateurs de la toute première tradition artistique de l'islam, et leur art et leur architecture abondent d'œuvres qui préfigurent nettement la création artistique ultérieure. Le cas de l'architecture des mosquées est tout à fait exemplaire à cet égard. Des caractéristiques qui deviendront indissociables de l'architecture des mosquées, tels que le *mihrab* et le minaret, apparaissent à cette époque. Il en va de même pour les motifs géométriques, très spécifiques de l'art islamique, dont le filigrane de marbre de la mosquée de Damas et les mosaïques de Khirbat al-Mafjar sont de magnifiques illustrations. De même, les bandeaux épigraphiques des arcades intérieures du Dôme du Rocher sont les prédécesseurs de toute l'utilisation de la calligraphie dans l'art et dans l'architecture islamiques. Cependant, certaines techniques privilégiées par les Omeyyades, comme la mosaïque et la sculpture figurative, vont péricliter, parfois même disparaître complètement dans l'art islamique traditionnel.

On doit à l'historien de l'art Robert Hillenbrand une formule qui résume heu-

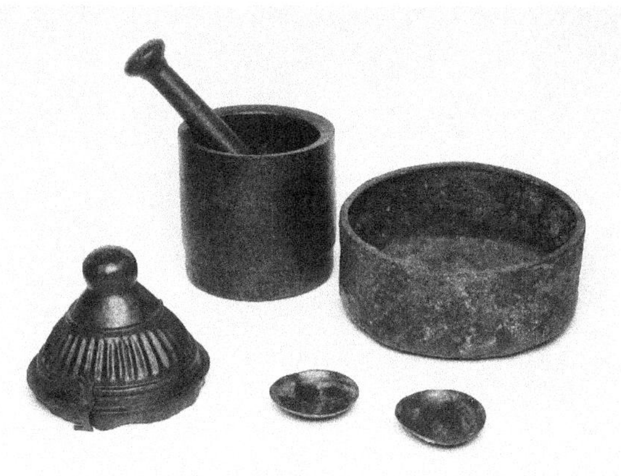

Ustensiles de cuisine en bronze d'Oum al-Walid, Musée archéologique (672-674, 787, 795), Madaba.

d'al-Foudayn, Musée archéologique jordanien (J 19308), Amman.

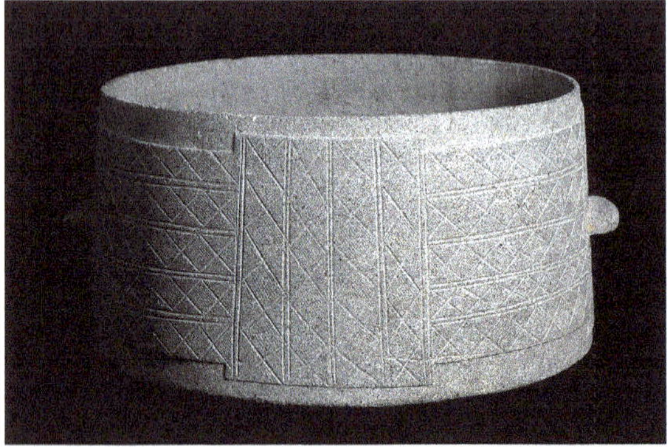

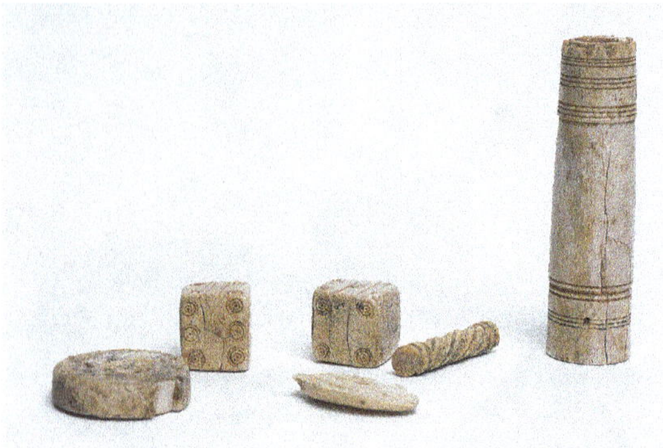

Objets en ivoire d'al-Foudayn, bureau du département des Antiquités (209), Mafraq.

reusement les caractéristiques de cet art, un art, pour lui, "*éclectique, expérimental et propagandiste*". Éclectique, du fait que c'est dans la grande Syrie que les arts du monde hellénistique occidental vont rencontrer l'art oriental de la Mésopotamie, de l'Iran et de l'Asie centrale et s'influencer réciproquement. Expérimental, parce qu'il excelle dans la combinaison des formes et des thèmes, déployant une véritable liberté par rapport aux conventions établies. Propagandiste ou politique, puisqu'il abonde en œuvres qui proclament la puissance et la grandeur de l'État arabo-musulman omeyyade et de ses califes.

LES OMEYYADES. NAISSANCE DE L'ART ISLAMIQUE

Ghazi Bisheh

Le choix des cinq circuits de Musée Sans Frontières répond à l'exigence d'offrir au visiteur une vue d'ensemble sur les cultures et les arts développés en Jordanie pendant la période omeyyade (41/661-132/750). On peut dire de cette période qu'elle marque la formation de l'art islamique, qu'elle est sa matrice. Il n'y a pas eu alors de rupture brutale des pratiques sociales et culturelles, mais plutôt une évolution lente, graduelle, qui a toujours permis de diriger les choix. En effet, la conquête arabo-musulmane a su éviter les destructions massives tout comme les bouleversements démographiques et s'épargner ainsi les risques de soulèvements des populations. On ne peut pas se représenter ce mouvement historique sans brosser un bref rappel des conditions politiques, sociales et économiques des quelques décennies qui précèdent la conquête de la Syrie ou *Bilad al-Cham* (la région qui comprend la Jordanie, la Palestine et la Syrie contemporaines).

En 610, Héraclius renverse l'empereur Phokas et s'empare du trône pour la défense de l'empire byzantin et de la foi chrétienne. Un an plus tard, les Perses sassanides envahissent le nord de la Syrie; en l'espace de trois ans, ils vont conquérir la Palestine et Jérusalem –où ils s'emparent des reliques de la Vraie Croix qui seront transférées dans la capitale sassanide, Ctésiphon. En 628, Héraclius réarme ses troupes pour porter la guerre au cœur de l'empire sassanide et chasser les Perses des territoires byzantins occupés. En 630, il entre triomphalement dans Jérusalem en exhibant les reliques de la Vraie Croix qu'il va restituer à la ville. Ainsi, la Syrie aura subi pendant presque quinze ans l'occupation et l'influence culturelle perses avant d'être libérée par Héraclius. Il faut dire qu'après son accession au trône impérial, en 610, Héraclius ne connaîtra pas beaucoup de répit: les guerres incessantes et les controverses religieuses agitent la Syrie depuis des années, et l'instabilité politique est endémique. Ce sont les Sassanides de Mésopotamie qui représentent la principale menace pour l'autorité byzantine en Syrie. Face à cette menace, les Byzantins disposent non seulement de la force de leurs légions, mais aussi du réseau d'alliances contractées avec les puissantes tribus arabes, tels les Banou Salih au Ve siècle

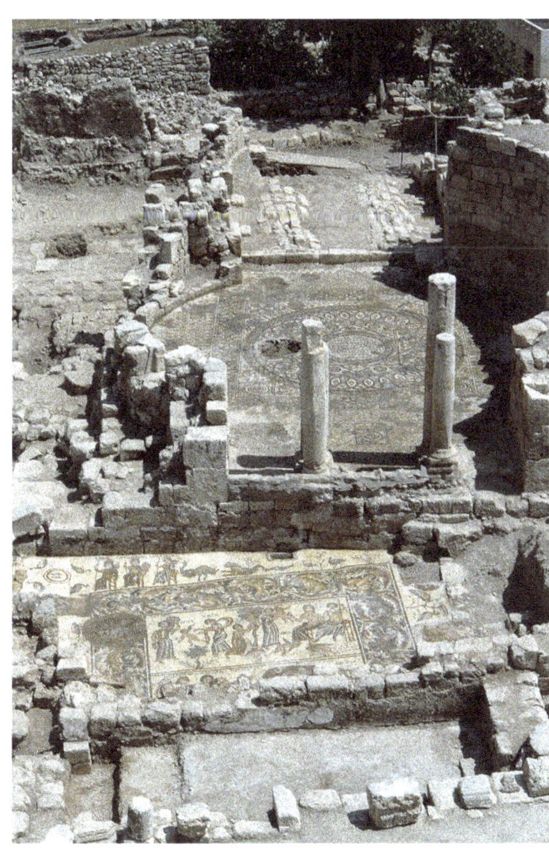

La salle d'Hyppolite et l'église de la Vierge Marie, Madaba.

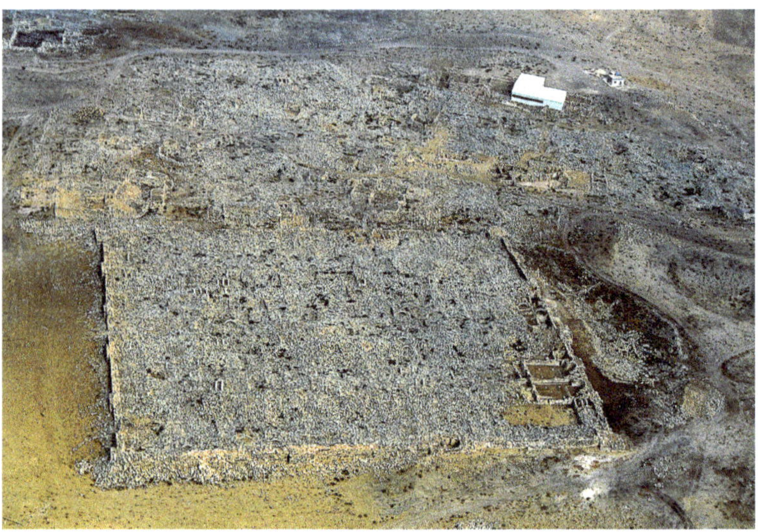

Oum al-Rasas, vue aérienne (Piccirillo, 1993).

et les Ghassanides au VIe siècle. Sous le règne de Justinien (527-565), Byzance avait retiré ses troupes des fortifications et des camps de légionnaires qui défendaient la route de Trajan, la *Via Nova Traiana* (cf. "Commerçants et pèlerins"). En se retirant, elle va confier la défense de ses frontières à ses alliés ghassanides. C'est un temps où l'on voit petites villes et villages se multiplier. Les églises prolifèrent, comme les domaines agricoles prospères, avec leurs pressoirs pour le raisin et les olives. On peut penser que l'économie rurale a profité du déclin des cités. À partir du VIe siècle, les plus grandes d'entre elles périclitent ou subissent à toutes sortes de catastrophes naturelles, des séismes aux épidémies de peste (cf. "Jérach (Gérasa)"). Le départ de l'armée régulière byzantine –qui se retire de la frontière fortifiée (*limes*) qu'elle laisse sous le contrôle des Ghassanides– a peut-être aussi joué un rôle: l'ordre impérial et la levée des taxes étaient indispensables à l'essor des villes et des villages, à l'édification des églises comme à Madaba, Oum al-Rasas (Mayfa'a) Rihab, Khirbat al-Samra et Oum al-Jimal. Le VIe siècle, il faut le rappeler, est aussi une période de forte "arabisation" dans la plus grande partie de la Syrie, y compris dans les régions de la Jordanie et de la Palestine. Ces tribus arabes, originaires du Yémen, sont en majorité chrétiennes et, pour nombre d'entre elles, alliées à l'empire byzantin. Au cours de la période omeyyade, elles vont être massivement recrutées dans l'armée syrienne et devenir le soutien principal de la dynastie régnante, accédant du même coup à des statuts privilégiés et à des avantages nouveaux. Ce mouvement explique probablement pourquoi les palais d'agrément vont se multiplier dans la région de Belqa (cf. "Le système administratif omeyyade"), sur des sites comme al-Mouwaqqar, al-Qastal, Oum al-Walid et Khan al-Zabib (cf. "Les palais résidentiels").

Moins d'une dizaine d'années après l'expulsion des Perses, la Syrie est de nouveau envahie, par les armées arabo-musulmanes cette fois, dans la foulée de la conquête islamique de l'Égypte, de l'Irak et de l'Iran. En 41/661, Damas devient la capitale du premier empire islamique et le siège de la toute nouvelle dynastie omeyyade (cf. "Introduction historique et artistique").
Jusqu'à une époque récente, l'opinion la plus répandue chez les historiens était qu'à cause des invasions successives des Perses et de la conquête arabo-musulmane, le Ier/VIIe siècle n'avait pu être qu'une période de bouleversements et de changements radicaux. On en trouvait les indices partout: modification de l'espace urbain, rétrécissement des villes, empiétement sur les rues des constructions de fortune, pratique de la *spolia* (récupération des pierres des monuments pour les nouvelles constructions, en particulier les églises). Plus significatif encore est le défaut d'entretien des aménagements publics comme les égouts, les aqueducs et les bains. En fait, on admet maintenant que ces évolutions ont été très progressives et qu'elles débutent déjà au VIe siècle. Par la suite, ce processus va s'accélérer, de sorte qu'il deviendra malaisé de l'assimiler à une simple série d'adaptations sans but précis. Il est indéniable qu'une nouvelle conception de la cité vient de se faire jour, qu'elle entraîne des décisions conscientes, dont le résultat est prémédité. Les évêques vont remplacer les conseils de citadins et mettre en avant un nouvel idéal. Un éminent spécialiste propose d'opposer terme à terme l'idéal classique de *"bonne gestion"* de la ville et l'aspiration au *"bien-être"* spirituel de la communauté. Il y a un véritable "boom" de la construction d'églises au VIe et au début du Ier/VIIe siècles, comme on peut le vérifier notament en Jordanie. Au-delà de la modification matérielle de la ville, c'est son identité en tant que ville chrétienne qui en sort transfor-

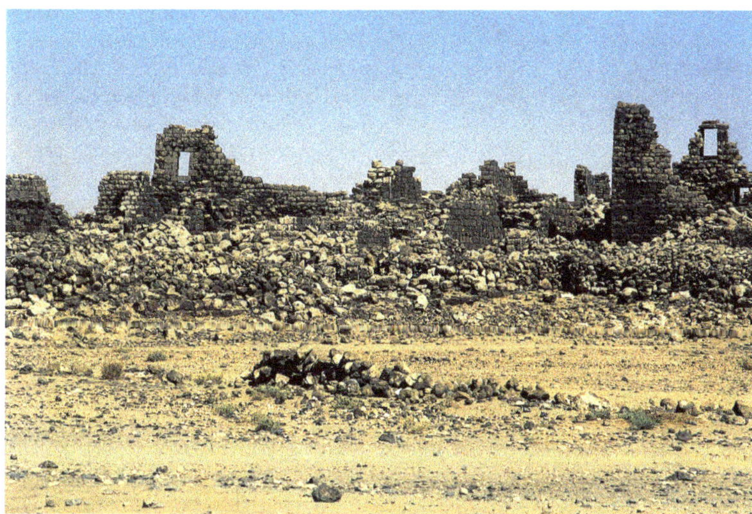

Oum al-Jimal, vue générale.

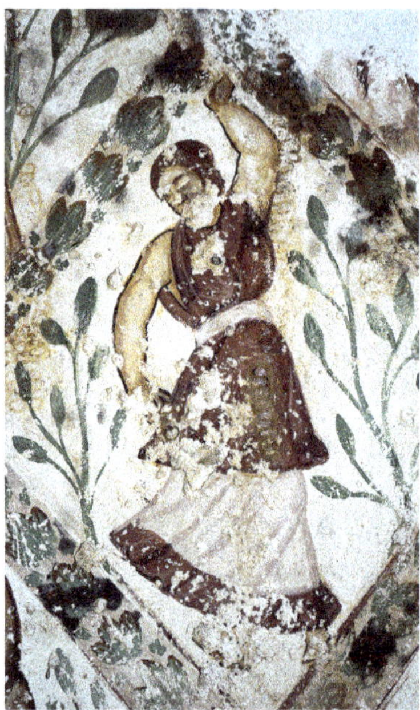

Qousayr Amra, danseuse, al-Badiya (J. L. Nou).

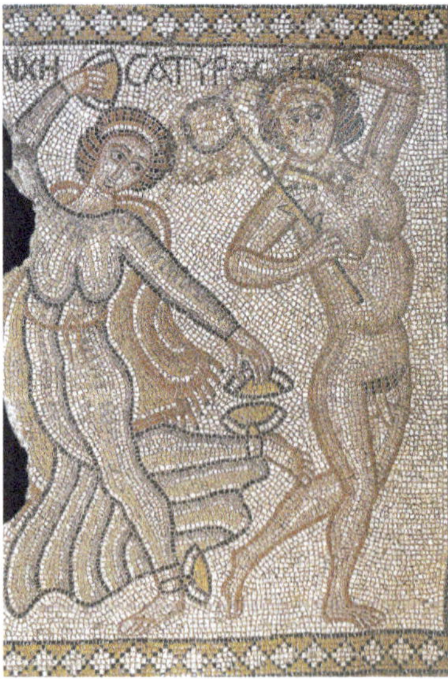

Procession bachique, musée archéologique, Madaba (Piccirillo, 1993).

mée. Ce marquage religieux des cités ne sera pas profondément mis en cause pendant toute la période omeyyade. Non seulement le culte continue d'être exercé librement dans les églises déjà existantes, mais de nouveaux lieux de culte ouvrent et seront, comme par le passé, ornés de mosaïques multicolores, comme celles de Madaba (église de la Vierge), de Ma'in, d'al-Qouwaismeh et d'Ayn al-Kaniseh sur le mont Nébo. Si on observe les inscriptions dédicatoires de ces églises, on constate que ni l'utilisation du grec, ni la référence au calendrier byzantin, ni la mention *Provincia Arabia* n'ont été abandonnées. Cette permanence rend manifeste la forte continuité des modes de vie des communautés chrétiennes locales et leur soumission toute superficielle aux impératifs de l'islam. Le fait qu'on ait pu ouvrir de nouvelles églises dans la première période islamique n'est pas conforme à la jurisprudence musulmane en général. Il nous pose même un embarrassant problème de terminologie. L'étude de ces mosaïques produites pendant la période omeyyade, mais à usage des communautés chrétiennes, peut-elle entrer dans le chapitre "art islamique"? Et dans ce cas, quelle définition donner de l'art islamique? Ne serait-il pas plus approprié de les qualifier "d'art chrétien-islamique"? Il est probablement plus avisé de s'en remettre à la suggestion d'un éminent spécialiste de l'art et de l'architecture qui propose d'utiliser le terme "islamique" pour toutes les sociétés où la classe dirigeante professait la foi islamique, en y incluant donc les faits de métissage et de remaniements culturels.

Avec la conquête arabo-musulmane s'amorce le mouvement de migration des tribus d'origine arabe vers les nouveaux territoires. Elles vont venir s'ajouter aux tribus déjà installées en Syrie. Toutefois, la population d'origine arabe ne représentera jamais qu'une fraction minoritaire de la région. La campagne, très peuplée, avec une agriculture prospère, restera principalement chrétienne, à l'exception des territoires en bordure de la frontière byzantine, au nord de la Syrie. Sous de nouveaux maîtres, les artisans, les ouvriers et les fermiers conserveront leur mode de vie traditionnel, les évêques et leur clergé continueront de gérer les affaires des cités et des villes comme par le passé. Ce qui est vraiment nouveau, c'est le fait que la conquête arabo-musulmane ait établi, pour la première fois, une jonction entre le bloc Iran-Mésopotamie et le monde méditerranéen. Jamais, depuis les conquêtes d'Alexandre le Grand, le Moyen-Orient n'avait pu être ainsi unifié et s'ouvrir à cette opportunité de brassage des ressources de deux civilisations. Le choix de la dynastie omeyyade de prendre Damas pour capitale et de s'appuyer principalement sur la Syrie, une province avec une longue tradition artistique, se traduit bien, dans le domaine , par la prédominance de la tradition classique et plus précisément par la naissance d'un art classique orientalisé. Ce qui nous frappe dans ces "châteaux du désert", avec leurs mosaïques, leurs fresques et leurs stucs sculptés, c'est ce *modus vivendi* trouvé par les Omeyyades ouverts aux apports de la civilisation syrienne. Cette exhibition orgueilleuse de la puissance omeyyade va être brisée par les révolutionnaires abbassides. Le siège du gouvernement sera transféré en Irak où est fondée Bagdad, la ville de la paix (cf. "Introduction historique et artistique"), dont ils entendent faire la capitale de la nouvelle dynastie.

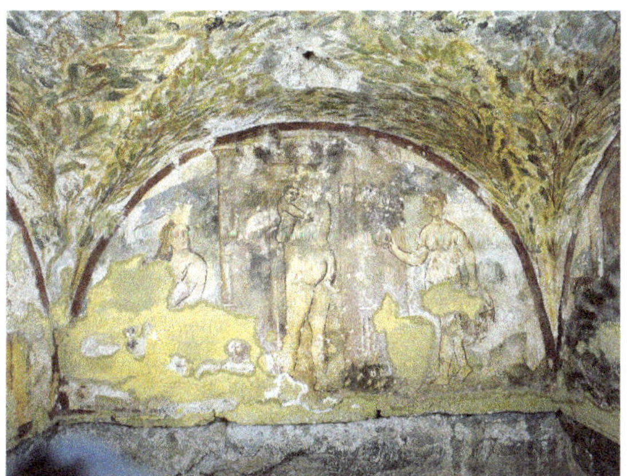

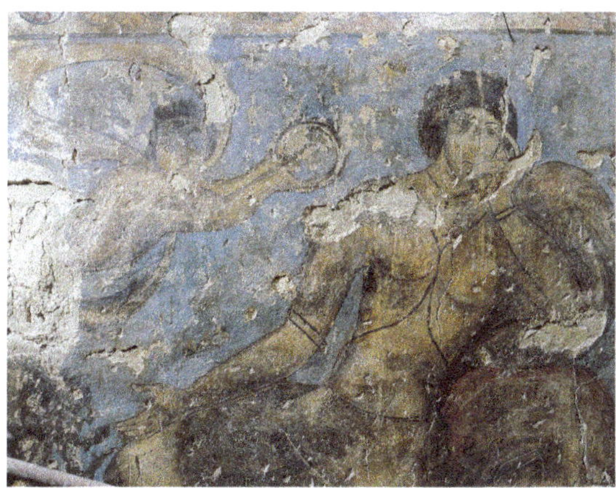

Qousayr Amra, scène de bain, al-Badiya (J. L. Nou).

Qousayr Amra, femme recevant une couronne pendant un banquet, al-Badiya (J. L. Nou).

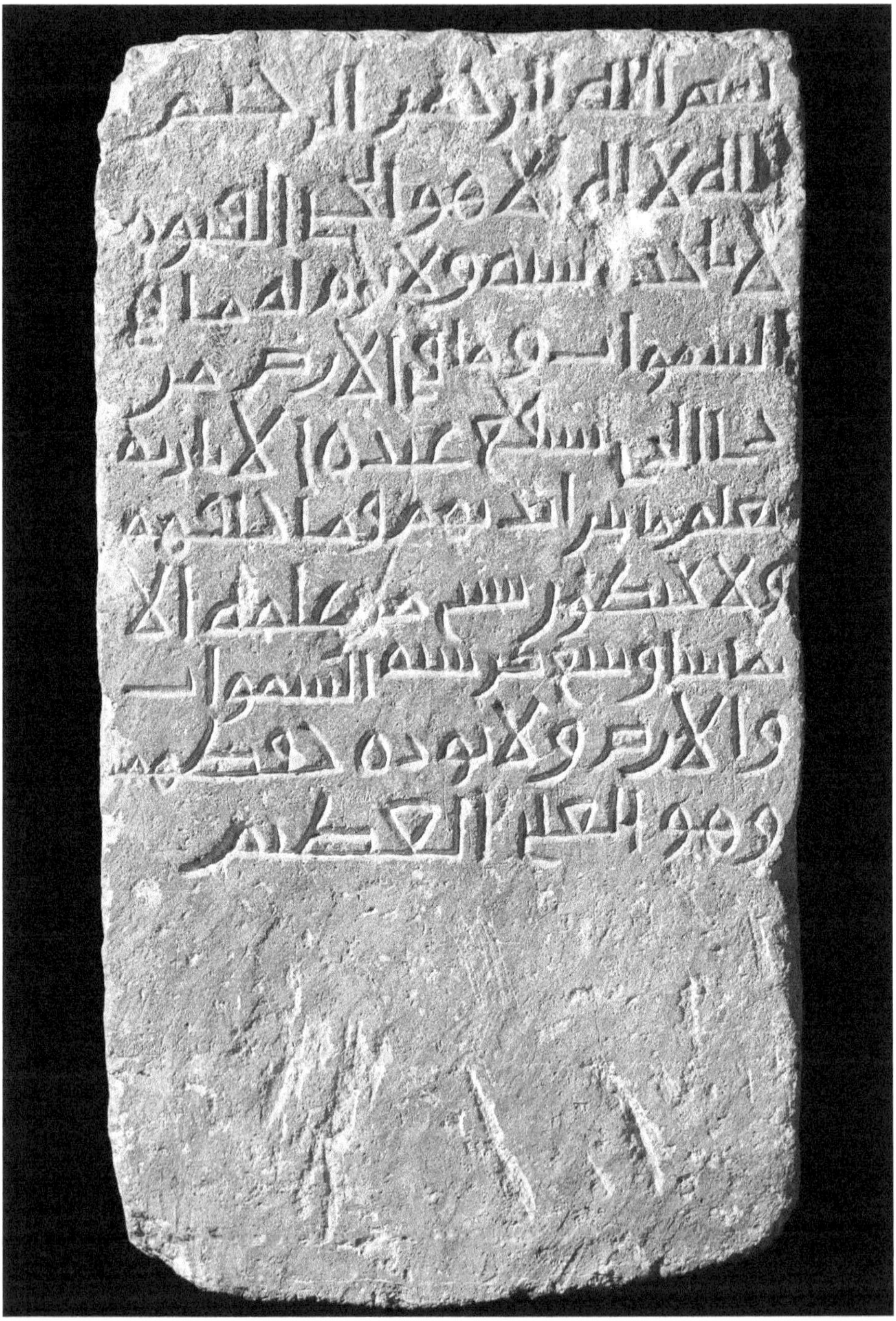

بسم الله الرحمن الرحيم
الله لا إله إلا هو الحي القيوم
لا تأخذه سنة ولا نوم له ما في
السموات وما في الأرض من
ذا الذي يشفع عنده إلا بإذنه
يعلم ما بين أيديهم وما خلفهم
ولا يحيطون بشيء من علمه إلا
بما شاء وسع كرسيه السموات
والأرض ولا يؤده حفظهما
وهو العلي العظيم

Amman, la résidence des gouverneurs

Fawzi Zayadine, Ina Kehrberg, Ghazi Bisheh

I.1 LA CITADELLE D'AMMAN

I.1.a Le palais des Omeyyades
I.1.b Le Musée archéologique jordanien

I.2 LE CENTRE-VILLE (LE *SOUK* OU LA VILLE BASSE)

I.2.a Le nymphée
I.2.b La mosquée omeyyade du vendredi (mosquée al-Husseini)

OPTION NATURELLE

Khirbat Abou Jaber (Kan Zaman)

Le système administratif omeyyade

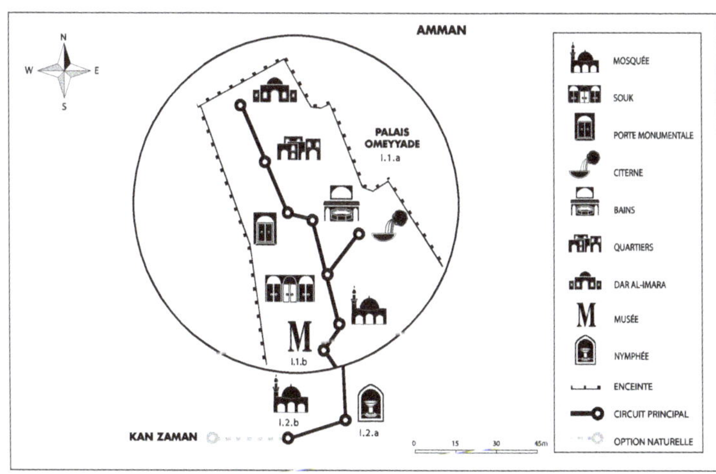

Stèle de pierre portant avec inscription d'un verset du Coran, Musée archéologique jordanien (J 6383), Amman.

Le site d'Amman, primitivement Rabbath Bani Ammon, est peuplé dès le néolithique acéramique, soit aux environs de 8 500 à 5 500 av. J.-C. Les fouilles d'Ayn Ghazal, à l'entrée nord d'Amman, ont dégagé un important ensemble de maçonneries de maisons aux sols de plâtre peint, réparties sur un site de plus de 60 ha. Les fragments de statues ont permis d'identifier trente-deux sujets, partiellement reconstitués, à côté d'un ensemble de bustes et de masques en plâtre portant des traces de pigments. Ces œuvres exceptionnelles, de facture locale, n'ont aucun équivalent contemporain au Moyen-Orient, à l'exception de quelques têtes néolithiques en plâtre retrouvées à Jéricho. Elles apportent la preuve que, déjà à cette époque, les techniques de la sculpture sont très élaborées dans cette colonie néolithique ammonite.

L'occupation d'Amman au cours des périodes qui suivirent est principalement connue grâce à la citadelle. Il s'agit d'une colline naturelle, haute de 840 m, protégée par de profonds ravins, à l'exception du côté nord où la pente douce de Djebel al-Hussein ouvre une voie vulnérable. Sur ce front seront édifiés des murs défensifs dès le XVIIIe siècle av. J.-C., à l'âge du bronze moyen. La ville ammonite s'étendait jusqu'à ce promontoire rocheux où un immense réservoir d'eau était excavé et relié à un tunnel. Des sculptures ammonites ont été découvertes à proximité de cette citerne.

Les murs d'enceinte de la ville romaine sont toujours visibles au nord du promontoire. À partir de là, la colline de la citadelle –qui mesure 400 m sur 250 m de côté– s'étend du nord au sud-est en quatre terrasses. Les fouilles, conduites au niveau de la troisième terrasse en bas, attestent qu'elle a été occupée dès la période néolithique, aux environs de 5 000 av. J.-C., ce qui laisse suggérer que le peuplement originaire d'Ayn Ghazal aurait migré vers la citadelle.

La pente sud de la troisième terrasse est également protégée par un mur d'enceinte datant du milieu de l'âge du bronze et renforcé par un glacis. Plus certaine est l'hypothèse d'une implantation initiale de tribus ammonites, probablement d'origine amorrhéenne. Il est fait mention d'un roi d'Ammon vivant au temps des Juges d'Israël (Jg 11:12-33). Il est encore fait mention d'Ammon dans les récits de Saül et de David. Mais les premières informations sur les rois ammonites, attestées par des documents fiables, nous sont fournies par les annales des Assyriens qui portent sur la période comprise entre le règne de Salmanazar III, en 850 av. J.-C. et le règne du roi babylonien Nabuchodonosor II, en 598 av. J.-C.

Tobiyya est nommé gouverneur de la province ammonite au Ve siècle av. J.-C., sous le règne de la dynastie achéménide. Il est également fait mention de descendants de cette même famille à l'époque hellénistique ptolémaïque, où ils auraient occupé la fonction de collecteurs d'impôts, laquelle implique alors un privilège considérable. Au IIe siècle av. J.-C., Hyrcan, descendant de la famille des Tobiades, se fera construire un palais à Iraq al-Amir, près d'Amman. C'est à cette époque que Rabbath Ammon est rebaptisée Philadelphie par Ptolémée Philadelphe, en l'honneur de sa sœur et épouse, Arsinoé Philadelphe. À la fin de l'époque hellénistique, les Asmonéens prennent la tête du soulèvement juif qui aboutira à la destruction des villes hellénistiques à l'est du Jourdain. Elles seront plus tard reconstruites par Pompée et deviendront le noyau de la Décapole, une confédération qui réunit

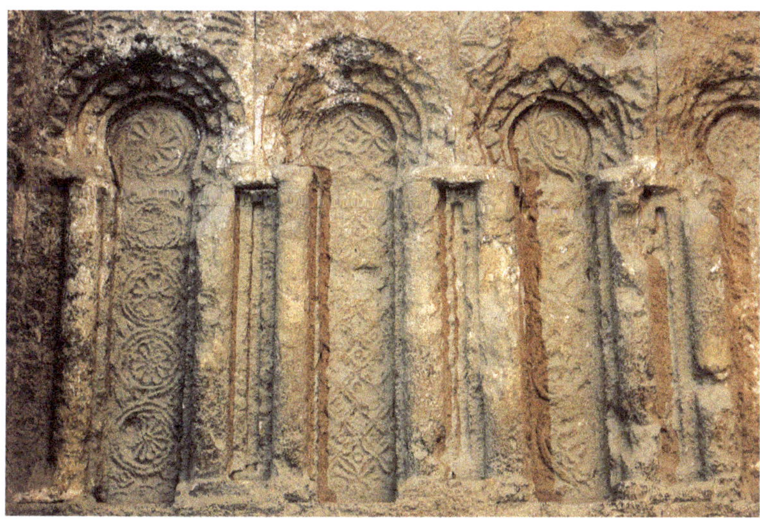

Palais omeyyade, niches aveugles de la porte monumentale, Amman.

une dizaine de villes de Palestine, de Jordanie et de Syrie (cf. “La Décapole pendant la période omeyyade”).
Suite à l'annexion du royaume nabatéen par Trajan, en 106, et à la construction de la *Via Nova Traiana*, Amman –ou plutôt Philadelphie–, va connaître une situation de prospérité grâce à sa position stratégique sur cette voie romaine reliant Damas à la mer Rouge. C'est sous le règne des Antonins, au IIe siècle ap. J.-C., qu'à la suite d'un remaniement radical de tout son urbanisme la ville d'Amman prendra sa physionomie de ville gréco-romaine, avec son acropole, ses temples et sa ville basse.
Dans l'Amman byzantine, florissante aux IVe et Ve siècles, la cité va s'enorgueillir d'une série d'églises toutes décorées de mosaïques. On peut dater aux alentours des années 500 l'histoire de Byzance que nous devons au célèbre Malchus de Philadelphie, un de nos premiers historiens.
La conquête d'Amman sera facilitée par le déclin de la ville, du milieu du VIe siècle au tout début du I/VIIe siècle, à la fin de l'époque byzantine, de sorte que les troupes arabo-musulmanes sous les ordres de Yazid Ibn Abi Soufyan réussiront à s'en emparer en 13/634, au moment même où Damas tombe à son tour (cf. “Les premières monnaies islamiques” et “Le système administratif omeyyade”). Sa capitulation, à des conditions similaires à celles qui sont imposées à Bostra, dans le Hawran, stipule que les habitants, leurs épouses, leurs enfants et leurs biens seront épargnés contre soumission à la *jizya*, ou impôt personnel de capitation. Cependant, les fouilles conduites dans la citadelle haute montrent qu'à l'emplacement du quartier byzantin les Omeyyades substitueront leurs propres résidences et une citerne: une découverte qui jette au moins une ombre sur la réalité du respect de cet engagement.
La citadelle ayant toujours été le symbole du prestige d'Amman, et par suite siège

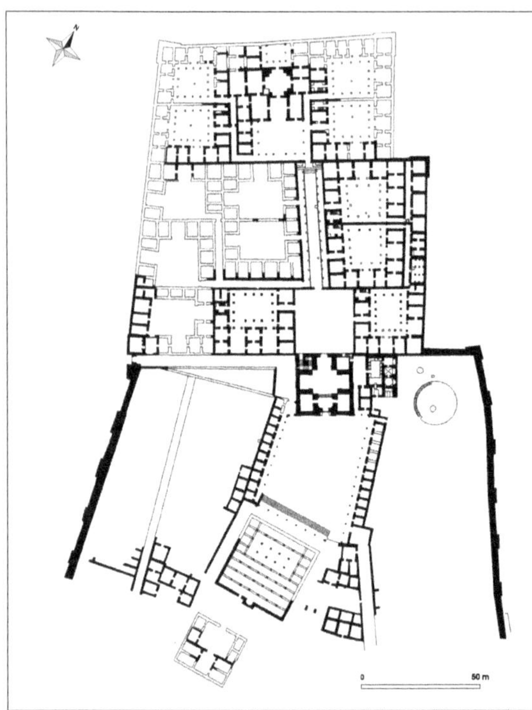

Plan du palais de la citadelle omeyyade, Amman, (Almagro, A. et I. Arce, CHASM I, Suppl. SHAJ VII, f.c.).

des gouverneurs successifs, il était logique que le gouverneur des Omeyyades choisisse de s'établir au cœur de la cité. Au titre de l'une des capitales de la Belqa, Amman va donc devenir la résidence du gouverneur pendant toute la période omeyyade (41/661-132/750). Puisque nous savons, de source historique, que le cousin de Walid II, Soulayman Ibn Hicham, a été emprisonné à Amman, il est probable qu'il ait vécu en réclusion dans le quartier général de la citadelle. Si la cité occupait déjà une position géographique centrale –elle lui vaut d'être le quartier général du gouverneur–, sa nouvelle vocation d'étape sur la route stratégique qui relie Damas aux villes saintes de l'islam, La Mecque et Médine, lui conférera une importance encore accrue pendant toute la période omeyyade.
Il ne faudra pas moins d'une conjonction de catastrophes pour triompher de cette prospérité (cf. "Les palais résidentiels"): l'épidémie de peste et le terrible tremblement de terre de 131/749 précipitent abruptement le destin de la ville. En 132/750, la révolte abbasside renverse la dynastie omeyyade, entraînant le déplacement de la capitale de Damas à Koufa, puis de Koufa à Bagdad. Le déclin de la province de Belqa et d'Amman est consommé.

F. Z.

I.1 LA CITADELLE D'AMMAN

Située au nord du centre-ville (désigné par la mosquée al-Husseini). On peut s'y rendre en taxi ou en taxi collectif. Ouverte toute la journée. Accès gratuit.
Renseignements: Musée archéologique jordanien, tél. : 06-4638795.

I.1.a **Le palais des Omeyyades**

Après avoir établi leur capitale à Damas, les Omeyyades prennent la citadelle d'Amman pour résidence des gouverneurs. La terrasse supérieure est restructurée et divisée en trois zones entourées de murs, dominées au centre par la salle des audiences, qui sert aussi de porte monumentale. Selon les archéologues, cet emplacement correspondrait à l'entrée-vestibule d'un ancien édifice romain qui continuera d'être utilisé pendant la première période byzantine et sera reconstruit par les Omeyyades.

La **porte monumentale,** presque carrée (24,50 m sur 26,10 m), est construite selon un plan cruciforme; elle est surmontée d'un dôme central, et chaque bras de la croix est recouvert de coupoles en cul-de-four. Une porte s'ouvre sur chacun des côtés nord et sud. Les deux bancs qui flanquent la porte sud étaient probablement destinés aux gardes.

L'intérieur est organisé autour d'un carré central de 10,30 m de côté d'où partent les quatre bras de la croix. Chacun des quatre angles du bâtiment forme une pièce: celle du sud-ouest possède un escalier qui conduit au toit; celle du nord-est renferme une volée de marches conduisant à la porte nord. Ce passage mène aux bains et à la citerne.

La décoration intérieure de la salle des audiences, sculptée dans la pierre, est absolument remarquable. Les décors sont ordonnés en plusieurs registres: du sol jusqu'à une hauteur de 1,60 m, deux couches de gros blocs de pierre de taille qui sont probablement des réemplois de constructions romaines. Une corniche moulée sépare cet appareillage inférieur d'une rangée de niches aveugles, chacune encadrée par deux petites colonnes engagées supportant un arc dentelé. Au-dessus d'une autre corniche, on retrouve un second étage de niches aveugles, plus grandes celles-ci. Ces niches, bordées elles aussi de colonnes miniatures, sont ornées de médaillons avec des palmettes ou des rosettes. Une troisième rangée de niches aveugles, plus petites, reprend le même décor jusqu'en haut du mur. Une frise merlée couronne la façade. Une canalisation couverte traverse toute la salle sur un axe sud-nord. Une autre canalisation part de l'enceinte sud pour déboucher dans une citerne circulaire. Des gouttières ménagées sur le côté est du mur recueillent l'eau de pluie, qui est récupérée dans le réservoir circulaire. Au début du XIXe siècle, des voyageurs avaient identifié dans le monument "le

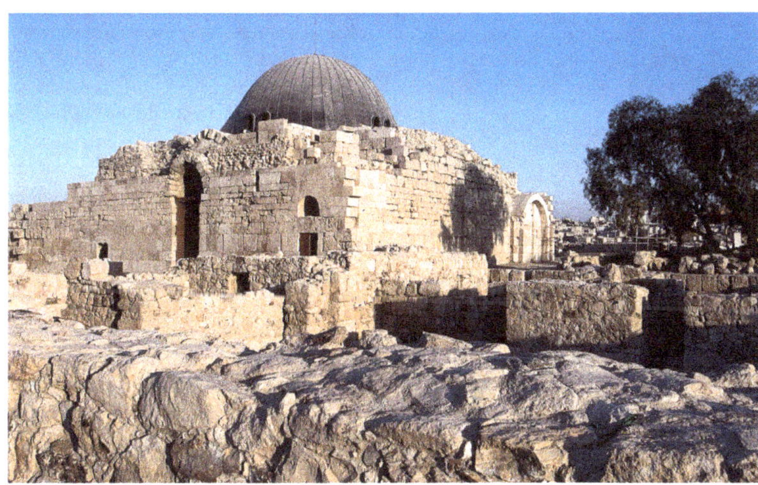

*Palais omeyyade,
la porte monumentale,
Amman.*

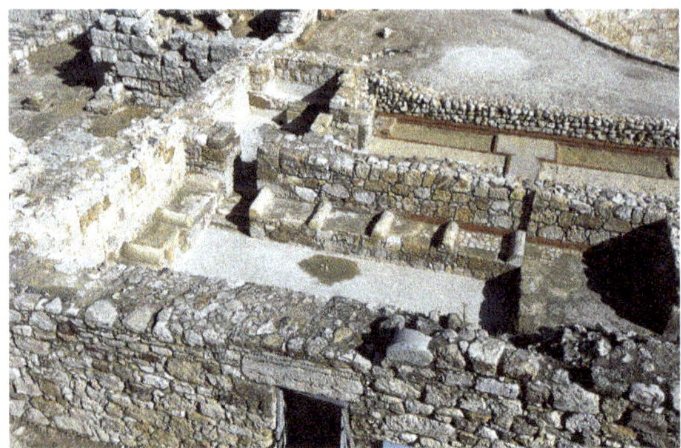

Palais omeyyade, les bains, Amman.

Palais omeyyade, porte monumentale et grande citerne, Amman.

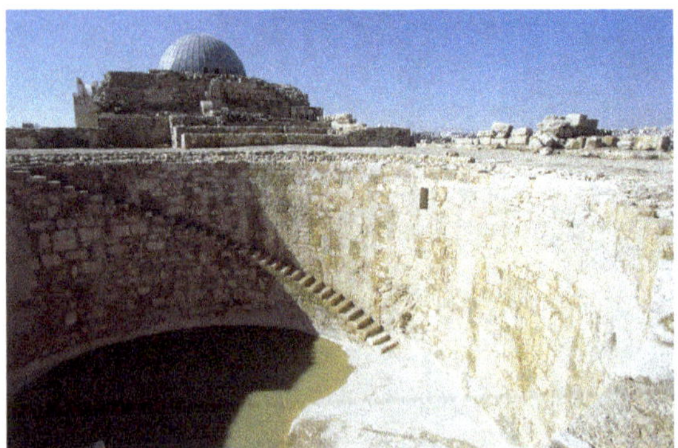

tombeau d'Urie", du fait qu'il est raconté dans la Bible comment Urie le Hittite trouva la mort devant les murs de Rabbath Ammon (cf. "Amman, la résidence des gouverneurs"). D'après des recherches récentes, il s'agit simplement de la porte monumentale qui permettait d'accéder aux bâtiments de la seconde enceinte. S'il est certain que certaines parties de l'édifice sont d'origine romaine –en particulier la cour pavée et le mur d'enceinte, avec sa décoration de niches– l'étude du monument montre que ces vestiges ont été remaniés par les Omeyyades pour aménager la salle des audiences, comme dans le *Dar al-Imara* d'Abou Mouslim al-Khorasani, à Merv. De même, l'ancienne interprétation donnant le monument pour une église byzantine est considérée comme caduque en raison des caractéristiques clairement persanes du décor: les palmettes, les rosettes et les dentelures sont très similaires aux décors en stuc des constructions sassanides. Toutefois, les influences irano-sassanides indubitables pourraient aussi bien s'expliquer par l'intervention courante d'artisans irakiens en Jordanie après la conquête islamique. Ces problèmes d'interprétation doivent surtout tenir compte de l'existence dans la région d'un certain nombre de monuments similaires: la porte du palais omeyyade de Khirbat Al-Minyeh, sur le lac de Tibériade, la salle des audiences d'al-Mouchatta, au sud d'Amman, ou encore celle de Khirbat al-Mafjar, près de Jéricho.

Le palais d'Amman, plus communément nommé "palais d'Hicham", a été attribué à tort à Hicham Ibn Abd al-Malik (105/724-125/743), qui, par contre, a fait édifier la célèbre salle des audiences de Rousafa, en Syrie, sur le modèle de celle d'Amman. C'est toutefois sous son règne qu'on doit faire remonter la construction du palais.

Les **bains**, à l'est de la salle des audiences, ont été fouillés et restaurés récemment. Cet ensemble comporte un vestiaire équipé de bancs, un *tepidarium* avec des bassins d'eau et un *caldarium* avec sa chaufferie (cf. "Qousayr Amra").

La **citerne** est un réservoir circulaire situé à l'est de la salle des audiences et au sud de l'enceinte romaine. Elle mesure 16 m de diamètre et au moins 5 m de profondeur. Le mur de retenue, de 2 m d'épaisseur, est maçonné avec de solides blocs de pierre et renforcé par des fûts de colonnes. Les deux canalisations couvertes qui alimentent la citerne recueillent l'eau des gouttières du toit de la salle des audiences, à l'ouest, et de celles de l'enceinte romaine, au nord. La seconde canalisation passe par un puits carré qui faisait probablement fonction de filtre. On peut donc imaginer que le réservoir est d'origine romaine, que les Byzantins ont à leur tour utilisé le dispositif romain, le tout étant finalement réaménagé par les Omeyyades. Cette hypothèse est confirmée par le fait que, pour construire leur citerne, les Omeyyades ont dû détruire un quartier résidentiel byzantin au centre duquel on a retrouvé un pressoir à olives.

Il a fallu des recherches patientes et systématiques pour identifier la localisation de la **mosquée** de la résidence des gouverneurs omeyyades sur la terrasse supérieure. Un travail qui a trouvé sa récompense en 1997. Le monument a été érigé sur un terre-plein artificiel au sud-est de la salle des audiences. Venant de la cour inférieure, devant la salle des audiences, on y pénètre par un escalier monumental qui conduit à un portique à six colonnes. La façade nord de la mosquée était décorée d'arcs-boutants et d'une frise de petites niches aveugles ou ouvertes. Il y avait une porte dans le mur nord et une autre du côté sud. Il est possible qu'une troisième porte ait été ménagée spécialement pour l'*imam* dans le mur est, non loin de la niche de prières.

La salle de prière est trapézoïdale; elle mesure 34,10 m d'est en ouest et 33,67 m du nord au sud. Son sol était revêtu d'un fin pavage irrégulier recouvert d'une couche de plâtre à la chaux. Les murs intérieurs étaient probablement recouverts d'un enduit, comme de petits fragments résiduels près du *mihrab* le laissent supposer. Cette niche, qui prend place dans le long mur sud de la salle de prière, mesure 2,93 m de large sur une profondeur de 1,52 m. À l'origine, deux petits pilastres décoraient l'entrée à l'intérieur de la niche. La salle de prière comporte quatre nefs de six colonnes parallèles au mur de la *qibla*. Il y a enfin une cour à péristyle dans laquelle a été retrouvée une citerne souterraine.

Sur les côtés est et ouest de la grande cour, donnant sur la porte monumentale et la mosquée, une enfilade de onze petites pièces servaient de boutiques. Au centre de la cour, un réservoir circulaire était alimenté en eau de pluie par des rigoles dont l'une partait de la mosquée.

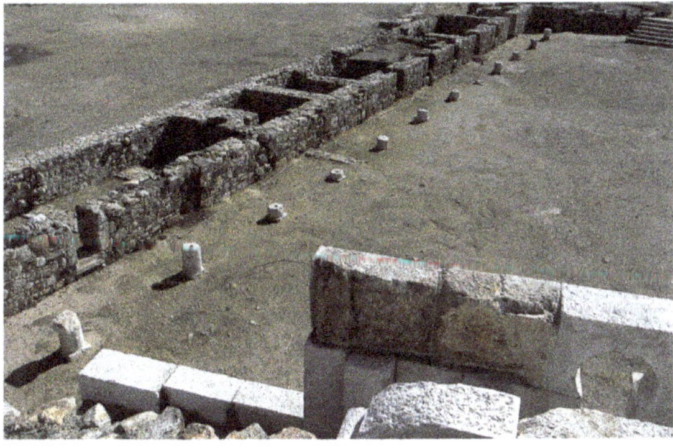

Palais omeyyade, le souk, Amman.

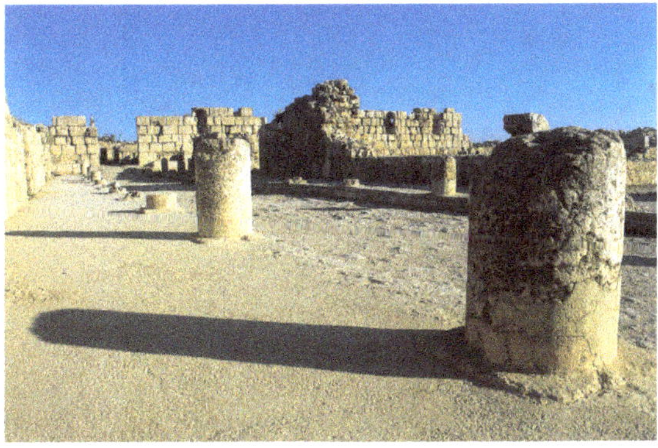

Palais omeyyade, quartier résidentiel, esplanade et rue à colonnades, Amman.

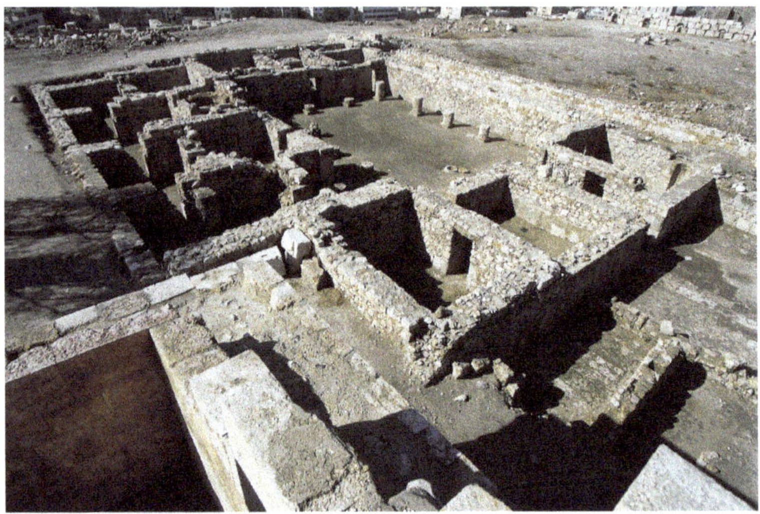

Palais omeyyade, quartier résidentiel, Amman.

Après les destructions massives causées par le tremblement de terre catastrophique de 131/749, les boutiques furent transformées en logements.

Face à l'entrée nord de la porte monumentale, une rue à colonnades conduit vers le nord à la porte d'enceinte. La base carrée et le premier tambour des colonnes sont sculptés en un seul bloc. Il a été retrouvé sur l'un de ces socles une croix byzantine: un indice qui permet de dire avec certitude qu'on a utilisé des matériaux de récupération. L'imposte encore visible sur la façade sud de la porte d'entrée montre que les colonnades étaient reliées par des arches. Sur les côtés est et ouest de la rue, les deux passages couverts donnaient sur des logements. Derrière, côté est, se succédaient trois cours fermées par des portiques à colonnes du même type que celles de la rue. Quatre pièces s'ouvraient généralement sur chaque cour, et certaines disposaient d'un escalier pour gagner les terrasses ou l'étage. Dans l'une des cours, à l'ouest de la rue, on a retrouvé le squelette d'un chameau, possible victime du tremblement de terre de 131/749.

La porte nord de la rue conduit à la **résidence princière**. On accède à ce palais par un vestibule qui était recouvert d'une voûte en berceau. Le sol en est pavé de cailloux –probablement les restes de la sole d'une mosaïque disparue. L'entrée du vestibule était décorée de colonnes engagées habillées de stucs.

Entrant par le vestibule, le visiteur pénètre dans la salle du Trône, grande pièce cruciforme recouverte autrefois d'un dôme. D'après les fragments de pierre sculptée retrouvés dans les ruines, il semble que la technique de construction utilisée pour cette salle soit exactement la même que celle de la porte monumentale. Sur le côté sud de la salle, une petite pièce rectangulaire était ornée de mosaïques et servait probablement de toilettes. Une porte conduit de la salle du trône à un portique, orienté au nord, qui surplombe la ville et regarde vers le Djebel al-Hussein moderne. De ce côté de la citadelle, on peut voir encore les vestiges massifs de fortifications datant de l'âge du fer et de l'époque romaine. Ils ont encore plusieurs mètres de haut. Sous l'enceinte romaine, une citerne a été creusée à même la roche.

La salle du Trône est flanquée de deux séries de quatre pièces: dans celles du côté est étaient probablement aménagés les appartements du prince, originellement décorés de stucs. Dans l'un des murs, on peut encore voir un bloc de pierre de réemploi qui porte une inscription grecque dédiée à un empereur romain et qui fait allusion à la Philadelphie de Coele (Syrie). L'inscription date du IIe siècle et provient certainement d'un temple. Les quatre pièces de l'ouest faisaient fonction de réserves et de cuisines pour les appartements.

Par sa similitude au Dar al-Imara de Koufa, il est à peu près certain que l'ensemble servit de résidence au gouverneur d'Amman pendant toute la période omeyyade.

F. Z.

I.1.b Le Musée archéologique jordanien

Le Musée national se trouve dans la citadelle d'Amman. Il est ouvert de 8:00 à 17:00 du samedi au jeudi, de 10:00 à 16:00 le vendredi et les jours fériés et de 9:00 à 16:00 pendant le Ramadan. Entrée payante, sauf pour les groupes scolaires. Les salles d'exposition proposent une présentation chronologique des collections archéologiques des différentes époques et des différents sites jordaniens. Renseignements : Musée archéologique jordanien, tél.: 06-463795.

Grande jarre à provisions à décorations appliquées, num. inv. J 4982

Cette grande jarre est une pièce très curieuse qui ne peut pas être rattachée à la classification générale à cause de sa forme originale. Toutefois, la terre cuite beige orangée et la décoration ocre rouge, peinte à la main, permettent d'attribuer ce récipient à l'époque omeyyade tardive, pour les mêmes raisons qui ont permis de rattacher les poteries d'Oum al-Walid à une époque charnière avec la période abbasside. Elle présente une particularité remarquable avec sa décoration en forme de médaillons, figurant des têtes barbues stylisées, appliqués en relief de chaque côté d'un buste très réaliste. Le buste en miniature représente une silhouette de femme assise, qui rappelle la présence des couples impériaux sur les monnaies et d'autres motifs apparentés spécifiques des mosaïques de la période byzantine. La multiplication des anses au bord supérieur de la jarre ressort plus d'une volonté décorative qu'elle n'est un élément fonctionnel. Il est possible que ce vase ait été conçu pour un

Grande jarre à provisions avec décorations appliquées en relief, Musée archéologique jordanien (J 4982), Amman.

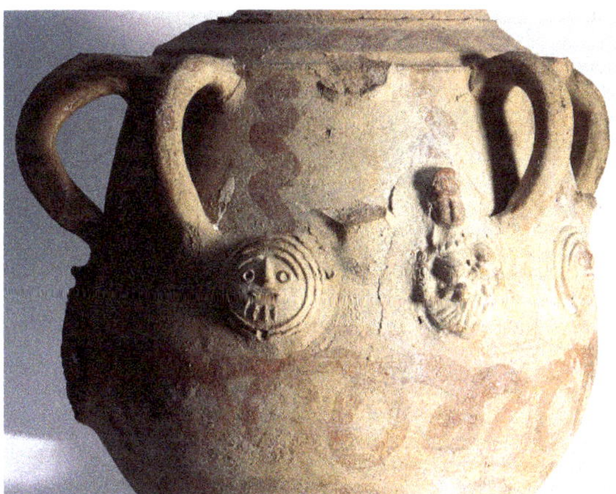

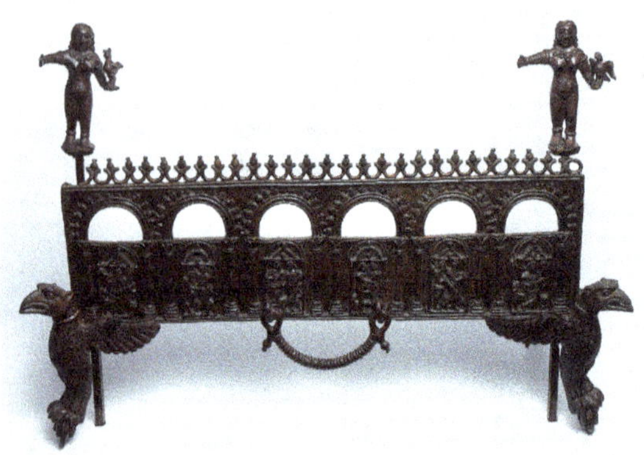

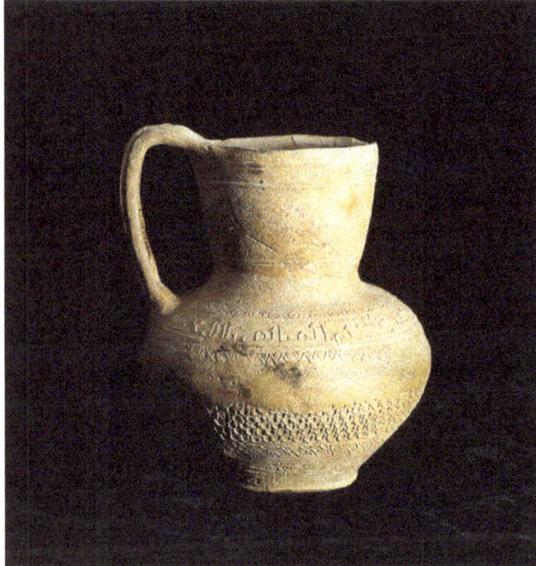

Brasier en bronze et en fer d'al-Foudayn, Musée archéologique jordanien (J 15700, 15701, 705), Amman.

Cruche en terre cuite de Dayr Ayn Abata, Musée archéologique jordanien (J 16694), Amman.

usage cérémoniel et non pas domestique, ou encore qu'il ait été spécialement créé pour des destinataires privilégiés.

Brasier en bronze et fer d'al-Foudayn (Mafraq), num. inv. J 15700, 15701, 15705

Ce brasier du IIe /VIIIe siècle est probablement la plus célèbre et la mieux conservée de toutes les chaufferettes omeyyades retrouvées en Jordanie. Ici, l'art du sculpteur atteint la perfection par sa maîtrise de la ciselure et de la ronde-bosse. On appréciera l'heureuse combinaison des techniques du fer et du bronze, qui contribue à l'impression d'harmonie très frappante de l'ensemble. Les faces ornées d'arcades évoquent irrésistiblement les voûtes de Qousayr Amra, comme les détails des scènes érotiques rappellent les peintures murales de ses bains. Les aigles qui servent de pieds au foyer et les petites statuettes de femmes nues, posées à 47 cm du sol sur leurs étroits supports, sont caractéristiques de l'iconographie orientale, comme dans les bronzes ourartiens datant du IXe siècle av. J.-C. où ce type de travail commence à apparaître.

Cruche de Dayr Ayn Abata (grotte de Loth), num. inv. J 16694

Cette cruche en terre cuite de couleur crème est datée de la fin de la période omeyyade ou du début des Abbassides. Elle a été découverte dans l'église de Saint-Loth (Dayr Ayn Abata), qui était toujours utilisée à cette époque, comme l'atteste la réfection contemporaine des mosaïques. La valeur inestimable de cette pièce tient à son inscription arabe en bandeau au sommet du corps de la cruche. C'est un des plus anciens témoignages épi-

d'al-Foudayn, Musée archéologique jordanien (19312), Amman.

basalte de la citadelle d'Amman, Musée archéologique jordanien (J 1663), Amman.

graphiques de l'islam. Le fait que l'inscription soit moulée indique que la cruche a été produite en plusieurs exemplaires. En effet, il est improbable qu'un moule gravé ou en cylindre, dont la confection requiert beaucoup de temps et d'adresse, ait été fabriqué pour une utilisation unique. De même, le travail de la grande bande imprimée sur la partie basse du corps de la cruche (une décoration qu'on retrouve sur les belles poteries omeyyades en "terre blanche") révèle l'extraordinaire talent et l'imagination du potier.

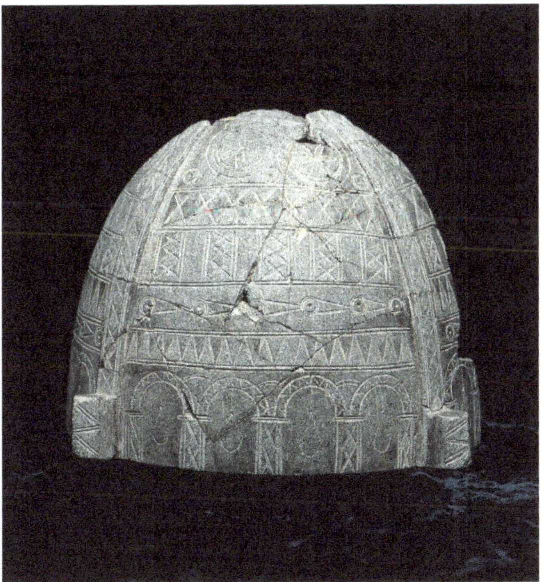

Lampe en stéatite d'al-Foudayn (Mafraq), num. inv. J 19312

Cette recomposition partielle d'une lampe de belle taille à quatre pieds, datant du IIe /VIIIe siècle, mesure 20 cm de haut. La stéatite tendre se prête particulièrement bien au travail de gravure, d'où l'engouement des sculpteurs de toutes les époques, y compris de la période islamique, pour ce matériau. Le thème architectural de cette décoration géométrique reprend les caractéristiques des constructions du début de l'islam. On rapprochera cette décoration de celle du brasier en bronze contemporain, trouvé lui aussi à al-Mafraq. Un des intérêts de cette lampe est de nous renseigner sur les techniques utilisées pour la décoration et sur les instruments qui étaient employés: on sait que l'artisan a dû se servir d'une sorte de compas pour répéter tous les motifs circulaires, les rosettes et les arcs qui s'appuient sur les murs.

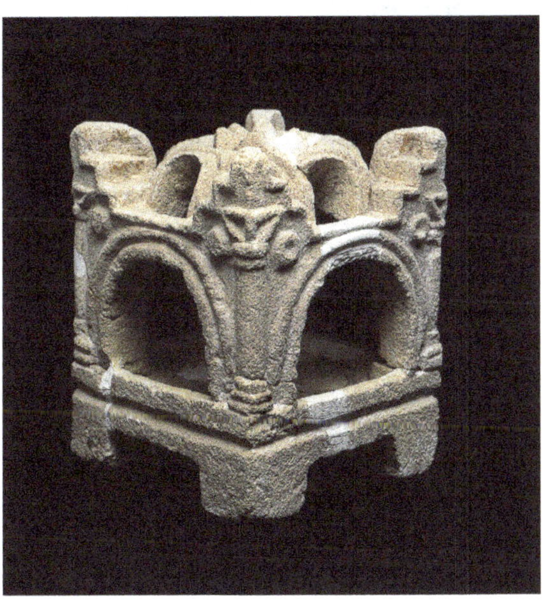

Brûle-parfums en pierre de la citadelle d'Amman, num. inv. J 1663

Cet objet est une réplique en taille réduite d'une porte monumentale ou d'une salle des audiences coiffée d'un dôme. La porte

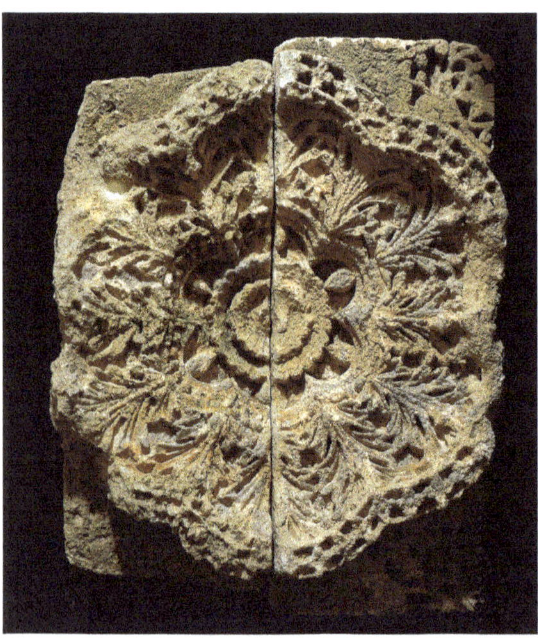

Fragment de frise de Qasr al-Mouchatta, Musée archéologique jordanien (16585), Amman.

de la citadelle, à la résidence des gouverneurs, aurait pu lui servir de modèle. Ce brûle-parfums date de la période omeyyade et reproduit fidèlement toutes les caractéristiques architecturales des constructions du début de l'islam. L'utilisation du basalte est très fréquente à partir du VIe siècle, tant pour la sculpture que pour la taille et la décoration des objets. L'engouement pour ce matériau trouvera son apogée aux Ier/VIIe et IIe/VIIIe siècles, dans les régions basaltiques comme Oum Qays, ou le Hawran, mais aussi dans celles où cette roche était peu répandue. C'est pourquoi on a trouvé des pièces en basalte à Jérach comme à Amman, pourtant très pauvres en affleurements de ce type de roche. Une partie de ces objets ont certainement été disséminés par le commerce, mais les artisans locaux ont très probablement aussi acheté des pierres pour les travailler eux-mêmes.

Fragment de frise de Qasr al-Mouchatta, num. inv. J 16585

Les façades sculptées de ce *qasr* du début des Omeyyades –dont la partie la plus imposante est exposée au musée Pergame, à Berlin– sont célèbres pour la réussite de leur ornementation, qui confine parfois au baroque. Sur la rosette finement ciselée, le thème ornemental des feuilles d'acanthe est significatif de l'importance de l'héritage de l'art classique dans la majeure partie de l'ornementation architecturale des palais omeyyades. La dextérité des tailleurs de pierres qui ont sculpté les façades monumentales d'al-Mouchatta se remarque non seulement dans la finesse d'exécution du travail, mais aussi par la qualité de la composition des motifs. Ils ne se sont en effet pas contentés de copier les ornements classiques hérités de l'art romain, comme les feuilles d'acanthe; ils ont véritablement inventé une nouvelle stylistique en réinterprétant les motifs anciens et ont réussi à donner à la décoration omeyyade une extraordinaire perfection plastique (bas-reliefs) qui annonce la réputation de l'art islamique en matière de sculpture ornementale.

I. K.

I.2 LE CENTRE-VILLE (LE *SOUK* OU LA VILLE BASSE)

De la citadelle, il est possible de se rendre au souk en taxi individuel ou collectif.

Beaucoup de monuments romains de l'époque de la Décapole ont été sauvegardés par les Omeyyades et réutilisés dans la vie courante.

I.2.a **Le nymphée**

Ce monument romain se trouve près du théâtre, rue Qouraych, dans le souk. Il n'est pas très facile à trouver, car il est masqué par des boutiques et des maisons privées. Il est en accès libre à toute heure et tous les jours de la semaine. Renseignements: bureau du département des Antiquités, sur le lieu même, tél.: 06-4644921.

Le nymphée se trouve à la jonction de l'ancien axe nord-sud (le *cardo* romain, l'actuelle rue Hachimi) et de l'axe est-ouest (le *decumanus* romain, l'actuelle rue Qouraych). Le monument semi-octogonal repose sur quatre voûtes qui, autrefois, laissaient passer l'eau du Seil. La construction originelle sur trois niveaux comportait trois absides surmontées de semi-dômes. Chaque abside était prolongée d'un renfort en partie concave à l'intérieur duquel deux hauteurs de niches à coquille étaient ménagées. Rien ne prouve que ces niches étaient alimentées en eau, faute de traces de canalisations, de bouches ou de fontaines, au contraire du nymphée de Jérach. À ce point de vue, la mise en parallèle de ces deux monuments n'aurait guère de sens, d'autant qu'on n'a cessé de s'interroger sur la réalité de l'utilisation comme nymphée des vestiges d'Amman. Pourtant, une inscription dédicatoire en grec, retrouvée dans les fouilles du théâtre d'Amman, plaide en faveur de cette identification, puisqu'on y déchiffre: "*Aux nymphes et aux muses j'ai été consacré par Capitolin.*" On sait que les nymphes et les muses sont fréquemment associées dans la mythologie grecque.

Quant à l'auteur de la dédicace, Capitolin, il se peut qu'il ait été gouverneur de la *Provincia Arabia* au milieu du IIIe siècle. Cependant, ces rapprochements n'ont été étayés par aucun recoupement historique. Par contre, ce monument fait partie du plan d'urbanisation d'Amman (Philadelphie), au IIe siècle de l'empire romain, avec le théâtre et le forum. Sa construction remonte à la fin du IIe siècle ou au tout début du IIIe. On retrouve aussi des monuments comparables construits à la même époque en Syrie (Shahba, Philipopolis).

Le nymphée, vue générale, centre-ville, Amman.

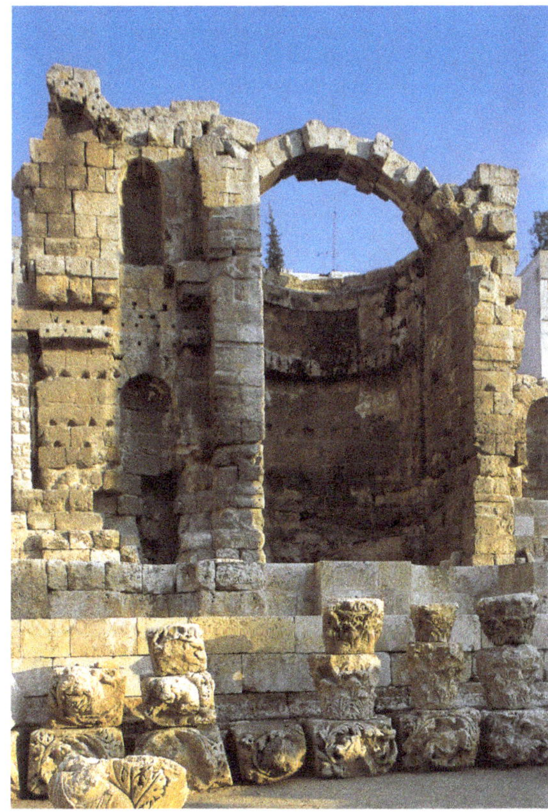

Leurs dédicaces nous apprennent qu'on les nommait *calibé*, et qu'ils étaient consacrés à la gloire de la famille impériale.
Le monument a été abondamment pillé. La frise de bustes d'hommes et d'animaux qui figurait à l'origine sur la colonnade frontale a été retrouvée à proximité, dans des bâtiments plus récents. À l'époque byzantine, les blocs de pierre de l'abside centrale ont servi dans la construction d'une église; sur l'un d'eux, servant de linteau, on avait sculpté une croix. Il a souffert aussi de réutilisation partielle, que ce soit sous les Omeyyades ou plus tard, comme en témoignent les petites pièces construites sur la façade sud –probablement des boutiques– les murs d'enceinte et la citerne dans la cour. La situation du nymphée, traversé par un ruisseau souterrain, en plein centre d'Amman, le prédisposait inévitablement à être utilisé comme halte pour les voyageurs et les pèlerins pendant la période islamique. La proximité de la mosquée du vendredi, mais aussi du grand marché d'Amman –il se trouve toujours dans le même quartier– constituait un évident foyer d'attraction pour les habitants.

F. Z.

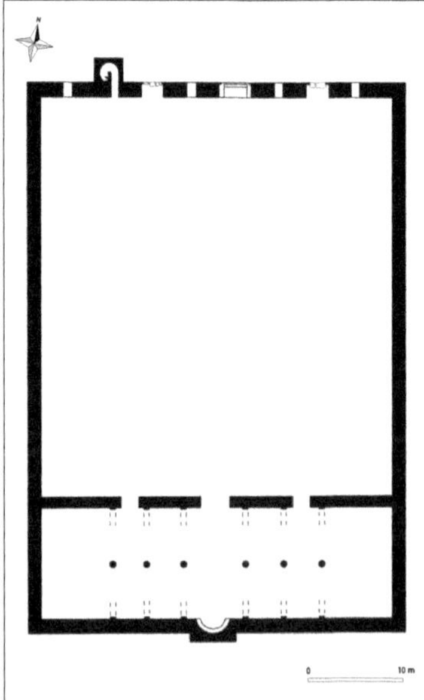

Plan de la mosquée al-Husseini, Amman (Northedge, 1992).

I.2.b La mosquée omeyyade du vendredi (mosquée al-Husseini)

Située au cœur de la ville basse, dans le quartier qui lui a donné son nom. Elle est ouverte en permanence aux fidèles, et les visiteurs sont admis toute la journée sans restriction.

Dans la description d'Amman par al-Mouqaddasi (375/985), on trouve ces lignes: "*(...) La ville commence aux confins des steppes (...). Il y a dans la ville, au bout de la place du marché, une magnifique mosquée* (darif) *et sa nef est pavée de mosaïques*." Par bonheur, nous disposons de plusieurs descriptions et photographies laissées par divers voyageurs au cours du XIXe siècle. Leur précurseur, Warren, la décrira en 1867. La dernière description du monument sera faite en 1920 par K.A.C. Creswell. Ensuite, elle cédera la place à la mosquée actuelle, reconstruite en 1923 par Amir Abdallah Ibn al-Hussein, sous le mandat britannique.
Selon ces descriptions, la mosquée mesurait 57,10 m sur 39,70 m, la salle de prière faisant pour sa part 39,70 m sur 14 m. Le plus grand soin avait présidé à la construction du mur nord, d'une épaisseur de 1,55 m, tout en pierre de taille. On entrait dans le portique par trois portes. À l'origine, la maçonnerie de l'assise supérieure supportait les poutres de la couverture du portique. On peut voir un portique du même type dans la mosquée al-Oumari, à Bostra,

dans la région du Hawran (en Syrie actuelle). La façade nord était agrémentée de quatre fenêtres, dont deux aveugles. Le minaret carré flanquant l'angle ouest du mur extérieur de la façade disposait d'un escalier en spirale qui conduisait jusqu'à une petite pièce éclairée par quatre fenêtres. Cet aménagement du minaret rappelle la tour d'Oum al-Rasas (Mayfa'a). Cette tour carrée, dont l'usage était réservé à un stylite, était elle-même chapeautée par une petite pièce se terminant par un dôme (cf. "Oum al-Rasas, Mayfa'a").

À l'extrémité sud de la salle de prière se trouvait une niche (le *mihrab*), encastrée dans une saillie du mur. Ce *mihrab*, de très grandes dimensions (3,58 m de largeur), contenait lui-même une autre niche plus modeste. On sait que ce second *mihrab* est un ajout tardif, mais les problèmes de datation concernant les nombreux remaniements de la mosquée sont sujets à controverses. C'est indiscutablement aux Omeyyades qu'on doit la construction des parties principales, comme en atteste le style des portes en arc en plein cintre, dont la technique de construction se retrouve dans la mosquée omeyyade de Damas, dans celle de Bostra dans le Hawran et dans la mosquée de Qasr al-Hallabat en Jordanie. D'après une inscription en caractères coufiques dégagée dans la mosquée, il est dit que le commandant (*qa'id*) Hassan Ibn Ibrahim aurait supervisé personnellement les travaux. L'histoire ne nous renseigne pas plus sur le personnage, mais l'étude de cette inscription plaide en faveur d'une origine abbasside. Ce commandant a sans doute été un général à l'époque fatimide ou abbasside. On pense que le minaret est un ajout ultérieur qu'on attribue au IVe/ Xe siècle, voire à une époque plus tardive. Puisqu'elle se situe à deux pas de la place du marché, la mosquée de la ville basse a certainement été construite à l'usage d'un grand nombre de fidèles, alors que la mosquée du quartier résidentiel de la citadelle devait être réservée au prince et à sa suite. Selon les travaux de datation modernes les plus fiables, les origines de la mosquée omeyyade de la ville basse devraient être comprises entre les règnes d'Abd al-Malik Ibn Marwan et de Yazid Ibn Abd al-Malik (65/685-105/724).

F. Z.

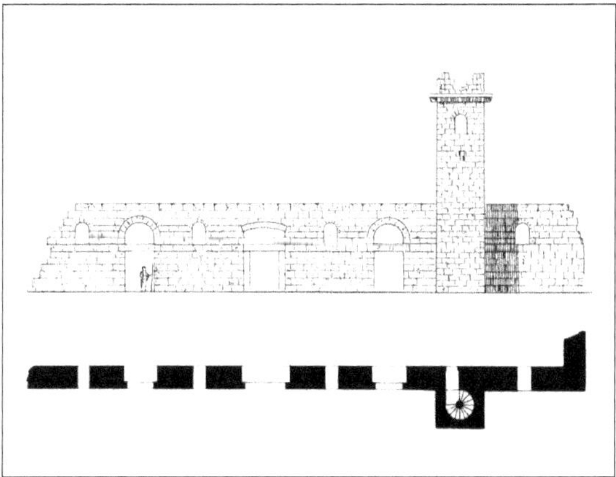

Mosquée al-Husseini, plan de restitution, Amman (Northedge, 1992).

Khirbat Abou Jaber (Kan Zaman) se trouve à 40 km au sud d'Amman, dans la région d'al-Yadoda. Le mieux pour s'y rendre est d'utiliser la voiture ou le taxi. Kan Zaman est la reconstitution moderne d'un village byzantin et islamique ainsi que d'un caravansérail. C'est un centre de loisirs très apprécié des habitants et des visiteurs d'Amman. Le village, reconstruit dans les différents styles d'architecture islamique populaire, s'enorgueillit d'une charmante "rue à l'ancienne" avec des échoppes qui proposent de l'artisanat traditionnel et toute une gamme d'outils et d'instruments agricoles du XIIIe au XIXe siècles. Renseignements: Kan Zaman, tél.: 06-4128393.

Ghazi Bisheh

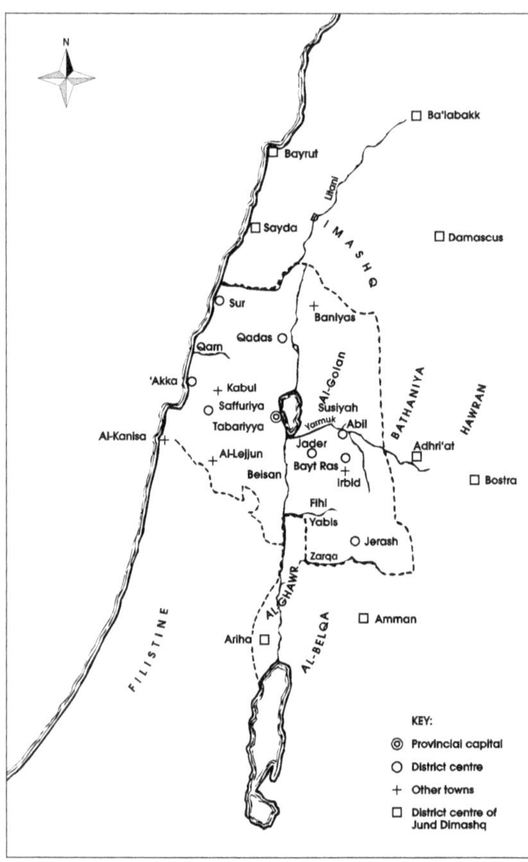

Carte des Ajnad (A. Walmsley, Aram 4/1 & 2, 1992).

Au cours du IVe siècle, l'ensemble des territoires comprenant la Palestine, la partie méridionale de Oued al-Hisa en Jordanie et le désert du Néguev sera partagé en trois provinces: la *Palestina Prima*, avec Césarée pour capitale; la *Palestina Secunda*, dont le siège est à Scythopolis (Beisan); la *Palestina Tertia-Salutaris*, dont les capitales seront successivement Pétra puis, vers la fin du VIe siècle, Aeropolis (Rabba). Les territoires du nord de Oued al-Hisa continuent de dépendre de la province d'Arabie avec leur capitale, Bostra, en Syrie du sud. Au VIe siècle, la plupart des fortifications frontalières de la Palestine III sont abandonnées, et le maintien de la paix et de l'ordre revient alors aux tribus arabes ralliées à Byzance sous l'hégémonie des Ghassanides (cf. "Introduction historique et artistique" et "Les Omeyyades. Naissance de l'art islamique"). Malheureusement, on est dans une ignorance à peu près complète sur tout ce qui concerne le système administratif pendant l'occupation perse (614-7/629). De même, nous ne disposons pas d'une représentation très précise des réformes structurelles qu'a entraînées l'occupation arabo-musulmane. La raison essentielle en est la pénurie de documents d'origine arabe et le fait que ceux dont nous disposons ne seront rédigés qu'au IIIe/IXe siècle, longtemps après la chute des Omeyyades.

Peu après la conquête arabo-musulmane, la Syrie est partagée en quatre provinces militaires (*ajnad,* singulier : *jund*). Ce sont, du nord au sud: *Hims* (Emèse), *Dimachq* (Damas), *al-Urdun* (Jordanie) avec sa capitale *Tabariyya* (Tibériade) et *Filistine* (Palestine) avec sa capitale *Ludd* (Diospolis). Pendant le règne de Yazid Ier (60/680-64/683), une cinquième *jund* est créée: *Jund Qinnisrine* (Khalkis). Ces provinces militaires qui vont, d'est en ouest, de la steppe syrienne à la côte méditerranéenne, sont découpées de façon à doter chacune d'elles d'une partie du littoral et de ports. Cette répartition répond certainement à des objectifs stratégiques en prévention d'une éventuelle contre-attaque byzantine. Des études récentes ont mis en valeur que le système des *ajnad* reflète moins la division des provinces au VIe siècle qu'il ne s'appuie sur les réformes administratives civiles et militaires syriennes introduites par Héraclius dans la période comprise entre 7/629 et 13/634. Pour d'autres auteurs, le système des *ajnad* est une véritable innovation, dont l'initiative est purement arabe. Quoi qu'il en soit, le fait est que la Jordanie est partagée en deux *ajnad*: *Dimachq* et *al-Urdun*. La région des collines au nord de Oued al-Zarqa –elle s'appellera plus tard Sawad al-Urdun– est rattachée à la province militaire de Jordanie. Ses frontières coïncident globalement avec la division de la province civile de Palestine II, augmentée des villes côtières de *Sur* (Tyr) et d'*Akka* (Acre), de la partie occidentale de la vieille *Provincia Arabia* et de certaines villes de la Décapole: Abyla *(Qouwailbeh)*, Gadara (*Jader/Oum Qays*), Capitolias (*Bayt Ras*) et Pella (*Fihl*). À l'ouest du Jourdain, les villes principales de cette province sont: Sepphoris (*Saffouriyah*), Qadas, Tibériade –qui est la capitale– et Scythopolis (*Beisan*). Le reste des territoires, s'étendant d'Adhri'at (*Der'a*) jusqu'à Ayla (*Aqaba*) en passant par Amman, forme la région de la Belqa qui fait partie de la *Jund Dimachq* avec Amman comme ville principale. On situe souvent la frontière sud de la Belqa à la hauteur de Oued al-Moujib ou de Oued al-Hisa. Cependant, nous savons d'après certaines sources que lorsque le dernier calife omeyyade, Marwan Ibn Muhammad, apprend les activités subversives des Abbassides à al-Houmayma, il écrit aussitôt au gouverneur de Damas pour lui ordonner d'arrêter Ibrahim Ibn Muhammad al-Imam. À son tour, le gouverneur ordonne au *amil* (gouverneur) de la Belqa, Soufyan Ibn Yazid al-Sa'di, d'aller l'arrêter. L'*amil* s'exécute ; il se rend à al-Houmayma et arrête Ibrahim Ibn Muhammad al-Imam. On ramène ce dernier à Damas, puis il est promptement livré au calife Marwan dans la *Jazirah* (la péninsule arabique), qui le fait mettre à mort. Ce récit tend à prouver que la zone sud jusqu'à al-Houmayma fait partie de la région de la Belqa, qui est un sous-gouvernorat de la *Jund Dimachq*. La Belqa elle-même sera subdivisée en unités administratives plus petites (*Kouras*): Ma'ab, la région des collines entre al-Hisa et al-Moujib, avec sa ville principale *Rabba* (Aeropolis); *Jibal* (Gabalitis), qui comprend les montagnes de Tafilah, avec Gharandal (Arandela) comme ville principale; *al-Charat*, qui ferme la Belqa au sud, à l'est de la vallée du Rift jordanien, avec Edroh (Augustopolis) et al-Houmayma comme villes principales; *al-Ghawr* (le Rift) avec, comme centre, *Zoughar* à al-Safi, au sud de la mer Morte.

La Belqa, avec sa position centrale, est merveilleusement située pour offrir un passage naturel reliant la péninsule arabe –la terre des deux villes saintes, La Mecque et Médine– à la Syrie, l'Égypte, la Palestine et l'Irak. De fait, le rôle stratégique de cette région militaire pour toute la politique omeyyade est corroboré par son rattachement aux territoires de la *Jund Dimachq*.

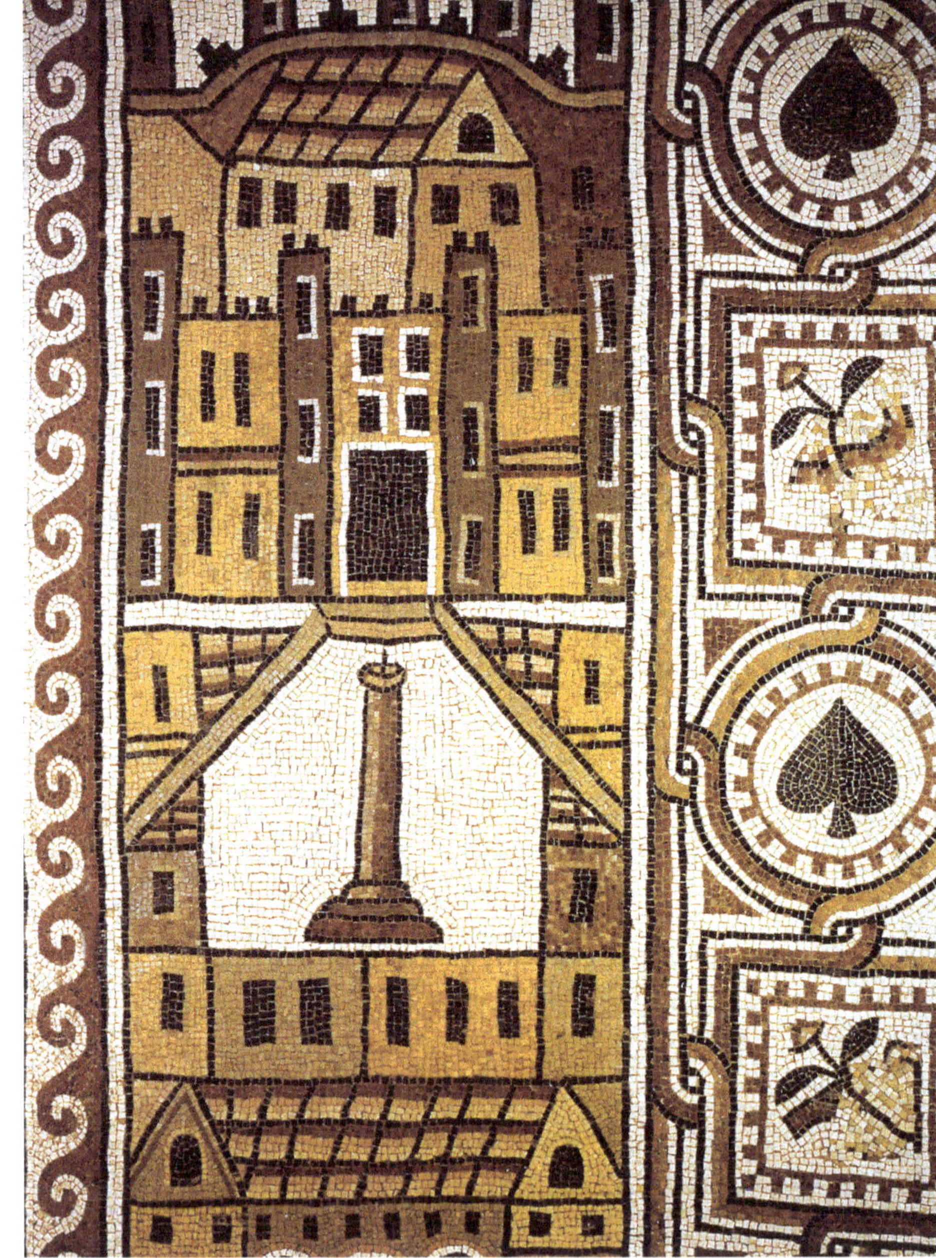

Les Omeyyades et leurs sujets chrétiens

Ghazi Bisheh, Ina Kehrberg, Lara Tohme, Fawzi Zayadine

II.1 AMMAN

II.1.a La grotte des Sept Dormants

II.2 MADABA

II.2.a Le musée archélogique de Madaba
II.2.b Saint-Georges, l'église de la Carte
II.2.c Le parc archélogique
II.2.d L'église des Apôtres

II.3 LE MONT NÉBO (SIYAGHA)

II.4 OUM AL-WALID

II.5 AL-QANATIR (option)

II.6 OUM AL-RASAS

OPTIONS NATURELLES
La station thermale de Ma'in (Hammamat Ma'in)
Moukawir (Qal'at al-Michnaqa)

L'iconoclasme.
Le concept de l'iconographie byzantine et omeyyade.
Le pèlerinage chrétien de Jérusalem au mont Nébo par le chemin du lieu du baptême.

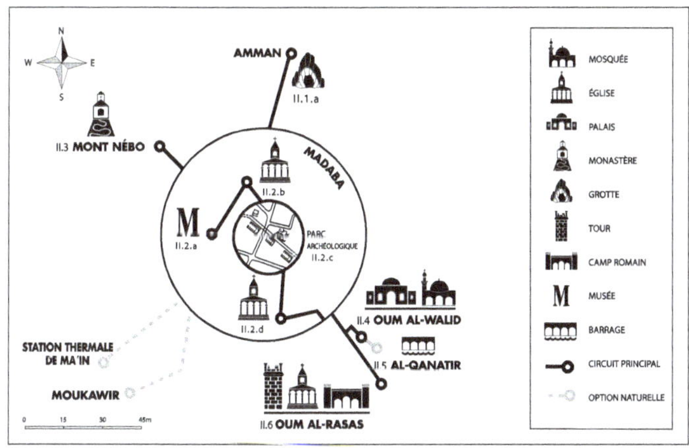

Église de Saint-Stéphane, Kastron Mefaa, Oum al-Rasas (Piccirillo,1993).

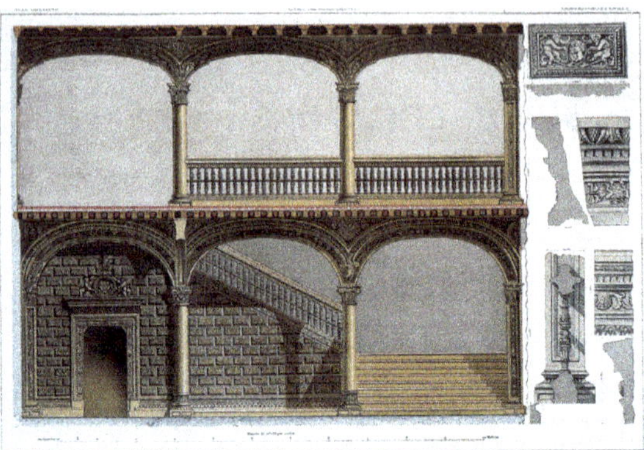

Palais archiépiscopal, escalier, Alcalá de Henares, "Monumentos Arquitectónicos de España", 1881, Bibliothèque nationale.

À la fin du XVe et au début du XVIe siècle, le style gothique, déjà dans ses derniers soubresauts, s'associe à l'art mudéjar pour créer un art courtisan. C'est l'époque des Rois Catholiques. La reconquête est terminée, Grenade est tombée aux mains de la Castille et de l'Aragon. Ces deux couronnes, réunies par les personnes de leurs souverains, s'ouvrent à un nouvel avenir, dont le projet politique ne tardera pas à déborder les frontières nationales.

De toutes parts arrivent des produits commerciaux. La politique matrimoniale d'Isabelle et Ferdinand avec les principaux États européens contribue efficacement à maintenir les échanges. Dans la péninsule ibérique s'installent des artistes et des architectes en provenance d'autres pays, conscients qu'il y a là des débouchés pour leurs savoirs et leurs talents. Ce qui va bientôt devenir l'Espagne connaît alors une des phases de croissance les plus remarquables de son histoire. Sur le plan artistique se produit un nouveau phénomène d'hybridation. Le mudéjar était né dans l'univers haut-médiéval espagnol du métissage des formes et les thèmes du roman et du gothique avec le savoir-faire des artisans musulmans, qui employaient des techniques et des matériaux nouveaux. Désormais, les formes architectoniques du gothique centre-européen et les variantes ornementales du flamboyant allaient se mêler à la décoration bariolée et géométrique du mudéjar. Tout de suite après, les formes venues de l'autre côté de la mer et de l'Italie allaient mettre en contact les géométries classiques et les nouveaux dessins vitruviens ou serliens avec la géométrie de l'islam.

Le résultat sera un véritable prodige formel de l'imagination. Les murs de pierre se perceront, les croisées d'ogives s'épanouiront en étoiles ouvertes, les auvents se peupleront de modillons, de tampons, de petits arcs, de *muqarnas* et autres artifices mudéjars, et les intérieurs se recouvriront entièrement de stucs, boiseries et céramiques faisant ressortir une ornementation géométrique, épigraphique et héraldique sur des fonds végétaux naturalistes. L'horreur du vide se manifeste à nouveau avec intensité sur toutes les surfaces.

L'architecture gothique des Rois Catholiques connut dans les dernières années du XVe siècle un essor extraordinaire. Églises, chapelles, hôpitaux, palais et châteaux se laissèrent séduire par les formes "gothico-mudéjares" qui, entre les mains d'artistes comme Juan Guas, les Egas et les Colonia, combinaient structures gothiques et ornements hispano-musulmans. Cet art hybride fut appelé "style Isabelle" ou "isabellin", peut-être à cause de l'abondance de ses manifestations en terres castillanes.

L'intense activité architecturale de l'époque justifie amplement les mots que les *Coplas del Provincial* mettent dans la bouche du peuple, épuisé par l'impôt levé par son trésorier Chacón pour payer les aventures guerrières et américaines d'Isabelle, les églises, les cathédrales et les couvents que Fray Alonso de Cartagena, évêque de Burgos (Fray Mortero), ne cessait de construire: "Entre la reine, Chacón et Fray Motero, la cour nous fait tourner en bourrique."

D'autres ont préféré appeler gothico-mudéjar le style qui en résulta mais, avec le temps, et en fonction des changements de protecteurs –sous le cardinal Francisco Jiménez de Cisneros (1436-1517) par exemple, on finit par consacrer l'appellation de "style Cisneros"–, quelques modèles et dessins laissèrent place aux modes de la Renaissance italienne, et avec elles au style "morisque renaissant". Les héritiers de la tradition mudéjare, dans laquelle le stuc est le matériau prédominant, furent les Corral de Villalpando, qui laissèrent dans leurs œuvres de Valladolid, Palencia et Zamora un curieux répertoire de voûtes nervurées et de décorations qui annoncent la Renaissance.

L'activité déployée par Cisneros comme archevêque de Tolède et régent (1495-1517) revêtit une importance particulière dans tout l'archevêché, qui connut pendant ces années une singulière fièvre constructive. Sous la direction de Pedro Gumiel, architecte des œuvres du cardinal, l'archevêché contrôla et supervisa la totalité de ce qui s'est édifié au cours des premières décennies du XVIe siècle. Ceci explique nombre de ressemblances entre les productions de certains centres ou ateliers d'ébénistes et de plâtriers créés autour de Tolède, et sans doute à Guadalajara.

Tout au long du chemin qui relie le fief de l'archevêché aux principales localités en direction de Saragosse et jusqu'aux limites de l'évêché de Sigüenza, l'activité de ces ateliers et la thématique mudéjare sont manifestes dans les ouvrages d'ébénisterie, de briqueterie et de stuc. Tout cela dura jusqu'à la seconde moitié du XVIe siècle, quand les travaux de l'Escurial ouvrirent la porte à de nouveaux artistes et à des motifs provenant d'Italie, et qui s'imposèrent sans la moindre concurrence.

La période Cisneros connut un regain de mudéjarisme grâce aux nombreux artistes morisques émigrés en Castille après la chute de Grenade. De nouveaux types de décoration et de structure de toitures témoignent d'une grande proximité avec les toitures grenadines, ce qui permet de penser que ce sont bien des ouvriers et des artistes de cette origine qui ont apporté les formes nouvelles en Castille. La brique connut une ample diffusion à partir du noyau tolédan. Les techniques tolédanes de la construction en maçonnerie et de l'assise horizontale de briques sont fréquemment mises en œuvre dans les édifices de cette période.

De nombreux livres et objets des Morisques grenadins furent brûlés sans pitié en 1499, et Cisneros assista à la scène, non sans en

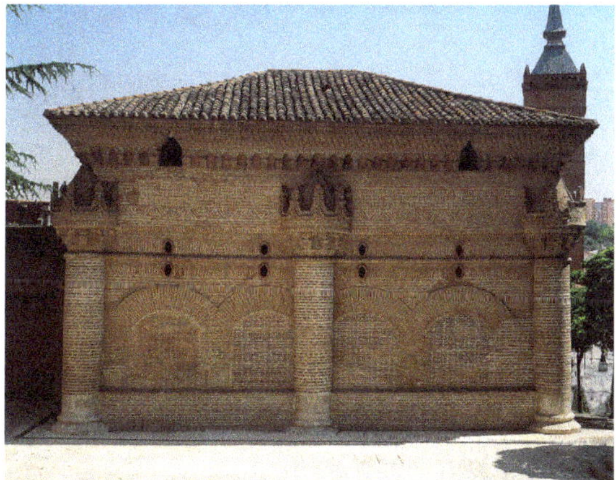

Chapelle de Luis de Lucena, vue générale, Guadalajara.

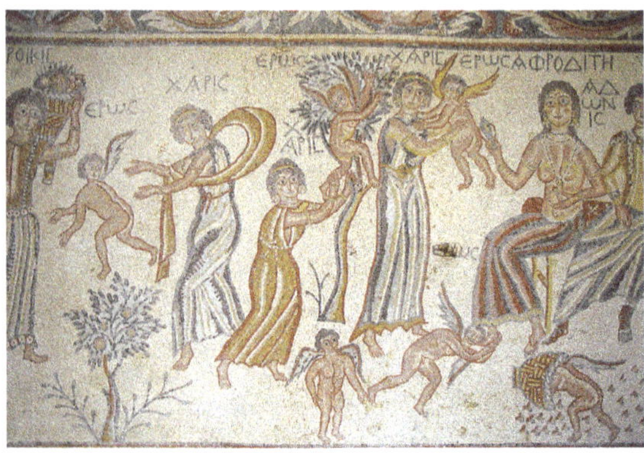

Salle d'Hyppolite, Aphrodite, Adonis et Cupidons, parc archéologique de Madaba.

Au VIe siècle et au début du Ier/VIIe siècle s'ouvre pour la Jordanie une époque de remarquable effort de construction d'églises. La grande majorité de ces édifices a été épargnée, malgré les campagnes militaires des années 10/630 qui amènent les Arabo-Musulmans en Syrie (cf. "Les Omeyyades. Naissance de l'art islamique"). D'après les recherches archéologiques menées ces quinze dernières années, on ne dénombre pas moins de cinquante-six églises encore en fonction en Jordanie après la seconde moitié du IIe/VIIIe siècle et même au-delà. Huit au moins sont construites ou repavées de mosaïques multicolores pendant la période omeyyade (41/661-132/750).

L'espace rural reste très peuplé et prospère: sous de nouveaux maîtres, les paysans et les artisans mènent leur vie normalement. Le christianisme continue de jouer un rôle majeur, et il est le facteur principal du maintien de la cohésion et de la solidarité pour les habitants des villes et des villages. Les différentes communautés, qui ont conservé leurs chefs traditionnels, préservent leurs lois et leurs coutumes. Il semble que l'organisation ecclésiastique de plusieurs évêchés, comme celui de Madaba, reste pratiquement inchangée jusqu'à la fin du IIe/VIIIe siècle. L'autorité de l'évêque –elle s'étend non seulement sur la ville, mais sur tout son territoire– a un rôle unificateur certain.

On peut dire que tout au long du premier siècle de l'islam, les populations de Jordanie restent chrétiennes dans leur écrasante majorité, tandis que le nombre de musulmans –qui forment une élite militaire et religieuse– reste très minoritaire. En effet, alors qu'un très grand nombre d'églises vont rester en fonction sous les Omeyyades, on ne construira que très peu de mosquées, et généralement de petite taille, au cours de la même période (par exemple: al-Qastal, Oum al-Walid, Khan al-Zabib). En fait, les chrétiens peuvent continuer d'exercer des fonctions gouvernementales. Une politique intelligente de grande tolérance envers la majorité des populations encore chrétiennes a nettement prévalu, car la priorité du nouveau régime est le maintien de l'ordre et de la cohésion sociale propices à la stabilité et à la croissance économiques. Ces objectifs ne pouvaient

Église de Saint-Stéphane, vue intérieure, Oum al-Rasas.

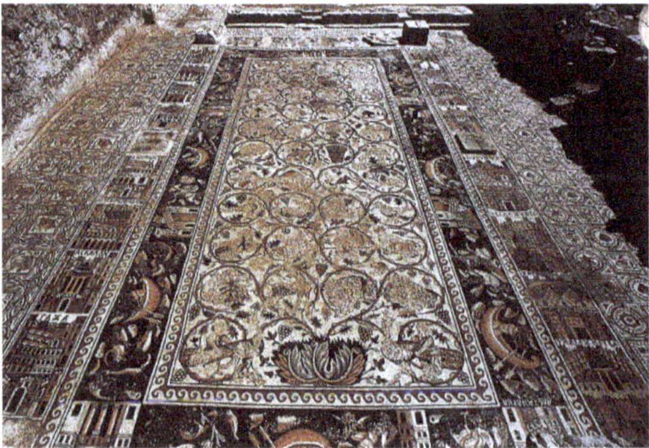

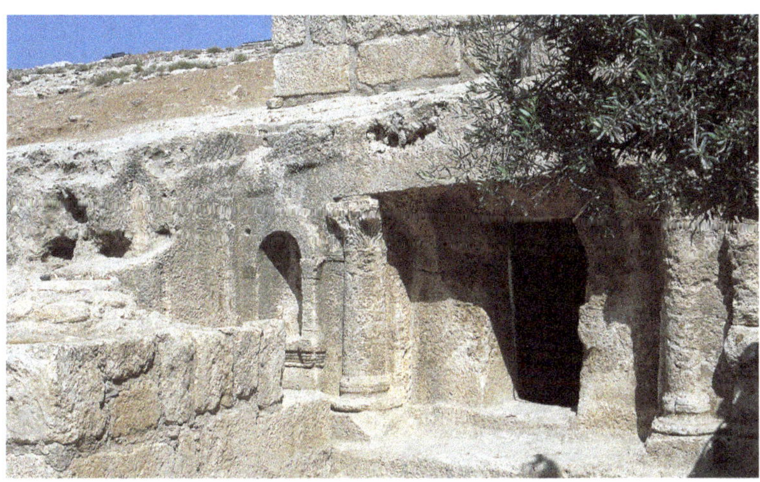

La grotte des Sept Dormants, vue générale, Amman (al-Rajib).

être atteints que grâce à une politique de souplesse dont la contrepartie se retrouvera dans la contribution essentielle des chrétiens à la formation de l'art et de la culture islamiques.
On ne peut pas faire l'impasse sur les iconoclasmes, le masquage des représentations d'êtres vivants infligé aux mosaïques en vertu, a-t-on dit, d'un édit promulgué par le calife omeyyade Yazid II en 102/721 (cf. "L'iconoclasme"). Toutefois, il n'est fait mention de cet édit que dans des écrits chrétiens d'origine égyptienne, et le fait que les documents arabes anciens n'en parlent pas incite à la plus grande prudence sur cette question. Après tout, les fresques de Qousayr Amra, connues pour la richesse de leurs représentations figuratives, ne sont guère éloignées de Mouwaqqar, la résidence officielle de Yazid II. Et elles sont bien exemptes de mutilations ou de détériorations volontaires.

G. B.

II.1 AMMAN

II.1.a La grotte des Sept Dormants

Située dans le village de Rajib, à environ 7 km du centre d'Amman et à 4 km sur l'embranchement est de la route du Désert, après le Centre de télévision jordanienne. On s'y rendra facilement en voiture ou en taxi (un quart d'heure environ). En taxi collectif, le trajet est plus long. Départ de la station d'autobus de Wehdat en direction d'Amman sud.

La grotte des Sept Dormants se trouve dans le village de Rajib, au sud-est d'Amman. Elle s'enfonce à l'intérieur d'une colline qui est un lieu particulièrement riche en tombes romaines tardives et byzantines du type *arcosolia-loculi*.
L'histoire des Sept Dormants, connue dans le monde entier, est rapportée dans des sources syriaques, latines, grecques et arabes. Il s'agit de l'histoire édifiante de jeunes chrétiens persécutés par un empe-

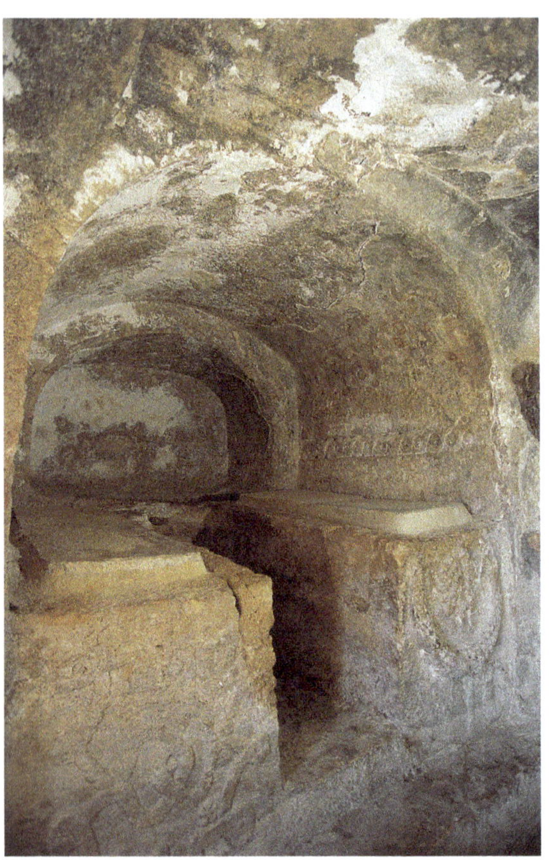

La grotte des Sept Dormants, renfoncement à voûte et sarcophages sculptés, Amman (al-Rajib).

reur romain et païen. Ils n'échapperont à la mort qu'en restant plongés dans un long sommeil qui va durer des siècles (trois cent neuf ans, selon la tradition musulmane). Ils vont se réveiller dans un monde de triomphe du christianisme. Leur réapparition miraculeuse symbolise le pouvoir divin de résurrection de l'âme et du corps. Cette parabole de foi et de dévotion est commune aux chrétiens et à l'islam; elle fait même l'objet d'une des sourates du Coran (Coran XVIII: *Sourate* de la Caverne):

9- "*...Tiendras-tu (l'aventure) des compagnons de la caverne et de l'épitaphe pour un prodige d'entre Nos signes ?*
10- *Lors ces jeunes hommes se réfugièrent dans la caverne et dirent: 'Notre Seigneur, accorde-nous une miséricorde de ton sein, ménage-nous de notre chef rectitude'.*
Nous assourdîmes leurs oreilles dans la caverne pendant des années en nombre".

Au début du VIe siècle, une petite église est construite au-dessus de la grotte; elle sera réaménagée ultérieurement en mosquée. Les bases des colonnes de la nef chrétienne ont été conservées. Par contre, l'entrée de la mosquée a été déplacée à l'est, où se trouvait l'abside. Une seconde mosquée a été construite juste en face de l'entrée de la grotte: on a érigé des murs tout autour et adjoint un *mihrab* côté sud. Cette mosquée a été reconstruite à plusieurs reprises, en particulier en 277/890-91. On accède à la grotte par une porte étroite et trois marches creusées dans la roche. On remarque sur le linteau cinq médaillons, dont celui du centre qui porte une croix grecque. L'entrée répartit de chaque côté de la porte des colonnes engagées, un chapiteau et une niche à coquille. En pénétrant dans la grotte, on voit deux voûtes en renfoncement, chacune contenant trois sarcophages. Les décors des hauts-reliefs des sarcophages sont composés de godrons, de chapelets et d'étoiles à huit pointes formées par des entrelacs de carrés.

G. B.

II.2 MADABA

À 30 km au sud-est d'Amman. Les autobus desservant Madaba passent par les gares de Weh-

dat, Raghadan et Abdaly, puis empruntent l'autoroute de l'aéroport. On peut aussi passer par Na'our et Hesban, un autre itinéraire très agréable.
Renseignements: bureau du ministère du Tourisme et des Antiquités, tél.: 05-543376 (à proximité du Palais Brûlé), et bureau du département des Antiquités de Madaba, tél.: 05-544056 ou 05-544189.

L'existence de Madaba remonte aux origines bibliques; mais cette "Cité des mosaïques" est surtout célèbre en tant que siège d'un évêché byzantin et par son école de mosaïques. À l'époque romano-byzantine, Madaba fait partie de la *Provincia Arabia* créée par l'empereur Trajan après la conquête de la région. À partir de la conquête arabo-musulmane du début du Ier/VIIe siècle et pendant la période omeyyade, Madaba sera rattachée à la région de la Belqa, sous la juridiction de la province militaire de Damas. Les sources archéologiques et les archives concordent pour attester que la population et le rôle de Madaba sont en déclin à partir du IIIe/IXe siècle. En 1297/1880, les recherches archéologiques recevront une impulsion décisive grâce à l'installation de quatre-vingt-dix familles chrétiennes originaires de Karak, sous la conduite de leurs guides, deux prêtres italiens du Patriarcat latin de Jérusalem.

L. T.

II.2.a Le musée archéologique de Madaba

Situé en ville. Il est ouvert de 9:00 à 17:00 en été et de 9:00 à 16:00 en hiver, les jours fériés et pendant le Ramadan. Entrée payante, sauf pour les groupes scolaires.

Renseignements: musée archéologique de Madaba, tél.: 05-544056 ou 05-544189.

Le musée abrite ses collections dans un ensemble de maisons de style traditionnel. On y trouvera une présentation des divers aspects de la culture jordanienne. Son fonds archéologique est centré sur Madaba et sa région avec, en particulier, des objets omeyyades provenant des sites d'Oum al-Rasas et d'Oum al-Walid.

Petite bouilloire d'Oum al-Walid, num. inv. 668

Cette bouilloire, parfaitement conservée, ne mesure pas plus de 14 cm de haut. Elle est en bronze (cuivre et plomb). Son charme provient nettement du traitement animalier de sa forme: un chameau stylisé portant un chargement ou une sorte de bât. Son tripode la

Petite bouilloire d'Oum al-Walid, Musée archéologique (668), Madaba.

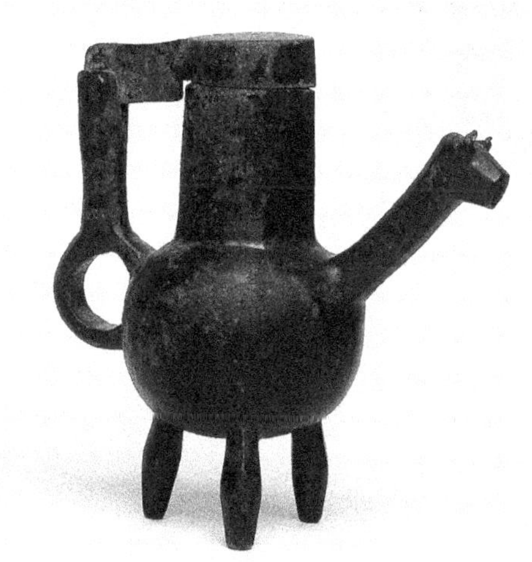

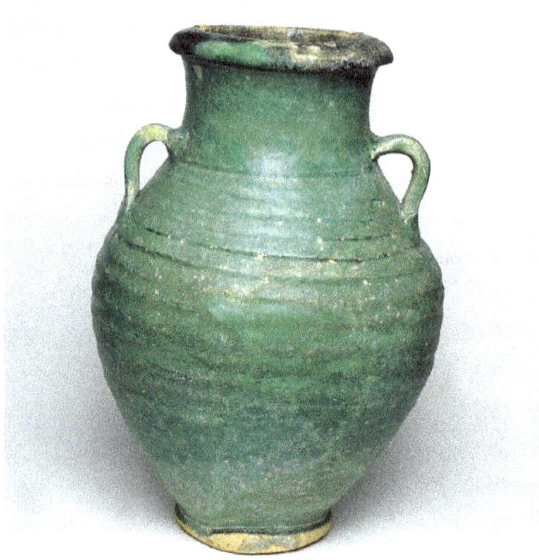

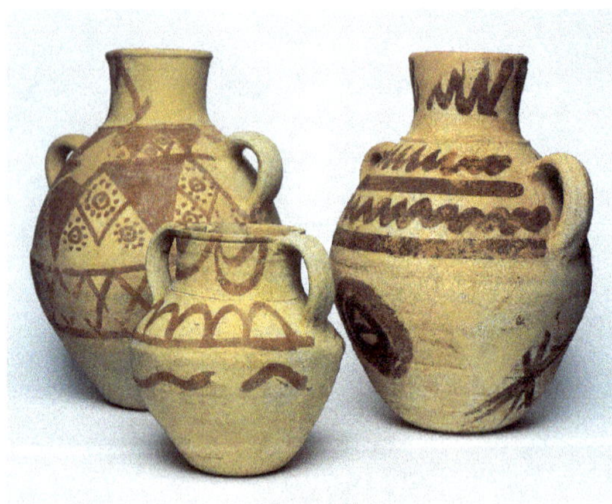

Jarre de terre cuite d'Oum al-Walid, Musée archéologique (793), Madaba.

Jarres peintes à la main d'Oum al-Walid, Musée archéologique (659-661), Madaba.

maintenait un peu au-dessus des braises. La tête du chameau servait de bec. Cette pièce date du IIe/VIIIe-IIIe/IXe siècle, et sa facture est caractéristique de la transition entre les époques omeyyade et abbasside.

Jarre en terre cuite d'Oum al-Walid, num. inv. 793

Exemple de jarre omeyyade extrêmement rare à cause de son état de conservation unique et de sa glaçure de couleur verte et épaisse. Elle remonte au tout début de l'utilisation de la glaçure verte, et on peut penser que cette amphore faisait partie d'un service exceptionnel ou qu'elle était, pour le moins, une pièce d'apparat réservée aux banquets, comme on en voit dans les peintures murales de Qousayr Amra datant de la même époque. Sa forme reste caractéristique de l'héritage classique et se démarque très peu de ses modèles grecs traditionnels. Ce vase –c'est le terme qui lui convient le mieux– est certainement une pièce d'importation, provenant sans doute d'Irak où les poteries islamiques, dont la diffusion s'étend à tout le pourtour de la Méditerranée orientale, sont très recherchées.

Jarres peintes d'Oum al-Walid, num. inv. 659-661

Ces trois jarres en céramique beige orangée portent des décorations géométriques d'ocre rouge foncé. Ce type de poterie est caractéristique du style le plus tardif de la période omeyyade. On sait qu'il sera adopté plus tard par toute la céramique abbasside (IIe/VIIIe-IIIe/IXe siècles) jusqu'à en devenir finalement la signature. Le décor est peint à grands traits, avec une application très généreuse de la couleur et une grande spontanéité. Les motifs, qui paraissent privilégier avant tout la rapidité d'exécution, viennent parachever la rupture avec les techniques des potiers héritées de la tradition classique. À la même époque, par une évolution parallèle, commencent à se développer les techniques de la céramique vernissée, qui permettent d'offrir des décorations plus raffinées. Elles vont l'emporter définitivement sur la céramique peinte dont la qualité d'exécution va d'ailleurs progressivement décliner.

Linteau à scène de chasse d'Oum al-Walid

Ce bas-relief en stuc représentant une panthère chassant une gazelle décorait le linteau de la porte du *qasr* d'Oum al-Walid. Cette œuvre d'exception, qui minimise l'utilisation du relief, devrait être regardée presque comme une peinture. Le contraste entre le fond rugueux et les animaux, dont le corps est ciselé en aplats lisses, gagnerait évidemment à être apprécié dans la position initiale du linteau, à une distance suffisante pour que le dessin se détache mieux. Ce jeu délibéré entre le fond et la forme, l'ombre et la lumière, fait pour rehausser la délicatesse des silhouettes, évoque les marionnettes du théâtre d'ombres, un art qui deviendra très populaire à l'époque islamique tardive. Le sujet renvoie évidemment à la présence des animaux sauvages qui font encore partie du quotidien pour les Omeyyades, la cour en particulier, pour laquelle étaient organisées des parties de chasse.

I. K.

II.2.b Saint-Georges, l'église de la Carte

L'église se trouve dans le centre-ville, près du "Rest House" de Madaba. Ouverture tous les jours de 8:00 à 18:00.

La carte en mosaïques, datée du VIe siècle, est une des plus importantes découvertes archéologiques des fouilles de Madaba et même de tout le Moyen-Orient. Elle a été retrouvée en décembre 1313/1896, au cours de la construction de l'église grecque orthodoxe de Saint-Georges, sur le site d'une église plus ancienne. Elle se trouve au nord-ouest de la voie romaine partiellement dégagée par les fouilles (cf. "Le parc archéologique de Madaba"). Dans son état original, la carte complète englobait toute la région qui va du Delta égyptien, au sud, jusqu'à la côte levan-

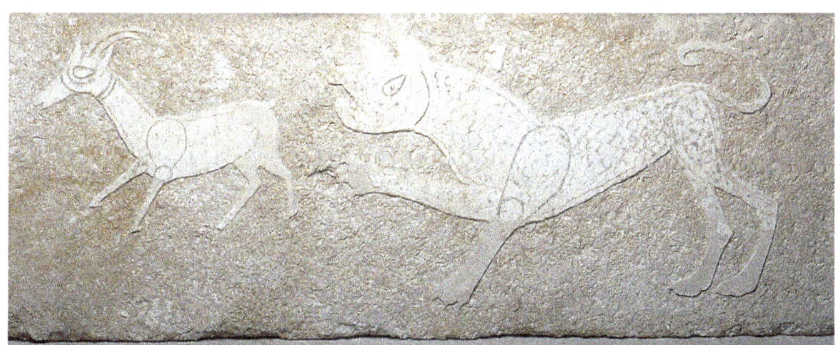

Linteau à scène de chasse d'Oum al-Walid, Musée archéologique, Madaba.

tine, au nord, avec les villes de Tyr et de Sidon. La section conservée représente environ le quart de la mosaïque d'origine. La valeur archéologique inestimable de cette carte est liée pour nous au soin extrême porté aux détails et à la vérité géographique. Il s'agit en fait d'un atlas de la Bible composé d'après les informations de l'*Onomasticon* d'Eusèbe, une œuvre du IVe siècle. Selon l'hypothèse la plus vraisemblable, elle aurait été conçue pour servir de guide aux pèlerins chrétiens en Terre Sainte. À moins –et c'est l'opinion de quelques spécialistes– qu'il s'agisse de la représentation de la Terre promise que Moïse contemple dans le récit biblique. L'inscription de cent cinquante sept légendes, en langue grecque, permet de reconnaître les grands sites de la Terre sainte qui sont eux aussi chaque fois illustrés. L'espace représenté comprend les territoires des douze tribus bibliques d'Israël et leurs alentours immédiats, ce qui pour les Byzantins délimitait "*les confins de la Terre promise*". La vue centrée sur le Jourdain et la mer Morte correspond au choix d'orienter la carte à l'est. L'illustration privilégiée est une perspective à vol d'oiseau de Jérusalem traitée très en détail. On reconnaît précisément les murs et les portes de la ville, son *cardo maximus* qui la coupe du nord au sud (sur la médiane horizontale du dessin) et ses principaux monuments, sans oublier les bâtiments constantiniens du Saint-Sépulcre, à mi-chemin du *cardo,*

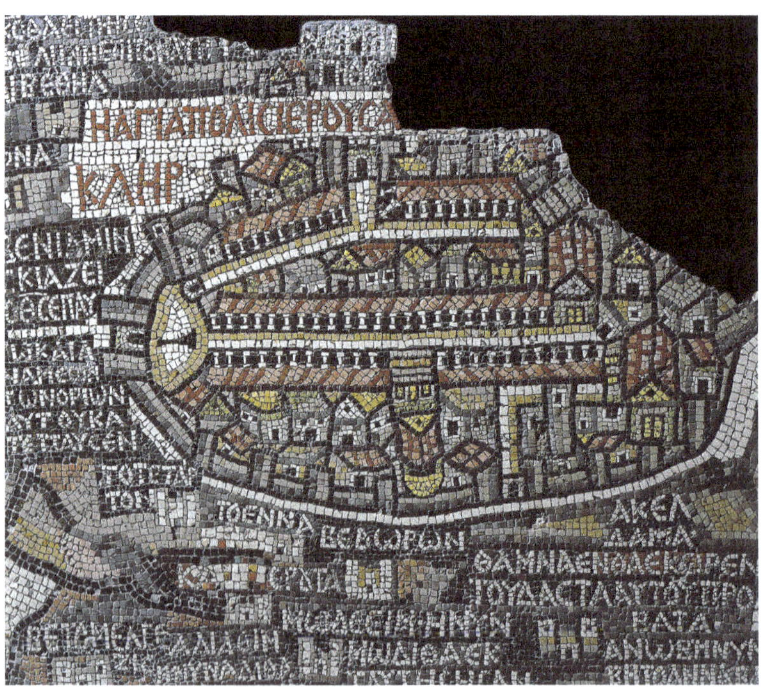

Église de Saint-Georges, carte en mosaïques, représentation de Jérusalem, Madaba.

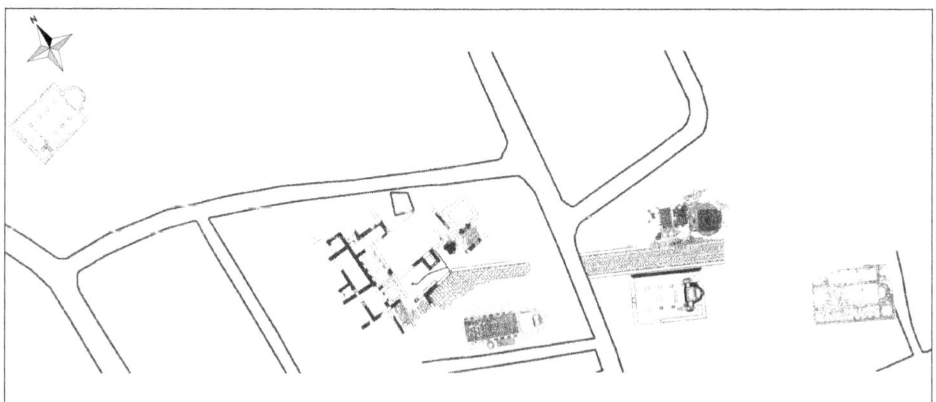

Plan de la ville de Madaba (Piccirillo, 1991).

et les deux grandes basiliques du sud de la ville. Par cette illustration de Jérusalem, la ville sainte apparaît bien comme le centre du monde chrétien. On trouve une quantité d'autres détails dont le traitement minutieux ajoute au pittoresque: les poissons dans le Jourdain et les affluents du fleuve, deux bateaux sur la mer Morte, les palmiers de l'oasis de Jéricho, les montagnes, la mer, etc.

L. T.

II.2.c Le parc archéologique

Cet ensemble d'importants vestiges archéologiques est situé au centre-ville, à 300 m à l'ouest de l'église de la Carte. Il est ouvert de 8:00 à 18:00 en été, de 8:00 à 17:00 en hiver et de 10:00 à 16:00 les jours fériés. L'entrée payante comprend l'accès au parc archéologique, au musée et à l'église des Apôtres. Le parc, qui héberge également l'école de mosaïques, abrite aussi diverses églises et une partie de la voie romaine.
Renseignements: parc archéologique de Madaba, tél.: 05-546681.

Ce vaste parc archéologique domine le centre-ville de Madaba. Il est situé aux abords de la voie romaine (*decumanus*) qui la traverse. Il abrite divers monuments civils ou religieux, d'origine byzantine tardive ou d'époque omeyyade. Il s'agit de: l'église de la Vierge et la salle d'Hyppolite; l'église du Prophète Élie et la crypte de Saint-Élien; l'église d'al-Khadir, le Palais Brûlé et l'église de la Famille Sunna. On visitera aussi sa somptueuse collection de mosaïques provenant des fouilles de la région, dont les vestiges d'un sol daté du Ier siècle av. J.-C., découverts dans les fouilles de la forteresse hérodienne de Machaerus, et qui serait la mosaïque la plus ancienne de Jordanie. Cette collection présente entre autres: la mosaïque supérieure de l'église de Masouh (VIe siècle), des panneaux de l'église de l'Acropole de Ma'in représentant des villes de la région à la période omeyyade (IIe/VIIIe siècle), et la salle des Saisons de Madaba (VIe siècle).
L'**église de la Vierge** et les vestiges de la salle d'Hyppolite sont abrités dans une très vaste structure moderne, spécialement conçue pour offrir au visiteur un

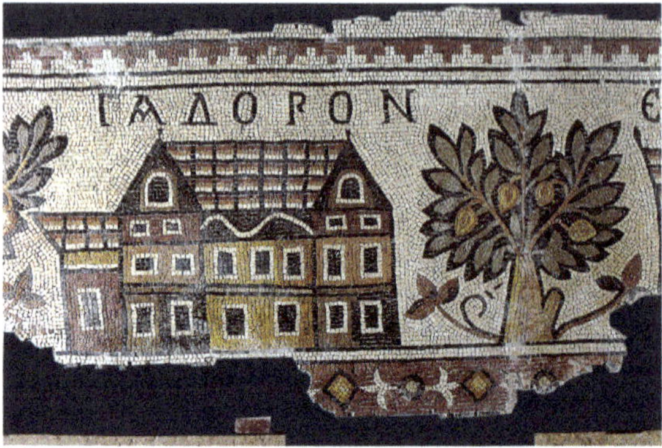

Église de l'Acropole de Ma'in, représentation de Gadoron, parc archéologique, Madaba.

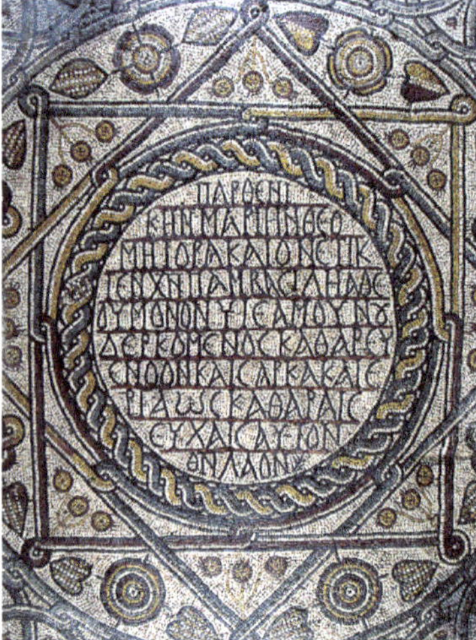

Église de la Vierge, inscription centrale, parc archéologique, Madaba.

parcours panoramique. L'église fut édifiée à la fin du VIe siècle sur le site d'un temple romain daté de la fin du IIe-début du IIIe siècle, auquel a été accolée au début du VIe siècle une grande salle, dite "salle d'Hyppolite". Le sol de la nef centrale circulaire de l'église de la Vierge –à l'emplacement du podium du temple– est décoré d'une mosaïque au dessin intriqué. La bordure, à décor floral, a été datée de la fin du VIe-début du Ier/VIIe siècle, tandis que le médaillon inscrit dans le carré central est un ajout plus tardif du début de la période abbasside, attribué à l'évêque Théophane de Madaba. Quoique la date figurant dans l'inscription dédicatoire soit endommagée, on pense qu'il s'agit de l'an 138/756.

La mosaïque de la **salle d'Hyppolite**, en bon état de conservation, avait été en partie réutilisée pour un usage privé: les fouilles de 1982 ont dégagé la maison construite à cet emplacement. Le décor de la mosaïque porte les allégories des Quatre Saisons en coins d'un cadre de feuilles d'acanthe et de scènes de chasse. Le pied du mur est bordé d'un décor qui vient en prolongement de la mosaïque principale, formé par trois Tyché (déesses de la fortune), en allégories des villes de Rome, Grégoria et Madaba. Chacune est représentée assise sur un trône et tenant une croix montée sur une haute hampe. D'un côté des Tyché, un petit médaillon figure trois santals entourés par quatre oiseaux en coins; de l'autre, on trouve des oiseaux et des créatures zoomorphes.

La partie centrale de la mosaïque se compose de trois panneaux. Le panneau inférieur est une composition ornementale de fleurs et d'oiseaux. Le panneau central représente des personnages de tragédie grecque: Phèdre et Hyppolite (inspirés de l'"Hyppolite" d'Euripide, d'où le nom de la salle). Chaque personnage est identifié par une inscription en grec. La mosaïque a été partiellement endommagée quand la salle a été divisée en deux. Le panneau supérieur compose une vignette qui met en scène la déesse Aphrodite et Adonis accompagnés d'une série de Cupidons et des Grâces.

Au bord de l'église de la Vierge et de la salle d'Hyppolite passait la voie romaine,

représentations de Rome, Gregoria et Madaba, parc archéologique, Madaba.

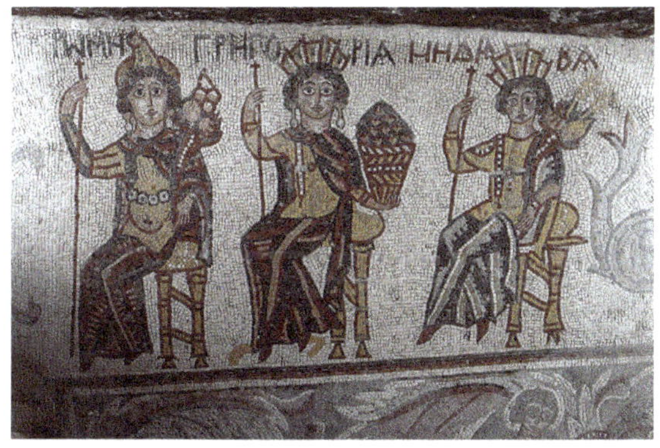

le *decumanus*, que les fouilles ont en partie dégagée, mettant à nu les grandes dalles de pierre de son pavage. On peut supposer que cette rue, autrefois parée de colonnes et orientée approximativement d'est en ouest, devait à l'origine relier deux porte de la ville. Elle a été recouverte de terre battue à l'époque byzantine et à l'époque omeyyade. Le pillage des colonnes pour leur réemploi a commencé dès l'Antiquité et s'est prolongé jusqu'à une époque récente.

L'**église du Prophète Élie** se trouve de l'autre côté du *decumanus*. Elle a été découverte en 1314/1897. Le sol en mosaïques a été en partie dégagé par les fouilles à proximité des marches du presbytère. On y a retrouvé une inscription dédicatoire la consacrant au prophète Élie, ce qui permet de faire remonter sa construction en 607-608. L'église a subi des dommages importants au début du XXe siècle. Il n'en subsiste plus aujourd'hui que les fondations de l'abside et de rares vestiges de mosaïques des sols de la nef centrale et des bas-côtés. Dans la crypte de Saint-Élien, située sous l'abside, on a pu retrouver quelques autres vestiges de mosaïques et une inscription qui indique qu'elle a été édifiée en 595-596.

La visite du parc archéologique peut se prolonger par la découverte de l'**église d'al-Khadir**, de l'**église de la Famille Sounna** et du **Palais Brûlé**. L'église basilicale d'al-Khadir (l'église des Martyrs), qui date du VIe siècle, a souffert des iconoclasmes perpétrés au IIe/VIIIe siècle. Cependant, une grande partie des mosaïques, au décor intriqué représentant des scènes pastorales et de chasse, a pu être conservée. L'église de la Famille Sounna est une petite église du VIe siècle. Elle a trois nefs et une abside centrale. On a conservé peu de choses de cette église:

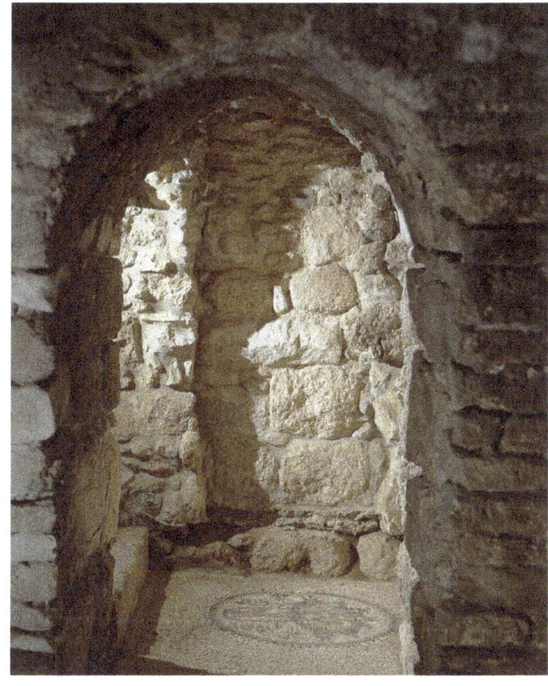

Crypte de Saint-Élien, palier sud, parc archéologique, Madaba.

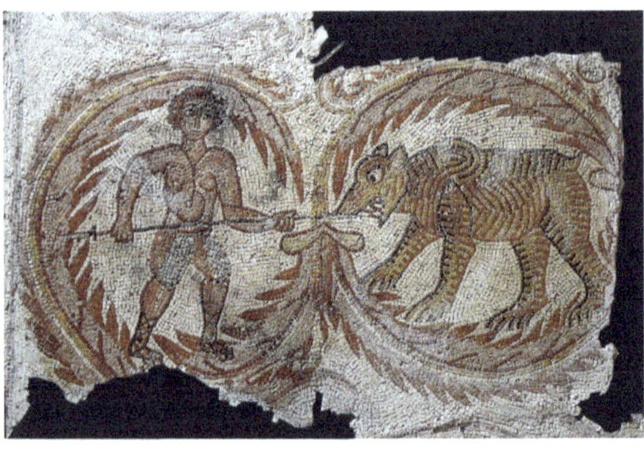

Palais Brûlé, scène de chasse, parc archéologique, Madaba.

les mosaïques du sol du bas-côté sud, une partie de la nef et une petite partie du bas-côté nord. Le palais, dit Palais Brûlé, était une grande demeure, au nord de la voie romaine, en face de l'église d'al-Khadir. Ce palais richement décoré date de la fin du VIe-début du Ier/VIIe siècle. Sa destruction par un incendie est peut-être due au tremblement de terre de 131/749.

Église des Apôtres, bordure à volutes de feuilles entourant un masque, Madaba.

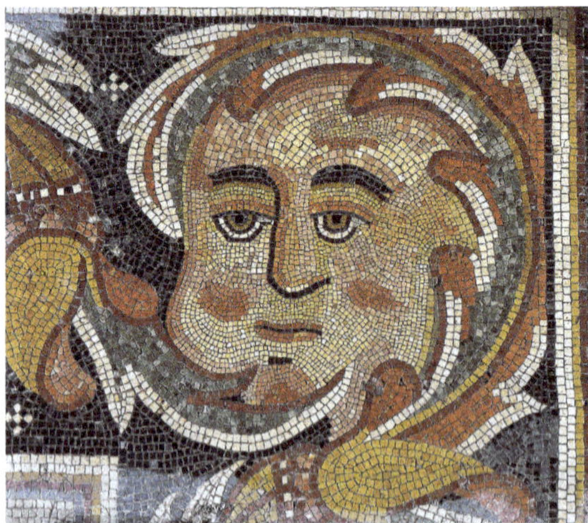

Dans l'enceinte du parc archéologique se trouve aussi la nouvelle école de mosaïques de Madaba qui n'est pas ouverte au public. Elle a été créée grâce à un projet associant l'Italie et la Jordanie et on y enseigne la création et la restauration des mosaïques.

L. T.

II.2.d **L'église des Apôtres**

Un bâtiment moderne abrite et protège l'église des Apôtres, à l'extrémité sud de la ville de Madaba. Une inscription, découverte en 1319/1902 dans une pièce de la partie est de l'église (maintenant disparue), mentionne l'an 578 comme date de construction et sa consécration aux apôtres. La grande mosaïque, bordée de feuilles d'acanthe, qui recouvre le sol de la nef centrale est une composition géométrique avec des oiseaux et des plantes. Un médaillon central représente la divinité marine Thalassa sortant des vagues, entourée de poissons et de monstres marins. Les sols des deux nefs latérales sont décorés de mosaïques à motifs géométriques. Sur le côté nord, deux petites chapelles sont accolées à l'église. Dans la première, on peut voir une mosaïque qui représente quatre arbres partant du bord vers le centre. Dans chacun des quatre triangles délimités par les arbres, il y a un couple d'animaux. La mosaïque porte aussi une inscription dédicatoire au "*Temple des Saints Apôtres*". Dans l'autre chapelle, une mosaïque en forme de rectangle présente une bordure à motifs floraux encadrant une composition avec diverses espèces d'arbres, des fleurs et en son centre un oiseau.

L.T.

II.3 LE MONT NÉBO (SIYAGHA)

Situé à 10 km à l'ouest de Madaba, il est accessible en voiture ou en taxi. Ouverture tous les jours de 8:00 à 17:00, entrée payante.

Le site du mont Nébo se trouve au nord-ouest de Madaba, entre le Wad Afrit au sud-est et le Wad Ayoun Moussa au nord. Le mont culmine à 800 m et comporte d'autres sommets à peine plus bas. Pour l'histoire, les deux sommets importants sont le pic de Siyagha à l'ouest, et le pic d'al-Moukhayyat au sud-est. Du mont Nébo, le panorama est spectaculaire: au sud, la vue s'étend au-delà de la mer Morte et l'immémorial désert de Judée. Vers l'ouest, le panorama embrasse la vallée du Jourdain jusqu'aux collines de la Judée et de la Samarie bibliques. On aperçoit aussi les collines d'Amman dans le lointain, les confins escarpés du plateau du Hesban et de la montagne de Mouchaqar. Par temps clair, on apercevra Bethléem et, à proximité, l'étrange cône de la forteresse d'Hérodium, l'ancienne place forte d'Hérode le Grand, ainsi que les tours et les maisons de Jérusalem, depuis le mont des Oliviers jusqu'à Ramallah.

La présence de l'homme sur le mont Nébo remonte à plusieurs milliers d'années, comme en témoignent quantité de dolmens, menhirs, silex, tombes et forteresses de toutes les époques. Cependant, c'est évidemment au récit de la vision finale et de la mort de Moïse dans *Deutéronome* 34 que le mont doit sa célébrité mondiale.

Jusqu'au IVe siècle, le village de crête fortifié, sur le pic d'al-Moukhayyat, sera lui aussi appelé Nébo, comme il en est fait mention dans l'Ancien Testament, en même temps que d'autres cités du pays de Moab. Dès le IVe siècle, les communautés chrétiennes de la région vont construire une église en mémoire de Moïse sur le pic de Siyagha. Le sanctuaire devint très vite un important lieu de pèlerinage, connu dans toute la chrétienté. On trouve, par exemple, dans les chroniques du Romain Egérias (en pèlerinage entre 381 et 384), ou de l'évêque de Gaza, Pierre l'Ibère (seconde moitié du Ve siècle), une description détaillée de l'église commémorative de Moïse sur le mont Nébo et des "Sources de Moïse" toutes proches.

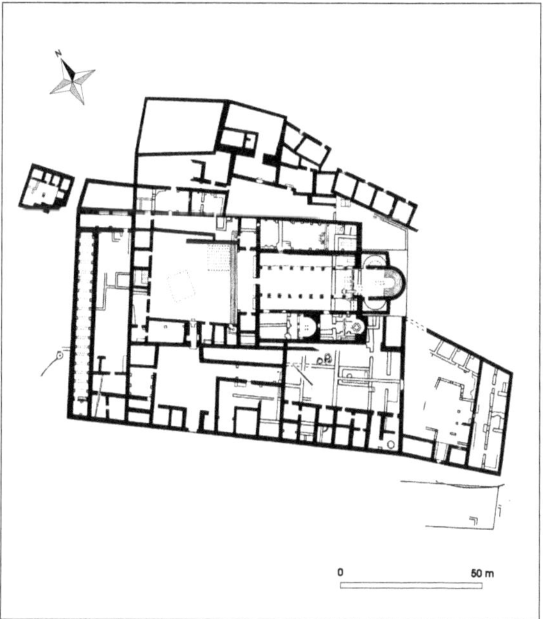

Plan du mémorial de Moïse, Mont Nébo, (Piccirillo, 1986).

Les fouilles archéologiques, entreprises dès 1933 et toujours en cours, ont permis d'exhumer l'église du IVe siècle. De forme carrée, elle présente trois absides construites en grosses pierres de calcaire,

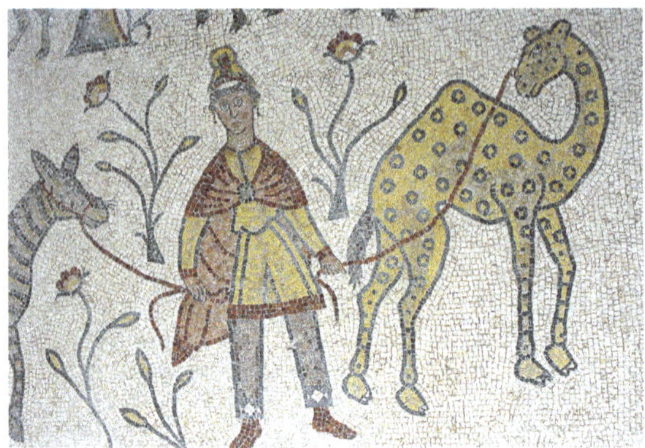

Baptistère-Diaconicon, scène de chasse, 530-531, mont Nébo.

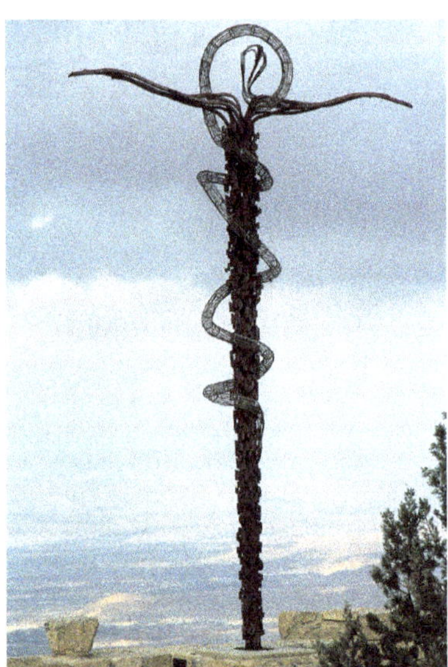

Serpent de bronze crucifixion, sculpture de Giovanni Fantoni, 1984, mont Nébo.

un vestibule en façade et deux chapelles funéraires sur les côtés. Elle renferme des tombes sous un dallage de mosaïques. Des fragments de la mosaïque du IVe siècle sont encore visibles près de l'autel, où une croix chrétienne signale l'emplacement supposé de la mort de Moïse. Sur le côté nord de la cour, devant la façade, un couloir conduisait à une petite chapelle richement décorée, le baptistère, où se trouvaient des fonts baptismaux en forme de croix.

Dans la seconde moitié du VIe siècle, sous le ministère de l'évêque Serge de Madaba, on construit une basilique à trois nefs. L'église précédente, celle qu'Egérias et Pierre l'Ibère avaient visitée, va servir de presbytère à la nouvelle. Les inscriptions des mosaïques du nouveau baptistère nous apprennent que la première partie des travaux est terminée dans l'année 597. La basilique comportait plusieurs chapelles et des décors de mosaïques sur les murs et au sol. Une longue chapelle construite au nord va recouvrir le vieux baptistère. Les deux chapelles du bas-côté sud portent maintenant le nom de chapelle du Nouveau baptistère et d'**église de la Théotokos** (de la Mère de Dieu, Vierge Marie). En face de l'autel, près du presbytère, on remarque un décor de mosaïques rectangulaire fait de fleurs, de gazelles et de deux taureaux debout devant un autel supportant un ciboire. Dans l'intention de l'artiste, il s'agit d'une figuration de l'autel du Temple de Jérusalem. La plus grande partie des mosaïques qui décoraient autrefois les sols de la basilique ont été enlevées par mesure conservatoire et sont désormais présentées sur les murs de la construction moderne qui abrite la basilique du VIe siècle. Le mémorial de Moïse est maintenant une structure surélevée près de la chaire, à l'extrémité est de la nef latérale sud.

En parallèle avec la lente édification du sanctuaire, on entreprend la construction et l'agrandissement du monastère byzantin adjacent. Le monastère de Siyagha atteint son extension maximale au cours du VIe siècle. Les cellules des moines, réparties aux bords des cours qui entourent l'église commémorative de Moïse, auraient pu accueillir plusieurs centaines de moines et de pèlerins. Le monastère sera abandonné au cours du IIIe/IXe siècle.

Au sud-ouest de cet ancien monastère byzantin, un nouveau petit monastère accueille une communauté de franciscains ainsi que les archéologues qui travaillent actuellement sur le site. Le serpent de fer sur une poutre, à l'extérieur de l'église, œuvre du sculpteur italien de Florence, Giovanni Fantoni, symbolise le serpent de bronze présenté par Moïse dans le désert et la crucifixion, en s'inspirant de l'évangile de Jean (3:14-15): *"Le Fils de l'Homme doit être élevé comme Moïse élève le serpent dans le désert, afin que quiconque a foi en Lui reçoive la vie éternelle."*

L. T.

II.4 OUM AL-WALID

Les ruines d'Oum al-Walid se trouvent à 15 km au sud-est de Madaba. On peut s'y rendre en taxi ou en autobus au départ de la station de Madaba.
Renseignements: bureau du département des Antiquités de Madaba, tél.: 05-544056 ou 05-544189.

Les ruines d'Oum al-Walid couvrent entièrement une petite colline d'environ 40 m de haut. Le site se compose d'une mosquée et, d'est en ouest, de trois *qasrs* et de deux temples romains. Bien que le site ait été habité depuis l'âge du bronze, les recherches archéologiques centrées sur la période omeyyade ont privilégié le *qasr* de l'est et la mosquée, qui datent probablement tous deux de la fin du Ier /première décennie du VIIIe siècle.

Le ***qasr* de l'est** est une enceinte d'environ 71 m de côté, avec trois demi-tours sur chaque côté et quatre tours d'angle (en trois quarts de cercle). Au milieu de la façade est, une quatrième tour servait d'unique entrée au *qasr*. L'intérieur se compose de cinq *bayts*, ou unités indépendantes, autour d'une cour. Chaque *bayt* est constitué de quatre à cinq pièces. On a aussi retrouvé plusieurs latrines et des canalisations d'égouts. Quelques-unes des pièces étaient enduites de plâtre, puis probablement peintes et décorées de stucs sculptés. La seule décoration qu'on a conservée était un

Église de la Théotokos, représentation du Temple de Jérusalem, mont Nébo.

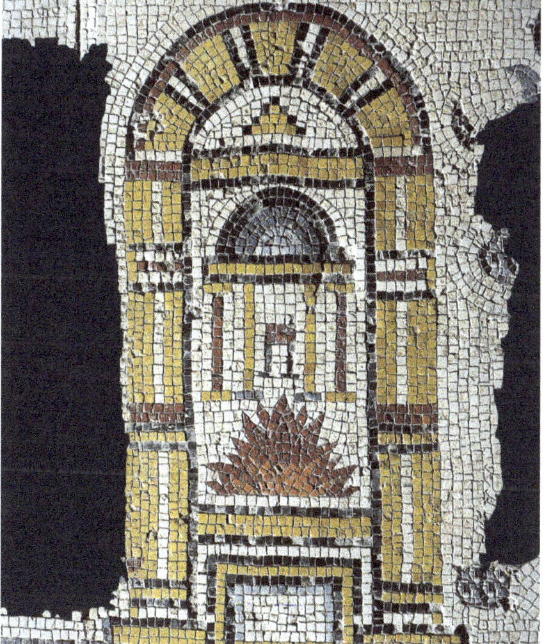

Oum al-Walid

Plan du qasr oriental, début du IIe / VIIIe siècle, Oum al-Walid (Bujard, ADAJ 41, 1997).

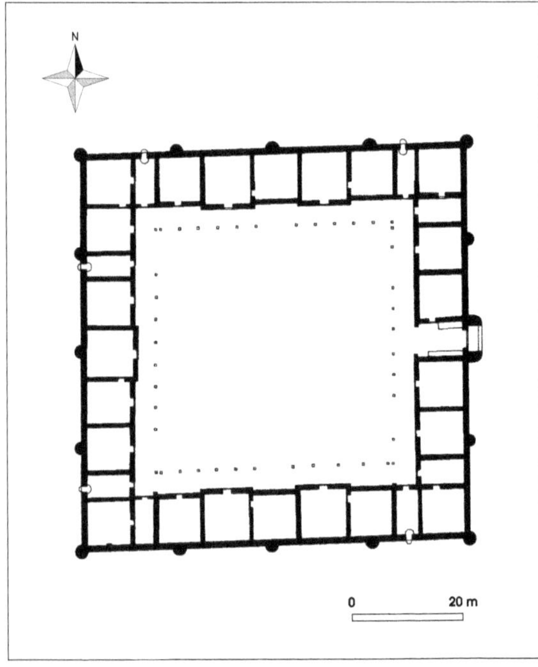

Qasr oriental, restitution volumétrique, début du IIe / VIIIe siècle, Oum al-Walid (Courtoisie de J. Bujard).

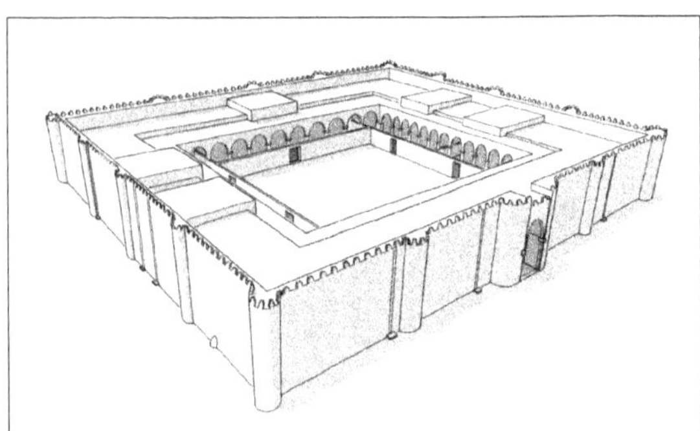

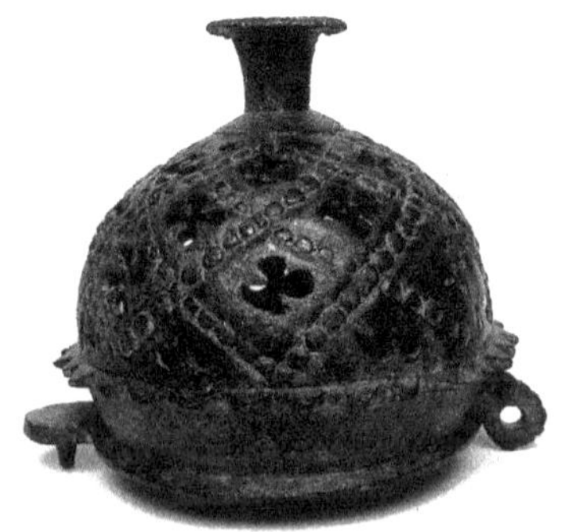

Couvercle en bronze d'un brûle-parfums d'Oum al-Walid, musée archéologique (667), Madaba.

linteau du *bayt* nord-ouest: on y voit une panthère attaquer une gazelle (cf. “Le musée archéologique de Madaba”). Les fouilles ont aussi permis de découvrir un grand nombre de céramiques, de récipients en bronze de la période omeyyade, d'ustensiles de cuisine ainsi qu'une meule en basalte.

La **mosquée omeyyade** se trouve à environ 60 m à l'est du *qasr*. Les fouilles ont permis de découvrir l'existence d'une mosquée antérieure, plus petite. Il n'est pas inutile d'observer que la première mosquée fut construite avant le *qasr*, preuve qu'il a existé une très ancienne communauté de musulmans dans le village d'Oum al-Walid. La seconde mosquée est construite en élargissement de la première. Il y a deux entrées, une au nord, une à l'est, et un *mihrab*. Sa construction est probablement contemporaine du *qasr* est. Les deux édifices utilisent les mêmes matériaux de construction et les mêmes motifs architecturaux. L'intérieur de la mosquée est divisé en trois parties pratiquement égales par deux arcades à trois arches. Le déclin graduel d'Oum al-Walid jusqu'à l'abandon final, à la fin du IVe / Xe siècle, est dû en grande partie au transfert de la capitale des Abbassides de Damas à Bagdad, qui a privé la région d'une position avantageuse à la croisée des grandes voies de communication et des routes commerciales.

L. T.

Plan de la mosquée omeyyade, début du IIe / VIIIe siècle, Oum al-Walid (Bujard, 1992).

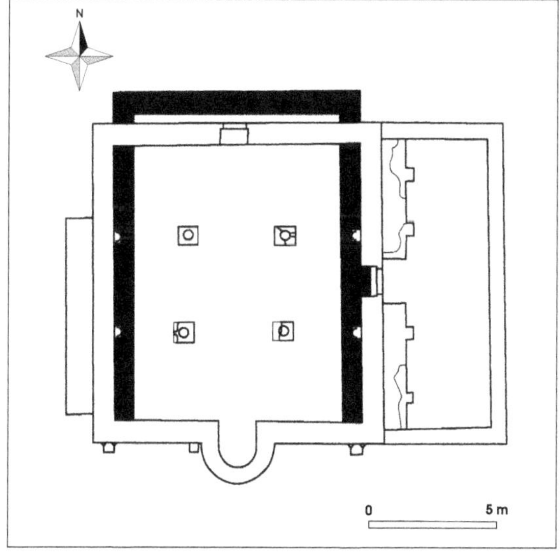

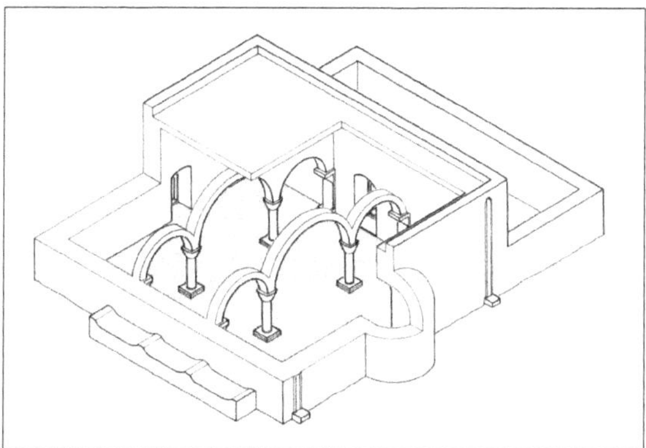

Mosquée omeyyade, restitution volumétrique, début du IIe / VIIIe siècle, Oum al-Walid (Courtoisie de J. Bujard).

II.5 **AL-QANATIR** (option)

À pied, la route d'al-Qanatir à Oum al-Walid est une promenade de 2 km à travers la campagne. Si l'on veut s'y rendre en voiture, il faut revenir d'Oum al Walid à la grand-rue et prendre la direction d'al-Jiza.
Renseignements: bureau du département des Antiquités de Madaba, tél.: 05-544056 ou 05-544189.

Au lieu-dit d'al-Qanatir, au sud d'al-Qastal et de la ville de Zizya, se trouvent deux grands barrages de pierre. Le mot *al-qanatir* vient du mot arabe *qanat* qui désigne les réseaux de puits ou de barrages servant à l'irrigation des domaines agricoles. Grâce à eux, il était possible de recueillir et de stocker les eaux de pluie en prévision de la saison sèche, pendant les mois d'été. Même si la datation exacte de ces deux barrages reste incertaine, il y a de fortes présomptions pour que leur construction remonte à la période omeyyade.
Le plus long des deux, le **barrage du nord-ouest**, a été construit dans un *wad* (lit de rivière). Il mesure 187 m de long sur 7 m de haut, et sa largeur est comprise entre 3,10 m et 5,10 m. Le milieu du barrage, autrefois sa partie la plus épaisse, est aujourd'hui détruit, mais il en reste deux vannes de contrôle. Le barrage du sud-est se trouve à peu près à 1 km du premier. Il mesure 135 m de long sur 9 m de hauteur avec une largeur comprise entre 7,25 m et 8,20 m, et il était renforcé par des contreforts en son milieu. Sur certaines parties du barrage on peut encore voir le dessin en chevrons caractéristique du travail de la sous-couche de mortier qui a pu être conservée par endroits (exactement comme pour les murs intérieurs des constructions omeyyades, telles que le Qasr al-Hallabat). Il est probable qu'à l'origine le mortier était recouvert d'un enduit de plâtre. Tout à côté, on peut remarquer les ruines d'un petit édifice (10,20 m sur 13,50 m) qui servait probablement d'abri aux gar-

diens. Le principe des deux barrages était le même, avec l'utilisation de déversoirs pour contrôler le niveau de l'eau. La technique de construction est aussi la même dans les deux cas: les murs de pierre étaient remblayés puis recouverts d'un mortier destiné à recevoir la couche de plâtre étanche. Les blocs de pierre étaient probablement des réemplois de constructions plus anciennes du voisinage.

L. T.

II.6 OUM AL-RASAS

Ce vaste site, où l'on peut admirer, entre autres, les célèbres mosaïques de l'église de Saint-Stéphane, se trouve à 30 km environ au sud de Madaba. On s'y rend soit en taxi depuis Oum al-Walid, soit en autobus depuis la gare de Madaba, en passant par Dhiban, en direction du sud. Ouvert tous les jours. Entrée gratuite.

Renseignements: bureau du département des Antiquités de Madaba, tél.: 05-544056 ou 05-544189.

Plan d'Oum al-Rasas (Piccirillo, 1993).

Oum al-Rasas se trouve à mi-chemin entre Dhiban, sur la Voie des Rois, et la Route du Désert. Le site comprend deux parties: une zone entourée d'une enceinte fortifiée (158 m sur 139 m), à l'emplacement d'un ancien camp militaire romain, ou *castrum*, et, pour la partie nord, une zone de ruines ouverte de taille équivalente. À 1 300 m au nord s'élève une tour de 15 m de haut, près d'une petite église et d'une citerne. Cette haute tour dépourvue d'escalier a sans doute servi de refuge à un stylite, un de ces moines et ascètes qui pouvaient s'isoler des années durant sur une colonne ou dans une tour pour prier et méditer. C'est sans doute des imposantes fortifications du *castrum* que les ruines tiennent leur appellation moderne d'Oum al-Rasas (en arabe, "mère de plomb"). Le terme *rasas* dérive probablement du mot arabe *rass* ou *mourassas*, qui désigne des murs bien construits. Pour l'instant, les recherches archéologiques ont été limitées aux vestiges religieux. On a retrouvé pas moins de seize églises, quatre dans l'enceinte du *castrum* et douze à l'extérieur.

La première mention que nous ayons d'Oum al-Rasas par un voyageur occidental nous vient de l'Allemand Ulrich Seetzen : "(...) [les ruines] *les plus extraordinaires* (...) *les ruines d'Oum al-Rasas*." En fait, Seetzen n'a jamais lui-même vu les ruines; il en a seulement entendu parler par son guide bédouin dès 1807. Par la suite, les voyageurs se feront moins rares: J. S. Buckingham en 1816, C. I. Irby et J. Mangles en 1818, E. H. Palmer en 1870 et H. B. Tristam en 1872. Après Tristam, S. Vailhé va, lui, émettre l'hypothèse que l'imposante enceinte avec ses épaisses murailles pourrait être un ancien camp romain. Ce qui permet à J. Germer-Durand d'avancer qu'il pourrait s'agir des ruines de la Mephaath de la Bible (Jos 13:18, 21:37 – 1 Ch 6:79 – Jr 48:21), dont l'historien romain du IVe siècle, Eusèbe de Césarée, nous apprend aussi qu'elle était une place militaire romaine, Kastron Mefaa. Eusèbe précise également qu'un détachement de l'armée romaine tenait une garnison aux abords du désert, à Mephaath justement, que notre historien identifie comme une des "villes refuges" lévitiques prises sur les terres de la tribu de Ruben dans le royaume de Moab. Selon d'autres sources datant du IVe siècle, en l'occurrence un document impérial romain, il est bien confirmé qu'il y a eu une garnison de troupes de cavalerie auxiliaires de l'armée romaine dans le camp de Mefaa, sous le commandement du *Dux Arabiae*. Il est encore fait mention de Kastron Mefaa dans des sources historiques arabes des IVe/X[e] et V[e]/XIe siècles, mais sous le nom d'al-Mayfa'a. Cette hypothèse de l'identité du site d'Oum al-Rasas et de Kastron Mefaa sera confirmée par les fouilles de 1986: on retrouve alors dans les mosaïques de deux églises trois inscriptions mentionnant Kastron Mefaa. Il est probable que le *castrum* d'Oum al-Rasas sera ensuite démilitarisé pour devenir une ville très peuplée pendant le Ve siècle.

Comme on l'a dit, les archéologues ont actuellement identifié quatre édifices religieux à l'intérieur des murs du *castrum*: deux églises adjacentes du côté du mur est, une troisième face à la porte nord et une quatrième dans la partie ouest. À ce jour, seules les deux églises jumelées ont été dégagées par les fouilles. Leur construction est postérieure à l'enceinte du *castrum*. Celle du nord, appelée **église des Rivières**, est datée soit de 578-579, soit de 593-594; celle du sud, dite l'**église du Palmier**, est de construction plus tardive. Les pavements de mosaïques qu'on a pu

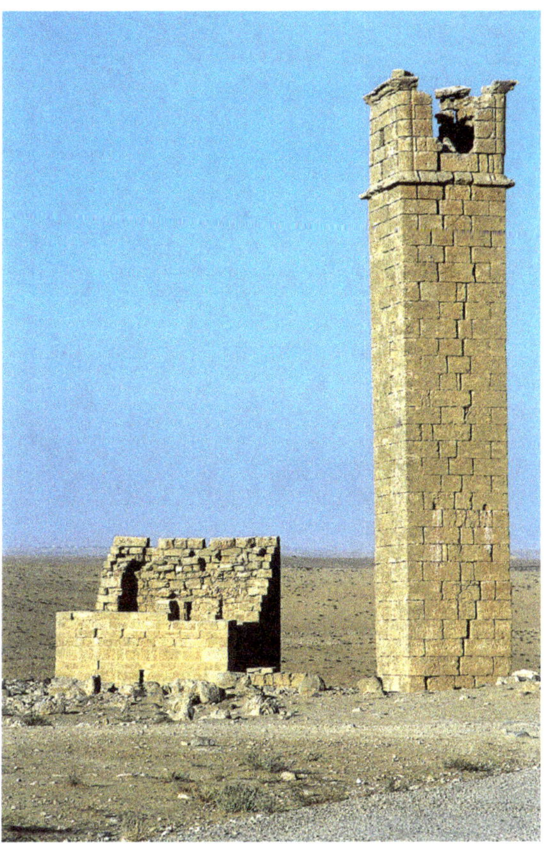

Petite église et tour stylite au nord du castrum, Oum al-Rasas.

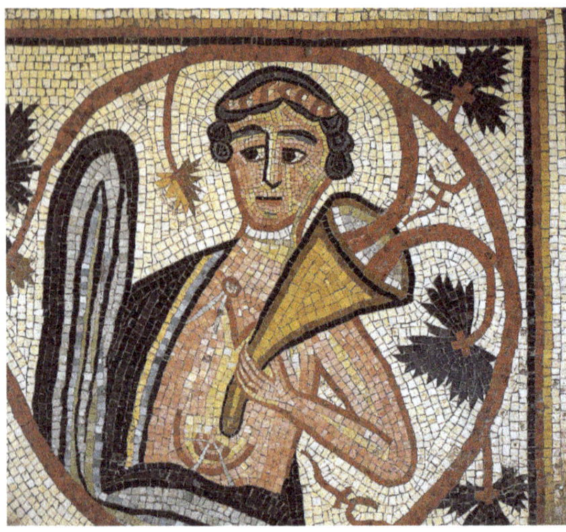

Église de l'Évêque Serge, détail de la mosaïque représentant les Quatre saisons, Oum al-Rasas (Courtoisie de M. Piccirillo).

retrouver dans les deux églises sont très endommagés.

Les fouilles à l'extérieur des murs du *castrum* ont mis au jour un vaste complexe religieux comprenant quatre églises, quatre cours et une enceinte continue. Ce regroupement a été nommé **complexe de Saint-Stéphane**, du nom de la plus grande église de l'ensemble. On a retrouvé des mosaïques dans les deux églises qui, pour les archéologues, semblent avoir été les bâtiments principaux. Il s'agit de l'**église de l'Évêque Serge**, à laquelle est rattaché son baptistère, dans l'extrémité nord, et de l'**église de Saint-Stéphane**, à l'est. La cour séparant les deux constructions sera plus tard, elle aussi, transformée en église par l'ajout d'une abside. La quatrième église est construite sur un emplacement plus élevé, au sud-ouest de l'ensemble.

À l'église de l'Évêque Serge sont rattachés le presbytère absidal, plus haut que la nef de deux marches, et une unique sacristie au nord. Une cour pavée conduit à l'entrée principale. Sur le côté ouest, deux portes permettent d'accéder à une chapelle baptistère pavée d'une mosaïque en échiquier, et à une chapelle funéraire pavée d'une simple mosaïque de tesselles blanches. Dans le presbytère, la mosaïque de l'abside porte un décor géométrique à base de losanges. Face à l'autel, un panneau de mosaïques rectangulaire est orné d'un médaillon avec une inscription qui indique que l'église a été construite entre 587 et 588. Dans la nef, un véritable tapis de mosaïques illustré de figures humaines et animales a été délibérément endommagé par les iconoclastes (cf. “L'iconoclasme”). On a retrouvé mention de donateurs dont les noms sont d'origine sémite.

Au sud-est, l'**église de Saint-Stéphane** est construite sur un niveau supérieur, un mètre plus haut que celle de l'évêque Serge. La richesse de ses mosaïques et la quantité d'inscriptions qu'on y a retrouvées lui valent d'être considérée comme l'une des plus précieuses découvertes archéologiques de Jordanie. Le plan de cette église est identique à celui de l'église de l'Évêque Serge. On y retrouve une sacristie sur le côté sud du presbytère absidal et une chapelle absidale côté nord. D'après les inscriptions dédicatoires de part et d'autre de l'autel du presbytère, nous savons que les mosaïques réalisées en l'an 138/756 sont l'œuvre de deux mosaïstes, Stauranchius et Eurémius. Cette découverte est intéressante car elle nous confirme que la vie de la communauté chrétienne d'Oum al-Rasas est tout à fait dynamique six ans après la chute des Omeyyades, c'est-à-dire après plus d'un siècle de domination islamique dans la région. Sur les marches du presbytère, une autre inscription dédicatoire nous indique que la décoration sera complétée sous le ministère de l'évêque Serge II (au début de la seconde moitié du IIe/VIIIe siècle). Du fait que l'inscription portant les dates a été réparée à une époque plus tardive, il n'est guère possible d'authentifier cette information; les spécialistes avancent la date de 99/718 ou de 170/787. Ces deux dates sont significatives puisqu'elles nous reportent à une époque postérieure à la conquête musulmane de la région.

On ne peut que déplorer que les portraits des donateurs, les scènes de chasse, de travaux agricoles, de vie pastorale qui ont décoré la mosaïque de la nef aient été systématiquement détruits par les iconoclastes, rendant toute reconstitution désormais impossible. L'encadrement de la mosaïque centrale à décor nilotique, qui représentait une rivière avec des poissons, des oiseaux, des nénuphars, des bateaux et des jeunes gens en train de pêcher, a lui aussi été sévèrement endommagé. Cependant, la partie la mieux conservée de la frise contient la représentation bien connue des dix cités du Delta du Nil identifiées par les inscriptions:

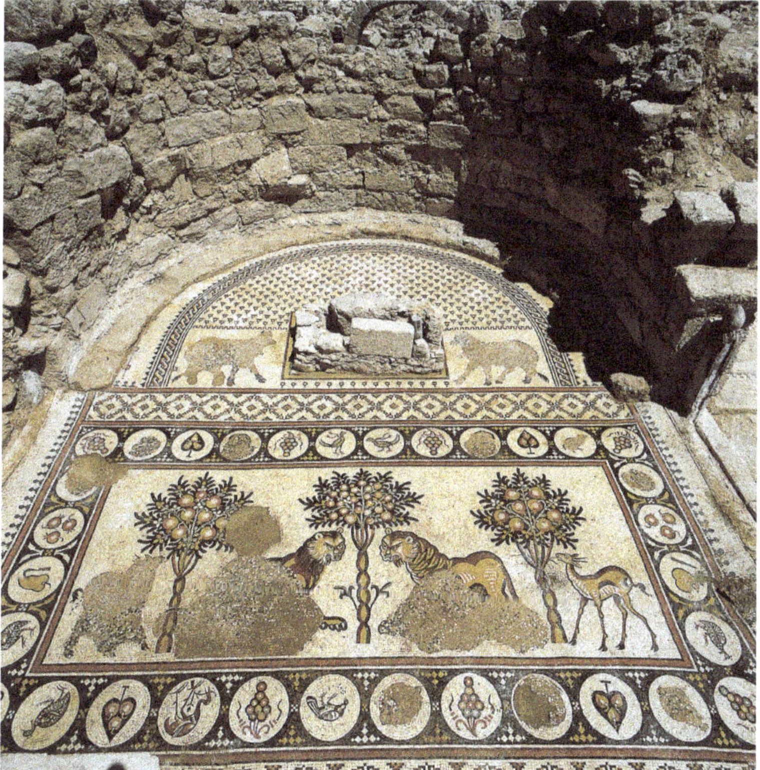

Église des Lions, presbytère, Oum al-Rasas (Courtoisie de M. Piccirillo).

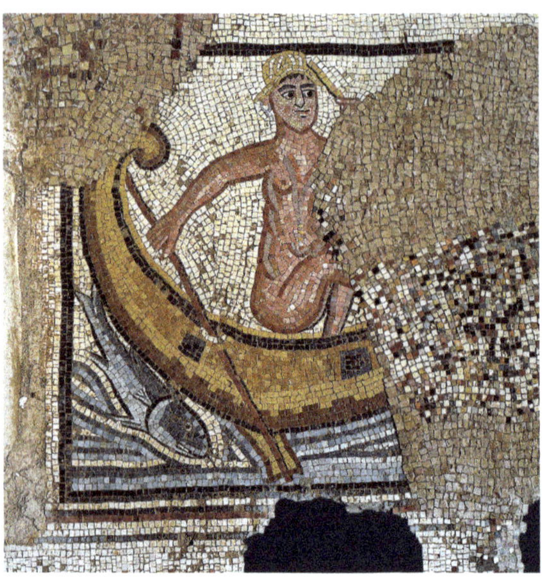

Église du Prêtre Wa'il, détail de mosaïques, pêcheur, Oum al-Rasas (Courtoisie de M. Piccirillo).

Alexandrie, Kasin, Thenesos, Tamiathis, Panau, Pilousin, Antinau, Evaklion, Kynopolis et Pseudostomon.

On retrouve deux autres ensembles de villes, de part et d'autre de la nef, qui mentionnent aussi leurs toponymes grecs. Il s'agit de huit cités de la rive ouest du Jourdain dans l'alignée nord –Jérusalem, Neapolis (Naplouse), Sebastis (Sebastia), Césarée sur la Mer, Diospolis (Lydda), Eleuthéropolis (Beit Gibrin), Askalon et Gaza– et de sept villes de la rive est du Jourdain dans l'alignée sud –Kastron Mefaa (Oum al-Rasas), Philadelphie (Amman), Madaba, Esbunta (Hesban), Belemunte (Ma'in), Aeropolis (Rabbath) et Charach Mouba (Karak). Deux villages supplémentaires, Limbon et Dibatlon, sont illustrés sur les bas-côtés, près de portraits de donateurs et d'inscriptions. Une autre inscription dépourvue d'illustration mentionne le mont Nébo-Phisga.

Les fouilles conduites dans l'ancienne partie de la ville comprise entre l'ensemble de Saint-Stéphane au nord, et les murs du *castrum*, au sud, ont permis de dégager deux autres complexes religieux. Celui du sud se développe autour de l'**église des Lions**, une église triabsidale avec des mosaïques magnifiques. Cette église a quatre entrées, deux au nord et deux à l'ouest. Dans le presbytère en surélévation a été retrouvée une chaire byzantine, l'une des mieux conservées de toute la Jordanie. Dans la nef, un médaillon date la construction de l'église de 575 ou de 589. Malheureusement, ses mosaïques n'ont pas été épargnées par les iconoclastes.

On a aussi mis au jour un autre groupe de bâtiments religieux remontant à la fin du VIe siècle et correspondant à l'existence d'au moins deux églises. L'**église de Saint-Paul** (578 ou 593), la découverte la plus récente, en est l'élément principal. À l'extérieur du *castrum*, on a retrouvé encore une autre église de la fin du VIe siècle, l'**église du Prêtre Wa'il** (575 ou 589). Comme pour toutes les églises exhumées au cours des fouilles d'Oum al-Rasas, on a là aussi mis au jour de magnifiques mosaïques, toujours déparées par les iconoclastes.

L'avenir des communautés d'Oum al-Rasas a, sinon trouvé son terme, du moins subi un important déclin dès les débuts de la période abbasside au IIIe / IXe siècle: à cette époque, toutes les églises retrouvées jusqu'ici semblent avoir été délaissées par les habitants.

L. T.

La station thermale de Ma'in (Hammamat Ma'in)

L'emplacement de la cure se trouve à 30 km au sud de Madaba. On s'y rend facilement soit en taxi, soit en voiture. L'établissement,

payant, est ouvert tous les jours. Possibilité de séjourner en hôtel.
Le centre thermal de Ma'in et la présence des sources chaudes redoublent l'intérêt de cette excursion attrayante. La grande et la petite cascades, approvisionnées par des sources naturelles, sont une curiosité vivement appréciée des nombreux visiteurs. De nos jours, ces sources, réputées depuis l'Antiquité pour leurs qualités curatives, n'ont rien perdu de leur renommée. Ce détour s'impose d'autant plus que la région, notoirement peuplée depuis l'âge du fer, offre l'opportunité de visiter en même temps d'intéressants sites archéologiques tout proches.

Moukawir (Qal'at al-Michnaqa)
Ce lieu-dit est à 40 km au sud-ouest de Madaba. En voiture, à partir de Madaba, prendre la direction du sud jusqu'à Libb, où on trouvera à droite la route qui conduit directement au site.
Les seuls vestiges de l'antique forteresse de Machaerus (Ier siècle av. J.-C.) se résument à quelques pans de murs, pourtant bien émouvants. Le site est très réputé pour son panorama qui porte au-delà de la vallée du Jourdain. Mais l'histoire de Salomé et de saint Jean-Baptiste justifie peut-être encore plus sa célébrité: c'est en ce lieu même que Salomé assouvit sa vengeance macabre et obtint la décapitation de saint Jean.

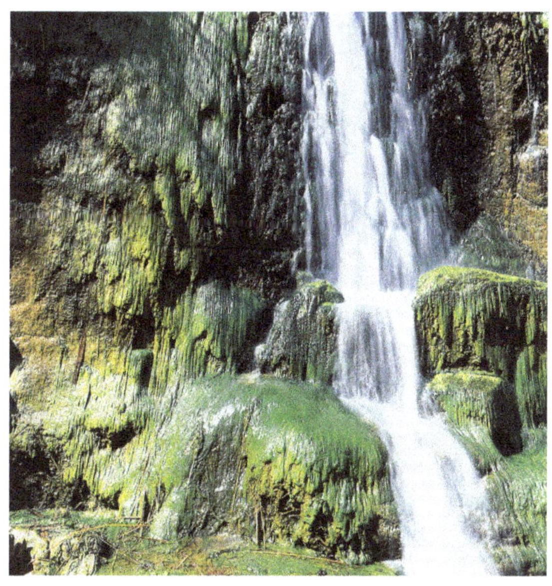

Sources Chaudes de Baaru, Ma'in, (Zohrab).

L'ICONOCLASME

Ghazi Bisheh

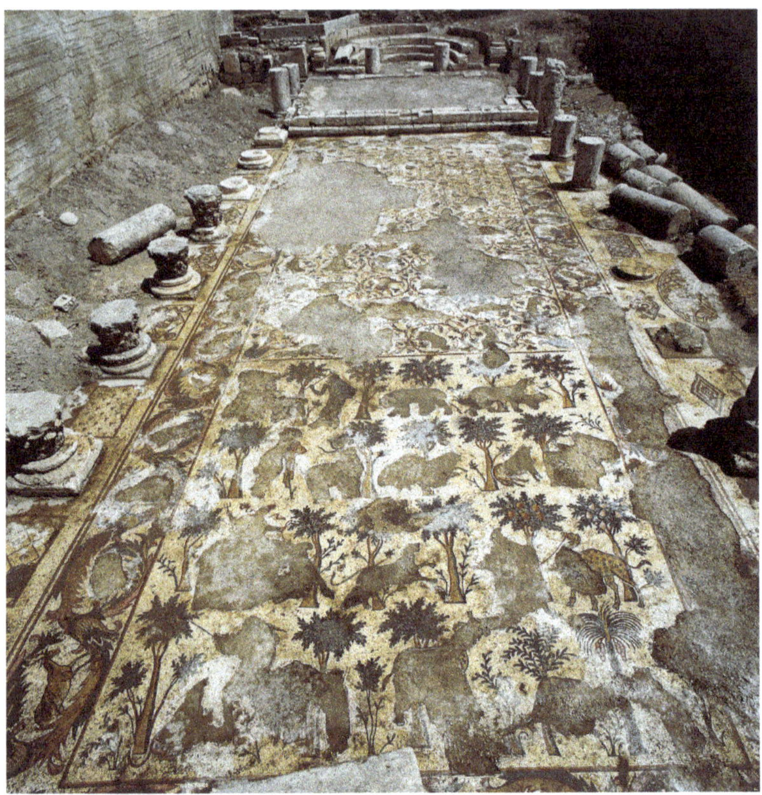

Église d'al-Khadir, sol en mosaïques, parc archéologique, Madaba (Courtoisie de M. Piccirillo).

L'iconoclasme est le nom donné à la pratique délibérée de la destruction des représentations des êtres vivants. Un nombre considérable d'églises byzantines en Jordanie portent les traces de la détérioration systématique de toute figure d'être humain ou d'animal. Le motif n'est pas que ces images auraient été idolâtrées, comme l'invoque le mouvement iconoclaste dans l'empire byzantin (dont les premières manifestations s'étagent entre 111/730 et 170/787), mais un refus plus général de représenter les êtres vivants. Comment a-t-on justifié ces dommages, qui en sont les responsables et à quelle époque sont-ils perpétrés ? Autant de questions qui seront objet de débats et de polémiques entre spécialistes ! L'auteur des études sur l'iconoclasme des mosaïques décoratives, Robert Schick, fait valoir que ces déprédations, loin d'être des actes de vandalisme gratuits, ont été commises systématiquement, non sans exiger un effort considérable de la part de leurs auteurs. Dans plusieurs exemples, ce sont les mêmes tesselles qui ont d'abord été enlevées, puis recomposées et soigneusement réinsérées. Ce soin porté à la dénaturation des images tend à prouver que ce sont les communautés chrétiennes qui sont responsables de ces défigurations et de ces recompositions. Cette hypothèse sera corroborée par la découverte d'une croix réinsérée dans la partie dénaturée de la mosaïque de l'église de Masouh, près de Madaba. Concernant la périodisation de ces pratiques, les estimations des archéologues convergent de plus en plus pour les dater après 132/750. Les inscriptions de l'abside de l'église de Saint-Stéphane, à Oum al-Rasas, et dans l'église d'Ayn al-Kaniseh, sur le mont Nébo, portent les dates de 138/756 et de 144/762 qui confirment l'hypothèse moderne, d'où l'on infère évidemment que toutes ces églises ayant subi des iconoclasmes n'ont cessé d'être en service tout au long de la période omeyyade (41/661-132/750) et même un peu plus tard. Quant au motif de cette défiguration des formes animées, il pourrait s'expliquer par l'aversion ancestrale des peuples sémites pour les représentations humaines dans la sculpture et la peinture; une réticence qu'on retrouve semblablement dans leur tradition littéraire. Cependant, on conviendra qu'il est difficile de définir le concept de "sémites" dans cette théorie. Il faut reconnaître que les arts sémitiques de la Syrie et de la Mésopotamie antiques ne se sont pas privés de représentations de formes humaines et animales. En outre, les recherches archéologiques récentes confirment que tant l'Arabie du nord que l'Arabie du sud ont pratiqué un art figuratif. Cependant, malgré ces réserves, il est maintenant attesté que ce sont ces populations chrétiennes-là, ces populations sémites, qui ont tour à tour décoré figurativement, puis restauré en les masquant les représentations dans leurs églises. Une autre école de chercheurs a imputé l'iconoclasme à un édit promulgué par le calife omeyyade Yazid II (101/720-105/724). Un édit qui ne nous est connu que par des sources chrétiennes et qui, tel qu'il nous est rapporté, ne résiste pas à la critique interne; en somme, un édit dont l'authenticité peut être récusée. Il est pour le moins étrange que les premières sources arabes n'en fassent jamais mention. Enfin, le contexte des documents chrétiens trahit une idiosyncrasie anti-musulmane et anti-juive qui met nettement en cause la valeur historique de cette accusation. La raison des mutilations perpétrées par les chrétiens dans les églises byzantines de Jordanie peut se trouver peut-être dans l'environnement socio-religieux au sein duquel ils vivaient. On peut concevoir que la motivation des iconoclastes s'explique suffisamment par les dénonciations continuelles et les critiques persistantes des musulmans, des juifs et des monophysites, toutes ces pressions répétées contre "l'idolâtrie" des chrétiens melkites pour leurs images. Les imprécations contre les idolâtres ont probablement obligé les chrétiens à intérioriser la contrainte d'une réévaluation catastrophique de leur relation à leur art figuratif. D'ailleurs, ce repentir atteste aussi un souci d'intégration et d'adaptation aux pratiques musulmanes en vigueur.

Église de l'Acropole de Ma'in, iconoclasme sur un sol en mosaïques, parc archéologique, Madaba.

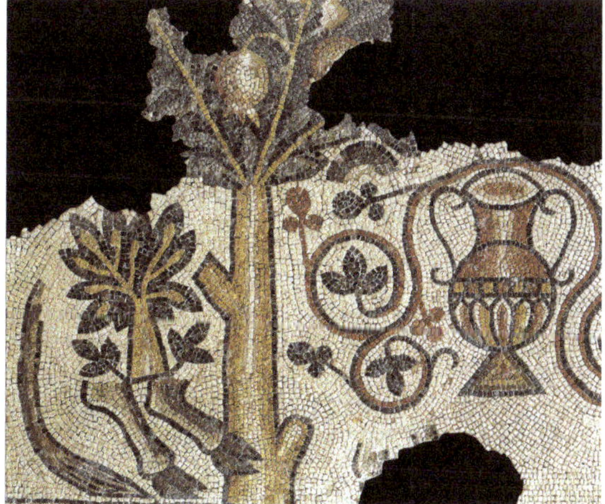

LE CONCEPT DE L'ICONOGRAPHIE BYZANTINE ET OMEYYADE

Fawzi Zayadine

Après le triomphe du christianisme et la fondation de Constantinople, en 324, les Byzantins de Syrie et de Palestine deviennent les héritiers directs de la civilisation gréco-romaine. Elle est déjà solidement enracinée en Orient après la conquête d'Alexandre le Grand, en 331 av. J.-C. et sera plus tard consolidée par la fondation des villes de la Décapole. Il n'est donc pas surprenant de retrouver dans l'art byzantin la perpétuation des traditions classiques. Cependant, on peut considérer que cette assimilation de l'héritage artistique est plutôt "rhétorique": les tropes culturels n'impliquent pas en eux-mêmes l'adoption d'un contenu religieux. L'engouement pour les citations classiques ne peut pas non plus être assimilé à une résistance au christianisme; il faut y voir plutôt une simple expression de la *Paidia* ou érudition de l'aristocratie. Ainsi, l'interprétation du combat d'Héraclès contre le lion, dans la mosaïque de Madaba, n'affiche pas une compréhension riche du mythe originel. De même, dans la mosaïque d'Aphrodite et Adonis (cf. "Le parc archéologique de Madaba"), le sujet mythologique devient purement décoratif. On ne peut pas oublier que le christianisme dans sa genèse palestinienne tout comme l'art byzantin "classique" sont d'emblée imprégnés d'influences, de culture et de formes d'expression orientales. Ce fonds de culture orientale est lui-même antérieur à la période hellénistique et ne cessera jamais de l'influencer de façon sous-jacente.

Finalement, si dans l'église des Apôtres, à Madaba, le mosaïste choisit la déesse de la mer Thétis comme allégorie de Thalassa, il n'hésite pas non plus à détourner la thématique païenne en apologie du christianisme en y ajoutant une citation du Psaume 101: "*Ô Seigneur, Toi qui as créé la Terre et le Ciel, donne vie à tes serviteurs.*"

On sait qu'avec la conquête arabo-islamique de la Syrie, Damas va devenir capitale de la dynastie omeyyade en 41/661, c'est-à-dire un véritable creuset du long héritage de civilisations qui remontent, au-delà de la période hellénistique, jusqu'aux royaumes araméens. La Jordanie va bénéficier d'un rôle prépondérant dans le nouvel empire islamique grâce à sa position stratégique entre la Syrie et les villes saintes de La Mecque et de Médine. Dans la résidence du gouverneur, à Amman, la salle des audiences fait en même temps office d'entrée monumentale pour les quartiers résidentiels. De même, en Jordanie, la plupart des palais omeyyades que nous connaissons disposent d'une salle des audiences, avec un plan basilical classique, et d'installations de bains imitées des thermes gréco-romains. Ces exemples sont significatifs de la volonté des souverains arabes et de l'aristocratie naissante de s'imprégner des mœurs des régions conquises et d'adopter un style de vie conforme aux traditions préexistantes. On sait que les nouveaux maîtres de la Syrie et de la Palestine n'étaient pas d'origine nomade, ni caravaniers ni pasteurs. Ils étaient d'origine urbaine, citoyens de La Mecque, Médine, Tayma', Taif et Adoumatou (*al-Jawf*). Les tombes nabatéennes de Hegra (Meda'in Saleh) ont été sculptées par des artistes locaux. Les résidences hellénisées des tribus, comme Qasr Marid à Adoumatou, qu'on peut probablement dater du IIIe siècle av. J.-C., ont certainement eu elles aussi une influence sur le développement de l'art omeyyade. La conquête arabe de la Mésopotamie et de l'Iran a supprimé la barrière entre les Sassanides et les Byzantins. Autrement dit, pour la première fois depuis les conquêtes d'Alexandre le Grand, le Moyen-Orient va pouvoir s'homogénéiser et s'unifier quelque peu. L'influence réciproque des techniques propres à l'Iran et à la Syrie hellénisée va concourir à l'émergence d'un art décoratif syncrétique et original. Nous allons illustrer la continuité de la tradition classique dans l'iconographie byzantine et omeyyade. Rien ne se prête mieux à cette analyse que l'étude des mosaïques et des peintures murales où les valeurs fondamentales et les archétypes de l'art décoratif de chaque période se laissent déceler le plus nettement.

Les scènes de chasse sont un des thèmes favoris tant pour les mosaïques que pour les peintures murales. Le loisir royal par excellence, la chasse au grand fauve, est déjà un des thèmes récurrents des bas-reliefs d'Assurnazirpal à Kalkh-Nimrud (IXe siècle av. J.-C.) ou ceux d'Assurbanipal à Ninive (VIIe siècle av. J.-C.). Ce thème est traité avec les qualités de dynamisme et de réalisme du style classique tardif sur le sarcophage dit "Sarcophage d'Alexandre", à Sidon (IVe siècle av. J.-C.). Les mêmes types de sujet vont servir de décoration dans les mosaïques du mont Nébo, en 531. Les panneaux de mosaïques du bas-côté nord de la basilique, au seuil de l'ancien baptistère, se composent de quatre registres. En haut, deux chasseurs à pied combattent un lion et un léopard; en bas, deux cavaliers s'attaquent à une hyène et à un sanglier. Bien que ces scènes de chasse rappellent le bas-relief du sarcophage d'Alexandre, les thèmes des deux registres centraux sont sans continuité: dans celui du bas, on voit un berger assis sous un arbre, surveillant son troupeau qui broute paisiblement ; dans le dernier, un paysan conduit un chameau et un onagre tandis qu'un Nubien tient la longe d'une autruche. Le manque apparent de cohérence dans le choix des registres cache un message allégorique: les animaux sauvages symbolisent les mauvais esprits qui s'apprêtent à attaquer les croyants, exactement comme il est dit dans l'épître de saint Pierre: "*Soyez sobres, soyez sur vos gardes ! Car votre adversaire le diable cherche quelqu'un à dévorer, comme un lion rugissant.*"

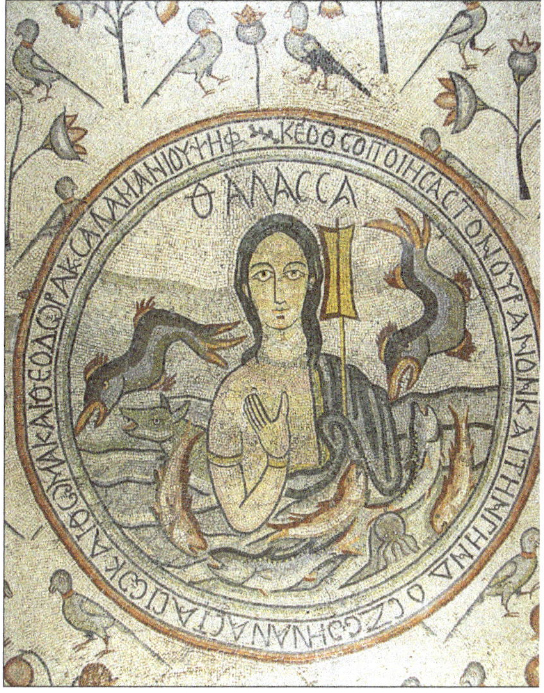

Église des Apôtres, détail des mosaïques, médaillon représentant Thalassa, Madaba.

La peinture omeyyade sur le mur ouest de Qousayr Amra (cf. "Qousayr Amra"), représente une capture d'onagres avec réalisme et une grande richesse de détails: la chasse se déroule sur un fond de paysage "réel". Le désert est suggéré par une tente dans l'angle au nord-est. La scène se situe la nuit, comme le montrent les serviteurs portant des torches. On voit des rabatteurs à cheval repousser les animaux vers un filet pour les capturer vivants. Sur le mur est, le même naturalisme est appliqué au traitement d'une chasse aux bovidés avec des chiens sloughi. Toujours sur ce mur est, des scènes représentent des ouvriers participant à la construction de l'édifice: des tailleurs de pierre chargent des blocs sur un chameau et les livrent aux constructeurs et aux maçons tandis qu'un forgeron prépare un outil. Au fond, toutes ces scènes ont déjà quelque chose de cinématographique que le spectateur actuel ressent bien.

Dans le célèbre sol en mosaïques du musée de Madaba, le traitement des thèmes n'a pas la même finalité. L'ensemble représente un jardin au moyen de quatre arbres, en diagonale de chaque angle du panneau vers le centre. Dans chaque triangle figure un couple d'animaux affrontés: deux agneaux, deux pintades, deux antilopes, un lion et un bœuf mangeant la même plante. En fait, il semble qu'il faille se référer à la doctrine chrétienne pour comprendre la signification symbolique du registre: le second avènement du Christ, à la fin des temps, apportera la paix éternelle pour que s'accomplisse la prophétie d'Isaïe, Is 11:7,: "*... Et le lion, comme le bœuf, se nourrira de paille.*" Une interprétation qui est rendue hautement probable par

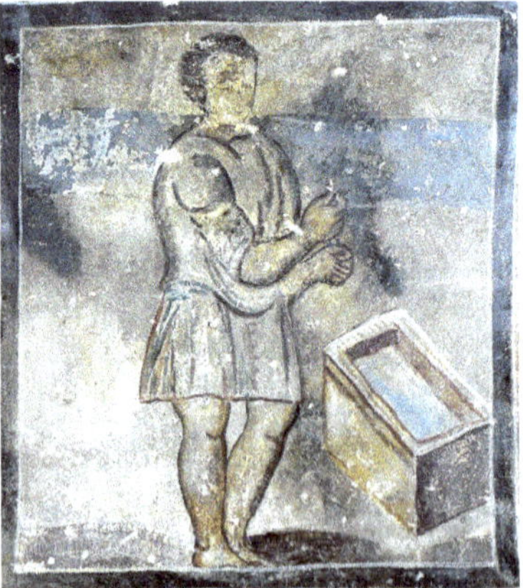

Qousayr Amra, fresque représentant un forgeron, al-Badiya.

la figuration d'une inscription grecque similaire sur une mosaïque du même genre à Ma'in, près de Madaba. La disposition abstraite et symétrique des animaux, sans rapport avec une scénarisation naturaliste, se comprend dès lors qu'on considère que le tableau est une allégorie.

On a des exemples de mise en œuvre et d'intention différentes avec les mosaïques omeyyades du Dôme du Rocher, à Jérusalem, et du Palais de Hicham (Khirbat al-Mafjar), à Jéricho. Les murs du Dôme du Rocher sont tapissés de 1 200 m^2 d'une mosaïque faite de tesselles de verre, d'or et de nacre qui compose des motifs végétaux: palmiers, amandiers, oliviers, bouquets de roseaux, et rinceaux de vignes chargées de lourdes grappes de raisin dont les entrelacs dessinent d'harmonieuses volutes. Toute cette végétation est représentée de façon réaliste et précisément descriptive. Ici, rien n'incite à l'interpréter comme une représentation du paradis, mais simplement comme l'expression de la fécondité de la terre et d'une époque d'opulence signifiée par l'abondance des fruits. Il est fait pareillement allusion aux oliviers et aux figuiers dans le Coran dans le contexte de l'incitation à profiter de la création. Dieu s'adresse aux croyants en ces termes: "*Vous qui croyez ! Mangez des choses bonnes que Nous vous attribuons. Soyez-Lui reconnaissants, pour autant que vous soyez de Ses adorateurs.*" (Coran II: *Sourate al-Baqara,* 172).

Dans la salle des audiences de Khirbat al-Mafjar, une mosaïque en très bon état de conservation frappe par la véracité naturaliste du dessin: on remarque la représentation détaillée de la ramure d'un cognassier et l'enroulement d'une de ses branches autour d'une autre plus droite et plus forte, ainsi que le dessin délicat des deux gazelles au pied de l'arbre. Le talent du mosaïste s'impose à nous par la finesse des silhouettes animales, le modelé des corps avec l'utilisation des ombres, le rendu du mouvement par la posture des têtes tendues pour brouter les feuilles. D'évidence, l'artiste est directement inspiré par les représentations orientales des scènes de chasse dans l'art néo-assyrien ou perse. Tout ici est en contraste parfait avec les allégories du paradis des mosaïques du musée de Madaba.

La mosaïque de la carte dans l'église de Saint-Georges de Madaba a, pour sa part, un contenu purement idéologique et théologique. Cette célèbre description géographique du Proche- Orient, de Sidon en Phénicie (Liban) à Alexandrie en Égypte, date du milieu du VIe siècle (cf. "Le monastère de Saint-Loth" et "Çoar"). Elle a été l'objet de multiples interprétations, qui vont de l'hypothèse controversée qu'il s'agirait de la "vision de Moïse" à celle d'une illustration de l'histoire chrétienne, plus généralement partagée par les spécialistes. Après leur longue errance dans le désert, les Hébreux franchissent le Jourdain à Beth "Arabah", et l'antique Jérusalem, par laquelle est attestée la mort et la résurrection du Christ, devient le cœur de la terre du Nouveau Testament.

On comprend mieux encore la fonction de la carte de Madaba si on la compare à la mosaïque du mur ouest du portique de la mosquée omeyyade de Damas, construite par Walid Ier. La technique de la pâte de verre sert ici à la description de villes et de villages: villas et palais somptueux au bord d'une gracieuse rivière, dans de splendides jardins. On remarque aussi un théâtre, alors qu'il n'est pas courant de retrouver ce type de monument classique dans la tradition arabo-islamique. On partagera volontiers le commentaire de cette œuvre par al-Mouqaddasi au IVe/Xe siècle, qui déclare: "(...) *On ne trouvera guère d'arbre ou de ville importante qui ne soient décrits sur ces murs.*" Pour sa part, Ettinghausen, un éminent historien de l'art islamique, propose une interprétation générale qui paraît très plausible: "*La mosaïque de Damas semble donner à voir que sous le règne des califes le monde entier est conduit à faire partie de la maison de l'islam.*"

Les analyses des mosaïques et des peintures précédentes illustrent bien les divergences de conception qui distinguent essentiellement l'iconographie byzantine de l'iconographie omeyyade. Alors que l'artiste byzantin met au service de la parabole chrétienne le symbolisme des représentations, le penchant des omeyyades les porte plutôt vers un humanisme de la vie quotidienne privilégiant l'esthétique réaliste. Même si les artistes byzantins, comme leurs homologues omeyyades, puisent leur inspiration dans le même fonds iconographique et artistique gréco-romain, les Omeyyades nous paraissent nettement plus en continuité avec le réalisme de l'art classique. La raison n'en est-elle pas qu'ils sont indépendants des impératifs de la théologie et de la symbolique iconographique que l'Église byzantine impose aux autres?

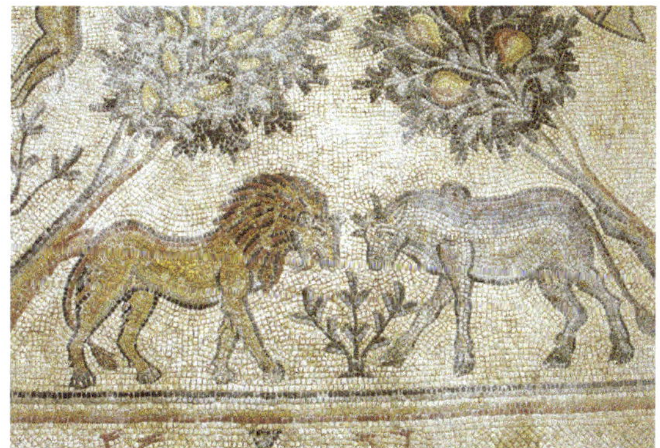

Sol en mosaïques, détail d'un lion et d'un taureau se nourrissant du même buisson, musée archéologique, Madaba.

LE PÈLERINAGE CHRÉTIEN DE JÉRUSALEM AU MONT NÉBO PAR LE CHEMIN DU LIEU DU BAPTÊME

Fawzi Zayadine

La Palestine est le berceau du christianisme, le foyer à partir duquel la nouvelle foi va se propager non seulement en Orient, mais aussi vers l'Occident, dans tout l'empire romain. Les destins de la Jordanie et de la Palestine sont liés depuis que Jean donne le baptême sur la rive orientale du Jourdain, là où Jésus lui-même le recevra. Le choix du site n'est pas dû au hasard: il y avait là un bac qui permettait de traverser le Jourdain, et c'était l'occasion pour les gens de s'y rassembler; la Jordanie était sous le contrôle des Nabatéens et ils étaient mieux disposés pour recevoir le message de Jean le Baptiste que les juifs de Palestine. On pense aussi à cette circonstance où Jésus est menacé d'être arrêté par les juifs: "(...) *mais il les évita. Il revint sur l'autre rive du Jourdain pour rester dans la région où Jean avait baptisé*" (Jean 10: 39-40).

On va le retrouver, ce lieu du baptême, sur la mosaïque de la carte de Madaba (milieu du VIe siècle) sous cette légende: "*Aenon, où se trouve maintenant Shpsaphas*". Ce toponyme est dérivé d'un nom araméen, très probablement *Aynoun*, qui veut dire "source". C'est précisément dans le Wad al-Kharrar, à 2 km environ à l'est du Jourdain, dans cette vallée où la végétation est abondante, qu'une source jaillit. D'après la vision que nous rapporte un moine pèlerin, il devait se trouver à cet endroit deux cavernes habitées par des moines, et le Baptiste aurait vécu dans une grotte du même genre. Aux alentours de l'an 500, ce moine avait quitté son monastère, à proximité de Jérusalem, dans l'intention de se rendre dans le Sinaï. Alors qu'il arrive dans la région, il reçoit une vision l'enjoignant de se retirer dans cette grotte où Jésus avait rendu visite à saint Jean-Baptiste. Dans le Livre des Rois I, 17:2-6, Yahvé ordonne au prophète Élie, qui était originaire de Tishbe (Khirbat Tilsit, sur le mont Ajloun), de se diriger vert l'est et de se cacher dans le Oued Cherith (Kharrar). Deux corbeaux lui

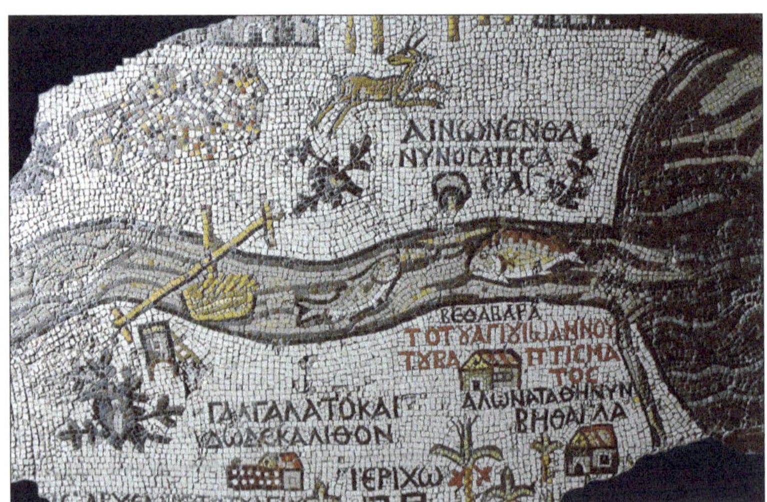

Église de Saint-Georges, carte en mosaïques, le Jourdain et le lieu du Baptême, Madaba.

seront envoyés: l'un lui apportera le pain le matin, l'autre la viande le soir. C'est au IXe siècle av. J.-C. qu'Élie se voit confier cette mission, et un relevé de la région confirme en effet l'existence au même endroit d'un site au premier et au second âges du fer. Il avait quitté Jéricho avec son disciple Élisée et "(...) *Élie prit son manteau, le roula et en frappa les eaux qui se séparèrent en deux et ils passèrent ensemble à pied sec*" (2 Rs 2:8). Tandis qu'ils poursuivent leur chemin, un char de feu attelé à des chevaux de feu apparaît, et "*Élie monta au ciel dans un tourbillon*" (2 Rs 2:11). La colline d'où le prophète est emporté au Ciel domine Wad al-Kharrar, et à cet endroit sera construite par l'abbé Rhetorius, au VIe siècle, une église décorée d'un fin tapis de mosaïques. Sur la foi d'un docteur de l'Église, résidant alors à Césarée de Palestine, les origines du site du Baptême remontent au IIIe siècle. Dans son *Onomasticon* –une liste des noms des sites bibliques de Palestine et de Jordanie écrite aux environs de 330– Eusèbe de Césarée nous confirme que le lieu du Baptême se trouve bien à Bethabara, là où est le gué. Le mot grec *deiknutai*, utilisé par lui, explicite le fait que les pèlerins pouvaient dès cette époque y trouver des guides qui faisaient visiter le site.

Les pèlerins venus d'Europe commençaient la visite par la ville sainte de Jérusalem avant de se rendre à Jéricho. Ensuite, ils descendaient dans la vallée du Jourdain qu'ils traversaient à Bethabara, sur le site du Baptême. À cet emplacement même, des fouilles récentes ont mis au jour une basilique carrée due à l'empereur Anastase (491-518), érigée sur des fondations en arches pour la protéger contre les inondations. De là, les pèlerins gagnaient la plaine de Livias (Tell al-Rameh) pour retrouver la voie romaine jusqu'à Esbus (Hesban). À la sixième borne milliaire après Esbus, près de la forteresse de Mehatta, ils quittaient la voie pour arriver enfin aux sources de Moïse, *Ayoun Moussa*. De là, la route continuait par l'ascension du mont Nébo jusqu'au mémorial de Moïse.

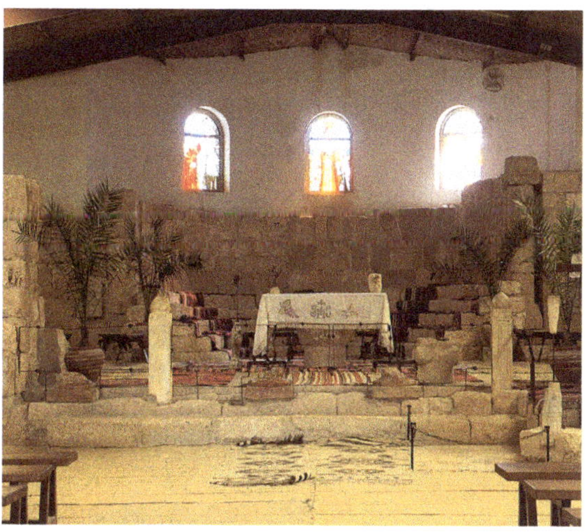

Mémorial de Moïse, vue intérieure, mont Nébo.

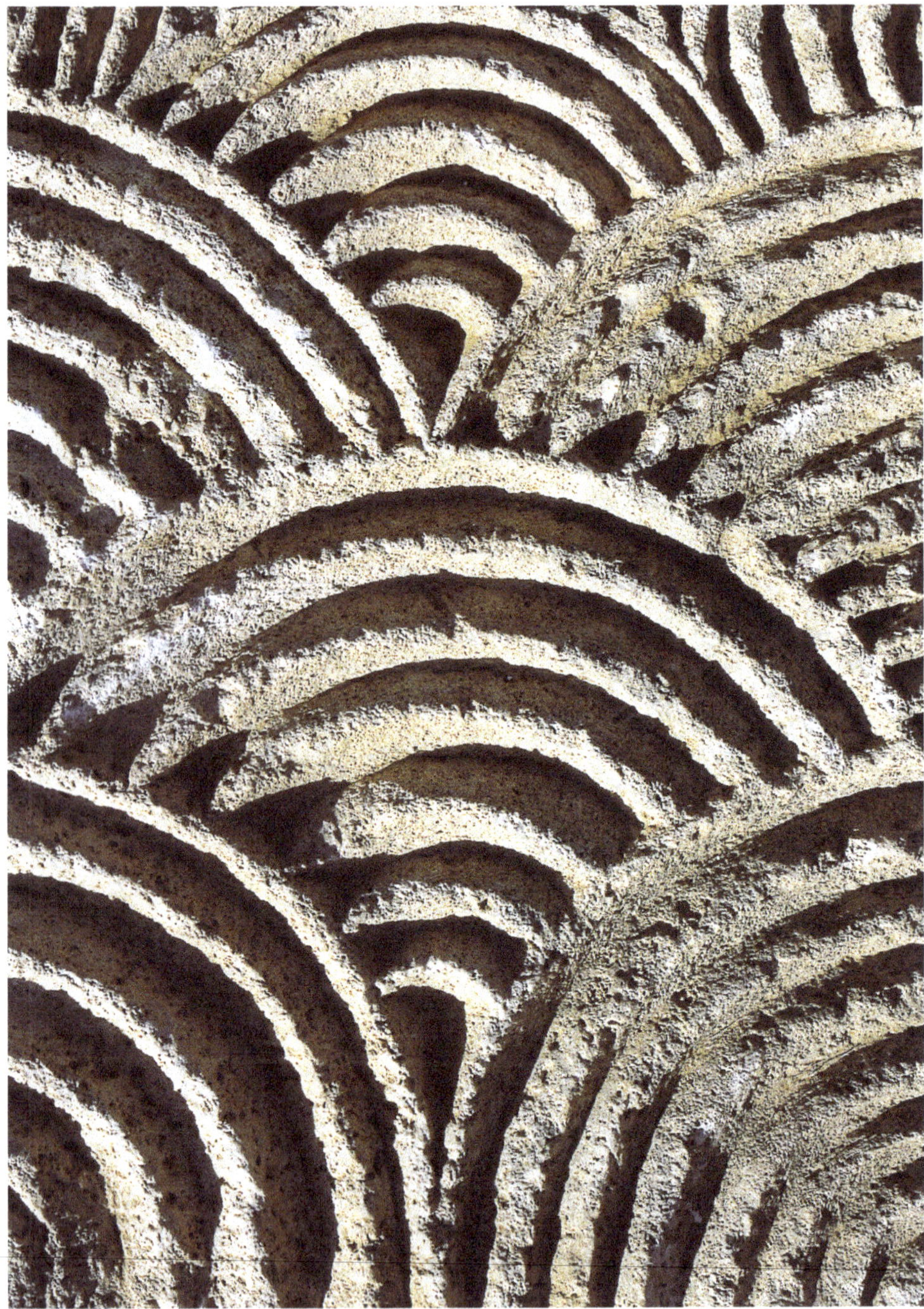

Les palais résidentiels

Mohammad al-Asad, Ghazi Bisheh

Premier jour

III.1 AL-BADIYA

III.1.a Al-Qastal
III.1.b Qasr al-Mouchatta

La façade d'al-Mouchatta au musée Pergame de Berlin

III.1.c La citerne d'al-Mouwaqqar
III.1.d Qasr al-Kharrana
III.1.e Qousayr Amra

Le faste de la vie quotidienne et les loisirs à la cour des califes omeyyades

OPTIONS NATURELLES

Al-Azraq
Le parc naturel d'al-Chawmari
Le parc naturel des marais d'al-Azraq

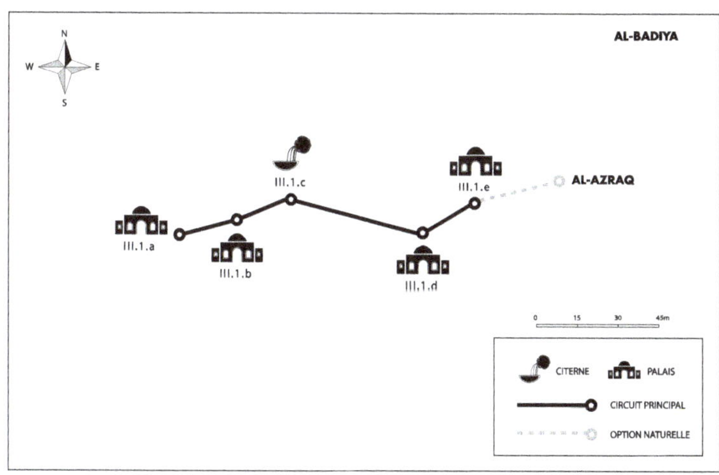

Al-Qastal, pierres sculptées, détail, al-Badiya.

Qousayr Amra, vue générale, al-Badiya.

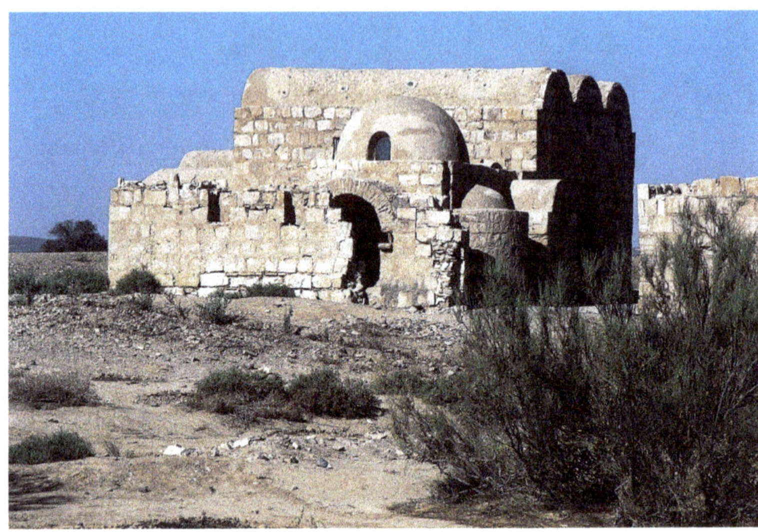

C'est en Jordanie qu'on trouve le plus grand nombre de ces constructions omeyyades qu'on nomme communément "palais du désert" ou "châteaux du désert". Certains spécialistes récusent ces appellations et font valoir qu'à l'époque omeyyade, les territoires de ces châteaux n'étaient absolument pas désertiques. On y a en effet retrouvé un grand nombre de systèmes d'irrigation, témoins d'une activité agricole importante. Les terres dépendantes de ces constructions étaient bien trop étendues pour qu'on puisse parler de châteaux ou de palais: certains étaient plus précisément des domaines ou des petites colonies, avec leur quartier résidentiel, la mosquée, les bains et toutes les infrastructures agricoles. D'autres servaient aussi de halte pour les caravanes et de comptoir pour les échanges commerciaux.

Nos connaissances sur ces domaines sont loin d'être complètes, et beaucoup de questions concernant leur datation, leurs maîtres et leurs activités restent encore sans réponses. Cela tient en partie à l'absence de documentation omeyyade écrite et à la rareté des inscriptions retrouvées *in situ*. Mais malgré ces lacunes, ces monuments sont d'un très grand intérêt historique. C'est pendant une très courte période que ces domaines, construits loin des centres urbains, seront édifiés. Ils nous apportent un témoignage essentiel sur la naissance de l'architecture islamique, notamment de l'architecture non religieuse et en particulier de l'architecture palatiale de l'islam. Pour l'histoire de l'architecture de l'Antiquité et du Moyen Âge, il est exceptionnel de disposer encore d'un si grand nombre d'exemples (plus de vingt) concernant des constructions de même style, dans une même région géographique et de la même époque. Ces palais sont une source précieuse de renseignements sur la vie quotidienne des princes et ses conditions matérielles pendant cette première période islamique. Du fait de la continuité historique entre l'institution de la villa romaine campagnarde, répandue jusque dans l'Antiquité tardive, et la typologie comparable de ces ensembles, ils nous apportent des connaissances rétrospectives qui nous permettent aussi de mieux appréhender l'histoire antique.

Depuis que les spécialistes s'y intéressent, c'est-à-dire depuis le début du XXe siècle, plusieures explications ont été données sur ces mystérieux châteaux. Certains auteurs ont mis l'accent sur la place exceptionnelle prise par les loisirs et les divertissements –comme la chasse et les banquets– dans la vie de ces princes omeyyades, et ont proposé d'y voir de purs "palais des plaisirs". Une autre interprétation, souvent partagée elle aussi, insiste sur la genèse du sentiment romantique typiquement musulman qui les pousse à choisir de vivre dans la *Badiya*: là où ils jouissent pleinement de la pureté de l'air, de sa fraîcheur, et où la langue elle-même serait plus authentique que celle de la ville. Dans son acception moderne, *al-Badiya* signifie simplement "les abords du désert", mais au temps des Omeyyades, l'expression désignait les "domaines à la campagne". C'est donc ce sens contemporain de la société omeyyade que nous privilégions. Des approches plus socio-économiques ont mis en lumière, dans ce nouvel intérêt porté aux activités agricoles, l'héritage du mode de vie campagnard de la couche aristocratique byzantine chrétienne, chassée de Syrie par la conquête musulmane. Certaines approches ont privilégié, pour leur part, la fonction administrative et politique remplie par ces domaines: leur localisation permettait aux princes de renforcer leurs liens avec les chefs des tribus locales dont dépendait en grande partie le pouvoir des Omeyyades. Des études plus récentes mettent l'accent sur la fonction stratégique des domaines sur les routes de pèlerinages et de commerce qui reliaient *Bilad al-Cham* et *al-Hedjaz*. Finalement, aucune de ces hypothèses ne peut être complètement ignorée, et chacune apporte probablement sa part de vérité dans une approche plurielle.

La plupart du temps, ces ensembles comprennent à la fois des quartiers d'habitation, des bains et une mosquée. Il n'est pas rare que la construction des bains soit antérieure aux autres, sans

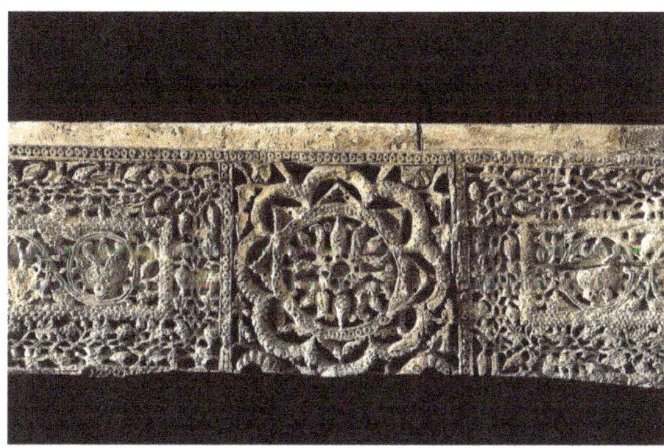

Pierre sculptée de Qasr Touba, détail, Musée archéologique jordanien (J 1950), Amman.

Al-Qastal, pierre sculptée, détail, al-Badiya.

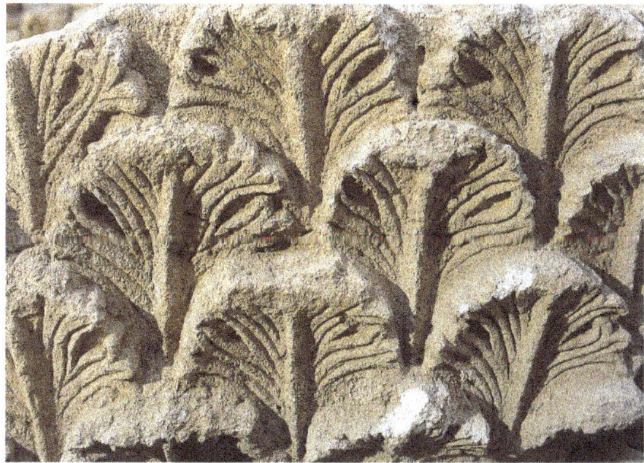

Plan d'al-Qastal, construit avant 126/744, al-Badiya (P. Carlier, 1984).

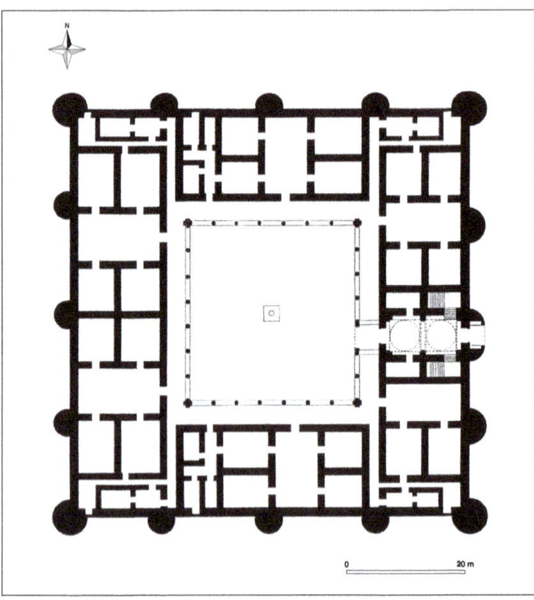

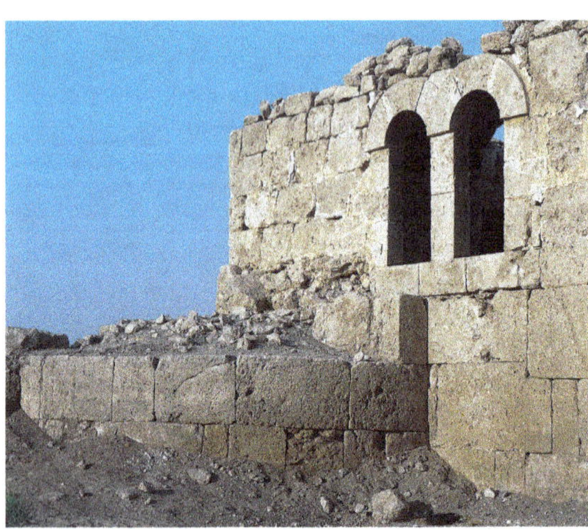

Al-Qastal, tour d'angle du palais, al-Badiya.

doute du fait que le logement n'implique pas forcément des constructions destinées à être durables. L'historien de l'art Oleg Grabar souligne opportunément qu'il était courant que les sites soient destinés à une occupation intermittente, et non à un usage permanent, qu'on y trouve davantage d'aménagements d'agrément que de bâtiments publics, et que beaucoup d'entre eux servaient moins à imposer un pouvoir qu'à favoriser les plaisirs.

Presque tous ces châteaux ont été des possessions de la branche marwanide de la dynastie des Omeyyades, c'est-à-dire des descendants de Marwan Ibn al-Hakam (64/684-65/685). On a aussi supposé que le fils de Marwan, Abd al-Malik (65/685-86/705), en partageant les terres de *Bilad al-Cham* entre ses fils, escomptait renforcer son contrôle sur la région, et que cette pratique a perduré jusqu'à la fin du règne des Omeyyades, pendant encore deux générations.

Il suffit de généraliser un peu pour en déduire que le modèle du développement historique de ces domaines se trouve dans ce système de répartition successorale des territoires. Les édifices construits dans une certaine région sont généralement l'œuvre du prince ou des princes (la plupart d'entre eux deviendront califes plus tard) à qui la terre afférente a été assignée.

M. A.

III.1 AL-BADIYA

La visite des sites d'al-Badiya n'est possible qu'en voiture ou avec des excursions organisées localement. On peut visiter les lieux tous les jours. L'entrée est libre et gratuite.

III.1.a Al-Qastal

Le site est à 25 km environ au sud d'Amman, sur la route du Désert. En voiture ou en taxi, à partir de Hammamat Ma'in, prendre la direction de la route du Désert; en partant d'Amman, le plus commode est d'emprunter l'autoroute de l'aéroport jusqu'à la signalisation de la route du site.

Al-Qastal englobe de nombreux édifices dont le palais, la mosquée, les bains, un cimetière, le quartier réservé aux serviteurs et tout le système de collecte des eaux.

Le palais est un carré d'environ 68 m de côté avec quatre tours d'angle (en trois quarts de cercle) entre lesquelles se répartissent onze tours semi-circulaires, tout autour du mur d'enceinte. Chaque façade compte trois tours, excepté la façade orientale qui en comporte quatre dont deux flanquent la porte principale.

On suppose qu'à l'origine il y avait un étage, bien qu'il n'ait pas été conservé. La surface au sol est distribuée en six *bayts* (unités indépendantes) ordonnés autour d'une cour centrale, chaque *bayt* étant lui-même composé de quatre pièces et d'une cour.

La mosquée, à quelque distance au nord du palais, se compose d'une salle de prière rectangulaire de 16 m sur 5 m, succédant à une cour de 17 m sur 10 m. On a utilisé le même matériau que pour le château, où l'on retrouve le même format et la même taille de pierre. Le minaret, encore debout jusqu'à 6 m de hauteur et qui comporte un escalier en spirale de 6 m de diamètre, domine toujours l'angle nord-ouest; il se pourrait bien qu'il s'agisse du plus ancien minaret conservé en islam.

Il est probable que le sanctuaire intérieur était primitivement couvert en bois, mais on y a substitué plus tard une voûte de pierre en berceau. Il a fallu alors renforcer les murs, trop minces pour supporter le poids et la poussée latérale du nouveau toit.

Le cimetière, le plus ancien cimetière musulman de Jordanie, est situé au sud-ouest du palais. Certaines des pierres tombales portant des inscriptions datant des périodes omeyyade et abbasside, retrouvées en bon état, sont maintenant

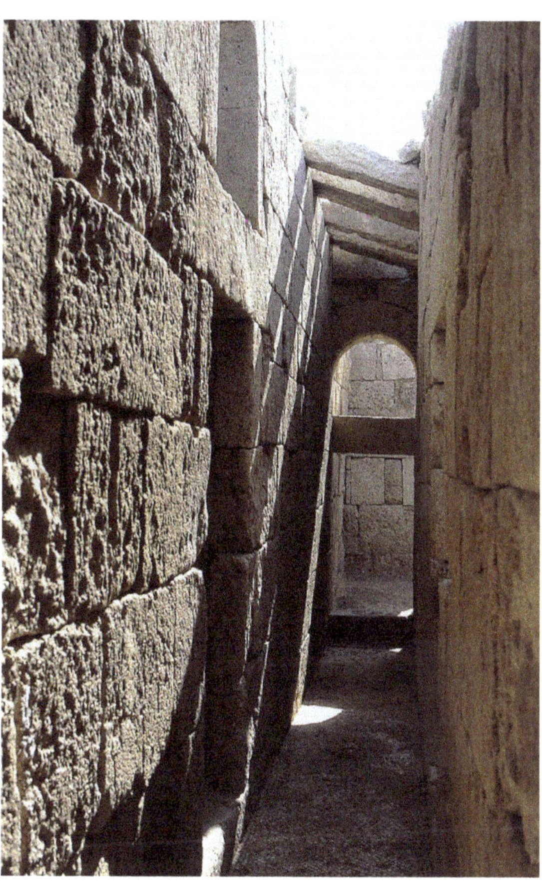

Al-Qastal, un couloir du palais, al-Badiya.

Qasr al-Mouchatta, vue générale, al-Badiya.

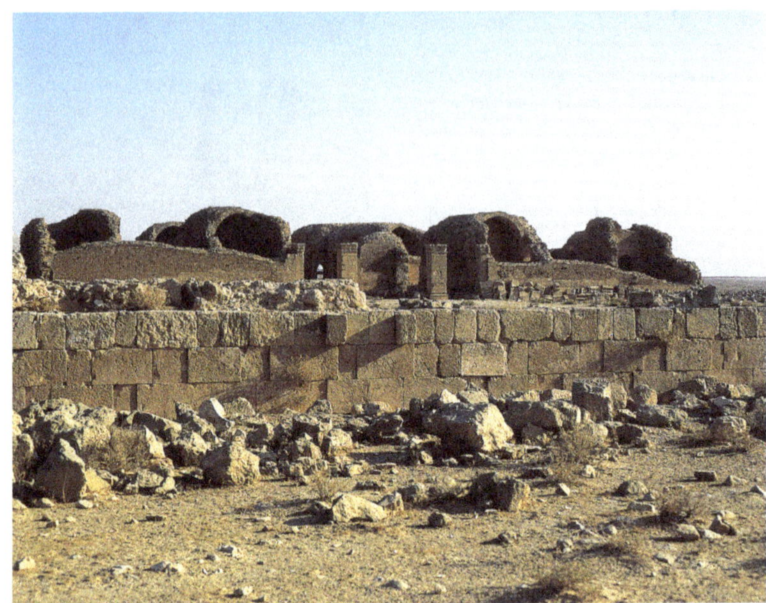

Plan de Qasr al-Mouchatta, al-Badiya (Grabar, 1973).

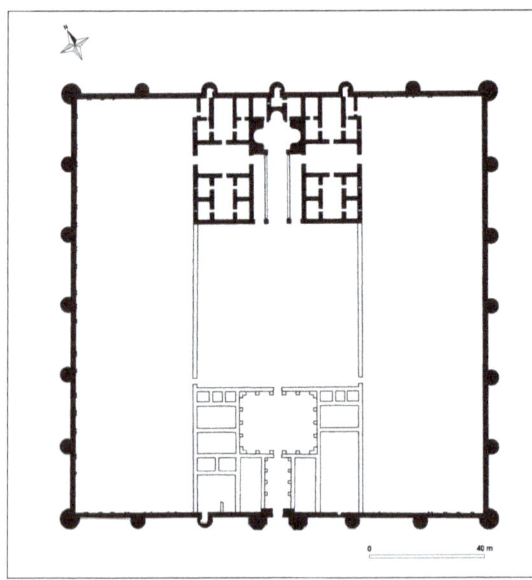

exposées au musée archéologique de Madaba. On remarque que l'orientation des tombes les plus anciennes correspond sans doute à la direction de Jérusalem.

Le système de collecte des eaux comprend un barrage, une grande citerne et soixante-dix citernes plus petites. Le mur du barrage, de 400 m de long sur 4,30 m d'épaisseur, se trouve à environ 1 km à l'est du palais. La grande citerne, de 30 m sur 22 m et de 6 m de hauteur, se trouve à environ 1 km au nord-ouest. Les petites citernes, elles, sont dispersées tout autour du palais.

Bien que l'on s'accorde à penser que la plus grande partie de cet ensemble est d'origine omeyyade, la date exacte de sa construction reste sujette à controverses. D'après un document historique plus tardif, on peut supposer que les travaux auraient été achevés avant 126/744. Mais

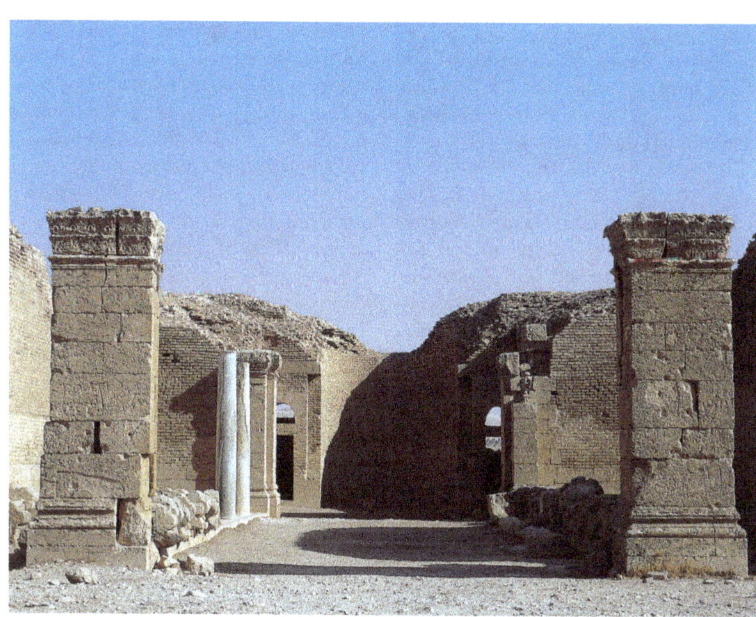

Qasr al-Mouchatta, vue de la salle basilicale face à la salle du Trône, al-Badiya.

il reste très difficile de se prononcer sur l'époque exacte de la mise en œuvre. Entre le VIe/XIIe et le Xe/XVIe siècle, les bâtiments ont été réutilisés pour des logements sous les Ayyoubides et les Mamelouks, auxquels sont attribués quelques ajouts mineurs.

M. A.

III.1.b **Qasr al-Mouchatta**

Le monument est à côté de l'aéroport international Queen Alia, à environ 35 km au sud d'Amman. Au départ d'al-Qastal, en voiture, suivre la route de l'aéroport et tourner à droite à la hauteur de l'hôtel de l'aéroport.

Avec son enceinte carrée de 144 m de côté, Qasr al-Mouchatta est le plus vaste des palais omeyyades de Jordanie. L'en-

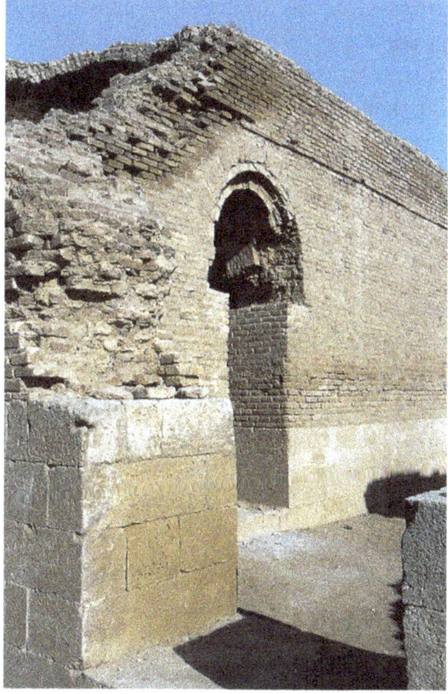

Qasr al-Mouchatta, vue du mur en briques de l'entrée, al-Badiya.

semble se compose d'une salle des audiences, d'une salle du trône, d'une petite mosquée et de quartiers d'habitations. Il n'a jamais été achevé et a beaucoup souffert du fait de catastrophes naturelles telles que des tremblements de terre. Des pans de remparts de 1,70 m d'épaisseur se dressent encore à des hauteurs de 3 m à 5,50 m. Une importante section de la façade sud, portant une surabondante ornementation sculptée en pierre ou en stuc, a été transportée à Berlin au tout début du XXe siècle (cf. “La façade d'al-Mouchatta au musée Pergame de Berlin”). Les vestiges *in situ* continuent heureusement de témoigner de la splendeur originelle de cet orgueilleux monument.
Si l'appareillage de l'infrastructure des murs était en pierre, leur partie supérieure, les murs intérieurs et les voûtes du toit étaient en briques cuites. Les murs d'enceinte étaient flanqués de vingt-deux tours semi-circulaires et de quatre tours d'angle à section presque circulaire. Les tours d'angle ont un diamètre impressionnant de 7 m, et les tours semi-circulaires sont à peine plus petites, avec un diamètre de 5,25 m. S'il en résulte une impression de palais fortifié, la fonction des tours n'a jamais été militaire: quatre servaient de latrines, les autres étaient en maçonnerie pleine.
L'espace intérieur est subdivisé en trois sections orientées sur un axe nord-sud. Les deux côtés n'ont jamais été commencés. Par contre, la construction de la section centrale a été bien avancée. Cette section était, elle aussi, subdivisée en trois parties avec une cour centrale, une aile nord et une aile sud. Chaque aile était divisée en trois unités plus petites, à leur tour divisées en trois suites. L'aile sud comprenait des logements et une mosquée qu'on a pu identifier grâce à sa niche orientée en direction de La Mecque. La salle du trône, elle-même orientée nord-sud, fermait l'aile nord. Un imposant portail à trois arches conduisait à une grande salle à trois nefs qui se terminait par une pièce triabsidale en forme de croix grecque.
Le plan ainsi que les techniques de construction et les détails architecturaux des édifices associent les influences byzantine et perse sassanide. L'utilisation de la pierre pour les murs extérieurs est prédominante dans l'architecture byzantine, et l'utilisation de la brique pour les murs intérieurs et les voûtes est une particularité sassanide. Ce concours d'influences est aussi très caractéristique de la décoration de la façade sud (cf. “La façade d'al-Mouchatta au musée Pergame de Berlin”).
Par ses dimensions imposantes, ce palais se distingue nettement des autres palais omeyyades, beaucoup plus petits. Il semble qu'il était destiné à recevoir un nombre important de personnes, peut-être même la cour omeyyade au grand complet. Avec sa salle du trône et la salle basilicale, on voit qu'il a été spécialement conçu pour que s'y déroulent des cérémonies officielles grandioses.
Plusieurs auteurs attribuent la construction d'al-Mouchatta au calife Walid II. Si cette assertion manque de preuves, il faut reconnaître que, déjà sous son règne –qui va durer moins d'un an, entre 125/743 et 126/744– il jouissait d'un prestige bien établi de grand constructeur.

M. A.

LA FAÇADE D'AL-MOUCHATTA AU MUSÉE PERGAME DE BERLIN

Mohammad al-Asad

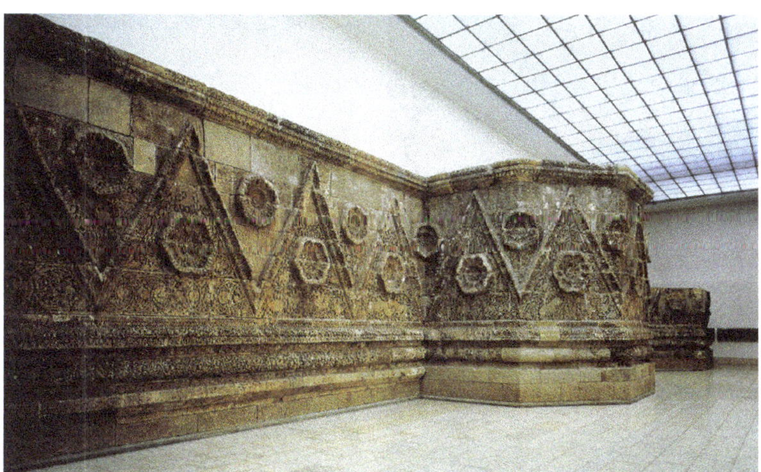

Façade d'al-Mouchatta, musée Pergame (Num. ref. 743/44 n. Chr.), Berlin.

Une partie importante de la façade sud d'al-Mouchatta incluant le portail principal, se trouve dans les collections du Staatliche Museum zu Berlin (le musée Pergame). À l'époque où la Jordanie fait encore partie de l'empire ottoman, le sultan Abd al-Hamid (1293/1876-1327/1909) en fait don à l'empereur Guillaume II (r. 1888-1918). Cette partie de la façade, qui ne mesurait pas moins de 3,80 m de haut, a donc dû être démontée par les archéologues allemands pour être convoyée par bateau. Il est probable que la ligne du chemin de fer du *Hedjaz*, que les Ottomans construisaient avec l'assistance technique allemande, atteignait déjà la hauteur d'al-Mouchatta, ce qui a dû rendre nettement plus simple le transport de cette précieuse façade jusqu'au port méditerranéen de Haïfa d'où elle a rejoint Berlin pour y être remontée et exposée.

Le décor de la façade est compartimenté en plages triangulaires d'environ 2,85 m de haut sur 2,50 m de base. Une grande rosace vient rehausser le centre de chaque triangle. Toute la décoration est somptueuse, avec ses frises ornementées de motifs animaux et végétaux. Du fait que le style et la technique de la décoration des triangles de droite de la porte principale se différencient nettement de ceux des triangles de gauche, on estime que l'exécution en a été confiée à différentes équipes d'artisans. La décoration de la façade intérieure, face à la mosquée, ne porte qu'une ornementation végétale excluant les motifs d'animaux, conformément à la tradition musulmane déjà très respectée d'interdit de la représentation d'êtres vivants dans un environnement religieux. Cette décoration a été sculptée sur la façade déjà érigée et n'a pas été achevée.

Il est tout à fait plausible que certains des artisans aient été recrutés en Égypte et en Iran, comme le montrent l'influence du style copte dans plusieurs motifs floraux et celle du style iconographique persan dans la thématique d'animaux mythiques empruntée à l'art sassanide.

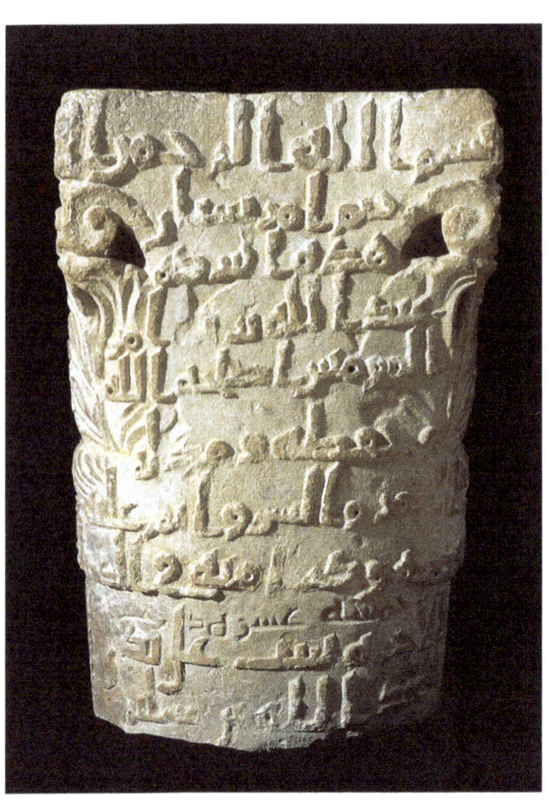

Chapiteau décoré d'inscriptions coufiques de la citerne d'al-Mouwaqqar, Musée archéologique jordanien (J 05085), Amman.

III.1.c La citerne d'al-Mouwaqqar

À environ 20 km à l'est d'Amman. Au départ d'al-Mouchatta, il faut revenir sur ses pas en empruntant la route est vers Amman et suivre la route de Sahab Azraq qui conduit directement au site.

Les constructions d'al-Mouwaqqar ont été presque totalement détruites. Il subsistait encore quelques ruines au début du XXe siècle, que les premiers voyageurs et les orientalistes, Aloïs Musil entre autres, ont pu voir. Mais, au début des années soixante, quand l'historien de l'architecture K.A.C. Creswell visite le site, il ne reste plus rien de ces vestiges, si ce n'est quelques voûtes souterraines qui existent toujours.

Le témoignage le plus remarquable de l'œuvre omeyyade est une grande citerne, toujours en fonction. Elle était certainement mise à la disposition des caravanes passant dans cette région en même temps qu'elle servait aux occupants des lieux.

Les rares chapiteaux décorés destinés à orner les colonnes et à soutenir l'entablement qui subsistaient encore ont été confiés à la sauvegarde de plusieurs musées. Le plus remarquable se trouve aujourd'hui dans le Musée archéologique de la citadelle d'Amman. Il chapeautait une colonne, partiellement conservée de nos jours, qui servait autrefois à mesurer le niveau de l'eau dans la citerne. Sur ce chapiteau, une inscription commémorative arabe en caractères coufiques mentionne que la citerne a été construite en 103/722-104/723, sur ordre du calife Yazid II.

M. A.

III.1.d Qasr al Kharrana

Ce monument est situé à 55 km à l'est d'Amman, du côté nord de la route d'Azraq. Au départ d'al-Mouwaqqar, prendre l'autoroute de Sahab Azraq.

Sur le site, les visiteurs découvriront une authentique tente bédouine où ils pourront apprécier l'hospitalité jordanienne traditionnelle.

Qasr al-Kharrana est relativement bien conservé. Cet édifice carré, d'environ 36,50 m sur 35,50 m, est construit sur

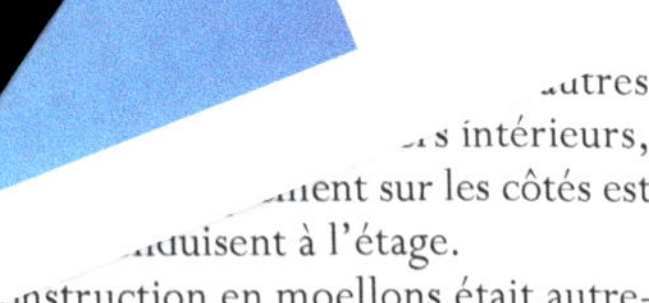

…utres …rs intérieurs, …ment sur les côtés est …nduisent à l'étage. …onstruction en moellons était autrefois complètement recouverte d'un enduit de mortier. Les quatre angles sont épaulés par des tours en trois-quarts de cercle, et une tour semi-circulaire est érigée au centre des côtés est, ouest et nord. Deux tours en quart de cercle flanquent la porte d'entrée de la façade sud. Aux trois-quarts de la hauteur des murs, un décor court sur tous les côtés, comme une sorte de frise en motifs à chevrons obtenus par la pose diagonale des briques. Qasr al-Kharrana a une apparence trompeuse de forteresse, car il n'a pas été construit dans un dessein militaire. Les tours, comme les nombreuses meurtrières ménagées sur les façades extérieures, sont purement ornementales: les tours sont pleines et les meurtrières placées beaucoup trop haut pour être utiles à des archers.

On remarque les influences perses tant dans les techniques de construction (mortier sur moellons) que dans la décoration (finitions en stuc). De ce fait, le grand historien de l'architecture islamique K.A.C. Creswell en a déduit qu'il ne s'agit en réalité pas d'une construction omeyyade mais sassanide ou perse, consécutive à l'occupation sassanide de la région, entre 614 et 6/628. Cependant, il n'est aucunement établi que les Perses avaient commencé à mettre en œuvre un quelconque programme de constructions

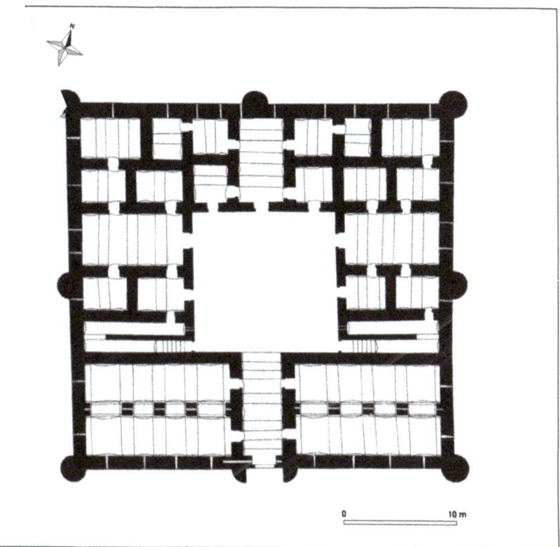

Qasr al-Kharrana, plan du rez-de-chaussée avant 91/710, al-Badiya (Urice, 1987).

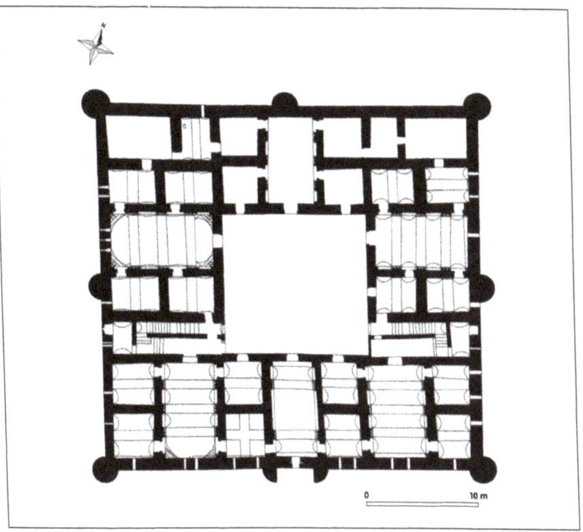

Qasr al-Kharrana, plan de l'étage supérieur avant 91/710, al-Badiya (Urice, 1987).

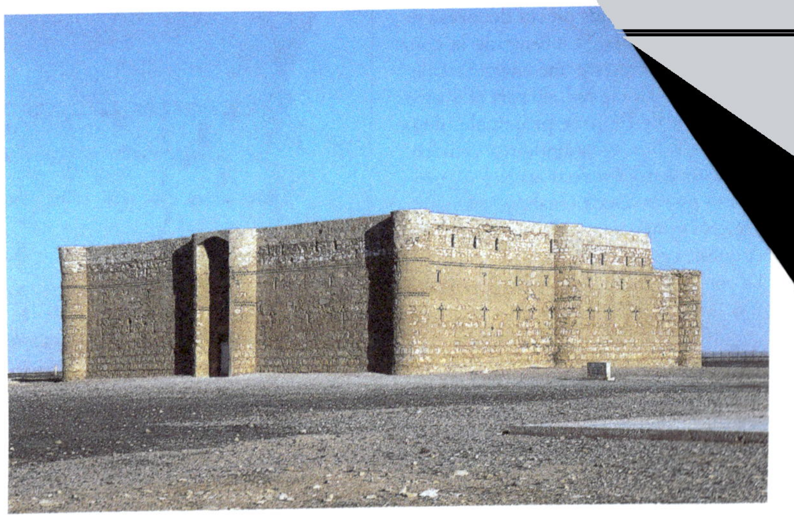

Qasr al-Kharrana, vue générale, al-Badiya.

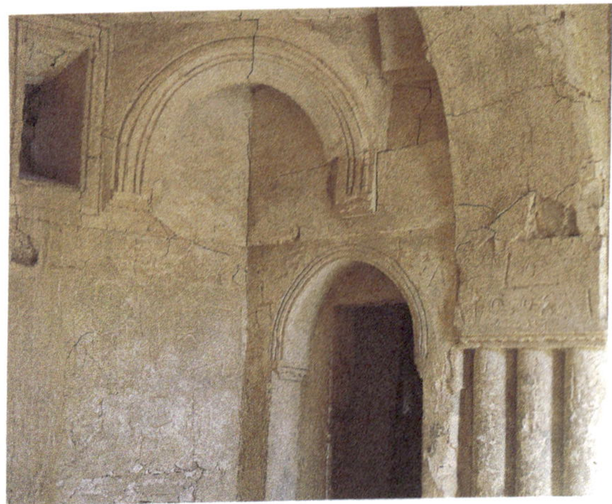

Qasr al-Kharrana, vue intérieure d'une des salles, al-Badiya.

au cours de leur occupation. Par contre, le principe de la fortification simulée, avec des aménagements dépourvus de toute fonctionnalité, est une caractéristique commune à d'autres châteaux omeyyades comme al-Mouchatta.

Le graffiti trouvé dans le *qasr*, qui mentionne précisément la date du 27 *Mouharram* 92/24 novembre 710, apporte la preuve que la construction a forcément précédé ou avoisiné cette date. La datation exacte est très controversée. Les uns la font remonter au règne de Walid Ier (86/705-96/715), d'autres penchent pour une construction antérieure à l'an 65/685. Dans ce cas, la thèse selon laquelle ce palais serait le seul palais omeyyade pré-marwanide connu en serait renforcée. Pour l'interprétation du château et de sa fonction principale, l'hypothèse la plus plausible serait qu'il servait de lieu de rencontre pour les princes omeyyades et les chefs des tribus locales.

M. A.

III.1.e **Qousayr Amra**

Le château se trouve à 80 km à l'est d'Amman et à 16 km à l'est d'al-Kharrana. Au départ

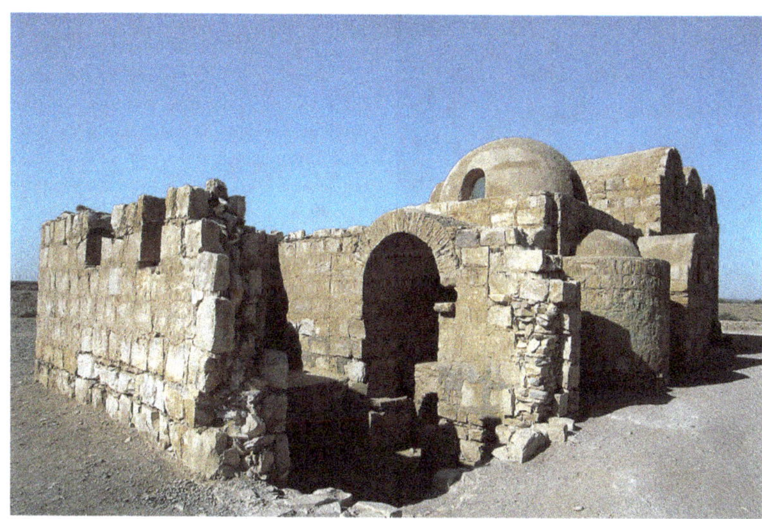

Qousayr Amra, la chaufferie derrière la salle chaude ou caldarium, al-Badiya.

d'al-Kharrana, continuer dans la même direction sur l'autoroute de Sahab Azraq. À l'ombre d'une tente bédouine, on appréciera la gentillesse de l'hospitalité jordanienne.

Le terme *qousayr* est le diminutif de *qasr*, qui (comme le français "château") vient du latin *castrum*. Ce "castelet", relativement petit et bien conservé, comporte une salle des audiences et des bains. L'installation hydraulique, avec sa noria à traction animale, son grand puits circulaire en pierre de 40 m de profondeur et sa citerne, fournit l'eau en abondance (cf. "L'eau et l'irrigation"). Des fouilles récentes ont permis de découvrir d'autres constructions à 300 m au nord-ouest de la résidence principale. L'ensemble faisait partie d'un vaste domaine.
Ces derniers vestiges consistent en un autre petit château avec des pièces ordonnées autour de la cour, une tour de garde et un second système d'irrigation de même type que le premier. On a découvert par la même occasion les murs de retenue d'un lopin agricole qui servaient à lutter contre l'érosion.
L'aspect extérieur de Qousayr Amra révèle immédiatement son organisation interne. La salle des audiences, relative-

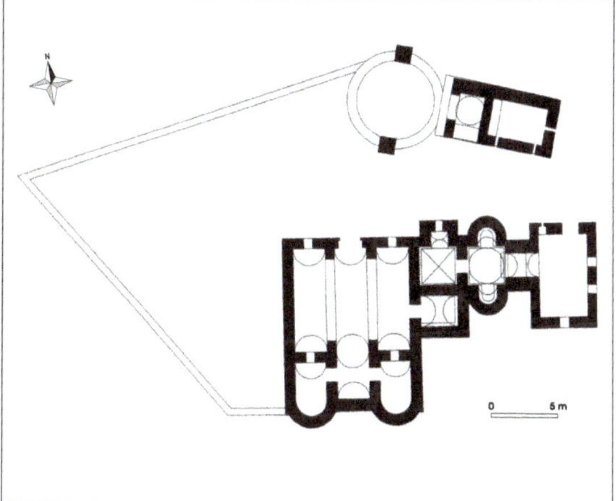

Plan de Qousayr Amra après 92/711, al-Badiya (Grabar, 1973).

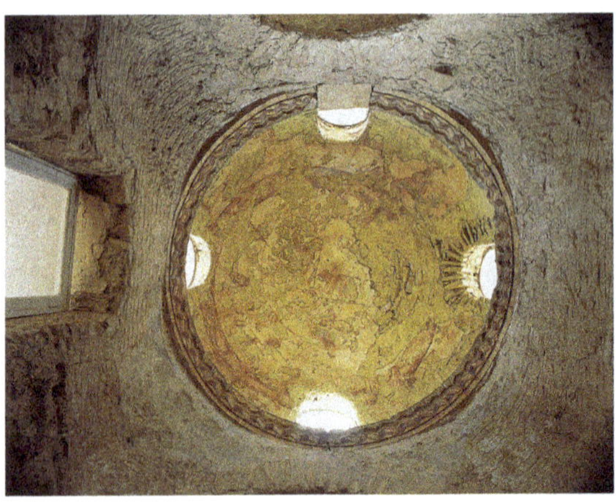

Qousayr Amra, coupole du caldarium, fresque du Zodiaque, al-Badiya (J. L. Nou).

Qousayr Amra, fresque des Six Rois, al-Badiya (J. L. Nou).

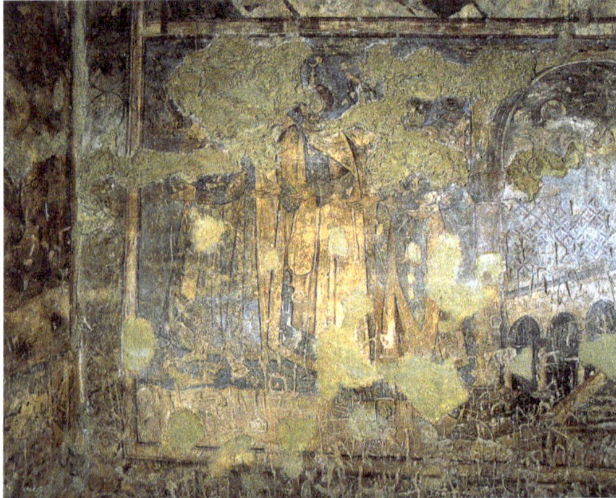

ment petite –8,50 m sur 7,50 m– est prolongée au sud par une série de trois petites pièces. La salle elle-même est composée de trois nefs à voûtes en berceau communiquant entre elles grâce à deux arches de forme légèrement brisée, l'un des plus anciens exemples connus de ce style dans l'architecture islamique.
Les bains, sur le côté est de la salle des audiences, se composent de trois salles. La première, avec une voûte en berceau, est le "vestiaire" (*apodyterium*) qui conduit à la "salle tiède" (*tepidarium),* avec sa voûte d'arêtes en plein cintre et un sol rehaussé pour permettre la circulation de l'air chaud. On accède enfin à la "salle chaude" (*caldarium*), coiffée d'un dôme sur pendentifs avec quatre fenêtres. Un passage où se trouvait autrefois un réservoir d'eau suspendu débouche dans l'enclos où était la chaufferie. Des canalisations en terre cuite permettaient d'amener l'eau des réservoirs aux bains et de recueillir les eaux usées dans un puits perdu à proximité.
On a retrouvé des sols en mosaïques dans deux des petites pièces annexes de la salle des audiences. D'autres pièces étaient pavées de marbre, matériau aussi utilisé en revêtement de mur sur une hauteur de 80 cm. Cependant, ce sont les fresques qui constituent l'ornement le plus célèbre du palais. Ces peintures, qui recouvrent la plus grande partie des murs et des plafonds, représentent l'ensemble de fresques le plus complet connu pour un édifice séculier antérieur à la période romane. Elles abordent une très grande variété de sujets: dans la salle des audiences se succèdent les scènes de chasse, les nus et les femmes en tenue légère, les athlètes s'entraînant à la lutte et des scènes d'artisans au travail, forgerons, charpentiers, maçons et tailleurs de pierre. Un souverain, probablement le maître des lieux, est représenté entouré d'oiseaux, de deux serviteurs et des personnifications de la Poésie, de l'Histoire et de la Philosophie.
Une des peintures célèbres des bains, celle de la coupole de la salle chaude, représente la constellation de l'hémisphère Nord avec les signes du zodiaque,

la Grande Ourse (*Ursa Major*) et la Petite Ourse (*Ursa Minor*).

Toutefois, la fresque la plus connue est le "Portrait des six rois" sur la partie sud du mur ouest. La peinture représente le calife omeyyade entouré de six autres souverains qui ont été identifiés: les empereurs de Byzance, de Perse et de Chine, le roi wisigoth d'Espagne, le roi d'Abyssinie et un roi turc ou hindou. On y voit une représentation symbolique de l'ascendance royale de la dynastie omeyyade. Le vrai sens caché est plutôt une allégorie "montrant" la gloire du calife omeyyade recevant l'hommage des plus grands souverains du monde.

Le choix des sujets est très souvent révélateur d'une influence grecque antique que corrobore la présence de plusieurs inscriptions en grec. Comme le fait remarquer l'historien Glen Bowersock, à Qousayr Amra, "(...) *il y a peu d'indices, sauf l'architecture des constructions elles-mêmes, que la région est à cette époque fermement entre les mains d'une administration islamique*." Cependant, il précise aussi que ce que nous voyons est un "*hellénisme indigène, qui est régional et non pas étranger*." Plusieurs des scènes de chasse pourraient étayer cette interprétation: il semble que leur inspiration remonte aux traditions culturelles ancestrales des nomades de la région, bien antérieures à toute influence grecque.

Qousayr Amra a été attribué à Walid Ier (86/705-96/715), dont le règne marque l'apogée de la puissance omeyyade. Cette attribution est fondée essentiellement sur l'interprétation du "Portrait des six rois": elle démontre que la plupart des personnages figurent des souverains, ou leurs descendants (comme c'est le cas de l'empereur de Perse), vaincus par Walid. On sait que le règne du roi wisigoth d'Espagne, Rodéric (91/710-92/711), sera écourté puisqu'il va trouver une fin tragique à la suite de sa défaite devant l'avance des troupes musulmanes, sous le règne de Walid. Si l'interprétation de la fresque est exacte, la date du décès de Rodéric peut servir de référence pour la construction de Qousayr Amra car, évidemment, le château ne pourrait avoir été construit avant 92/711.

M. A.

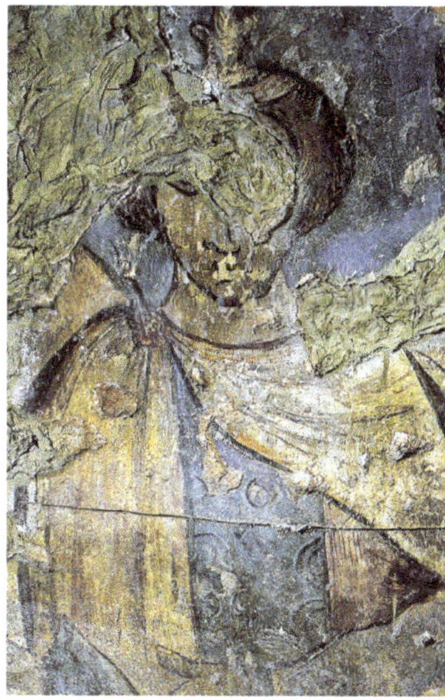

Qousayr Amra, détail de la fresque des Six Rois, al-Badiya (J. L. Nou).

LE FASTE DE LA VIE QUOTIDIENNE ET LES LOISIRS À LA COUR DES CALIFES OMEYYADES

Mohammad al-Asad

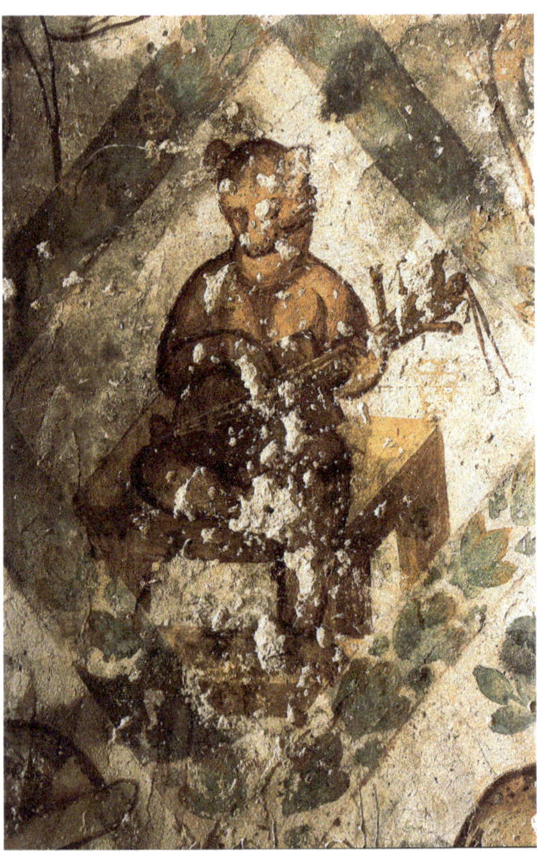

Qousayr Amra, détail de la fresque des bains, ours jouant du luth, al-Badiya.

L'étude des palais omeyyades encore existants nous apporte un précieux témoignage sur le style de vie fastueux des princes, grâce à leur passion pour le mécénat dans l'architecture et les arts. On trouve un reflet de ce faste dans les mosaïques et les sculptures en stuc de Khirbat al-Mafjar comme dans les peintures murales de Qousayr Amra ou dans l'imposante salle des audiences à plan basilical et, d'une manière encore plus exceptionnelle, dans la salle du Trône triabsidale de Qasr al-Mouchatta.

Cependant, la source de documentation la plus importante sur la vie quotidienne des Omeyyades reste les écrits, non pas contemporains, mais au mieux rédigés un siècle et demi après la fin de leur dynastie. Deux documents sont cardinaux pour cette connaissance. Nous devons le premier, *Kitab al-Aghani*, "Le Livre des chants", à Abou al-Faraj al-Isfahani (284/897-356/967). Cette œuvre en vingt-quatre volumes est essentiellement une anthologie de chansons et de poèmes célèbres à Bagdad au IVe/Xe siècle, mais elle est riche aussi d'informations sur les mœurs et les coutumes à la cour des Omeyyades et des Abbassides. Le second, *al-'Iqd al-Farid*, "Le Collier extraordinaire", est écrit par Ibn Abd al-Rabbihi (246/860-328/940). Il s'agit d'un recueil de textes destinés à parfaire l'éducation de l'homme cultivé de son temps, mais lui aussi est une mine d'informations sur la vie à la cour omeyyade. De plus, ces deux auteurs apparaissent bien disposés envers la mémoire des Omeyyades, ce qui est exceptionnel pour l'époque. Le fait qu'al-Isfahani, bien que musulman chiite, descende d'une famille omeyyade et qu'Ibn Abd al-Rabbihi ait été attaché à la cour omeyyade espagnole de Cordoue peut avoir influencé leur opinion, qui tranche sur l'attitude généralement négative de la plupart de leurs contemporains. Cependant, la durée historique qui les sépare des Omeyyades de Syrie entache quelque peu la crédibilité de leurs récits. *Kitab al-Aghani* et *al-'Iqd al-Farid* nous rappellent que les chansons, et parfois aussi la pratique du chant, étaient un des passe-temps préférés des princes et de leur cour. On y rapporte que Yazid Ier, le second calife omeyyade, composait, et qu'on lui doit l'introduction du chant et des instruments de musique à la cour. Certains des troubadours qui se produisaient dans les palais omeyyades vont devenir célèbres. L'un d'eux, le chanteur médinois Ma'bad Ibn Wahab (m. en 125/743-744), deviendra le favori des cours de Walid Ier, Yazid II et Walid II. Yazid II appréciait particulièrement deux chanteuses, Habbaba et Sallama, toutes deux élèves de Ma'bad. Walid II, quant à lui, s'il aimait beaucoup écouter les chanteurs, ne dédaignait pas à l'occasion jouer du luth et composer.

Toutefois, il faudra attendre la chute de la dynastie pour que la chanson arabe atteigne son "âge d'or". Le plus grand de ces chanteurs arabes est probablement Ziryab (m. 236/850). Cet affranchi commence à chanter pour la cour abbasside de Bagdad. Son talent exceptionnel exaspère la jalousie de ses rivaux et les intrigues fomentées à la cour contre lui l'obligent à s'enfuir de Bagdad. Il finit par se réfugier à Cordoue, la capitale d'al-Andalus (Espagne musulmane), où il trouve un protecteur en la personne du souverain omeyyade espagnol Abd al-Rahman II. On lui attribue l'introduction de la tradition musicale raffinée de Bagdad à Cordoue, où il va créer un style musical andalou spécifique. Il est à l'origine de la création du premier conservatoire de musique d'Espagne. Cet homme cultivé et raffiné compte vite parmi les favoris de la cour de l'Espagne omeyyade, où il donnera naissance à des générations de disciples. On nous apprend que ses contributions à la vie de la cour couvraient un très grand éventail, allant des modes pour la coiffure à l'invention de recettes de cuisine en passant par la sophistication de l'étiquette.

Les parcs naturels d'al-Azraq

Les réserves et le site antique d'al-Azraq, à 110 km à l'est d'Amman et à 28 km d'Amra, sont ouverts tous les jours sans interruption.

Renseignements: Société royale pour la conservation de la nature, tél.: 06-5334610, ou bureau d'information d'al-Azraq, tél.: 05-3835225.

La Réserve d'al-Chawmari se trouve à 10 km au sud d'al-Azraq. Ouverture de 7:30 à 18:00. La création de ce parc régional de 22 km^2 est une des premières initiatives en ce sens dans la région. Cette réserve d'animaux sauvages est vouée aussi à la protection et à la réintroduction des espèces locales disparues ou en voie de disparition.

La zone protégée des marais d'al-Azraq est une oasis, mais il est préférable de se renseigner au préalable sur les conditions de sécheresse. Elle contribue à la préservation de l'écosystème –extrêmement vulnérable– des terres marécageuses. C'est aussi une halte et une réserve de nourriture pour les oiseaux migrateurs qui s'y rassemblent avant de continuer leur voyage vers l'Afrique. Mais l'équilibre des marais reste problématique en raison des longues périodes de sécheresse et de l'épuisement des nappes phréatiques. Malgré leur protection, leur surface est en voie de diminution: par manque de nourriture, les routes de migration en viennent trop souvent à les contourner. Malgré tout, les réserves d'al-Chawmari et des marais sont toutes deux des sites de protection exceptionnels qui permettent aux visiteurs de découvrir non seulement la faune sauvage, mais aussi la grande variété des espèces protégées de la flore qui existaient dans la région

Les palais résidentiels

Mohammad al-Asad, Ghazi Bisheh

Deuxième jour

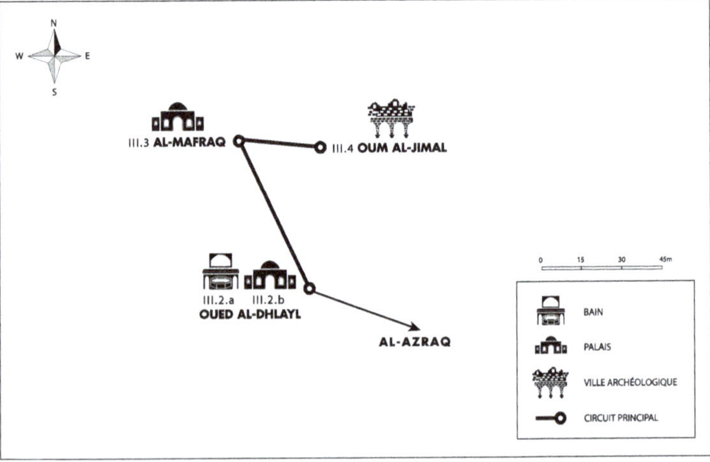

III.2 OUED AL-DHLAYL

III.2.a Hammam al-Sarah

À 55 km au nord-est d'Amman et à 2 km au sud-est de Qasr al-Hallabat. Au départ d'al-Azraq, prendre la route principale qui part d'Azraq à Zarqa en direction du nord.

Par leur plan, ces constructions sont tout à fait similaires à celles de Qousayr Amra. Cependant, l'appareil de la maçonnerie y apparaît beaucoup plus soigné. Elles comprenaient, comme Qousayr Amra, trois éléments principaux: la salle des audiences, les bains et les installations hydrauliques. On y ajoutera pour mention la mosquée sans toit, bien qu'elle soit de construction récente.
On entrait dans les bains par la porte du milieu, du côté sud. L'entrée était surmontée d'un linteau monolithique orné d'une *tabula ansata* et de deux guirlandes nouées sculptées dans la pierre. Le toit de la salle des audiences, avec ses trois voûtes cylindriques, prenait appui sur les murs extérieurs et sur deux arches intérieures portées par deux semi-pilastres.
À l'angle nord-est de la salle des audiences se trouvait une fontaine alimentée par le réservoir situé à l'est. Au fond, la nef centrale de la salle se prolongeait par une alcôve qui donnait elle-même sur deux pièces latérales pavées de mosaïques multicolores. Au fond de ces pièces, sur les angles extérieurs du bâtiment, se trouvent deux renfoncements rectangulaires en saillie du mur est. D'évidence, là étaient les latrines.
À l'angle nord-ouest de la salle des audiences, une porte ouvre sur le vestiaire à voûte cylindrique *(apodyterium)*, d'où

Plan de Hammam al-Sarah, IIe / VIIIe siècle, Oued al-Dhlayl (Creswell, 1958).

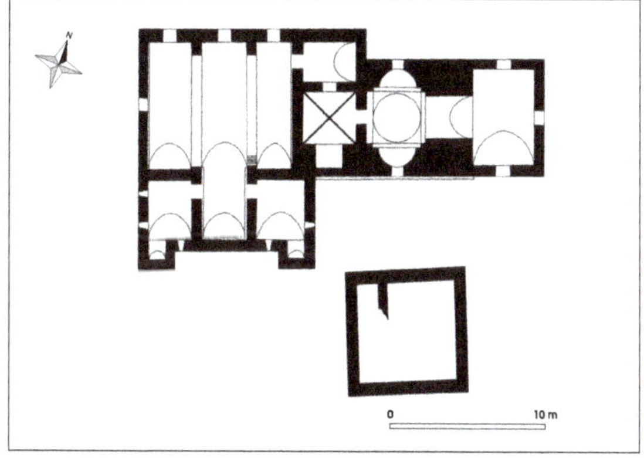

Hammam al-Sarah, vue intérieure, Oued al-Dhlayl.

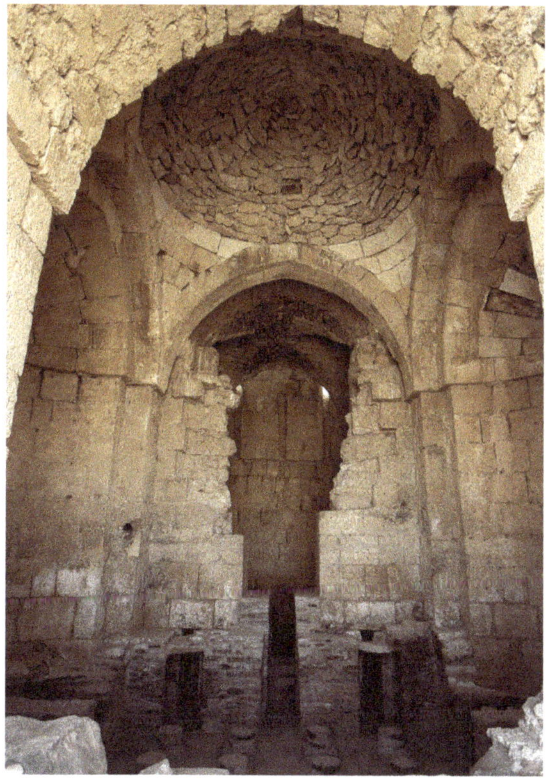

Hammam al-Sarah, hypocauste, Oued al-Dhlayl.

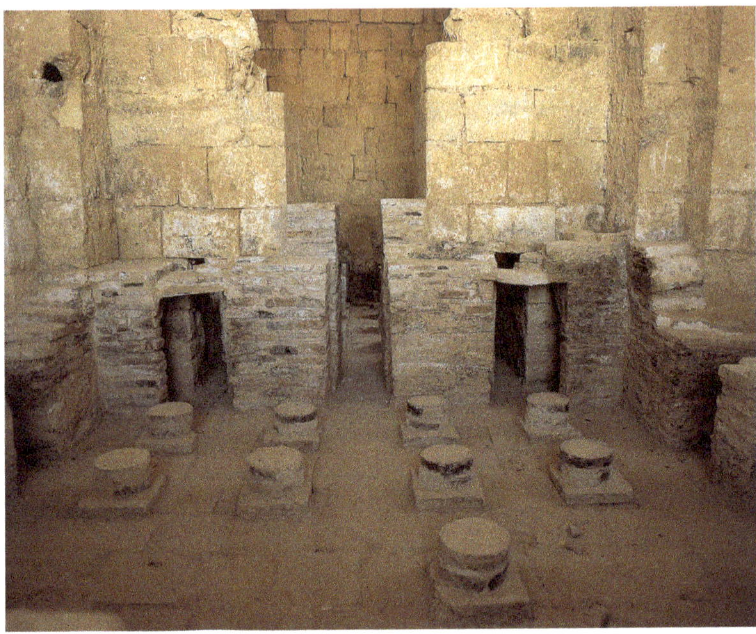

l'on peut accéder à la salle tiède (*tepidarium*), avec sa voûte d'arêtes, par une porte au milieu du mur est. Face à cette entrée, sur le mur opposé, on découvre un renfoncement de forme presque carrée et couvert d'une voûte cylindrique. Sur la partie supérieure du mur sud partent trois gorges verticales qui vont traverser le toit vers l'extérieur. Ces gorges contenaient autrefois les tuyaux de terre cuite qui servaient de cheminée. Le sol du *tepidarium* –surélevé pour le passage de l'air chaud (*hypocauste*)– reposait sur vingt-cinq plots ronds en brique. Une porte, au milieu du mur nord, conduit à la salle chaude (*caldarium*). Des deux côtés du *caldarium* sont ménagés deux renfoncements semi-circulaires, couverts de deux semi-dômes, dans lesquels les baigneurs pouvaient s'asperger d'eau. Ils étaient autrefois recouverts de marbre, comme le prouvent les nombreux trous de fixation. Primitivement, la salle chaude portait une coupole sphérique compartimentée par dix-neuf nervures saillantes maçonnées par un assemblage de coins en schiste. L'*hypocauste* se compose de seize supports ordonnés en quatre rangs. Du côté nord se trouvait un couloir à voûte cylindrique dont une extrémité se terminait par la gueule de la chaufferie, l'autre donnant sur la petite enceinte à ciel ouvert qui délimitait l'aire de service et la réserve de combustible.

Les installations hydrauliques, à l'est des bains proprement dits, comprennent les dispositifs suivants: un réservoir cubique surélevé, qui faisait office de château d'eau; un puits de 5 m de diamètre appareillé en pierre; une aire circulaire de fac-

ture assez rustique mêlant des pierres à parement grossier et du remblai. C'était la plate-forme sur laquelle les bêtes tournaient pour actionner la noria *(saqiya)* et monter l'eau du puits au réservoir.
Enfin, il faut préciser qu'il serait erroné d'imaginer que Hammam al-Sarah était un site indépendant: il a en effet toujours été complémentaire de Qasr al-Hallabat, reconstruit à l'époque omeyyade (cf. "Qasr al-Hallabat").

G. B.

III.2.b **Qasr Al-Hallabat**

À 65 km à l'est d'Amman, à 30 km à l'est de Zarqa et à 18 km environ de la Via Nova Traiana (au nord-ouest). Depuis Hammam al-Sarah, reprendre la route d'Azraq à Zarqa en direction du nord. Les deux sites sont ouverts toute la journée, l'accès est libre.

Le site de Qasr al-Hallabat rassemble des vestiges dispersés sur une très grande superficie, dont un *qasr*, une mosquée, un immense réservoir et huit citernes creusées dans la pente occidentale. Dans la plaine, près du réservoir, on a retrouvé un enclos agricole de forme irrégulière, avec un réseau d'irrigation et de vannes, et des vestiges de maisons très modestes groupées au nord-ouest du réservoir. À cet ensemble, il faut rattacher Hammam al-Sarah (cf. "Hammam al-Sarah") qui se trouve à 2 km à l'est du château.
Le plan du château dessine un quadrilatère de 44 m de côté, flanqué de quatre tours d'angle carrées en saillie des murs d'enceinte. L'unique entrée, au milieu du mur est, donnait sur un passage couvert conduisant à une cour ouverte à dalles de pierre. D'après les traces ténues de peinture brun foncé retrouvées sur des fragments d'enduit, il semble qu'à l'origine les murs de la cour intérieure étaient plâtrés et peints, et certainement protégés par un portique. Sur trois côtés, la cour centrale ouvrait sur un alignement de pièces, rectangulaires ou presque carrées, sauf pour l'angle nord-ouest occupé par un bâtiment. Ce dernier comprenait une cour centrale entourée, sauf au sud, par des petites pièces. Cet espace ainsi séparé du reste pourrait avoir délimité le quartier réservé aux serviteurs. On y a trouvé un petit pressoir à vin. Les deux cours étaient dotées d'une citerne.
On a retrouvé deux inscriptions qui semblent faire référence aux phases de construction du château: l'une, portant la date de 212, est en latin, et évoque la construction d'un *novum castellum*; l'autre, en grec, est datée de 529. Au cours des fouilles menées à l'intérieur du château, on a encore dégagé cent quarante-deux inscriptions grecques, deux nabatéennes,

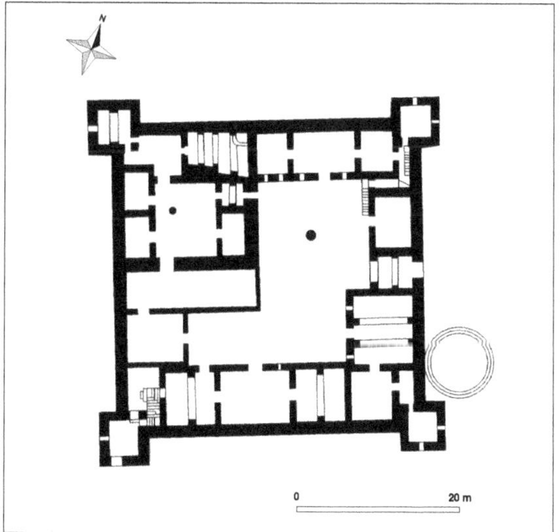

Plan de Qasr al-Hallabat, Oued al-Dhlayl (Picirillo, 1986).

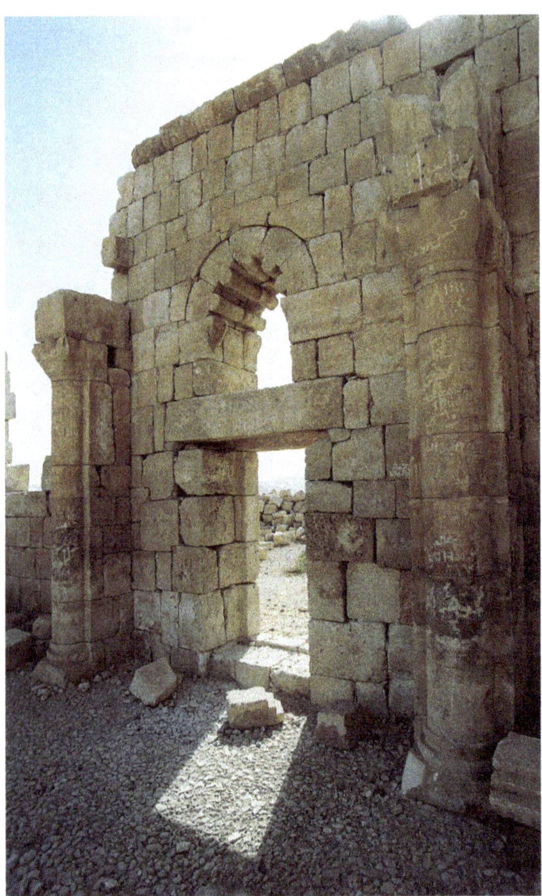

une safaïtique et une inscription en arménien moderne. La majorité des inscriptions grecques, gravées sur des pierres de taille de basalte, concernent un édit promulgué par l'empereur byzantin Anastase (491-518) sur la réorganisation administrative et économique de la *Provincia Arabia*. Il est probable que toutes ces pierres proviennent du site voisin d'Oum al-Jimal, et qu'elles ont été réemployées par les Omeyyades lorsqu'ils ont reconstruit le château. C'est au cours de cette reconstruction que le château recevra sa décoration raffinée de stucs, ses fresques et ses mosaïques multicolores qui transformeront la forteresse en un palais d'agrément. Cette transformation s'est accompagnée d'un développement remarquable du site: de nouveaux monuments sont créés, comme la mosquée extra-muros, l'enclos agricole avec son réseau d'irrigation élaboré et les bains de Hammam al-Sarah.

G. B.

Qasr al-Hallabat, détail de la façade de la mosquée, Oued al-Dhlayl.

Ghazi Bisheh

C'est à l'époque byzantine que l'économie de la Jordanie va atteindre son apogée, dont témoigne la ruralisation du pays. Les relevés archéologiques montrent que le nombre d'implantations rurales est plus élevé au cours de cette période que pendant toutes les époques précédentes. Tout se passe comme si la campagne prospérait au détriment des villes, dont le déclin est significatif, en taille comme en population. Toutefois, les dernières décennies du pouvoir byzantin, marquées par des conflits répétés avec les Sassanides (cf. "Les Omeyyades. Naissance de l'art islamique"), seront une période de régression, bien que l'on continue de bâtir des églises. Malheureusement, la documentation de source arabe concernant les activités agricoles du début de la période islamique en Jordanie est trop fragmentaire pour nous permettre de nous représenter précisément cette phase de développement de l'agriculture. Ces lacunes sont malgré tout compensées par les témoignages archéologiques et épigraphiques qui mettent en évidence le rôle majeur des califes omeyyades et de la couche dirigeante dans le développement de l'irrigation. Cette contribution était essentielle dans leur politique globale de mise en valeur des terres. Le toujours très perspicace spécialiste français Jean Sauvaget remarque bien qu'à côté de ces prétendus "châteaux du désert" (al-Qastal, al-Mouwaqqar, al Mouchatta, Qousayr Amra, etc.), on retrouve systématiquement ces constructions hydrauliques, citernes, réservoirs, barrages ou aqueducs. Pour lui, il faut considérer ces constructions comme primordiales pour l'exploitation agricole. Les installations hydrauliques n'étaient pas seulement destinées à alimenter le palais en eau, mais aussi à l'irrigation des champs et des jardins. Il y a ces innombrables citernes, creusées dans le calcaire, qui émaillent tout le voisinage des "châteaux" d'al-Qastal, al-Mouwaqqar, al-Mouchatta et al-Hallabat. Il y a les imposants barrages près d'al-Qastal et d'al-Qanatir (cf. "Al-Qanatir"), à mi-chemin entre al-Qastal et Oum al-Walid. Nous savons aussi, d'après une inscription arabe, que Yazid Ier va

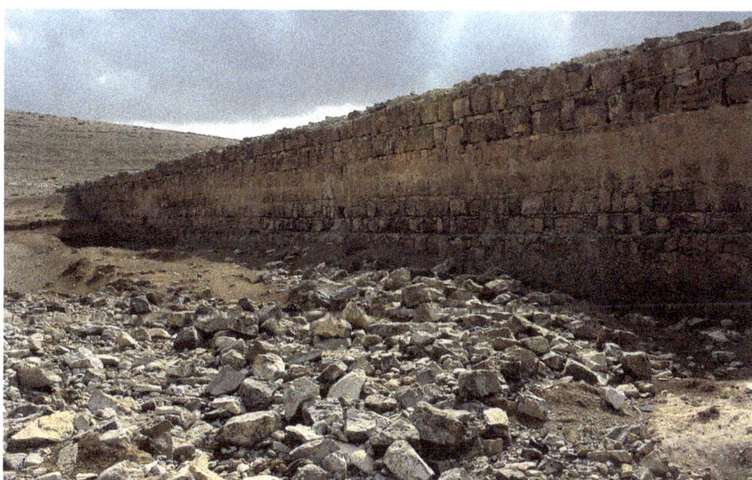

Le barrage sud-ouest, al-Qanatir.

ordonner la construction du réservoir d'al-Mouwaqqar. À al-Hallabat, la forteresse pré-islamique sera métamorphosée en luxueuse résidence avec sa décoration pléthorique de mosaïques, de stucs et de fresques. À cette rénovation, il faut ajouter la liste des nouveaux édifices: les bains (Hammam al-Sarah), la mosquée extra-muros, l'immense réservoir et les nombreuses citernes souterraines. À environ 400 m à l'ouest du *qasr*, dans l'enclos agricole (270 m sur 220 m), on retrouve le réseau d'irrigation avec son ingénieux système de vannes qui servait à alimenter en eau les parcelles rectangulaires. C'est le petit-fils du calife Othman Ibn Affan qui est propriétaire d'al-Foudayn (cf. "Al-Foudayn") mais aussi du domaine qui s'étend très loin, tout autour. Au contraire de l'Irak, où le développement de l'irrigation est lié à la création des villes nouvelles (*amsar*, sing. *misr*) –comme à Bassora, al-Koufa et Wasit– ici les possédants arabes préfèrent investir dans des territoires vierges d'occupation et accroître les surfaces agricoles (peut-être aussi parce qu'ils évitaient ainsi les revendications des propriétaires terriens et des paysans et bénéficiaient de certaines remises d'impôts). En effet, sur les nouvelles terres non cultivées on va acquitter seulement la dîme (*uchr*) au lieu de l'impôt foncier (*kharaj*) plus onéreux, une économie qui permet à ces entrepreneurs privés de rentabiliser plus vite leurs investissements. Ainsi, les membres de la famille régnante, les chefs de tribus et les dignitaires de l'administration vont-ils considérer la fertilisation des terres mortes (*mawat*) comme une très bonne opportunité pour augmenter leurs revenus, et les régions limitrophes vont être progressivement gagnées à l'exploitation agricole. D'après un document arabe dans lequel il est question de la personnalité de chacun des califes omeyyades et de leurs traits de caractère, le portrait de Walid Ier (86/705-96/715) retient son énergie de constructeur, son engouement pour les systèmes d'irrigation et l'acquisition de domaines. Sous son règne, l'avidité pour les domaines et les propriétés se répand telle une épidémie, comme pour donner raison au proverbe arabe selon lequel "*la religion privée du roi est le credo du peuple.*"

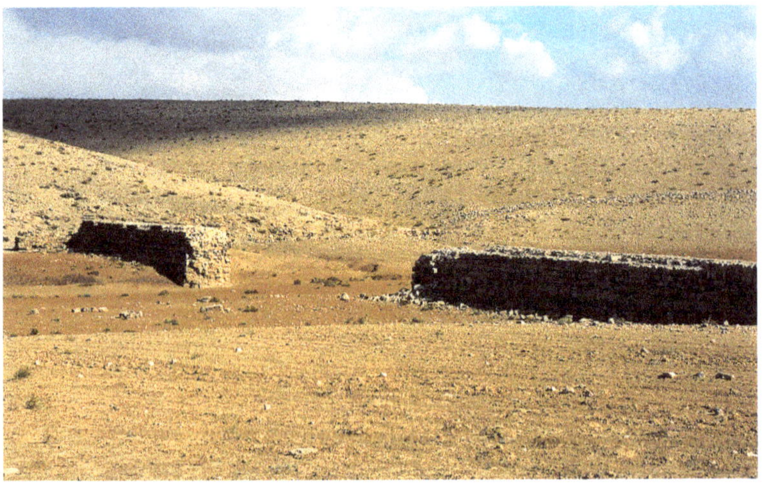

Le barrage nord-ouest, al-Qanatir.

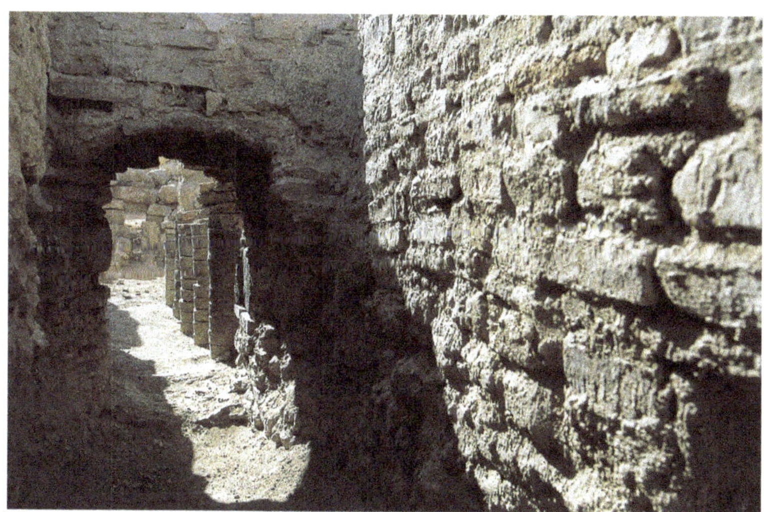

Les bains, al-Foudayn (Mafraq).

III.3 AL-FOUDAYN (MAFRAQ)

Situé dans la ville moderne de Mafraq, là où la route bifurque vers la Syrie au nord et l'Irak à l'est. Le site se trouve à environ 70 km au nord-est d'Amman. Préférer la voiture. Au départ de Qasr al-Hallabat, prendre la direction nord vers Zarqa et al-Mafraq.
Renseignements: bureau du département des Antiquités d'al-Mafraq, tél.: 02-6231885.

Le terme *al-Foudayn,* diminutif de *fadan*, est d'origine araméenne et désigne un haut mur ou un haut bâtiment. Il y a des traces d'occupation du site dès le néolithique et l'âge du bronze. Il a existé, à l'âge du fer, probablement vers le IXe siècle av. J.-C., une fortification de 70 m sur 50 m destinée à protéger la région des attaques des nomades. Elle sera apparemment détruite au VIIIe siècle, peut-être au cours de la campagne militaire du roi assyrien Teglatphalassar III, en 732 av. J.-C.

À l'époque byzantine, le site accueillera un monastère (*al-Samra*) dont les Omeyyades vont faire un palais d'agrément.
Sur un site rectangulaire (180 m sur 60 m), les ruines permettent de distinguer trois entités architecturales majeures:
– Une structure rectangulaire (70 m sur 47 m) entourée d'énormes murailles dont les pierres gigantesques atteignent parfois cinq tonnes. L'organisation inté-

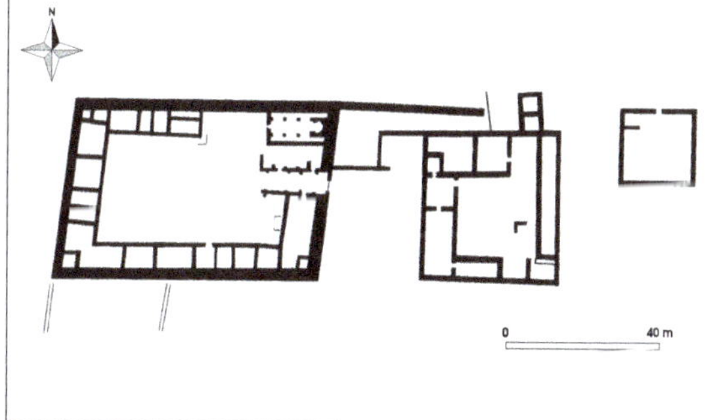

Plan d'al-Foudayn (Courtoisie de A. Husan).

rieure correspond à une cour centrale entourée d'une série de pièces accolées aux murs d'enceinte. L'angle nord-est est occupé par une chapelle avec un sol en mosaïques. Au sud de la chapelle, un passage couvert semble être un ajout de la période omeyyade. C'est là qu'on a découvert une cache contenant des moules en fer en forme d'animaux –entre autres un éléphant et un bélier– ainsi qu'un brasier en bronze, un brûle-parfums et un grand nombre de récipients en stéatite.

– Les ruines d'un bâtiment carré de 40 m de côté composé de pièces de différentes tailles entourant une cour centrale. On l'a identifié comme la résidence du propriétaire d'al-Foudayn; il y disposait des installations de bains au nord avec une chaufferie, un *hypocauste*, des salles froide, tiède et chaude et une salle pour se déshabiller et se reposer. L'historique de la mosquée au sud du bâtiment est plus difficile à retracer du fait de nombreux remaniements. Le mur sud *(kibla)* était revêtu de panneaux en stuc qui pourraient dater du début de la période abbasside.

– Un petit bâtiment carré de 20 m sur 20 m, vraisemblablement d'une époque plus récente.

Grâce à des sources arabes, nous bénéficions d'une connaissance assez détaillée de l'histoire d'al-Foudayn et de ses propriétaires. Le domaine agricole est acquis par Khalid Ibn Yazid Ibn Mou'awiya, en échange du palais d'*al-Khadra'*, le "palais du Dôme vert" de Damas. Il est ensuite cédé à Sa'id Ibn Khalid Ibn Amr Ibn Othman, un arrière-petit-fils du troisième calife "orthodoxe". Le nouveau propriétaire, très riche, possède, outre al-Foudayn, d'autres domaines de grande valeur et des immeubles de rapport à Damas. Une de ses filles est mariée au calife Hicham Ibn al-Malik et une autre, qui se prénomme Sa'da, est l'épouse de Walid II, mais elle meurt avant son accession au califat. À sa mort, Walid II épouse sa

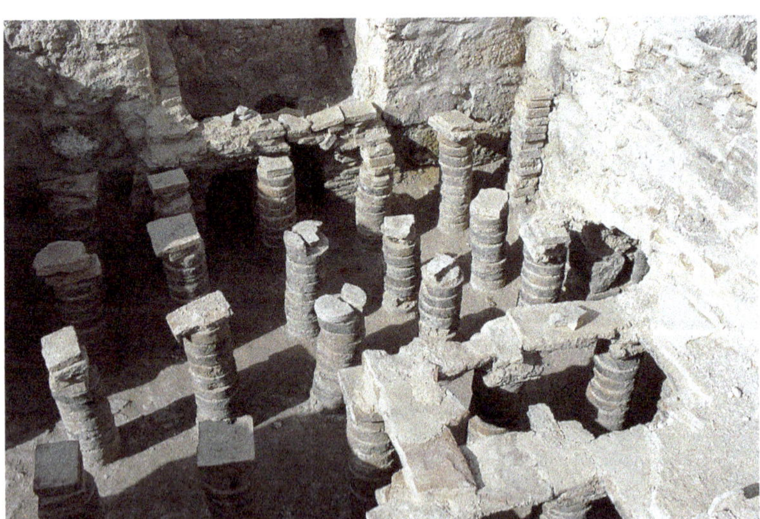

Les bains, l'hypocauste, al-Foudayn (Mafraq).

sœur Salma, qui mourra avant l'assassinat de son mari. Apparemment, la propriété d'al-Foudayn reste entre les mains des descendants de Sa'id jusqu'à la fin du IIᵉ/VIIIᵉ siècle ou le début du IIIᵉ/ IXᵉ siècle. Sous le règne du calife abbasside al-Ma'mun (197/813-218/833), Sa'id al-Foudayni va se révolter et prétendre au califat. Toutefois, la sédition sera de courte durée et se conclura par la fuite d'al-Foudayni et la destruction d'al-Foudayn, alors aux mains de Yahya Ibn Salih, commandant l'expédition montée contre le rebelle. Le domaine d'al-Foudayn, qui appartient au mouvement de fertilisation des terres confiées à des propriétaires privés, apparaît bien dans les chroniques arabes au titre d'exploitation agricole (*Day'a*). Parmi les magnifiques pièces archéologiques retrouvées à al-Foudayn se trouve un brasier porté par quatre griffons aux ailes ouvertes. Aux angles supérieurs du brasier, des femmes nues sont représentées, un bras tendu en avant et portant un oiseau ou une torche dans l'autre. Ses faces sont ornées d'arcades dont six contiennent des vignettes représentant des scènes érotiques.

G. B.

III.4 OUM AL-JIMAL

Les ruines sont à 20 km à l'est de Mafraq. En voiture, au départ d'al-Mafraq, prendre la direction d'Oum al-Jimal vers l'est.
Renseignements: bureau d'information touristique, tél.: 02- 6267040.

Oum al-Jimal est en réalité constitué de deux parties. La première, en assez bon état de conservation, est nommée "ville" par les archéologues. Elle a été habitée au

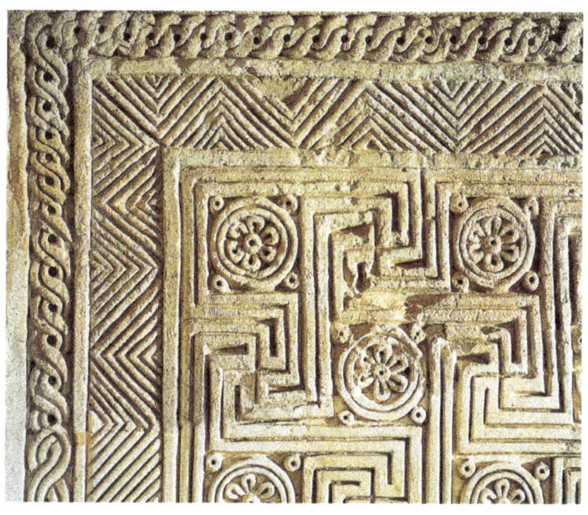

Mosquée omeyyade, détail d'un bas-relief, al-Foudayn (Mafraq).

cours des périodes romaine, byzantine et omeyyade, du IIᵉ siècle jusqu'à la moitié du IIᵉ/VIIIᵉ siècle. La seconde, deux fois plus petite, est qualifiée de "village". À l'inverse de la ville, le village –qui se situe à 200 m à l'est de celle-ci– est complètement en ruine. Il a été habité à l'époque nabatéenne et romaine, entre les Iᵉʳ et IVᵉ siècles.

Le village d'Oum al-Jimal était un site essentiellement civil. Il n'avait pas d'enceinte, ce qui montre bien la sécurité dont jouissait la région sous la *pax romana* quand elle devint province romaine, au début du IIᵉ siècle. Les fouilles ont montré que le village était étroitement lié à la ville voisine de Bostra (en Syrie actuelle), capitale de la province romaine d'Arabie. Des documents historiques mentionnent en fait que des représentants d'Oum al-Jimal ont été membres du conseil des citadins de Bostra au cours des IIᵉ et IIIᵉ siècles.

La ville d'Oum al-Jimal, fondée au IIᵉ siècle, était un centre militaire et administratif romain. Elle était principalement habitée par les soldats et les administrateurs romains, tandis que la population civile continuait de vivre dans le village voisin. Une partie du *praetorium* (siège administratif) et du *castellum* (caserne) sont encore debout. On peut voir les vestiges d'un des premiers édifices de la ville, la porte nord-ouest, qui porte une inscription datée du règne de l'empereur Commode (161-192). Ce n'est que l'une des huit portes que comptait autrefois le mur d'enceinte.

Tout au long de la période romaine, Oum al-Jimal n'aura pas un rôle politique d'importance; elle restera secondaire par rapport aux villes de la région qui font partie de la Décapole comme Bostra, Philadelphie (Amman) et Gérasa (Jérach).

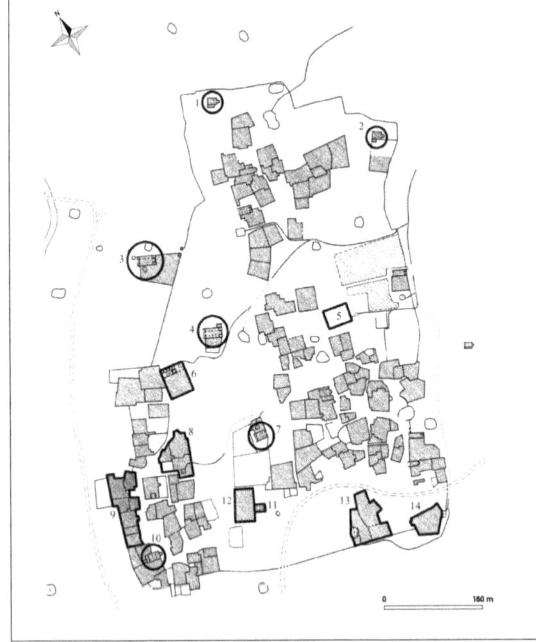

Plan d'Oum al-Jimal (de Vries, 1998).
1. Église nord
2. Église nord-ouest
3. Église ouest
4. Cathédrale
5. Citerne principale
6. Prétoire
7. Église de Numérien
8-9. Ensemble de maisons
10. Église sud-ouest
11. Chapelle de la caserne
12. Château (plus récent)
13-14 Ensemble de maisons

En effet, rien dans Oum al-Jimal n'est comparable à l'organisation urbaine, aux espaces et aux édifices publics monumentaux caractéristiques de ces *poléis* (pluriel de *polis*, l'antique cité-État grecque).

C'est à l'époque byzantine, en particulier au VIe siècle, que la ville va connaître une période de prospérité sans précédent. À ce moment, le contrôle impérial s'est notablement relâché, de sorte qu'il est très probable qu'une ville comme Oum al-Jimal a dû alors assurer elle-même sa défense. La ville a certainement été une étape sur les routes des caravanes traversant la région, mais c'est surtout un important centre de commerce pour la production agricole de toute la région. Contrairement à l'époque romaine, dominée principalement par la croissance urbaine, la période byzantine sera caractérisée par le développement de villes et de villages dans la campagne, qui s'explique par le développement de la production et du commerce agricoles. Oum al-Jimal est très représentative de la prospérité de ces nouvelles villes à la campagne, et on estime qu'à cette époque la population d'Oum al-Jimal a dû avoisiner les 3 000 habitants.

C'est à cette époque que la ville –qui était un centre militaire et administratif– va devenir une cité avec une population civile qui se caractérisera –comme d'autres régions à l'époque byzantine– par la multiplication de contructions d'églises: on a retrouvé les vestiges d'au moins quinze de ces églises. On considérait jusqu'à présent que la construction de la plus grande d'entre elles, l'église de Julianus, remontait à l'an 345, mais des recherches récentes ont montré qu'elle n'a pas pu être édifiée avant le VIe siècle ou la fin du Ve. Des tribus arabes d'origine locale se

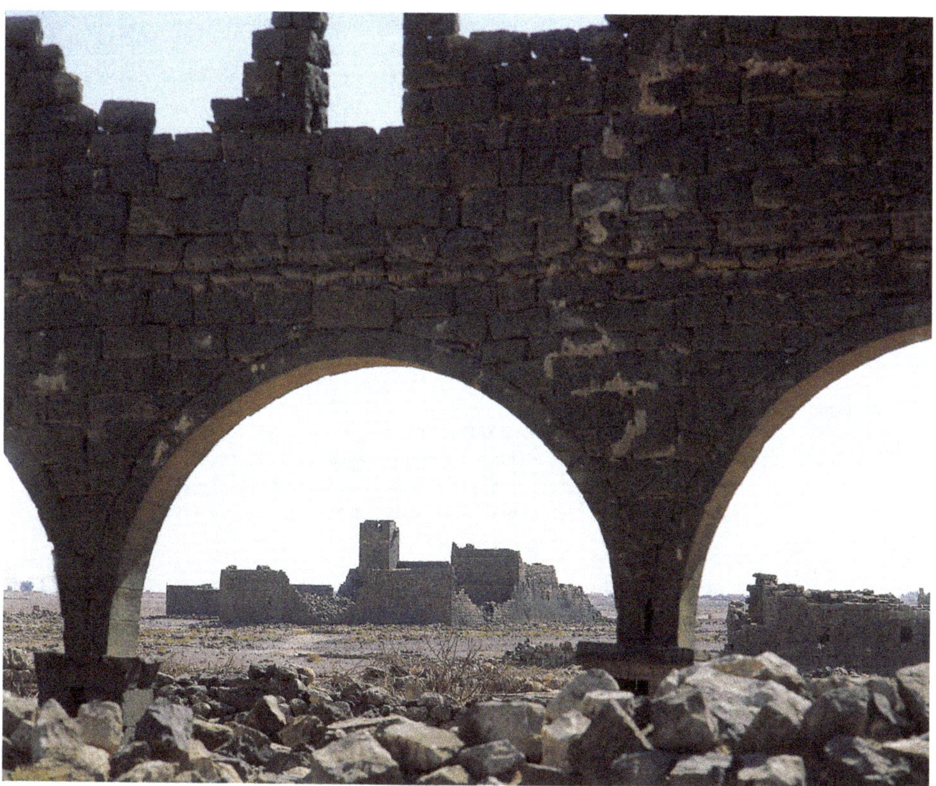

Castellum, Oum al-Jimal.

sont certainement installées dans le village et la ville, et des inscriptions retrouvées sur le site attestent que les habitants parlaient le grec et le nabatéen, l'une des plus anciennes langues sémites locales connues.

Au cours du règne omeyyade, Oum al-Jimal continue d'être habitée, mais à une moindre échelle que pendant l'époque byzantine. La contribution des Omeyyades est restée cantonnée à la modification de l'existant, y compris pour le *praetorium*: la plupart des salles seront réenduites et la "salle cruciforme" sera dotée d'un sol en mosaïques. L'occupation de la ville ne semble pas s'être prolongée au-delà de la période omeyyade, et son abandon est dû probablement au tremblement de terre catastrophique de l'an 131/749 qui détruira la plupart des villes de la région.

La ville est abandonnée jusqu'au début du XXe siècle, époque où des membres de la secte religieuse des Druzes vont s'y installer. Ils viennent du Djebel Druze voisin, au nord de la ville, dans la Syrie actuelle. Ils vont y demeurer une trentaine d'années et reconstruire un certain nombre d'édifices historiques pour leur propre usage. À première vue, il n'est pas très aisé de faire la distinction entre les constructions originales et les reconstructions des Druzes, tant leur manière de travailler est proche des techniques anciennes. Les armées française et britannique ont, elles, utilisé la ville comme cantonnement militaire avant que la frontière actuelle entre la Jordanie et la Syrie ait été tracée en 1920. Par la suite, des familles bédouines ont occupé la ville jusqu'en 1975, date à laquelle le gouvernement jordanien clôtura les sites archéologiques pour les protéger.

Il est intéressant de noter qu'avant le XIIIe/XIXe siècle, on ne trouve aucune mention du nom d'*Oum al-Jimal* (en arabe: "Mère des chameaux", qui peut aussi vouloir dire "Lieu des chameaux"). Toutefois, c'est sur ce nom que se fonde l'hypothèse selon laquelle la ville était une halte pour les caravanes. Aujourd'hui encore, l'appellation de la ville dans l'Antiquité reste inconnue, et parmi les nombreuses inscriptions qui ont été retrouvées, aucune ne nous apporte la moindre information sur son nom d'avant le XIIIe/XIXe siècle.

La région dans laquelle se situe Oum al-Jimal a un faible taux de précipitation annuelle, environ 100 mm entre novembre et mai. Du fait qu'il n'y a ni puits ni sources dans la ville comme dans ses environs, il fallait profiter de la saison des pluies pour recueillir l'eau et la conserver dans des citernes. Chaque maison disposait d'au moins une citerne et

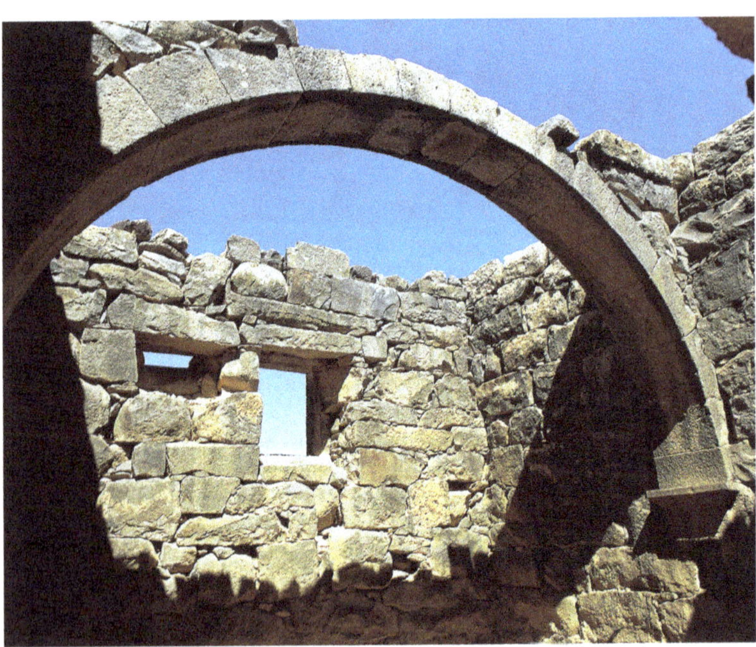

Prétoire, vue de l'intérieur, Oum al-Jimal.

plusieurs grands réservoirs publics étaient répartis en différents lieux de la ville.
Une des caractéristiques les plus frappantes d'Oum al-Jimal est l'utilisation du basalte noir, qui donne aujourd'hui encore à la ville et aux ruines son aspect impressionnant. Cette roche volcanique, abondante dans la région, n'était pas utilisée seulement pour les murs. Elle servait aussi pour la construction des toits, avec la technique particulière des poutres de pierre posées sur des corbeaux ou sur une succession d'arches très serrées. Les portes elles-mêmes étaient plus souvent taillées en dalles de basalte que faites en bois. C'est à cette utilisation intensive de la pierre que l'on doit en grande partie la conservation d'un nombre considérable d'édifices anciens.

M. A.

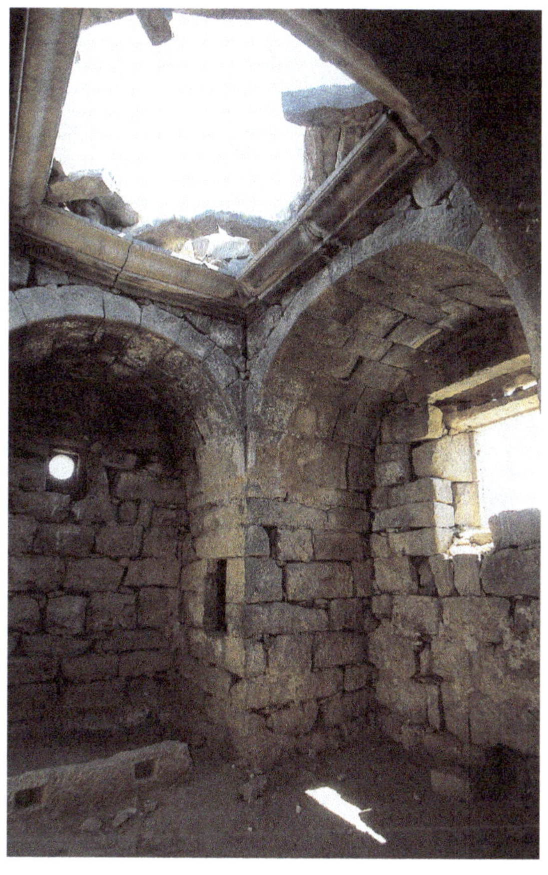

*Prétoire,
vue de l'intérieur,
Oum al-Jimal.*

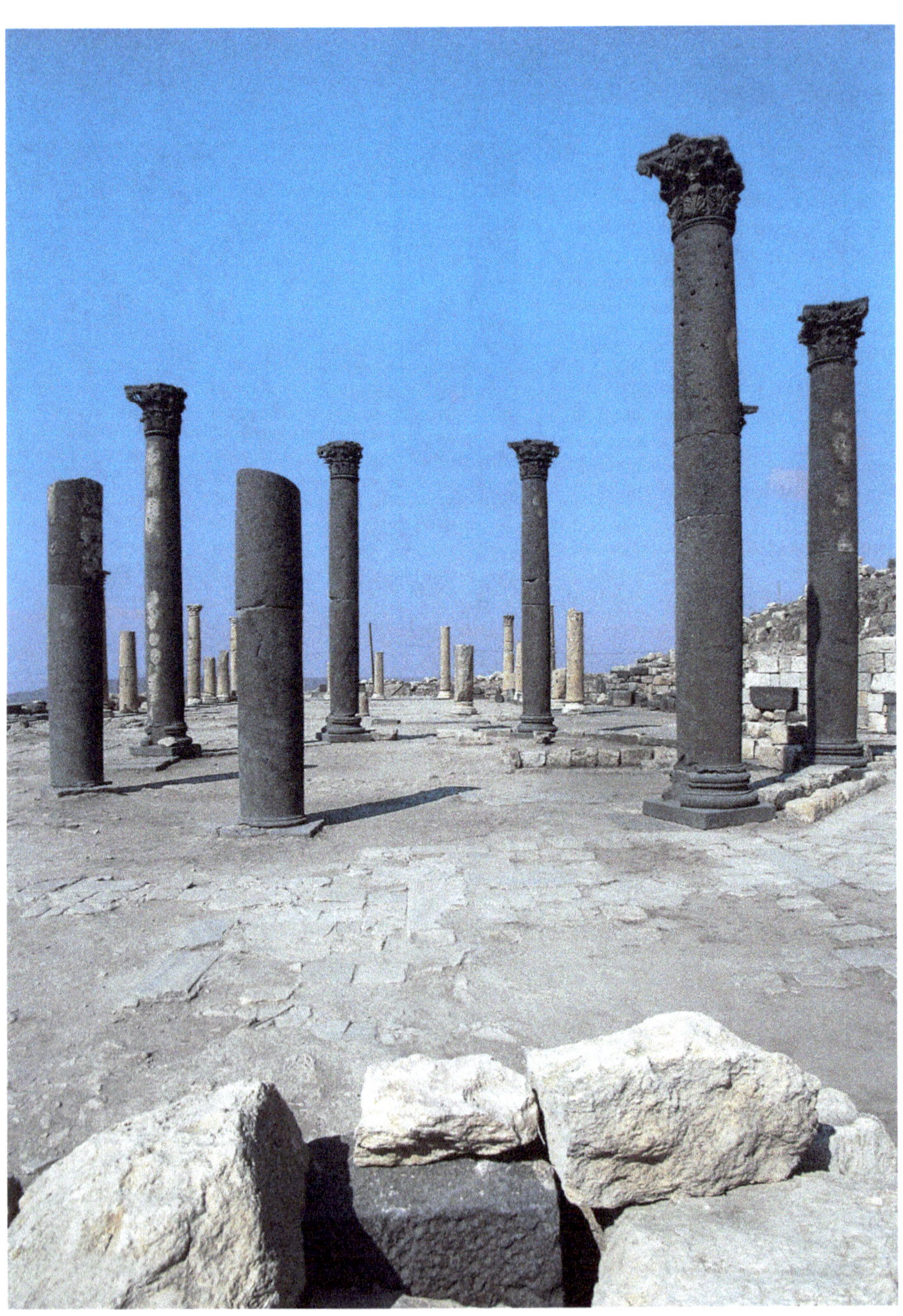

La Décapole pendant la période omeyyade

Fawzi Zayadine, Ina Kehrberg, Lara Tohme, Ghazi Bisheh

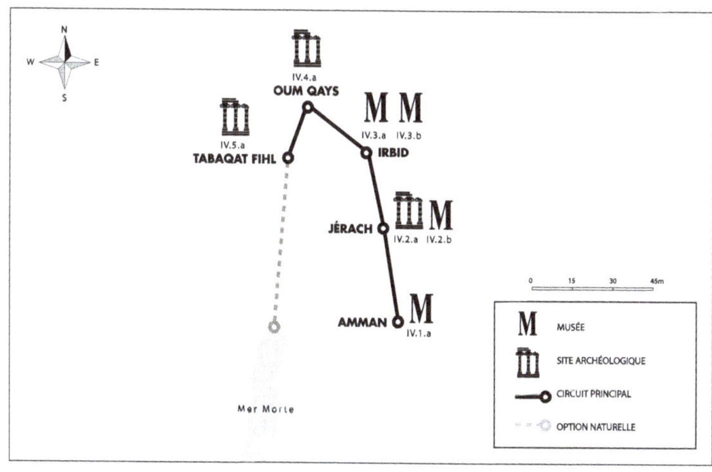

Église octogonale, Oum Qays (Gadara).

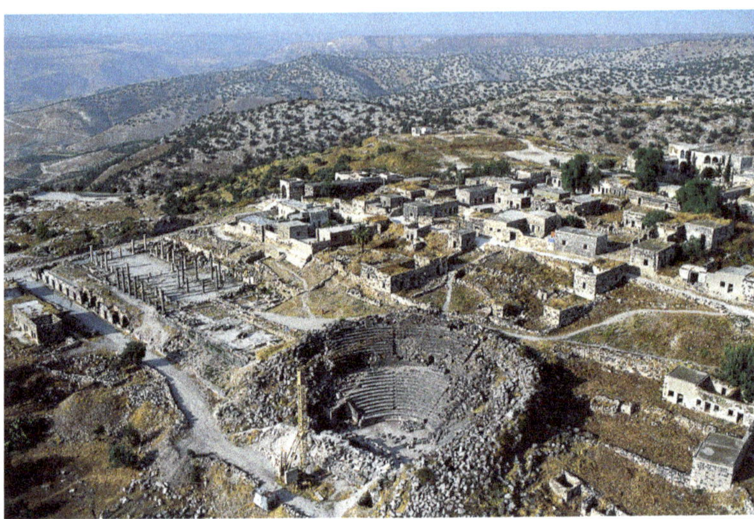

Oum Qays (Gadara), vue aérienne, (Courtoisie de J. Taylor).

Pompée est à l'origine de la création de la Décapole pendant l'occupation de Damas, en 64 av. J.-C. Il s'agit d'une confédération de villes de Syrie, de Palestine et de Jordanie –dix à l'origine, comme son nom l'indique. En fait, le nombre de cités membres a dû varier au cours du temps si l'on en croit les listes retrouvées, où on en dénombre de 11 à 18. À la suite de la chute de l'empire séleucide, l'offensive des juifs asmonéens conduit à l'occupation et à la destruction des villes hellénistiques comme Pella et Gadara. À l'époque, les Nabatéens sont encore à l'apogée de leur puissance: leur zone d'influence commerciale s'étend jusqu'au Hawran, et ils ont même occupé Damas de 83 à 72 av. J.-C. Pompée libère les villes de la domination asmonéenne et commence à les reconstruire. Pour contrôler l'expansion nabatéenne, il va créer l'union des villes de la Décapole, dont six sont en Jordanie. Elles sont regroupées dans une même entité administrative sous l'autorité d'un gouverneur romain. Elles adoptent le grec comme langue administrative et religieuse et empruntent le modèle d'aménagement urbain d'Athènes et de Rome. Au IIe siècle, après l'annexion romaine du royaume nabatéen, en 106, les villes de la Décapole vont jouir d'une grande prospérité due à la *pax romana*. Grâce à la création d'un réseau de routes, des relations commerciales élargies et plus sûres vont pouvoir s'établir entre les provinces réorganisées de l'est, du Liban jusqu'à la Syrie-Palestine et au plateau jordanien. L'aménagement de la *Via Nova Traiana* entre 107 et 114 sur ordre de Trajan, avec son pavage et la création de nouvelles étapes, va contribuer de façon décisive à l'unité de la province d'Arabie. Les nouvelles villes romaines de Philadelphie (Amman), Gérasa (Jérach), Gadara (Oum Qays), Capitolias (Bayt Ras) et Abyla (Qouwailbeh) vont s'embellir de rues à colonnades, de temples, de théâtres et de thermes. Au début du IVe siècle, après la révolte de la reine Zénobie à Palmyre (Syrie), l'empereur Dioclétien regroupe les provinces de Syrie et d'Arabie en trois régions: *Palestina Prima, Palestina Secunda* et *Palestina Tertia*.

Pendant la période byzantine, l'organisation de la Décapole se perpétuera sans grands changements. Le christianisme y est accepté comme religion de l'empire romain après la victoire de Constantin le Grand en 324 et l'institution de Constantinople comme capitale de l'empire romain d'Orient. Un nouveau courant architectural et artistique, qui s'inspire du modèle des monuments romains et de leur décoration, va être inauguré. Saint-Jean-de-Latran, à Rome –la première église construite par Constantin en 313 avec son plan basilical, ses décorations de mosaïques aux sols et sur les murs– va devenir archétypale pour les projets de construction des églises.

Après la conquête arabo-musulmane de 15/636, le passage du pouvoir aux mains des musulmans se fait pacifiquement. Les chrétiens vont continuer de pratiquer leur religion, et à décorer leurs églises de mosaïques (cf. "Introduction artistique et historique" et "Les Omeyyades. Naissance de l'art islamique"). Après le transfert de la capitale omeyyade à Damas, la Décapole de Gérasa –la Jérach moderne– reste une halte d'importance sur la route de Philadelphie –l'Amman actuelle– et des villes saintes du *Hedjaz* en Arabie.

À Jérach, près du *decumanus* sud (la voie conduisant d'est en ouest), un grand quartier omeyyade était construit à l'emplacement d'un ensemble privé romain et byzantin. Il semble aussi qu'une petite "mosquée" sera construite en bordure du *cardo maximus* (la voie allant du nord au sud), cette fois-ci sur les fondations d'une maison romaine abandonnée (cf. "Jérach (Gérasa)").

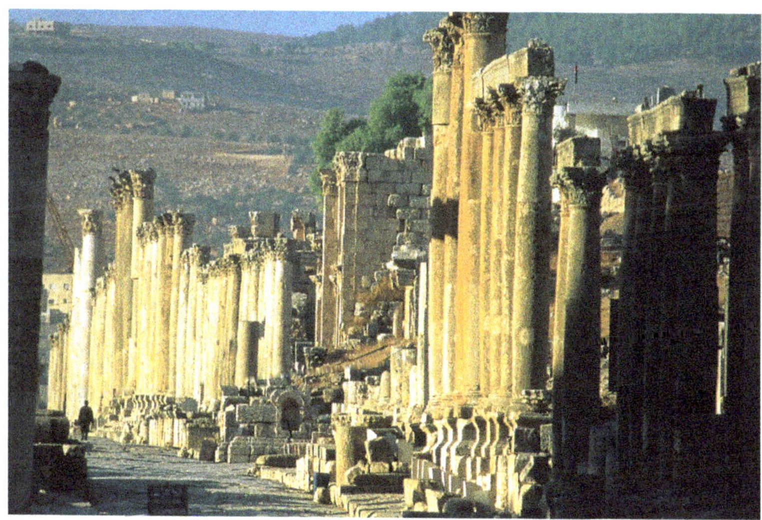

Jérach (Gérasa), vue générale.

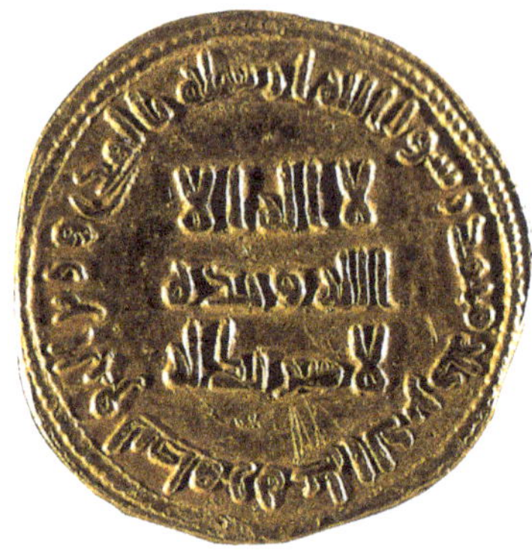

Monnaie d'or omeyyade datant d'Abd al-Malik Ibn Marwan, côté face, musée de la monnaie, CBJ, Amman.

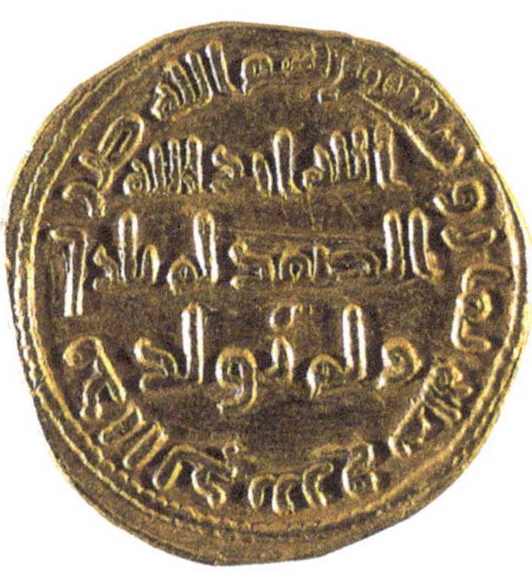

Monnaie d'or omeyyade datant d'Abd al-Malik Ibn Marwan, côté pile, musée de la monnaie, CBJ, Amman.

Grâce à leur activité commerciale, les cités de l'ancienne Décapole continuent d'assurer leur prospérité et émettent leur propre monnaie qui porte à la fois des inscriptions arabes et des motifs repris de la monnaie byzantine. Les villes du nord de la Décapole jouissent elles aussi de conditions favorables, même si leur développement est plus modeste: reconstruction du nouveau quartier de Pella (Tabaqat Fihl) dans la vallée du Jourdain, rénovation des thermes romains de Hammat Gader, à Gadara, sous Mou'awiya Ibn Abi Soufyan (41/661-60/680). La basilique du Miracle du Christ, à la porte occidentale d'Oum Qays, continue d'être utilisée pendant la période omeyyade. Bayt Ras, l'antique Capitolias, célèbre pour son vin, va devenir la résidence d'été du calife Yazid II (101/720-105/724). Il y vivra en compagnie de l'esclave Habbaba, la célèbre chanteuse, qui trouvera une fin prématurée en s'étranglant avec une graine de grenade. Que ce soit pour leurs palais ou pour leurs stations caravanières, les Omeyyades ne vont cesser de puiser dans le riche répertoire architectural et artistique des cités de la Décapole, où ils privilégient tantôt des types d'édifices, tantôt des techniques de construction ou des styles décoratifs, en fonction de leurs goûts personnels. Qousayr Amra, un des témoignages les mieux préservés de cet art, illustre remarquablement cette brève renaissance des arts gréco-romains au milieu du IIe/VIIIe siècle (cf. "Qousayr Amra" et "Les palais résidentiels").

F. Z.

IV.1 AMMAN

IV.1.a Le musée de la Monnaie

Le musée de la Monnaie se trouve au siège de la Banque centrale de Jordanie, à Amman. Il est ouvert de 9:00 à 15:00 les jours ouvrables. Entrée gratuite. Il présente une collection de plus de 2 000 monnaies allant de la période hellénistique à la période islamique, ainsi que les monnaies jordaniennes du XXe siècle. Renseignements: musée de la Monnaie, tél.: 06-4630301.

Au cours du temps, à partir du règne omeyyade et dans les périodes islamiques suivantes, la frappe de la monnaie va baisser. À l'origine, les Omeyyades adoptent la monnaie byzantine tardive, comme leur propre monnaie, mais ils la refrappent, c'est-à-dire qu'ils surimposent leurs propres emblèmes aux images byzantines. Les premières monnaies omeyyades seront des pièces frappées à la manière perse, avec des inscriptions et des motifs sassanides. Peu à peu, ils y ajoutent des textes arabes et les noms des califes. En 77/696-697, le calife Abd al-Malik va réformer la monnaie omeyyade en réglementant la frappe des pièces islamiques où les représentations figuratives disparaissent et sont remplacées par des inscriptions (cf. "Les premières monnaies islamiques").

Monnaie d'or omeyyade

Pièce frappée sous le règne d'Abd al-Malik Ibn Marwan au cours de l'année 78/697-698.

Trésor de monnaies d'or omeyyades

La collection complète de monnaies a été frappée sous le règne de Walid Ier (86/705-96/715). La petite pièce est un tiers de *dinar* et a été frappée en 91/709.

Trésor de monnaies d'argent omeyyades

La collection est une série complète de pièces frappées sous le règne de Walid Ier (86/705-96/715) à Wasit, en Irak.

I. K.

Monnaies d'or datant de Walid Ier, côté pile, musée de la monnaie, CBJ, Amman.

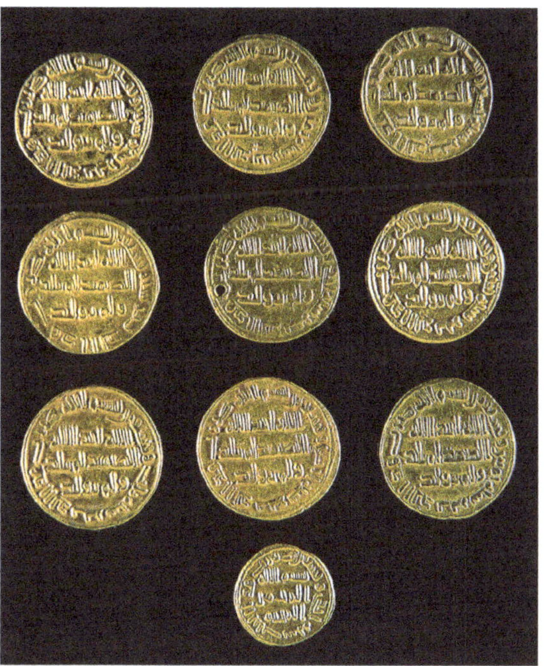

Monnaies d'argent datant de Walid Ier, côté pile, musée de la monnaie, CBJ, Amman.

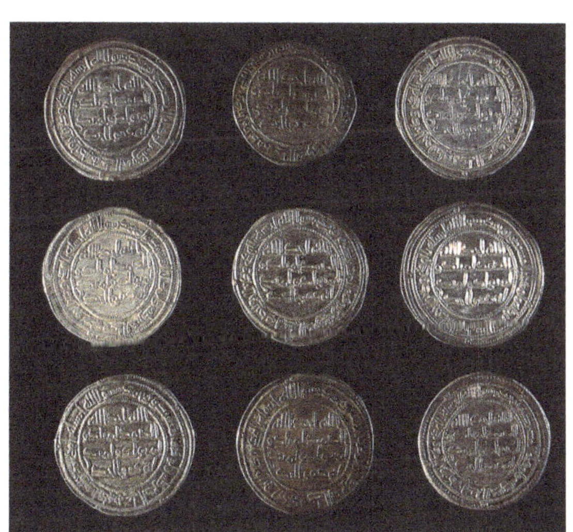

IV.2 JÉRACH (GÉRASA)

À 42 km au nord d'Amman. On se rendra à Jérach en taxi, en voiture ou avec les autobus au départ de la station d'Abdaly, dans le centre-ville d'Amman. Le site archéologique est ouvert tous les jours de 8:00 au coucher de soleil. Le prix d'entrée comprend la visite du musée. Les billets d'entrée sont vendus au bureau d'information touristique sur le parking, près de la porte d'Adrien.
Renseignements: bureau du département des Antiquités de Jérach, tél.: 02-6351014 ou à l'Office du tourisme, tél.: 02-6351272.

IV.2.a Le site archéologique de Jérach

Dès la préhistoire, la vallée de Jérach est habitée pour ses conditions favorables, ses terres fertiles, ses sources intarissables et son climat méditerranéen doux. Les plus anciennes traces de vie sédentaire ont été retrouvées à l'est de l'hippodrome et de l'arc d'Hadrien, où à l'occasion de labourages ont été mis au jour une profusion de magnifiques outils néolithiques en silex datant du septième millénaire av. J.-C. Les dolmens et le village du début de l'âge du bronze (env. 2 500 av. J.-C.), au nord-est de la vallée, sont les indices d'une occupation importante et continue du bassin de Jérach en général et de la ville en particulier. L'étude stratigraphique du *tell,* à l'est de la place Ovale, à l'emplacement actuel du musée, prouve que le site a été continuellement occupé du tout début de l'âge du bronze (3 000 av. J.-C.) jusqu'à la première période islamique, en passant par l'âge du fer et les époques hellénistique et byzantine: cet écho du temps passé qui remonte des sédimentations du *tell* ne doit pas faire oublier qu'en même temps la ville grandit en cercles concentriques autour de son noyau, le *tell*, appelé la "colline du campement".
Jérach est mentionnée pour la première fois à la période hellénistique par Ptolémée II Philadelphe, roi d'Égypte (283-246 av. J.-C.), qui régnait sur cette partie de la Jordanie au IIIe siècle av. J.-C. et auquel la ville d'Amman doit son nom de Philadelphie. Ce sera Antiochos IV, qui va régner sur la région au début du IIe siècle av. J.-C., qui baptisera Gérasa "Antioche-sur-le-Chrysorhoas". Flavius Josèphe écrira, à la fin du Ier siècle, l'histoire du "tyran", Théodose de Philadelphie, qui vivait, lui, à la fin du IIe siècle av. J.-C. Il semble qu'après avoir été chassé de Gadara (Oum Qays), Théodose se soit réfugié à Gérasa où, nous dit-on, il dissimule ses trésors dans le temple de Zeus et se met sous sa protection car, déjà, nul n'a le droit de violence sur celui qui a trouvé asile dans ce temple. Cette "loi" est connue dès la haute Antiquité grecque, où un certain nombre de temples sont considérés comme des lieux de refuge inviolables. Selon un autre récit (confirmé par des inscriptions), un grand prêtre juif et suzerain de Gérasa, le prince Alexandre Jannée, va gouverner la ville de 102 à 76 av. J.-C. Avec la conquête de Pompée, en 63 av. J.-C., la ville de Gérasa va être rattachée à la province de Syrie. Par cet acte, Gérasa fait son entrée dans le monde romain, mais ce n'est que deux cents ans plus tard qu'elle deviendra une colonie et une précieuse annexion du grand empire romain. Sa position politique en sera largement renforcée et vaudra aux Gérachéens de substantiels avantages et privilèges.
Pendant ces trois millénaires, le petit village de Jérach (le *tell*) va d'abord devenir l'active cité provinciale de la Décapole;

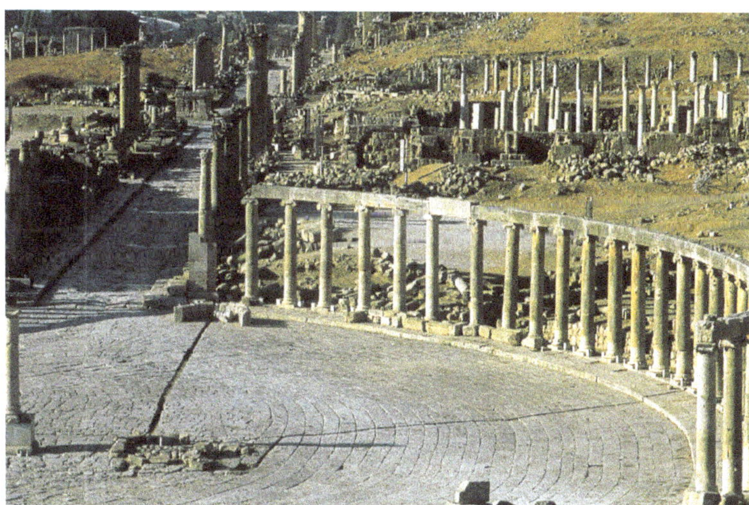

Place Ovale et cardo, Jérach (Gérasa).

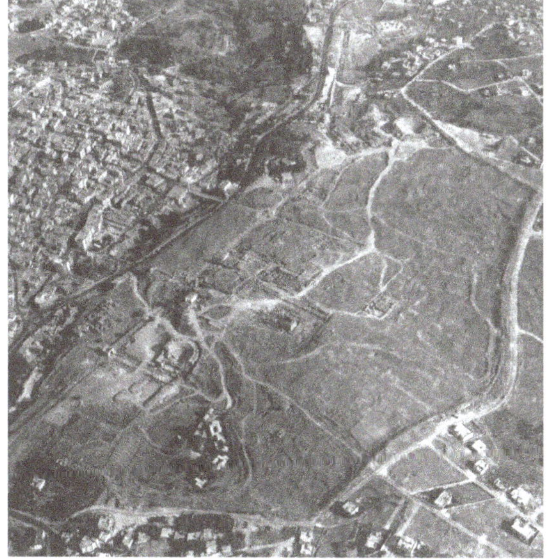

Jérach (Gérasa), vue aérienne, (Archéologie aérienne pour le projet jordanien, photo B. Bewley).

puis la prospérité de la ville va commencer à s'affirmer sous Trajan au tournant des Ier et IIe siècles. Gérasa –c'est redevenu son nom sous l'autorité romaine– va atteindre son apogée dans la seconde partie du IIe siècle, puis retourner graduellement à une existence plus médiocre au cours du IIIe siècle. Au moment où Rome subit ses grands déchirements politiques, Gérasa entre dans son déclin. Mais même si la cité a perdu le privilège d'être l'une des villes carrefours les plus importantes à la croisée du nord et du sud, elle continue de connaître une prospérité relative. Une prospérité due à son agriculture, mais surtout à la fabrication et au commerce des poteries dès la fin du IIe siècle. En effet, l'industrie de la céramique va permettre à Gérasa de conserver un niveau de vie décent, et même une certaine aisance, de la fin de l'empire romain jusqu'à l'époque byzantine. Il n'en sera plus de même quelque temps après la conquête islamique. Cependant, les preuves archéologiques incitent à imputer ce déclin à la chute de l'empire romain plus qu'au passage du monde byzantin au monde islamique et au déplacement des routes commerciales après la conquête islamique, quand la première capitale est transférée de Damas à Bagdad. Rien ne permet en effet d'affirmer le caractère violent de la conquête ni même l'éventualité d'une cassure culturelle soudaine.

Les réutilisations de bâtiments publics, comme le théâtre nord et l'Artémision, témoignent au contraire de cette continuité culturelle, malgré les changements politiques. Du IIIe au VIe siècles et jusqu'au début du Ier/VIIe siècle, l'hippodrome avait peu à peu laissé place à un quartier de potiers, le plus grand centre d'artisanat de toute la ville. De la même façon, au Ier/VIIe et au IIe/VIIIe siècles, certaines parties des édifices et des monuments seront à leur tour transformées en quartiers de potiers plus petits. Il est très probable que le quartier des potiers de l'hippodrome a été en partie transféré au nord de la ville, dans l'enceinte de la cité. Ils ont dû occuper alors le théâtre et les boutiques du voisinage, en bordure du *cardo* nord, qui offraient à peu près les mêmes disponibilités que l'ancien hippodrome. Cette migration ne doit pas tant être mise au compte de l'incertitude des temps, suite à la conquête islamique (15/636-40/661) –rien à Jérach n'indique qu'elle a entraîné des destructions– qu'à celui de l'épidémie de peste, la "mort noire" qui frappe la ville pour la deuxième fois en cent ans, au milieu du Ier/VIIe siècle. Les sépultures des salles de la *cavea* de l'hippodrome attestent qu'il y a eu des inhumations collectives au milieu du Ier/VIIe siècle. Il est extrêmement probable que toute cette zone était déjà à l'abandon et qu'à cause de la contagion l'édifice a été choisi en raison de son extériorité par rapport à la ville (peut-être aussi parce qu'à une certaine époque le terrain avait fait partie de la nécropole romaine). De son côté, l'espace du théâtre nord sera réoccupé par vagues successives –on pourrait dire squattérisé– comme beaucoup d'autres ruines de Gérasa jusqu'aux IXe/XVe et Xe/XVIe siècles, quand les Mamelouks seront devenus pour un temps les souverains incontestés et sans partage de l'Orient.

La **mosquée omeyyade** (Ier/VIIe-IIe/VIIIe siècles) atteste elle aussi cette histoire répétée de la réutilisation des édifices: depuis les premiers jours de Rome jusqu'à l'occupation circassienne de la ville pendant le XIIIe/XIXe siècle, les ruines seront pillées ou réhabilitées avec des remaniements *in situ*. D'après le résultat des fouilles, qui ont mis en évidence les réutilisations de l'édifice tout au long de la période omeyyade, on sait que la mosquée sera érigée à l'emplacement des anciennes ruines romaines et, en fait, greffée sur les structures principales de la villa qui avait été construite à cet endroit, le long du côté est du *cardo*, non loin du *propylée* de l'Artémision. Après le tremblement de terre de l'an 131/749, il ne restera plus que quelques vestiges de la mosquée: le pavement du rez-de-chaussée, des fragments du péristyle de la cour intérieure, une niche de 1,50 m de haut et des fûts de colonnes. Il y avait deux entrées, l'une dans le mur ouest, l'autre dans l'angle sud-est. La niche sud, qui était une réutilisation, paraît avoir été un *mihrab*. Les terrasses qui se font face, dans deux angles opposés, correspondent sans doute aux emplacements du prêche et de l'appel à la prière. À côté, dans une pièce d'environ 2,5 m^2, ont été retrouvés les débris de la canalisation d'une conduite d'eau qui débouchait sur le *cardo*. Quant

Maison omeyyade, restitution volumétrique, Jérach (A. A. Ostrasz).

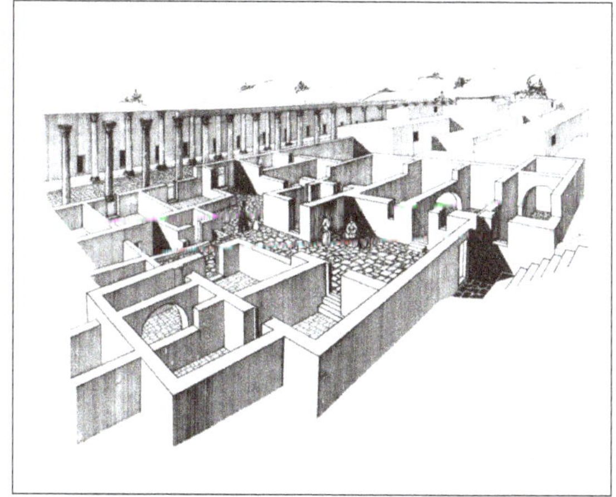

à l'autre pièce, plus à l'est, avec un sol de mosaïques, les fouilles laissent penser qu'elle était réservée à l'*imam*. On peut, sans trop de peine, identifier le relevé des fondations de la villa romaine sous le "voile" des transformations islamiques. On a procédé à cette réutilisation en causant un minimum de destructions et en conservant les vestiges de la villa, probablement détruite au cours d'un des tremblements de terre des IVe, V[e] ou même VIe siècles. La preuve de cet enchaînement de catastrophes se lit dans la gravité des destructions de la plupart des édifices publics du cœur de la cité.

La **maison omeyyade** (Ier / VIIe-IIe / VIIIe siècles) est l'un des très rares témoignages sur les résidences privées du début de la période islamique. À ce jour, ces vestiges sont probablement ceux qui nous donnent l'image la plus complète de l'agencement d'un édifice de ce genre en Jordanie. Cette résidence, construite directement sur les ruines byzantines tardives d'un bâtiment de même fonction (fin du VIe, début du VIIe siècle, d'après les estimations archéologiques), a un plan ordonné autour de la cour intérieure pavée. La maison a été construite en bordure d'un *decumanus*, l'une de ces grandes artères des quartiers résidentiels ornées de colonnes et bordées de maisons et de boutiques avec des chaussées pavées pour les piétons. Comme on peut s'y attendre, les quartiers byzantins –en grande partie disparus à cause des occupations ultérieures du site– sont les successeurs directs des quartiers romains privés dont l'existence remonte aux Ier et IIe siècles (et probablement même avant, dès la période hellénistique tardive). Les citernes et les vestiges souterrains retrouvés sous le *decumanus* sud, près de la maison omeyyade, sont antérieurs à l'existence de la Décapole. Comme pour les hypogées sur lesquels l'hippodrome a été construit, ce sont les objets découverts dans ces citernes qui permettent de situer la période de construction du *decumanus*. D'après les monnaies les plus récentes

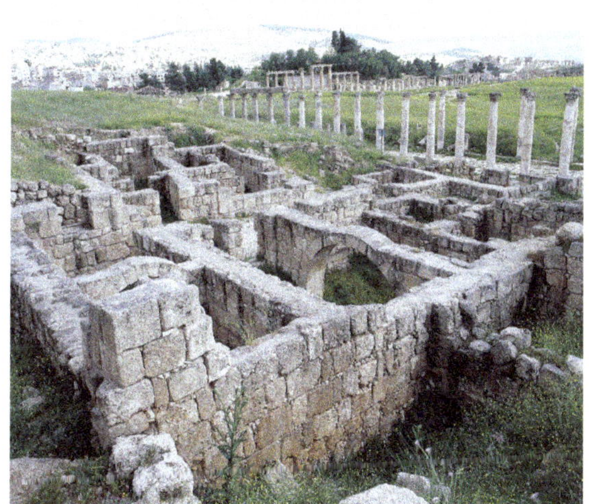

Maison omeyyade, vue générale depuis l'ouest, Jérach (Zohrab).

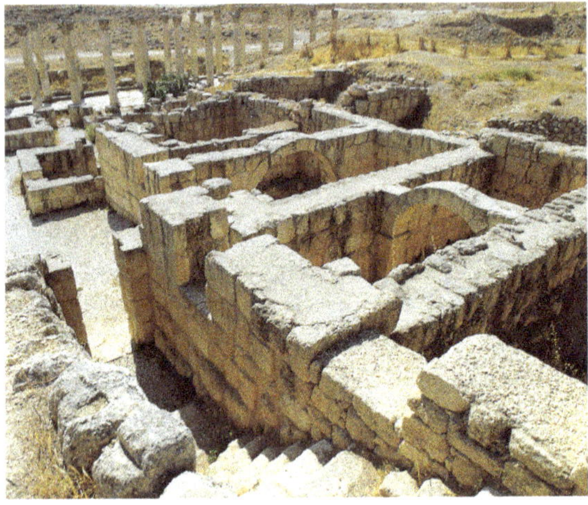

Maison omeyyade, vue générale depuis le nord, Jérach.

retrouvées dans les réservoirs souterrains, ce serait aux alentours de l'an 170.
Selon les archéologues, la date de 39/660 devrait correspondre approximativement à la mise en œuvre des plus gros travaux de la maison. Une date qui peut évidemment être rapprochée, grâce aux présomptions archéologiques, de la survenance d'un tremblement de terre en 38/659 (37/658), juste avant la construction de l'ensemble. Il est évident que ce sont essentiellement des pierres romaines et byzantines, un matériau entièrement "recyclé", qui ont permis la construction de l'édifice et de ses multiples dépendances. Cette façon de construire emprunte les pas des prédécesseurs byzantins qui réaménageaient les ruines romaines en fonction de leurs besoins en recourant simplement à une méthode de "rapiéçage-ravaudage". On construisait en remplissant les vides irréguliers entre des blocs de pierre plus ou moins importants, de formes différentes et plus ou moins bien conservés, par des pierres plus petites et du mortier: la réutilisation de pierres de tout-venant, sans souci de leur taille, permettait d'avancer rapidement. Les murs étaient recouverts de mortier fin, puis de plâtre, avant de recevoir un badigeon blanc et/ou de la peinture. Au cours du temps, il semble que cette méthode soit devenue de moins en moins exigeante, peut-être du seul fait de la baisse de qualité des matériaux disponibles sur place. La forme irrégulière de l'ensemble, la cour qui serpente dans le labyrinthe des pièces, tout porte la marque de la réutilisation des structures antérieures et d'une volonté d'économiser, d'ailleurs moins sur les coûts que sur le travail, un souci dont on retrouverait difficilement l'écho dans les splendides palais omeyyades. La maison omeyyade avait sans doute un étage; on y accédait par un étroit "escalier de service" qui partait de la cour intérieure. Bien entendu, l'entrée principale se trouvait sur le *decumanus*. Un passage central traversait d'abord l'espace imparti aux cuisines et aux entrepôts et conduisait à la cour. Les pièces résidentielles qui l'entouraient occupaient une surface de 200 m^2 alors que la maison entière mesurait 13 m du nord au sud et 21 m d'est en ouest. La charpente de la toiture, en poutres de bois

Maison omeyyade, salle de réception principale, Jérach.

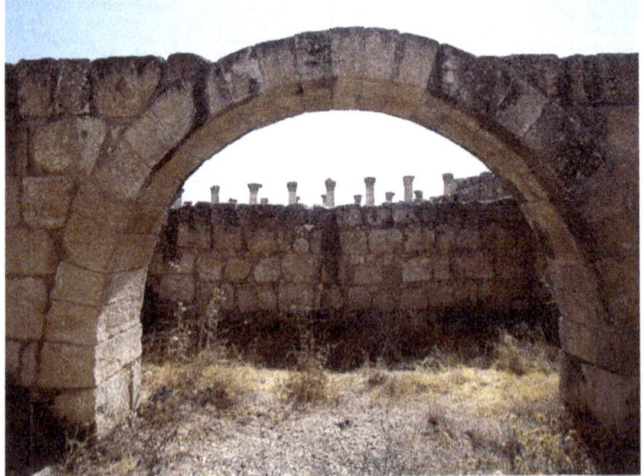

classiques, était probablement recouverte de torchis, une technique de couverture qu'on retrouve encore dans les maisons ottomanes de la fin du XIIIe/XIXe siècle, à Jérach et ailleurs. Au cours du IIe/VIIIe siècle, l'organisation intérieure de la maison sera remaniée: certaines pièces seront divisées, d'autres regroupées, comme le montre la fermeture de certains passages et l'ouverture de nouveaux dans d'autres murs.

On accédait aux pièces d'habitation par une porte donnant sur la cour et en descendant quelques marches, car elles étaient construites à un niveau plus bas. Il arrivait que les pièces les plus vastes soient divisées par une large arche centrale. Cette pratique traditionnelle en islam est encore courante; elle se remarque particulièrement dans les maisons modestes de village du XIIIe/XIXe siècle. La cuisine, elle aussi au-dessous du niveau de l'entrée de la cour, était petite mais fonctionnelle avec son puits et ses bancs. On a retrouvé à proximité un réseau d'égouts souterrains débouchant sur les égouts municipaux, manifestement encore en service depuis l'époque romaine. Après le tremblement de terre de 131/749, la maison est laissée un temps à l'abandon, mais au IIIe/IXe siècle et au IVe/Xe siècle, elle sera presque entièrement occupée par des fours de potiers abbassides et par d'autres locaux reconstruits sur les vestiges des logements omeyyades. Ce sera la dernière vague de réoccupation de l'ensemble de la maison. Contemporains de la maison omeyyade –cette grande résidence d'une famille aisée– les fours de potiers omeyyades du sanctuaire d'Artémis permettent, eux aussi, d'illustrer les techniques de construction du début de la période islamique. Les constructeurs ont travaillé avec des matériaux de réemploi ou se sont appuyés autant que possible sur des pans entiers de vestiges romains. Ce vaste atelier de poteries se composait de trois fours plus petits disposés autour d'un four principal, chacun donnant sur le réseau des ateliers. Le foyer et la chambre de cuisson de chaque four étaient fermés par un solide mur circulaire pour les séparer de la cour et des antichambres. Des conduits recouverts de dalles de pierre approvisionnaient en eau les ateliers. Il y avait des espaces non couverts réservés à la préparation et des secteurs de séchage, probablement aussi des "annexes" pour loger les travailleurs et des entrepôts pour stocker la production. On est enclin à penser que l'établissement était bien géré et rentable, puisque les fouilles attestent que l'activité s'est accrue au cours du temps; on a rajouté des fours, réaménagé les espaces et agrandi l'ensemble. Ce qui n'était peut-être qu'un modeste atelier vers la fin de l'époque byzantine (début du Ier/VIIe siècle) a rapidement envahi tout l'espace du temple, de l'autel jusqu'aux marches; d'ailleurs, ces marches avaient alors été

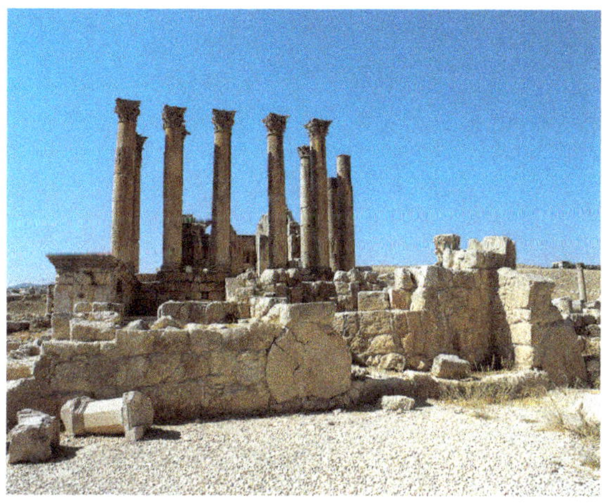

Temple d'Artémis, fabrique de poteries omeyyade, vue générale, Jérach.

Lanterne ou brûle-parfums en terre cuite de Jérach, Musée archéologique (G 1236), Jérach.

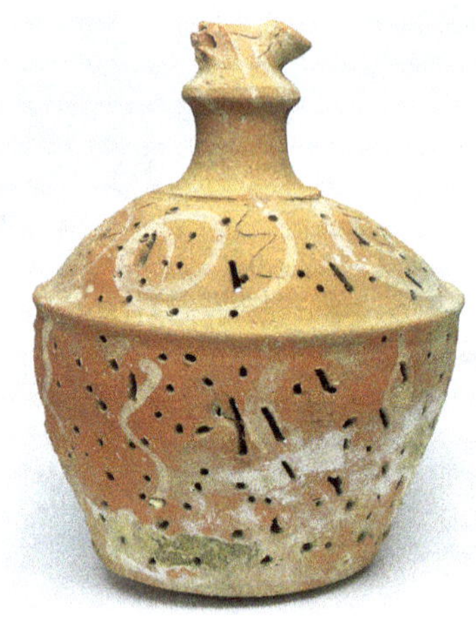

pillées, soit pour être réutilisées dans d'autres constructions, soit pour produire de la chaux.

Les fours à poteries du théâtre nord étaient construits selon le même principe. Dans les chambres de cuisson pansues, on a retrouvé des poteries défectueuses et des lampes à huile, ces fameuses "lampes de Jérach", avec leur poignée zoomorphe et leur forme ovale de babouche, qui étaient déjà produites au VIe siècle dans les fours byzantins de Jérach, tant sur l'hippodrome que sur d'autres sites.

La contribution apportée par les fouilles des fours d'Artémis nous permet de retracer l'histoire de la production des céramiques omeyyades à Jérach. Il en ressort que la ville a su tenir avec constance une place importante dans la production de poteries, que ses produits se sont répandus largement dans la Jordanie du nord, malgré la concurrence des autres villes de la Décapole, une concurrence qui sera de plus en plus vive à la fin de la période byzantine (cf. "Oum Qays (Gadara)" et "Tabaqat Fihl (Pella)", pour nommer d'autres marchés de poteries réputés de la rive est du Jourdain, bien que les fouilles des fours omeyyades de Beisan/Scythopolis ont aussi mis au jour d'importants dépôts de poteries).

Mais c'est surtout grâce aux informations recueillies au cours des fouilles des fours d'Artémis que nous sommes en mesure de nous représenter cette activité commerciale, qui sera soutenue et florissante jusqu'à la fin de la période abbasside, au IVe/ Xe siècle, quand Jérach va pâtir du déclin général de l'activité commerciale et voir sa population diminuer, les deux phénomènes étant d'ailleurs étroitement liés. Les causes de cette récession de longue durée se trouvent en grande partie dans le basculement du commerce sur le nouvel axe de la grande Syrie à l'Irak. Ainsi, Jérach, marginalisée, sera réduite à une relative autarcie: la baisse des activités commerciales n'est compensée que par la production agricole des petites propriétés et par l'artisanat répondant aux besoins locaux.

Il semble qu'il faille attribuer les rares traces de destructions délibérées à l'occupation des ruines des temples d'Artémis et de Zeus par les Ayyubides qui vont s'y réfugier pendant les croisades, et enfin aux Mamelouks, après les croisades cette fois. Mis à part une seule mention de Jérach dans les documents de cette époque, la ville restera confinée dans sa vie de provinciale endormie et sera presque oubliée, jusqu'à ce que l'occupant ottoman y installe une population circassienne au XIIIe/XIXe siècle. Jérach, qui commence d'ailleurs à bénéficier de son image de site antique, va alors retrouver sa prospérité perdue et sa vitalité actuelle.

Il reste à faire une dernière réserve sur ce panorama historique général. Elle repose sur les résultats des fouilles entreprises depuis la fin des années 20 jusqu'à nos jours: quel degré de distorsion, quel déséquilibre affectent des recherches fondées sur des fouilles qui se sont limitées aux vestiges monumentaux et officiels en négligeant, aujourd'hui encore, l'étude des quartiers modestes et le plan d'ensemble de la ville ?

I. K.

IV.2.b Le musée archéologique de Jérach

Le musée se trouve à l'intérieur du site antique, sur le Tell. Ouvert tous les jours de 8:00 à 18:00 en été, de 8:00 à 17:00 en hiver, de 9:00 à 16:00 le vendredi et les jours fériés et de 8:00 à 16:30 pendant le Ramadan. L'entrée du musée est comprise dans le prix de la visite du site. La présentation chronologique des collections regroupe l'ensemble des découvertes archéologiques de Jérach. Le jardin est aménagé en lapidarium à ciel ouvert.
Renseignements: musée archéologique de Jérach, tél.: 02-6352267.

Lanterne ou brûle-parfums en céramique, num. inv. G 1236

Ce type de lanterne ou de brûle-parfums apparaît vers la fin de la période byzantine (fin du VIe-début du Ier/VIIe siècle). Il sera très répandu dans la période omeyyade, où sa décoration s'embellit de motifs ornementaux alliant la technique de la gravure et les rehauts de peinture, généralement blanche. Son aspect reprend la forme d'une cruche qui est ensuite ajourée, et où une fenêtre est ménagée pour y introduire soit une lampe en terre, soit de l'encens. Elle était suspendue au plafond (l'anneau qui sortait du goulot pincé est manquant). La céramique de couleur rouge et grise porte un décor de peinture blanche et/ou des gravures.

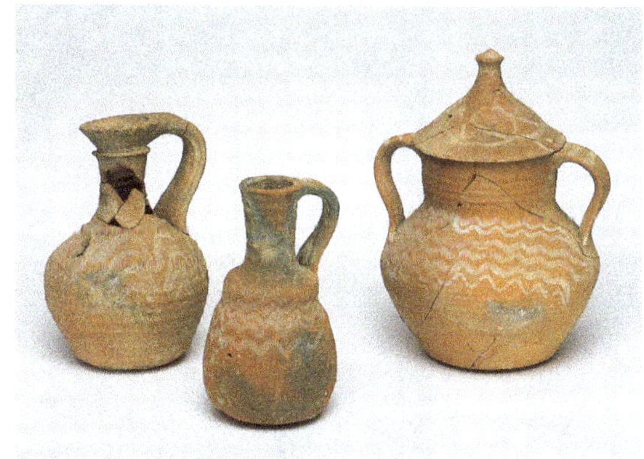

Jarre et cruches peintes de Jérach, Musée archéologique (G 234, 236, 1241, 1242), Jérach.

Cruches et jarres peintes, num. inv. G 234, 236, 1241, 1242

Ces poteries en céramique rouge avec une décoration de peinture blanche sont caractéristiques de la première période omeyyade, et encore très proches par leur style et leur matériau des poteries byzantines tardives dont elles dérivent directement. Les formes accentuées, les décors géométriques de lignes ondulées parallèles, de spirales et de dents de scie deviennent très courants à cette époque. La céramique elle-même était fine et souvent cannelée. Ce type de vaisselle était d'usage quotidien et populaire.

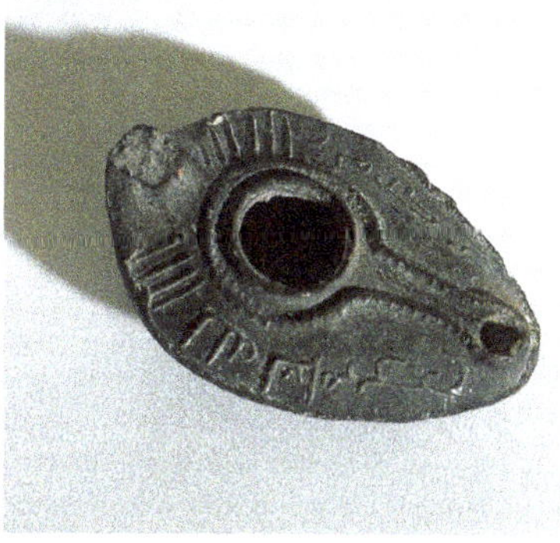

Lampe à huile en terre cuite de Jérach, Musée archéologique (G 683), Jérach.

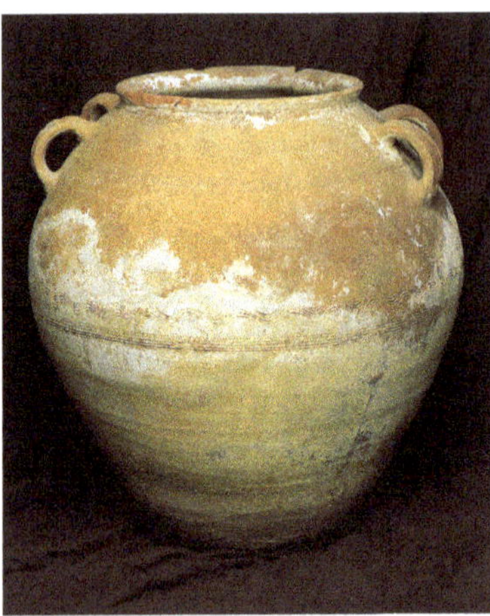

Grande jarre à provisions de la maison omeyyade, musée archéologique (G 1391), Jérach.

Lampe à huile en terre cuite, num. inv. G 683

Cette lampe à huile en céramique grise moulée illustre parfaitement la tendance des potiers à apposer leur signature et à utiliser des motifs calligraphiques en décoration au début de la période omeyyade. Cette évolution est à rapprocher de l'apparition de bandeaux épigraphiques dans la décoration des murs des premières mosquées (cf. "Le Dôme du Rocher"). On remarquera la présence du décor en rayons, caractéristique du moule byzantin tardif, réutilisé pour cette lampe dans les espaces non retravaillés. Ces lampes ont une taille moyenne de 10 à 13 cm de longueur, la forme de babouche aura tendance à s'allonger au cours de la période abbasside (IIIe/IXe siècle).

Jarre à provisions, num. inv. G 1391

Cette grande jarre en céramique rouge a été découverte dans la cour de la maison omeyyade. Elle servait probablement de récipient pour l'eau potable. La couleur rouge beige est caractéristique du matériau communément employé pour ce type de grande poterie, telles les jarres à provision, les amphores et les jattes. Les quatre anses ne servaient pas tant à soulever ce pot très lourd qu'à l'empoigner plus facilement pour l'incliner. Cette jarre est un exemple parfait de la céramique fabriquée à la transition des époques byzantine et islamique, de sorte que sa datation s'appuie plus sur le site où elle a été retrouvée que sur ses caractéristiques propres. La décoration gravée en peignures sur le pourtour du corps de la cruche se retrouvera tout au long des VIe et Ier/VIIe siècles, où elle est commune aux civilisations chrétienne et islamique. Cet ustensile était conçu pour être posé au sol et plus probablement légèrement enfoui, de manière à mieux conserver la fraîcheur du contenu et à éviter de le renverser.

Entonnoir en terre cuite, num. inv. G 1345

Pour obtenir cet ustensile de cuisine, un entonnoir en céramique rouge, le potier commençait par tourner une forme de casserole classique. Puis, au lieu de fermer le fond arrondi, il y adaptait un "cou" sans bec; l'anse était ajoutée pour en faciliter l'utilisation. Le motif décoratif blanc en spirales, peint à la main, qui est en général celui de la vaisselle, nous rappelle que les potiers partaient d'un nombre limité de formes basiques sur lesquelles ils déclinaient une quantité d'objets fonctionnels. Cette rationalisation technologique donne une idée du niveau de professionnalisme et d'efficacité atteint par un artisanat où la concurrence impose déjà des gains de productivité et le recours à la production en série.

I. K.

LES ATELIERS DE CÉRAMIQUE DE JÉRACH

Ina Kehrberg

On a fabriqué des poteries sur le site de Jérach dès l'âge du bronze. Mais c'est seulement à la fin de l'époque hellénistique que Jérach devient une ville de province d'une certaine notoriété, et que la production de céramiques fait un bond en avant. Pendant la période romaine, les potiers ne vont cesser d'améliorer leur technique et parviendront à inventer un style typiquement régional. Leur art sera porté à la perfection du temps de la Décapole, au moment où Gérasa profite de l'accroissement général du commerce pour s'enrichir. Ce sont des conditions favorables pour le développement de l'artisanat local. Sous les Omeyyades, Gérasa est célèbre comme étant l'un des principaux centres de fabrication de poteries, et sa production est diffusée bien au-delà des limites de la province: on trouvait les céramiques de la fin de l'époque byzantine caractéristiques de la production de Jérach –les fameux "bols et lampes de Jérach"– depuis Pétra au sud jusqu'à Bostra (Syrie actuelle) au nord, et dans la vallée du Jourdain, aussi bien à Pella que dans la citadelle d'Amman. Au début de l'époque omeyyade (Ier/VIIe-début IIe/VIIIe siècle), on continuera à fabriquer non seulement ces poteries typiques, mais encore toutes sortes de vaisselle et d'ustensiles de cuisine. Les modèles et les types de décoration de ces poteries vont très peu évoluer jusqu'à assez tard dans le IIe/VIIIe siècle. De nouveaux types de poteries, très spécifiques, commenceront alors à se répandre, en particulier les bols à fond plat en forme de coupe à marli anguleux, avec deux décors symétriques peints en demi-cercles quasi concentriques. C'est aussi à cette période qu'apparaîtra la céramique vernissée (cf. "Le musée archéologique de Madaba, jarre en terre cuite d'Oum al-Walid"). La décoration peinte en blanc sur fond rouge, comme les incisions sur la céramique grise, continuent d'être appliquées sur les modèles classiques, en continuité avec le style byzantin tardif en général, si ce n'est l'introduction de quelques variantes et de quelques motifs nouveaux.

C'est probablement à la tolérance des gouvernements successifs, de la période byzantine à la période omeyyade, qu'on doit la pérennité de la production de poteries de Jérach, une production considérable et bien soutenue par l'activité commerciale de la région. Comme un flux ininterrompu, des ateliers byzantins

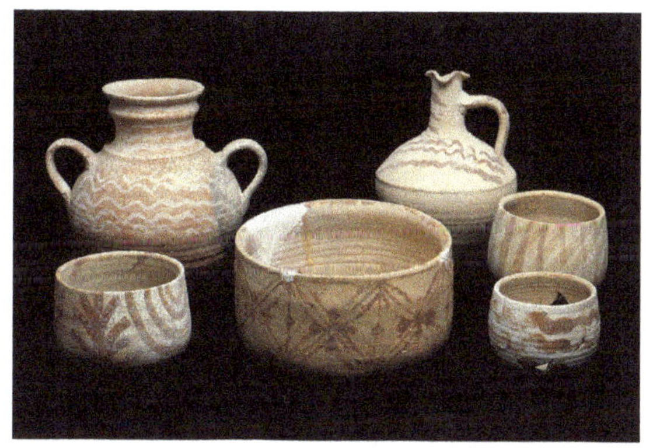

Jarre, cruche et bols, vaisselle de l'Odéon de la citadelle d'Amman et de Jérach, Musée archéologique jordanien (J 14698, 12292, 14748, 14757, 5199, 5205), Amman.

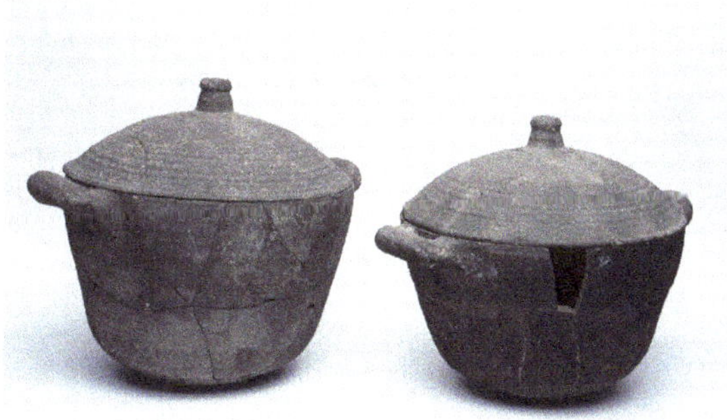

Marmites, Musée archéologique jordanien (J 14805, 14806), Amman.

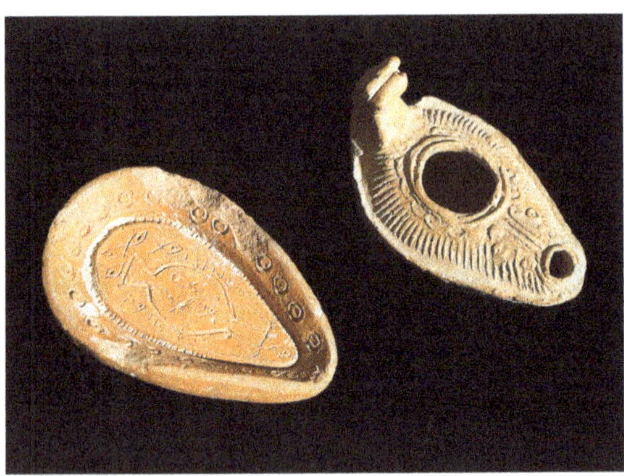

Moule de base pour lampes à huile en terre cuite et lampe de Jérach, Musée archéologique (G 685,681), Jérach.

jusqu'aux ateliers omeyyades et dans toute la Décapole, la production ne va cesser de prospérer. Chaque ville crée son propre répertoire, limité le plus souvent à l'apport de quelques variantes de matériaux ou de formes, mais aucune d'elles ne pourra concurrencer le talent des potiers de Jérach.

Nous pouvons toujours nous faire une idée assez précise de cette réussite grâce à la restauration des vestiges des fours et des ateliers omeyyades du temple d'Artémis. Ces fours et ces ateliers couvraient alors tout l'immense espace de l'autel du IIe siècle qui avait été autrefois la merveille du *temenos* romain. Comme on sait, d'autres fours, datant de la même époque, ont été retrouvés autour des murs extérieurs et à l'intérieur de la *cavea* du théâtre nord proche du temple d'Artémis. D'autres se trouvaient aussi dans les anciennes boutiques romaines qui longeaient le *cardo* nord près du *propylée* de l'Artémision, pour n'en citer que quelques-uns. La pratique du réemploi dans les constructions de Jérach pendant la période islamique n'est rien d'autre que la pure répétition de ce qui s'est fait aux temps romain et byzantin, où les gens réhabitaient et réaménageaient l'architecture urbaine et les édifices antérieurs en fonction de leurs besoins immédiats. Au fond, c'est une pratique qui traverse toute l'histoire, même si elle est souvent passée sous silence, et dont on n'imagine pas qu'elle cessera un jour. Une pratique qui concerne en quelque façon le savoir-faire des potiers et l'histoire de la céramique, puisque les moules à lampes "mis au rebus" pour leur style désuet seront réemployés à des périodes successives.

Des fouilles récentes ont permis de mettre au jour des fours de potiers attribués à la première période islamique (Ier/VIIe-IIe/VIIIe siècles): celles de 1950, dans l'*orchestra* du théâtre sud, dirigées par l'éminent chercheur Gerald I. Harding, et celles de 1970, sur la terrasse inférieure du temple de Zeus. Il est remarquable que la plupart des ateliers de céramiques préislamiques étaient situés au sud de la ville. Le centre le plus important, celui de l'hippodrome, se trouvait en dehors de l'enceinte, et seule la découverte des fours plus petits des ateliers du temple de Zeus et du *Macellum* atteste une percée timide vers le nord. À l'inverse, les plus grandes fabriques du début de la période islamique découvertes jusqu'à maintenant sont toutes situées dans la moitié nord de la ville. Ce déplacement des activités pourrait être lié à l'épidémie de peste qui a terriblement affecté la ville avant et pendant la conquête islamique et semble avoir laissé les faubourgs sud de la ville dans un état de désolation complète, au point qu'on en fit la nécropole des victimes de l'épidémie.

Cependant, il reste encore beaucoup à fouiller entre le forum et l'enceinte nord-ouest-sud et ce grand espace, parsemé d'églises, garde encore une partie inédite de l'histoire de ce site. Au début des années 90, le département des Antiquités a dégagé la partie ouest du mur d'enceinte jusqu'au niveau de la voie antique. La mise au jour des fondations permit d'exhumer de nombreuses décharges de fours, des traces de brûlé et des vasques enfouies au pied du mur. Ces premières investigations confirment que des fabriques de poteries étaient bien installées à l'intérieur de l'enceinte, attenantes ou en bordure du mur ouest, dès la fin de la période romaine et bien après la période byzantine, c'est-à-dire du IIIe siècle à la fin du VIe-début VIIe siècle.

La conception des fours omeyyades du théâtre nord est très peu différente de celle des fours de la fin de la période byzantine, comme le montrent les vestiges du VIe-début VIIe siècles retrouvés dans l'hippodrome. Grâce aux fragments des poteries mises au rebut retrouvés dans les parties effondrées des pièces qui servaient de dépotoirs, on a obtenu la preuve de la continuité stylistique des formes et des décorations. Au milieu des "bols de Jérach", ces rebuts recelaient la fameuse "lampe de Jérach", typiquement byzantine avec sa poignée à tête zoomorphe.

Ce type de lampe est particulièrement intéressant car il nous fournit une des rares preuves que l'utilisation de motifs pseudo-religieux, telle qu la "croix grecque", se perpétuera jusqu'au début du IIe/VIIIe siècle, comme on le vérifie sur toutes sortes de poteries décorées et pas seulement avec cette lampe. On doit bien en conclure que soit les potiers ne devaient pas être très regardants sur la "signification" et généralement sur leurs choix de décors, soit ils devaient être particulièrement tolérants ou non concernés: il est probable que ces lampes étaient achetées indifféremment par des chrétiens et des musulmans qui attachaient plus d'importance à leur utilité qu'à la signification symbolique de leurs motifs décoratifs. D'autres lampes découvertes dans les fours et en d'autres emplacements nous apportent des informations précieuses pour la datation des fours omeyyades et des poteries afférentes, dans la mesure où certains exemplaires portaient des inscriptions où figuraient le nom du potier, le lieu (Jérach) et les dates islamiques de production (cf. "Le musée archéologique de Jérach").

IV.3 IRBID

À 88 km au nord d'Amman. On accède facilement au site à partir de Jérach, en voiture, en autobus, en taxi ou en taxi collectif, la station étant tout près des thermes romains de l'est. La route arrive directement à Irbid en traversant la ville d'al-Housn.
Renseignements: bureau du département des Antiquités d'Irbid, tél.: 02-7277066.

Irbid, deuxième ville de Jordanie, est située au nord-ouest d'Amman, près de la frontière syrienne. Elle est voisine de Tell al-Rameith, l'antique Ramoth Gilead, située à l'est et célèbre pour son site archéologique du début de l'âge du bronze. Au nord de la ville moderne se trouve le *tell* d'Irbid, où l'on a découvert des tombes du début de l'âge du bronze, de la fin du bronze moyen et du début de l'âge du fer. Il s'élève à 578 m (au-dessus du niveau de la mer) avec, à l'origine, une surface d'environ 500 m sur 400 m de côté. Autrefois s'y élevait un imposant mur défensif d'une épaisseur de trois rangs de gros blocs de pierre basaltique roulée, dont l'édification remonte environ à 2 000 av. J.-C. L'alimentation en eau de la ville, qui comprend un canal souterrain, remonte aussi à cette époque. Ce système, réaménagé, est encore en service de nos jours.
Irbid a été identifiée comme étant l'ancienne Abyla, une des villes de la Décapole (cf. "La Décapole pendant la période omeyyade"), mais la seule mention historique du site se trouve dans l'*Onomasticon* d'Eusèbe, au début du IVe siècle (314-15). L'auteur byzantin situe Abyla en *Palestina Secunda*, aux confins de l'antique Judée et dans le territoire de Pella.

Irbid devient célèbre sous son nom arabe d'Arbed pendant la période omeyyade, grâce à sa proximité avec Bayt Ras où Yazid II réside et meurt en 105/724.
Bayt Ras, au nord d'Irbid, était rattachée à cette cité dans l'Antiquité. Elle est mieux connue qu'Irbid, car elle a été identifiée plus tôt comme étant Capitolias, une autre ville de la Décapole. Elle n'est pas aussi ancienne, mais on y trouve des ruines gréco-romaines mieux préservées. La curiosité archéologique de la ville est son conduit d'eau, taillé à même la roche, qui se déverse dans un grand réservoir. Les vestiges d'une église byzantine dédiée à la Vierge Marie ont été exhumés à l'occasion de la construction d'une mosquée moderne. À côté de cette mosquée, des fouilles récentes ont permis de mettre au jour un souk de la période islamique à couverture en voûtes. Dans une sépulture de la fin de l'époque romaine, on a retrouvé des fresques en bon état illustrant la guerre de Troie et la victoire d'Achille sur Hector. Un des panneaux représente la création de l'Homme par Prométhée.

F. Z.

IV.3.a Le musée archéologique d'Irbid

Le musée est situé au centre de la vill,e sur le "Tell Irbid". Ouverture aux heures de bureau les jours ouvrables. Entrée gratuite. Les collections du musée présentent les découvertes archéologiques de la région. Il sera bientôt transféré, avec le bureau du département des Antiquités, dans un édifice ottoman traditionnel en rénovation, connu sous le nom de "Dar al-Saraia".
Renseignements: musée archéologique d'Irbid, tél.: 02-7275817.

Mosaïques de Qasr al-Hallabat

Ce fragment de mosaïques provient de la chambre 4 du Qasr. Il est décoré de somptueux motifs imitant les broderies des tapisseries tissées. L'ornementation de sa bordure, un des plus beaux exemples du début de l'islam, se compose de cercles entrelacés entourant des bouquets de grenades. Des décors de même facture ont été retrouvés dans d'autres châteaux, à al-Qastal par exemple. Son décor géométrique est typiquement omeyyade, mais certains motifs, comme les grenades et l'ornement de bandelettes à spirales, sont plutôt d'inspiration gréco-romaine.

Mosaïques de Qasr al-Hallabat, musée archéologique, Irbid.

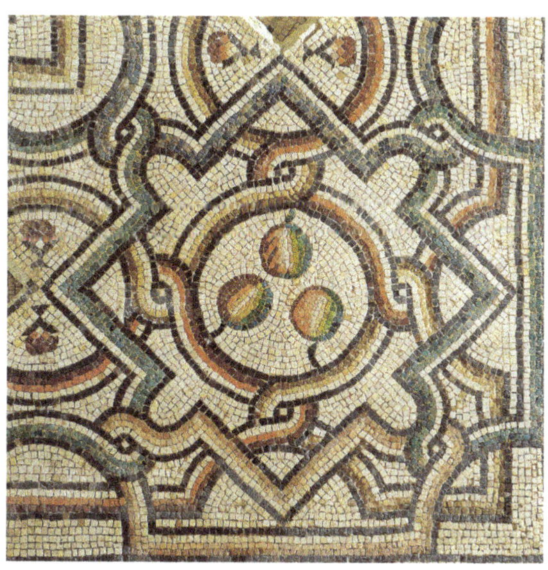

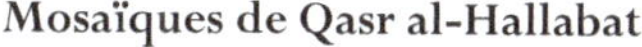

Mosaïques de Qasr al-Hallabat

Les motifs de cette autre mosaïque provenant de Qasr al-Hallabat représentent un oryx dans un décor de fleurs symbolisant un champ ou un jardin ou encore une "réserve" de chasse, telles qu'elles sont représentées dans les célèbres bas-reliefs néo-assyriens des IXe et VIIe siècles av. J.-C. La beauté des mosaïques d'al-Hallabat prouve qu'elles ont été réalisées par des maîtres mosaïstes. Il a fallu faire appel à plusieurs artisans dont on identifie facilement la contribution, dans telle ou telle salle, par le choix des motifs personnels à chacun, ainsi qu'à sa main caractéristique. Le motif guilloché que l'on peut voir encadrant les dessins d'animaux dans cette mosaïque pourrait être interprété comme la représentation des allées pavées d'un jardin ou d'un "zoo". Le thème impose quelque peu l'idée de "parc naturel", qui n'aurait rien d'étrange dans le contexte de la Jordanie à la période hellénistique, mais qui est aussi en affinité

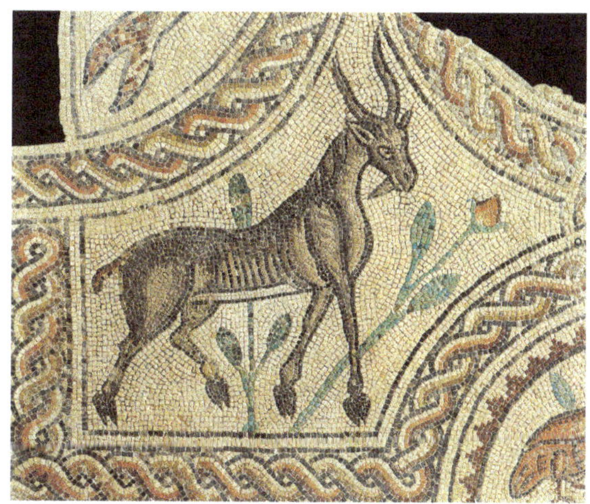

Mosaïques de Qasr al-Hallabat, musée archéologique, Irbid.

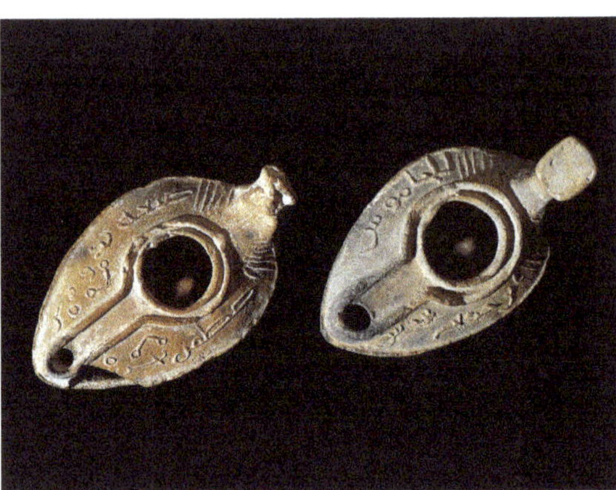

Lampes à huile en terre cuite, Musée archéologique (1977, 2182), Irbid.

avec la vie des princes dans les châteaux de la période omeyyade.

Lampes à huile en terre cuite, num. inv. 1977, 2182

Ces lampes à huile en terre cuite sont les descendantes de l'objet moulé d'époque byzantine tardive, la fameuse "lampe de Jérach" avec sa poignée zoomorphe typique. Si les potiers réemploient les mêmes moules, ils n'ont pas manqué de les améliorer pour les adapter au goût islamique. Outre les améliorations fonctionnelles (un petit rebord est rajouté autour de la bouche de remplissage et de l'orifice de la mèche pour récupérer l'huile renversée), le potier omeyyade fait preuve "d'esprit commercial": il appose sa signature et la date sur la lampe, ces inscriptions devenant le motif de décoration principal, au plus grand bénéfice de l'historien qui dispose d'une précision d'information précieuse pour la datation des styles et du contexte archéologique. La prospérité commerciale de la céramique au Ier/VIIe siècle et au début du IIe/VIIIe siècle (mais déjà à la fin de l'époque byzantine) était certainement un facteur favorable à cette identification de l'artisan qui apparaît comme créateur d'une œuvre. Toutes ces lampes proviennent uniquement de Jérach, ainsi que les signatures l'attestent, mais on en a retrouvé dans plusieurs sites et dans toute la Jordanie.

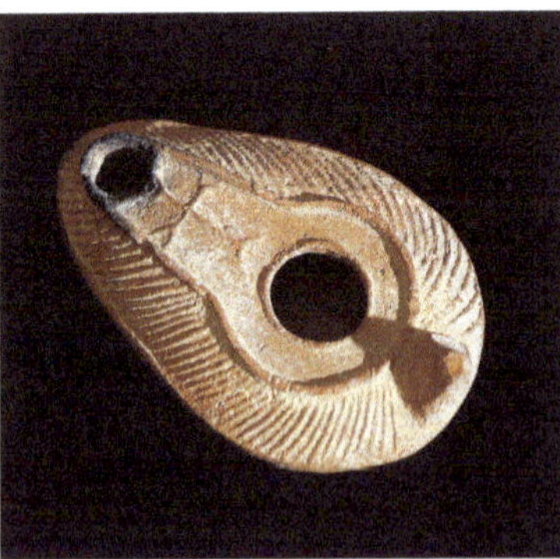

Lampe à huile en terre cuite, Musée archéologique (130), Irbid.

Lampe à huile en terre cuite, num. inv. 130

Cette lampe en céramique moulée se caractérise par un mélange de traits d'appartenance byzantine et islamique. La céramique rouge, la forme générale et le décor en rayons sont caractéristiques des lampes byzantines: on reconnaît la forme de babouche et la poignée en languette typique de Jérach. Par contre, la petite plage avec son rebord qui entoure la bouche de remplissage et l'orifice de la mèche est typiquement omeyyade –mais on peut déjà la retrouver sur les lampes à glaçure noire hellénistiques et les lampes romaines fabriquées en Gaule. Toutefois, la particularité essentielle de cette lampe est sa grande croix nettement byzantine ou chrétienne. Bien que pendant toute la période omeyyade on ait continué de fabriquer massivement des "lampes de Jérach" ornées d'une croix, sous la poignée, indifféremment achetées par les chrétiens et les musulmans, la singularité de ce modèle fait penser qu'elle a été spécialement conçue pour une maison chrétienne du IIe/VIIIe siècle.

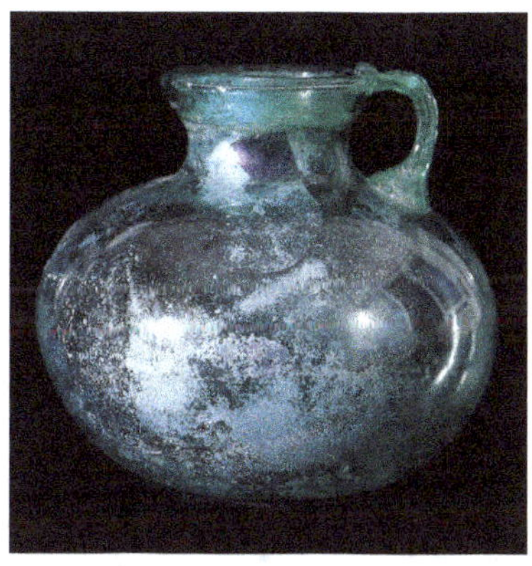

Petite cruche en verre de Tabaqat Fihl, Musée archéologique (2131), Irbid.

Petite cruche en verre de Tabaqat Fihl (Pella), num. inv. 2131

Sans les informations tenant au contexte de sa découverte, il serait presque impossible d'attribuer cette parfaite petite cruche à l'école byzantine tardive plutôt qu'au début de l'époque omeyyade. En effet, la gamme de couleurs allant du bleu clair au bleu vert est une propriété commune aux productions de la verrerie de ces deux époques. Et, de même que pour la poterie du Ier/VIIe siècle et du début du IIe/VIIIe siècle, le répertoire des modèles et des décors est très peu –voire pas du tout– différencié, si ce n'est une tendance des Omeyyades à préférer les décorations plus chargées, déjà perceptible pour la céramique. Pour toute la verrerie soufflée, la gamme des pièces produites restait limitée, tant pour l'obtention des matières que pour la diversité des modèles où le savoir-faire restait une contrainte. Quant à la technique du verre moulé, elle restait extrêmement coûteuse, n'étant pas utilisée pour une production en grande série (paradoxe pour notre civilisation où le verre moulé est la norme et le verre soufflé l'exception).

Lampe en verre d'Oum Qays (Gadara) num. inv. 1892

Il est exceptionnel de retrouver une pièce de verrerie en parfait état de conservation, et particulièrement les lampes. Ce type de pièces va connaître une diffusion remarquable pendant la période byzantine, en raison de l'éclairage des églises, où elles sont préférées aux lampes en terre cuite. Même s'il y avait des variantes de formes, toutes restent déclinées sur le modèle basique du gobelet à vin. Comme les potiers, les souffleurs de verre byzantins et/ou omeyyades sont loin d'être dépourvus de sens commercial: avec un esprit pratique, ils excellent à limiter les formes de base et à les adapter à différents usages grâce à des modifications minimes. Par le simple ajout de quatre anses, une

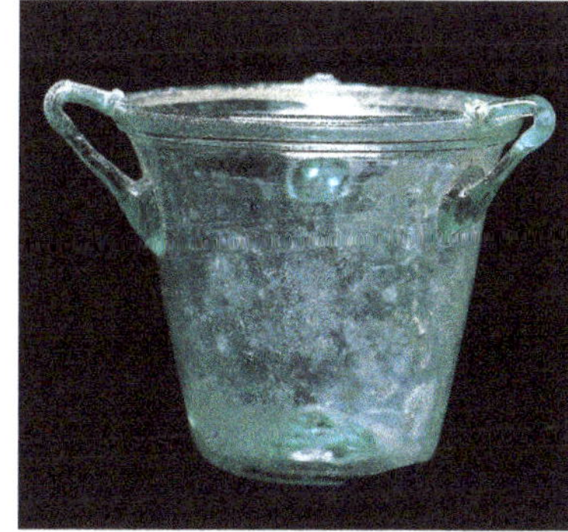

Lampe en verre d'Oum Qays, Musée archéologique (1892), Irbid.

Bas-relief en basalte d'Azraq, chien de chasse, musée du Patrimoine jordanien, université de Yarmouk, Irbid.

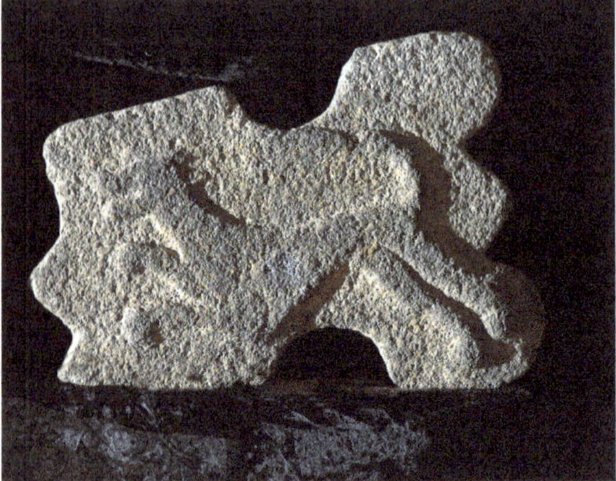

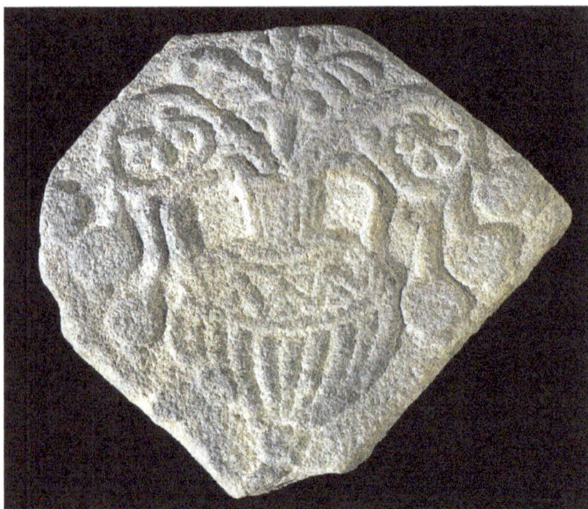

Bas-relief en basalte d'Azraq, vase avec fleurs, musée du Patrimoine jordanien, université de Yarmouk, Irbid.

coupe peut devenir une suspension qui sera généralement complétée par un chaînage en bronze. La longueur de la mèche était torsadée au rebord de la coupe, la mèche elle-même trempant dans l'huile. Cette pièce est un bon exemple de gobelet adapté en lampe. On en trouvait aussi sans anses, avec un balancier long et lourd au cul, qu'on plaçait dans un anneau en bronze pour les suspendre au plafond comme un candélabre. Il est probable que la plupart des lampes en verre retrouvées proviennent des églises et des mosquées. Sauf pour la classe dirigeante, il devait être trop onéreux de s'offrir ces objets coûteux, et on se contentait des lampes à huile courantes en terre cuite.

I. K.

IV.3.b Le musée du Patrimoine jordanien

Ce musée est rattaché à l'Institut d'archéologie et d'anthropologie de l'université de Yarmouk, à Irbid. Il est ouvert de 10:00 à 17:00 les jours de cours et de 10:00 à 15:00 pendant le semestre d'été et le Ramadan. Entrée gratuite. Les collections, qui vont de la préhistoire à la période ottomane, font l'objet d'une présentation thématique ou chronologique. En liaison avec la pédagogie, les collections sont centrées sur l'évolution technologique, la démographie et le développement de l'urbanisation.
Renseignements: musée du Patrimoine jordanien, tél.: 02-7276277, poste 4275.

Bas-reliefs en basalte d'Azraq

Les trois bas-reliefs en basalte de la citerne d'Azraq sont une parfaite illustration des "arts mineurs" dont les thèmes sont puisés dans le répertoire classique antérieur à la conquête islamique. Au cours de la période omeyyade, l'histoire de ce genre est marquée par un retour à une esthétique ancienne, celle de la période hellénistique, dont la diffusion touchera toute la Jordanie. Le chien de chasse, Pégase et l'amphore aux fleurs peuvent être rapprochés non seulement de l'iconographie des mosaïques des églises du début de l'ère byzantine et de la mosaïque des Iᵉʳ/VIIᵉ-IIᵉ/VIIIᵉ siècles, qui leur est contemporaine, mais ils se rattachent surtout aux arts grec et romain d'où provient leur inspiration originelle. Le thème fabuleux du cheval ailé est directement repris du récit mythologique dans lequel Pégase aide Persée à traverser la mer Egée pour rejoindre Halicarnasse, sur la côte ouest de l'Asie Mineure, en Turquie. On appréciera le grand art du sculpteur qui réussit à donner toutes les apparences de la vie et même une certaine fantaisie à ces bas-reliefs de basalte. Tout l'esprit du temps des princes omeyyades se retrouve dans ce traitement dont l'ésotérisme n'exclut ni la simplicité ni le charme.

Bas-relief en basalte d'Azraq, Pégase, Musée du Patrimoine jordanien, université de Yarmouk, Irbid.

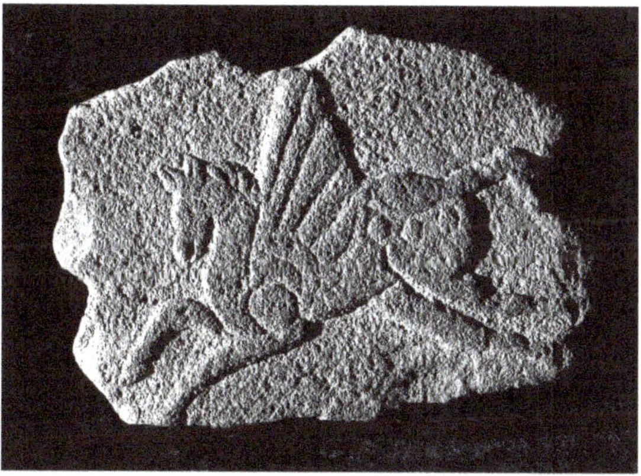

Bas-relief d'al-Qastal

À l'époque omeyyade, le bas-relief prend une place plus importante dans la décoration architecturale, notamment avec les palais et les châteaux. Il entre dans cette préférence une évidente nostalgie de la décoration des temples et des magnifiques villas de l'Antiquité. Il sera fait un usage abondant de cette forme d'expression pour la décoration intérieure dans toute la Jordanie, notamment à Qasr al-Mouchatta ou à al-Qastal, ce qui témoigne du raffinement et de l'habileté des artistes de l'époque qui chercheront à égaler la splendeur de la décoration monumentale romaine. Leur originalité réside dans leur palette de motifs, faite presque exclusivement d'ornements géométriques et végétaux. La rosette inscrite dans un cercle avec un entourage de fleurs sera l'un des motifs les plus souvent repris dans l'immense répertoire de thèmes offerts à l'inspiration des sculpteurs par la décoration architecturale antique.

I. K.

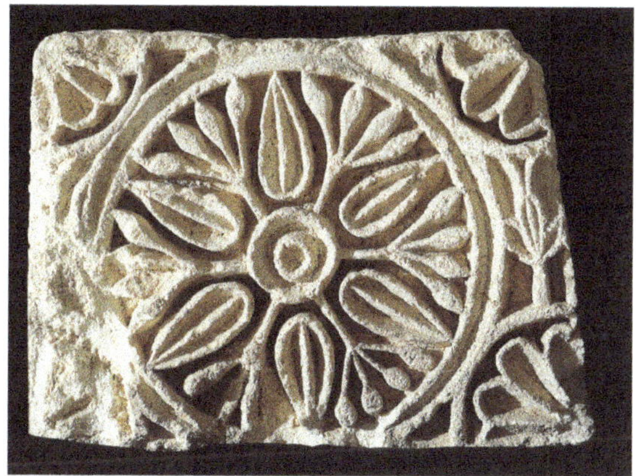

Bas-relief d'al-Qastal, musée du Patrimoine jordanien, université de Yarmouk, Irbid.

IV.4 OUM QAYS (GADARA)

Le site se trouve à la pointe septentrionale de la Jordanie, à 120 km d'Amman et à 30 km au nord-ouest d'Irbid, à la confluence des frontières de la Jordanie, d'Israël et de la Syrie. La route d'Irbid à Oum Qays bénéficie d'une très bonne signalisation. Il existe une ligne d'autobus au départ d'Irbid, mais la voiture ou le taxi seront nettement plus commodes. Oum Qays est desservie en bus aux départs d'Amman, Jérach

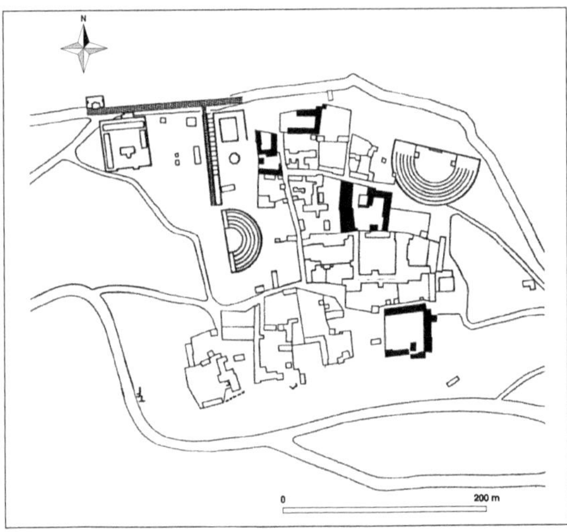

Plan d'Oum Qays (Courtoisie de l'Institut protestant allemand, Amman).

et Irbid; possibilité aussi de visites organisées. Le site est ouvert tous les jours. L'entrée payante inclut la visite du musée situé dans l'un des pavillons ottomans. On pourra se procurer un ticket d'entrée au parking de l'entrée principale. Renseignements: bureau du département des Antiquités d'Oum Qays, tél.: 02-7500071, ou musée archéologique, tél.: 02-7500072.

IV.4.a Le site archéologique d'Oum Qays

Haut lieu de la culture et des arts, Gadara (Oum Qays) était renommée dans tout le bassin méditerranéen pour ses poètes, ses philosophes et ses rhétoriciens. La position spectaculaire de la ville, située au sommet d'une colline (378 m), offre un rare panorama sur le lac de Tibériade, les hauteurs du Golan et les sources chaudes de Hammat Gader, dans les gorges du Yarmouk. À l'époque hellénistique, la cité est réputée être une place stratégique imprenable. Gadara est mentionnée pour la première fois dans l'histoire par Polybius, en 218 av. J.-C., qui évoque "*la plus forte de toutes les places de la région*". Cependant, lors de la conquête de la Syrie et de la Palestine des Ptolémées, le roi séleucide Antiochos III assiège la ville qui va capituler rapidement. Les fouilles récentes menées sur le flanc sud de la ville ont permis d'exhumer l'enceinte hellénistique avec ses tours semi-circulaires légèrement facettées.

Gadara et nombre d'autres cités romaines de l'est de la Jordanie, telles que Pella, Abyla et Gérasa, adopteront le système urbain hippodamien et deviendront des villes hellénistiques qui reconnaissent le grec comme langue officielle et adoptent le culte païen des dieux du Panthéon. Aux yeux des juifs orthodoxes, l'hellénisation des villes où ils vivaient sera ressentie comme une menace envers leurs traditions religieuses. La formation à Jérusalem d'un parti favorable à l'hellénisation, dirigé par le grand prêtre Jason, va déclencher un mouvement de révolte. C'est avec ses fils que le prêtre asmonéen Mattathias sera à la tête de ce soulèvement pendant le règne d'Antiochos IV, en 167 av. J.-C. Les villes séleucides de Jordanie subissent de violentes attaques, et Gadara est partiellement détruite par Alexandre Jannée au Ier siècle av. J.-C. Elle retrouvera son indépendance avec la conquête de l'Orient par le général romain Pompée en 63 av. J.-C. La ville sera reconstruite pour complaire à Démétrios, un de ses affranchis favoris. C'est le début d'une nouvelle ère pour la ville, l'ère de la Décapole, au cours de laquelle la plupart des monuments encore debout aujourd'hui seront construits. Les villes hellénisées deviennent le noyau de la Décapole, créé probablement sous

Tibère pour prévenir tout soulèvement et l'expansion des Nabatéens vers le nord. En 30 av. J.-C., Auguste octroie Gadara et Hippos, sur les hauteurs du Golan, à Hérode le Grand.
Selon les Évangiles, Jésus visitera la région de Gadara et y soignera deux hommes possédés par des démons (Mt, 8:28-34). Sur le lieu supposé de ce miracle, près de la porte de la ville, une basilique a été construite au-dessus d'un mausolée. Après la mort d'Hérode le Grand, Gadara sera rattachée à la province de Syrie. Le royaume nabatéen est annexé en 106, et Gadara va connaître son âge d'or au IIe siècle. La ville peut s'enorgueillir de ses rues à colonnades, de ses théâtres, de sa basilique, de son *nymphée*, de l'hippodrome, de ses thermes… D'après une inscription grecque, portant la translittération du nom arabe du calife, nous apprenons que les bains chauds de Hammat Gader, appelés "Hammata" par les Romains, sont rénovés sous Mou'awiya Ibn Abi Soufyan au cours de la période omeyyade.
Au IIIe siècle, quand Dioclétien réorganise l'empire romain, Gadara fera partie de la *Palestina Secunda*. L'implantation du christianisme progresse dans la ville, où quelques chrétiens subissent le martyre. Sous Constantin le Grand, le culte est autorisé avant de devenir la religion officielle, et Gadara devient un évêché.
Pendant la période omeyyade, la ville se réduit à un petit village, renommé pour la qualité de son vin, célébré par les poètes arabes.
On peut entrer dans le site archéologique d'Oum Qays/Gadara par la porte

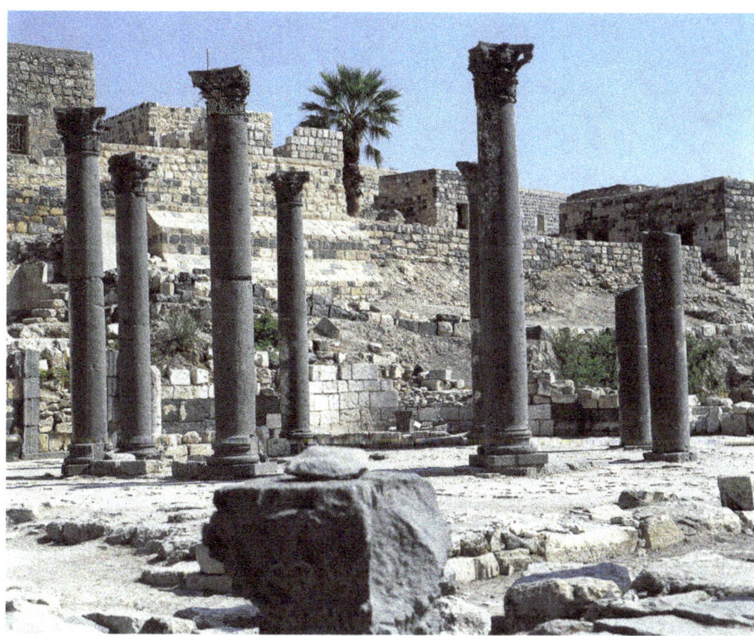

Église octogonale, Oum Qays.

sud, où l'enceinte, avec ses tours circulaires, a été mise au jour. Le chemin conduit au théâtre ouest, construit en basalte sur deux niveaux. L'étage inférieur a quatorze rangs, tandis que l'étage supérieur n'en a que dix. Une galerie-palier sépare les deux niveaux, et sept escaliers divisent l'*auditorium* en sections. La statue de marbre d'une Tyché assise, originellement placée au premier rang, est maintenant exposée au musée.

Une rue orientée nord-sud (*cardo*) conduit du théâtre à la terrasse de la basilique, qui mesure 95 m sur 32 m. La partie est de la terrasse est creusée dans la roche, tandis que la partie ouest, le long de la rue, est soutenue par des salles avec des voûtes en berceau, sièges de boutiques. La basilique romaine sera transformée en église byzantine au Ve siècle et restera en activité jusqu'au IIe/VIIIe siècle. La rue pavée d'est en ouest (*decumanus*) passe au nord de la basilique pour déboucher sur le *nymphée* et les bains publics. Ceux qui sont situés sur le côté sud de la rue seront utilisés bien après la période byzantine. La rue pavée continue vers l'ouest pour croiser la route de Tibériade. Sa découverte et sa mise au jour récentes permettent de remarquer son pavage et les colonnes abattues. Elle mène ensuite jusqu'aux vestiges d'une tour circulaire qui protégeait autrefois la porte de la ville.

Au sud de la rue se trouve un mausolée souterrain, découvert accidentellement en 1986 après un effondrement. Il a été utilisé pendant toute la période romaine et byzantine. La basilique irrégulière à cinq nefs sera érigée sur son emplace-

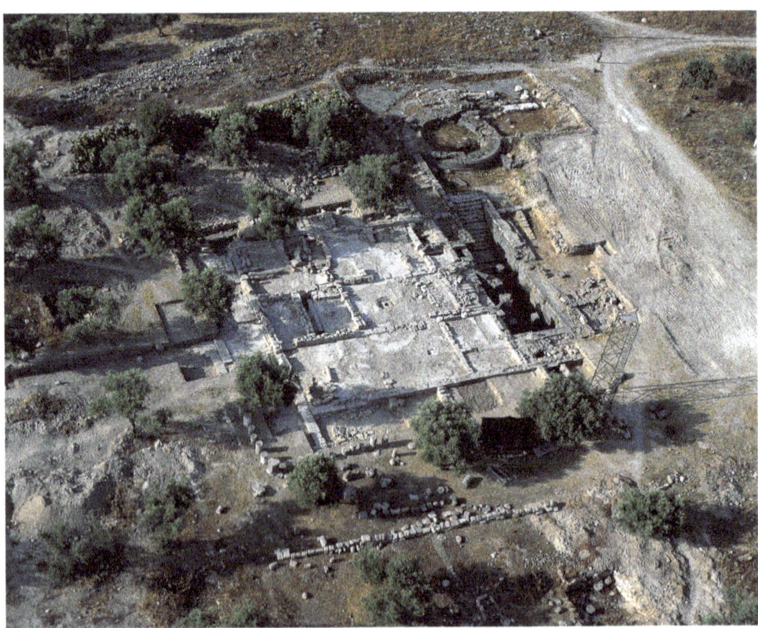

Vue aérienne du mausolée et de l'église, Oum Qays (Courtoisie de J. Taylor).

ment. Elle ne cessera d'être utilisée pendant la période omeyyade.
Au-delà du mausolée et de la basilique, la rue continue vers l'ouest jusqu'au mur de la cité et à une tour découverte dans l'oliveraie qui entoure la ville. À l'extérieur de l'enceinte se trouvent un hippodrome de 225 m de long puis une porte monumentale, à 43 m à l'ouest du champ de courses. Elle mesure 45 m sur 13,50 m, avec un passage central et deux voûtes plus petites de chaque côté. Du côté est de la ville, près de la porte, un tombeau familial gréco-romain appartenait à la famille *Germani*, comme l'indique l'inscription à l'entrée de la tombe. La rue passe devant le théâtre nord, plus grand que le théâtre ouest (85 m de diamètre extérieur). Seules quelques voûtes des *cavea* sont encore visibles. Au nord de ce théâtre se trouve le forum, la place publique de la ville. Un temple datant de la période hellénistique a été retrouvé sur son côté ouest. Une statue en marbre de Zeus Olympios, découverte dans le forum, indique que le temple lui était dédié. La statue est maintenant exposée au musée archéologique hébergé dans la Maison russe, un édifice ottoman traditionnel. Là, une inscription grecque gravée sur un linteau de basalte déclare: "*À toi, passant, je te dis, tel que tu es j'étais, tel que je suis tu seras. Jouis de la vie car tu mourras.*" On doit cette exhortation au très célèbre poète de Gadara, Arabios (355-356).

F. Z.

IV.5 TABAQAT FIHL (PELLA)

Le Tell se trouve dans la vallée du Jourdain, à 95 km au nord-ouest d'Amman. Le moyen le plus pratique pour y arriver est de partir en voiture d'Oum Qays et de suivre la vallée du Jourdain. Les paysages sont de toute beauté, avec le fleuve Yarmouk et les hauteurs du Golan. La visite du site est gratuite. On peut déjà l'admirer depuis l'hôtel qui se trouve en face du Tell. Cinq saintes chapelles des Compagnons –chapelles modernes– sont situées dans la vallée du Jourdain, le long de la route entre Oum Qays et Tabaqat Fihl.
Renseignements: bureau du département des Antiquités de Tabaqat Fihl, tél.: 02-6560849.

Les bains, Oum Qays.

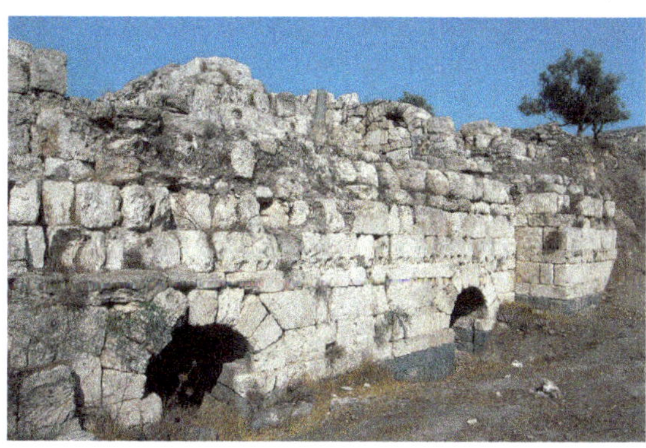

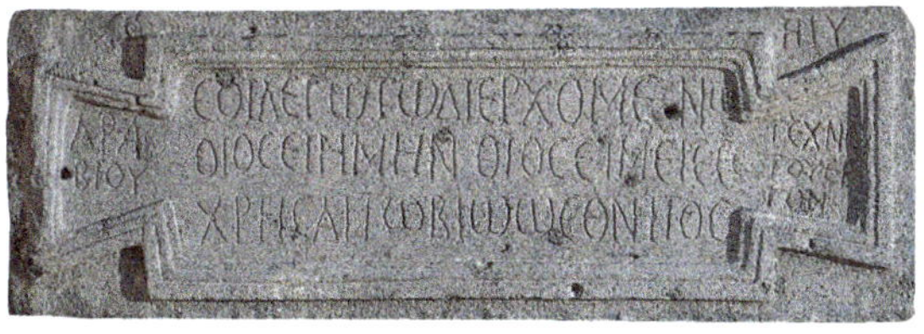

Inscription funéraire grecque d'Oum Qays, musée archéologique, Oum Qays.

IV.5.a Le site archéologique de Tabaqat Fihl

Pella (Tabaqat Fihl) est située à 4 km du Jourdain, au pied des collines de la vallée, au sud de la mer de Galilée (le lac de Tibériade), et domine la plaine d'Esdraelon. Dans l'Antiquité, le site de Pella se trouvait à la jonction des deux voies principales de communication de l'ancien Levant: la première, sur un axe nord-sud, reliait la péninsule arabe à Damas; la seconde, sur un axe nord-ouest, reliait la plaine jordanienne à la côte méditerranéenne. Le site archéologique de Pella est dominé par une colline oblongue sur le côté nord du Oued Jirm al-Moz, une petite vallée qui descend des hauts plateaux situés à l'est du site. Sur son flanc sud, escarpé et érodé, la colline s'élève à 30 m au-dessus du niveau de la plaine. Une source intarissable coule à ses pieds. Du côté sud du Oued Jirm al-Moz s'élève une grande colline naturelle en forme de dôme, connue comme le *Tell* al-Husn. Ce site, qui est un lieu de sépultures, a été habité pendant plusieurs millénaires et jusqu'au Ier/VIIe siècle. L'essentiel des fouilles archéologiques – commencées en 1958 et continuées jusque dans les années 90 – s'est concentré sur la colline principale et sur le *Tell* al-Husn. Elles ont permis de découvrir que Pella était l'un des sites archéologiques les plus riches de toute la Jordanie. D'après les relevés et les fouilles, le site et son voisinage immédiat ont été occupés dès le paléolithique inférieur (environ un million d'années) et jusqu'à nos jours.

Pella est d'abord mentionnée sous son ancien nom sémite, *Pihil*, dans des textes égyptiens du XIXe siècle av. J.-C. D'après des mentions postérieures retrouvées dans des annales égyptiennes, on sait que la ville prospère de l'âge du bronze moyen à l'âge du bronze tardif (XIVe-XIIIe siècle av. J.-C.). À cette époque, comme le montre le résultat des fouilles des sites funéraires, les habitants utilisaient un grand nombre d'articles de luxe importés d'Égypte, de Chypre et de Grèce. Au cours de l'âge du fer, la population et la taille de la ville décroissent. À moins qu'elle ne soit mentionnée sous un autre nom, Pella n'apparaît pas dans l'Ancien Testament. Les fouilles ont exhumé très peu de constructions et d'objets attribuables à la période comprise entre le VIIe siècle –âge du fer tardif– et le IVe siècle av. J.-C., époque hellénistique. Cette pénurie de preuves matérielles incline les archéologues à croire au quasi-abandon du site pendant toute cette période.

Après la conquête du Levant par Alexandre le Grand, en 332-331 av. J.-C., et les profonds remaniements politiques, administratifs, économiques et culturels qui en découlent, Pella commence sa nouvelle vie de cité grecque. La population augmente et, sous le pouvoir ptolémaïque, la ville jouera un rôle actif dans le commerce hellénistique.

À la suite de la conquête séleucide de l'Orient du sud, en 200 av. J.-C., Pella va bénéficier d'un siècle d'expansion et de prospérité. On construit de nombreux monuments et le grec devient la langue du commerce et de la culture. L'antique nom sémite, *Pihil* ou *Pihir*, est hellénisé en *Pella*, en l'honneur du lieu de naissance d'Alexandre le Grand, en Macédoine. Les fouilles des sites hellénistiques de Pella ont mis au jour, outre la poterie de fabrication locale, un grand nombre d'articles d'importation. Selon l'historien Flavius Josèphe, le souverain asmonéen, Alexandre Jannée, envahira Pella qui est alors détruite en 83-82 av. J.-C. Le récit de Josèphe est confirmé par les indices évidents de grands incendies retrouvés dans les strates hellénistiques tardives de la colline. En 63 av. J.-C., le général romain Pompée défait les Asmonéens et les Séleucides. Pella va faire partie du groupe de villes connues sous le nom collectif de *Decapolis*, ces villes hellénisées du

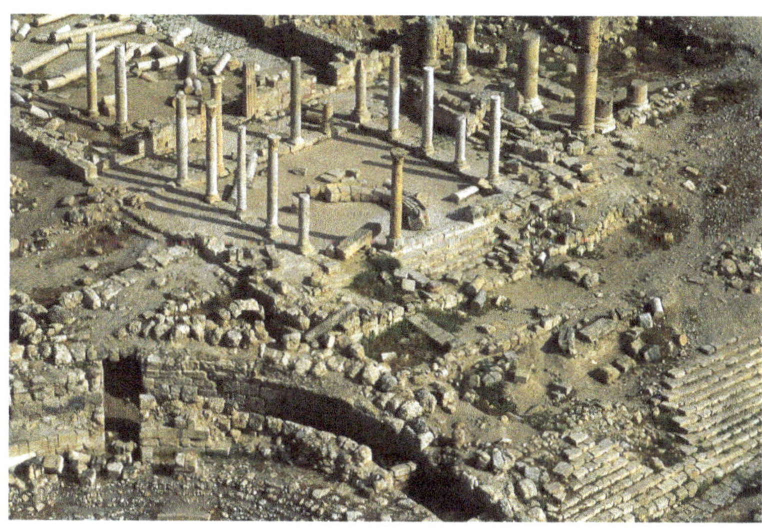

Vue générale du grand escalier du forum avec l'église et le théâtre, Tabaqat Fihl (Zohrab).

sud de la Syrie et du nord de la Jordanie (cf. "La Décapole pendant la période omeyyade: Gérasa, Gadara"). La période romaine comprise entre le Ier siècle av. J.-C. et le IVe siècle ap. J.-C. est marquée par un développement considérable de la ville. C'est en 82-83 ap. J.-C. que seront frappées ses premières monnaies de bronze. Les fouilles ont permis de découvrir de nombreux édifices datant de la période romaine, dont des thermes et un petit théâtre, dans l'ensemble de bâtiments publics situés près de la source, ainsi qu'un forum dans le Oued Jirm al-Moz. Les inscriptions des pierres milliaires nous apprennent que la route de Pella à Gérasa-Jérach, autre ville de la Décapole, sera refaite en 160-161.

Pella sera prospère pendant toute la période byzantine (début du IVe-début du VIIe siècles). Elle abonde en églises et en monastères, et la zone habitée déborde sur les pentes voisines. À la fin du IVe siècle, dans Pella devenue le siège d'un évêché, les adeptes du christianisme sont plus nombreux que ceux de presque toutes les autres religions. On a retrouvé trois grandes églises: l'une –probablement la cathédrale– étant située dans le forum, une autre à l'ouest de la ville et la troisième sur une haute pente, à l'est. D'après les fouilles, la construction de l'église du forum date du début du Ve siècle, et elle aurait été réaménagée dans la première partie du VIe siècle. Les deux autres datent du Ve siècle. Au VIe siècle, Pella atteindra son extension maximale (21 ha environ) pour une population de 5 000 à 7 000 habitants.

Cette prospérité est interrompue par l'éphémère invasion perse, au début du VIIe siècle, entre 614 et 628. En 14/635, après la défaite de l'armée byzantine dans la plaine de Fihl, les musulmans imposent un traité de paix et occupent Pella. Ses clauses préservent les droits civiques et personnels des habitants et une certaine autonomie politique de la ville au prix de

Tabaqat Fihl (Pella)

Quartier résidentiel, Tabaqat Fihl (Zohrab).

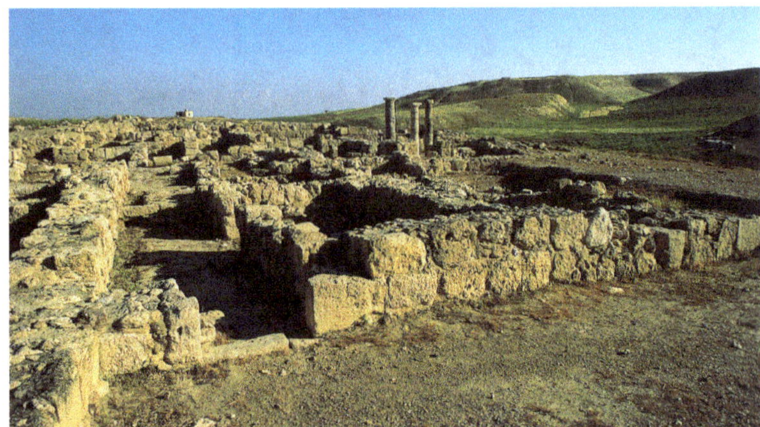

Avant-cour d'une maison, Tabaqat Fihl (Zohrab).

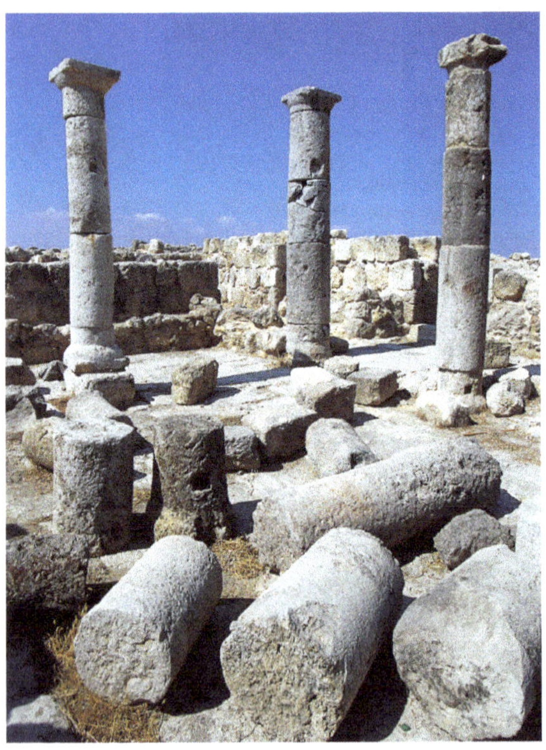

l'acquittement de l'impôt de capitation et de l'impôt foncier. Les découvertes archéologiques ont confirmé que la conquête de Pella n'avait pas été violente: ni les fouilles dans les trois églises byzantines ni celles dans les zones d'habitations ne révèlent des traces de destruction et n'indiquent une rupture brutale du mode de vie au moment de la transmission des pouvoirs. Sous le gouvernement musulman, la ville va être appelée Fihl (d'après son nom sémite originel). Avec la réorganisation administrative des provinces, en 18/639, Fihl va conserver un rôle administratif central et cela jusqu'au IIIe/IXe siècle: plusieurs ouvrages de géographie, y compris *Kitab al-Masalik* d'Ibn Khourdadhbah, confirment que Fihl est un des centres administratifs de la *Jund al-Ourdoun*, la province administrative et militaire de Jordanie (cf. "Le système administratif omeyyade"). Dans les nombreux vestiges d'habitats mis au jour par les fouilles, le matériel archéologique exhumé va se caractériser par la coexistence des découvertes d'attribution omeyyade et abbasside.

Il semble que la population de Pella ait décliné au cours de la période omeyyade. Les dégradations subies par de nombreux édifices publics et par les habitations attestent la perte de prospérité de la ville. Constat d'un déclin qu'il faut nuancer: pour tout ce qui concerne la céramique et les objets domestiques en général, on est plutôt frappé par la qualité et la diversité du matériel archéologique omeyyade; dans le même sens, la quantité des squelettes d'animaux exhumés est un indice indiscutable de richesse économique. Ces constats traduisent qu'au moins une partie de la population de Pella jouissait d'un bien-être relatif.

Les fouilles menées dans un quartier urbain situé sur la colline principale nous permettent de nous représenter assez précisément les bonnes conditions de vie des habitants de Fihl au IIe/VIIIe siècle. Ce quartier sera reconstruit après le tremblement de terre de 39/659-660. Il s'agit de maisons à un étage, distribuées autour d'une grande avant-cour. Elles étaient de construction robuste, en grosses pierres, avec un mortier d'argile et de gravats pour la partie basse, de briques crues pour l'étage, une charpente de solives recouvertes d'un torchis de paille et d'argile. Les pièces d'habitation principales, situées à l'étage, étaient dans certains cas enduites et peintes avec de la mosaïque blanche au sol. Au rez-de-chaussée, consacré aux activités, on trouve un petit atelier et différentes pièces servant d'étables,

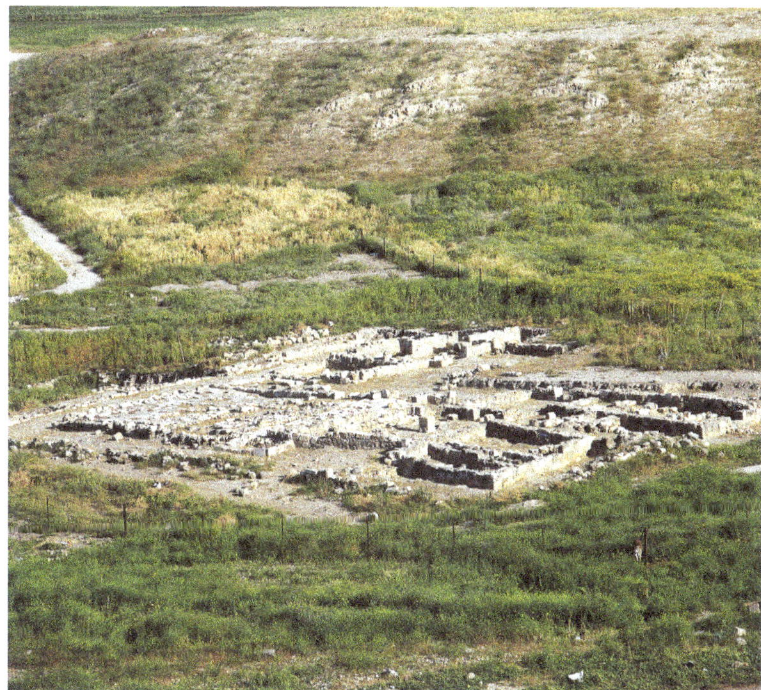

Vue générale d'un faubourg résidentiel, Tabaqat Fihl (Zohrab).

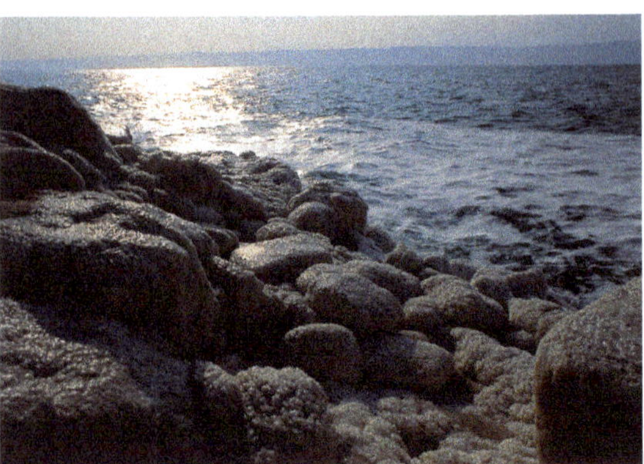

Vallée du Jourdain, la mer Morte (Zohrab).

en particulier pour les vaches, les moutons, les chèvres et les équidés. Beaucoup de ces animaux ont été piégés dans les maisons au cours du tremblement de terre de 131/749, mais aussi des habitants retrouvés avec leurs biens.
Malgré les destructions causées par ce violent séisme, Pella ne sera pas complètement désertée. Les fouilles conduites au nord-est de la colline ont permis de découvrir d'importants édifices abbassides datant des IIIe/IXe et IVe/ Xe siècles. La ville continuera d'être partiellement habitée sous la domination mamelouke (647/1250-923/1517) et ottomane (857/1453-1335/1917). Une mosquée sera érigée au sommet de la colline sous les Mamelouks, mais la ville elle-même ne sera jamais reconstruite.

L.T.

La mer Morte
La mer Morte se situe à 50 km à l'ouest d'Amman. Pour rejoindre la région de Tabaqat Fihl, prendre la route principale qui longe la vallée du Jourdain jusqu'à al-Chounah al-Janobia. On peut louer une voiture ou prendre un taxi à al-Machari. Au départ d'al-Chounah, les taxis desservent les complexes touristiques et hôteliers de la mer Morte. Entrée payante, et possibilité d'hébergement.
C'est le point le plus bas de la terre, moins 392 m. Aujourd'hui, la mer Morte est très appréciée pour ses propriétés curatives. Mais les rives de cette mer intérieure étaient peuplées dès la plus haute Antiquité. Le bitume est, à côté du sel, un des produits naturels que nous offre la mer, un produit rare et très recherché du temps des Égyptiens anciens, des Sumériens et des Cananéens qui en faisaient commerce. Le plus ancien habitat chalcolithique connu, Talaylat Ghassoul, que les archéologues ont longtemps cru correspondre au site de Sodome et Gomorrhe, se trouve sur la rive est (près de l'actuelle "Government Rest House". On a aussi récemment retrouvé sur cette rive, al-Maghtas, le site du baptême de Jean. Les "Manuscrits de la mer Morte" ont été découverts dans les grottes de Qoumran, sur la rive opposée. Comme on sait, cette découverte sera capitale pour les recherches bibliques.

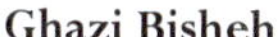

Ghazi Bisheh

À la suite de leurs rapides victoires militaires en Syrie, en Irak et en Égypte, les Arabo-Musulmans vont prendre le contrôle de territoires et de peuples dont l'économie a été caractérisée pendant plusieurs siècles par un système monétaire complexe. Ce système se caractérise par la coexistence d'une monnaie en or (*solidi*), monopole impérial de l'État byzantin, et de la monnaie d'argent (*drahm*) de l'empire sassanide. Cependant, à l'époque de la conquête arabe, il n'y a pas eu de frappe de monnaie en Syrie depuis longtemps. Les Arabes, qui n'avaient pas d'expérience dans ce domaine, eurent la sagesse de s'en remettre à l'expérience administrative et d'adopter le système financier des pays conquis. Dans toute la partie occidentale (Syrie, Palestine et Égypte), ils vont reproduire les monnaies byzantines en cours au début du VIIe siècle, et dans les provinces orientales (Irak, Iran), ils vont adopter le modèle de la monnaie d'argent sassanide. De ce fait, la classification des monnaies du début de l'islam est fondée sur la distinction suivante:

- Le **type arabo-byzantin**, qui concerne les monnaies islamiques avec un décor et des légendes grecques, latines ou arabes, en reprenant le modèle byzantin.
- Le **type arabo-sassanide**, dont la référence est la première monnaie islamique avec des légendes en arabe et/ou en pahlavi (persan moyen) et des décors de type sassanide: figuration conventionnelle d'un roi sassanide, souvent Khosrô II, côté face, et l'autel du feu de Zoroastre flanqué de deux assistants, côté pile.

Quelque temps plus tard –dire combien est l'objet d'un débat entre les numismates– diverses variantes arabes anonymes des pièces locales feront leur apparition en Syrie, et particulièrement à Damas. Alors qu'il est généralement admis que les Arabes commencent à battre leur monnaie très peu de temps après la conquête, Michael Bates, de l'American Numismatic Association, soutient qu'ils ne le feront jamais avant 71/691-72/692. Avant cette date, explique Bates, la Syrie s'accommode des monnaies d'or et de cuivre qu'elle importe de Byzance et des pièces d'argent venant d'Irak et d'Iran. Quoi qu'il en soit, les premières expériences

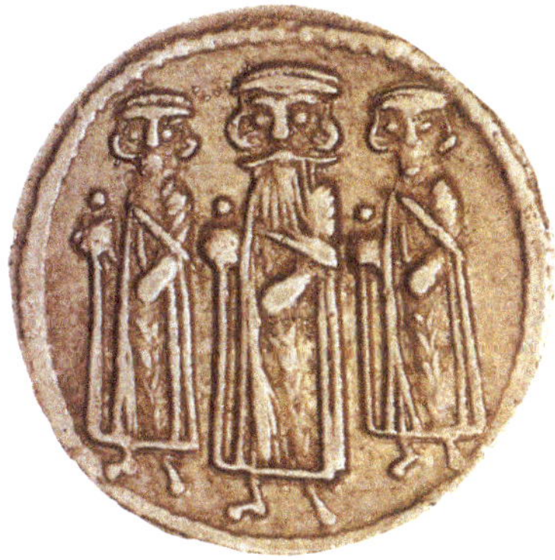

Monnaie de bronze du type arabo-byzantin, côté face (Courtoisie de N. Goussous).

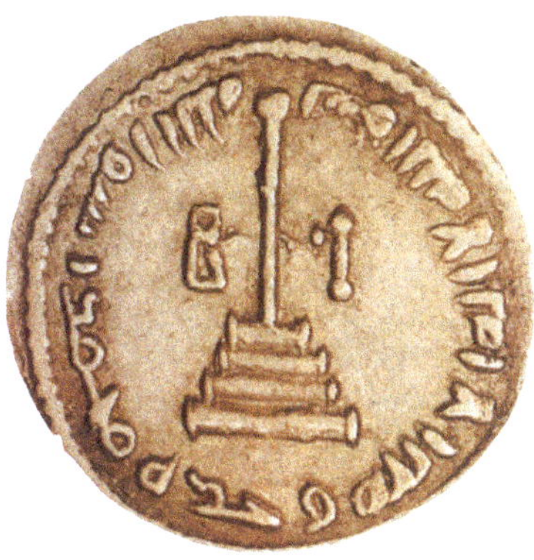

Monnaie de bronze du type arabo-byzantin, côté pile (Courtoisie de N. Goussous).

Monnaie d'argent du type arabo-sassanide, côté face (Courtoisie de N. Goussous).

Monnaie d'argent du type arabo-sassanide, côté pile (Courtoisie de N. Goussous).

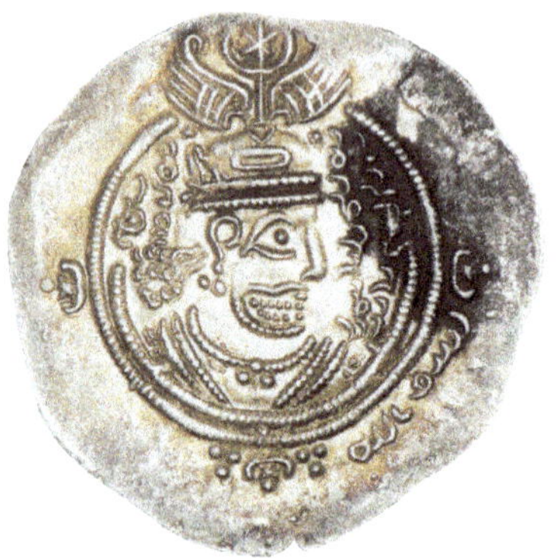

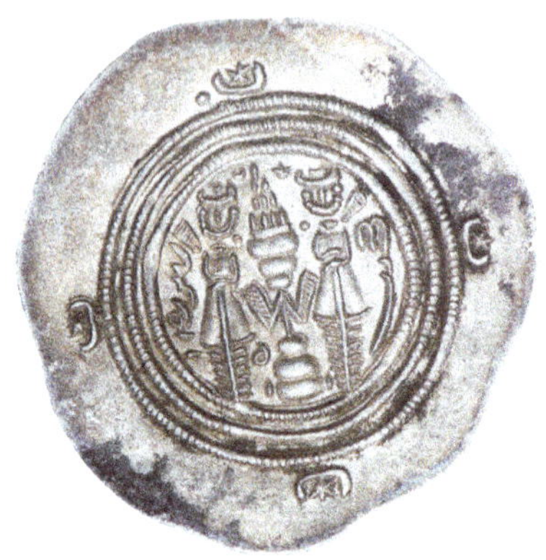

connues d'émissions de monnaie remontent au califat d'Abd al-Malik Ibn Marwan (65/685-86/705), le constructeur du Dôme du Rocher à Jérusalem. Ces monnaies sont significatives de l'effort fait par les Arabes pour produire une iconographie personnelle. La nouvelle monnaie spécifiquement arabe, qui apparaît à Damas –séries avec le calife en pied– correspond à des frappes étagées entre 74/694 et 77/697. Elle porte l'effigie du calife ceint de son épée sur le côté face. Il apparaît barbu, revêtu d'une longue robe et d'un couvre-chef arabe (*Koufiyya*); en couronne figure le texte arabe en caractères coufiques: "*Au nom de Dieu, il n'est d'autre Dieu que Dieu, Il est unique et Muhammad est le prophète de Dieu*." Côté pile figurent la croix-sur-socle stylisée et, en couronne, l'inscription en arabe "*Au nom de Dieu, ce dinar a été frappé en l'an...*".

En 77/696-697, Abd al-Malik entreprend une réforme de la monnaie qui va bouleverser radicalement le style des devises les plus importantes. À partir de ce moment, elles seront strictement épigraphiques. Toutefois, la première pièce d'argent du nouveau modèle n'apparaît pas avant 79/698. Les inscriptions sur le

Dinar d'or datant d'Abd al-Malik Ibn Marwan, côté face (Courtoisie de N. Goussous).

Dinar d'or datant d'Abd al-Malik Ibn Marwan, côté pile (Courtoisie de N. Goussous).

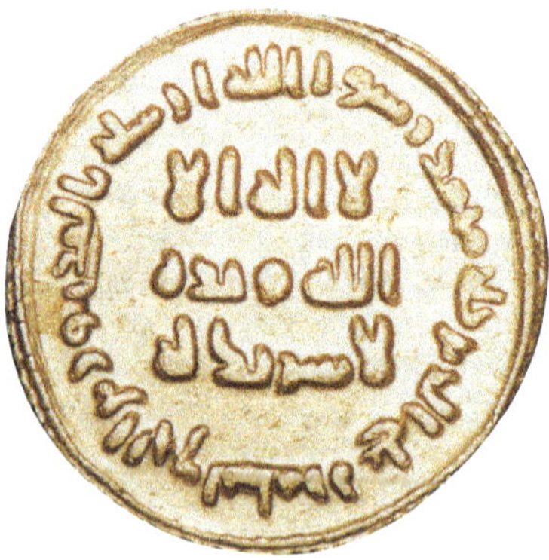

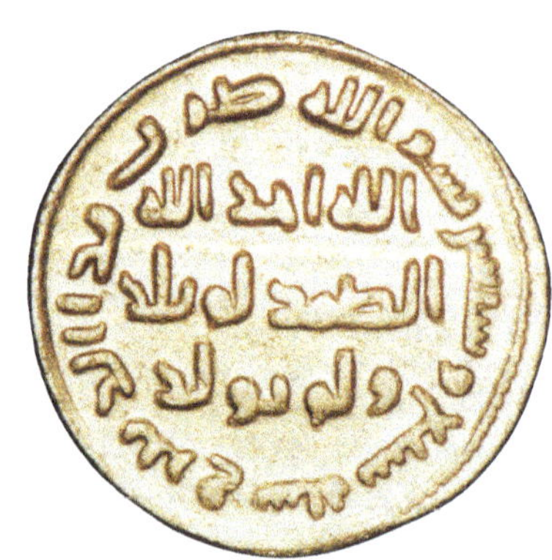

dinar réformé (l'unité de la monnaie en or) incluent la profession de foi (*Chahada*), une partie du Coran CXII, la mission prophétique (Coran IX:33) et la formule précisant la date de frappe figurant en toutes lettres. La réforme de la monnaie d'Abd al-Malik, qui entre dans sa volonté politique d'arabisation de l'administration omeyyade, est mise au service de la mobilisation idéologique et économique entreprise contre l'ennemi byzantin. Le succès de la réforme dépendra évidemment de la puissance économique de l'empire.

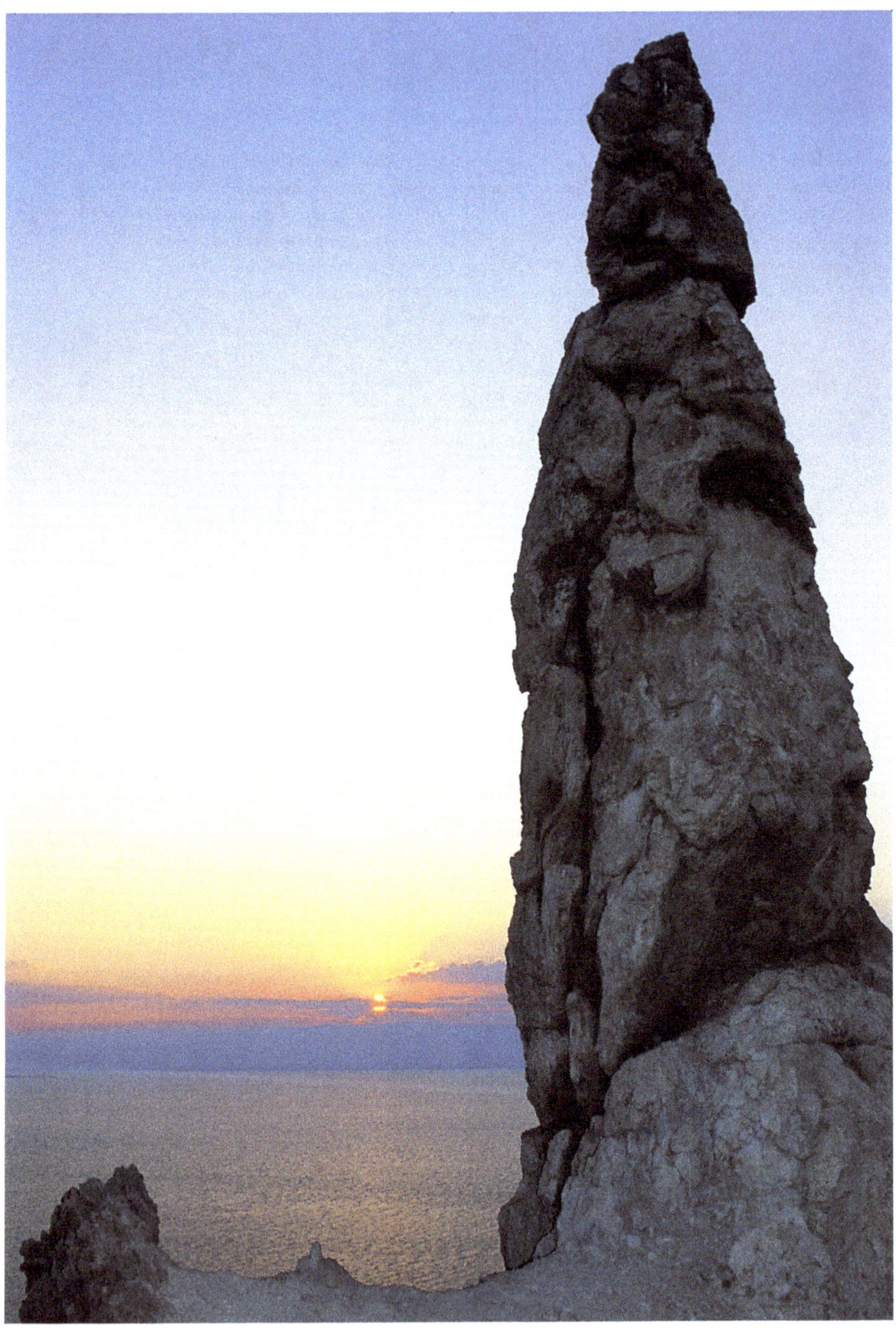

Commerçants et pèlerins

Fawzi Zayadine, Ghazi Bisheh, Ina Kehrberg, Mohammad al-Asad

Premier jour

V.1 GHAWR AL-SAFI / ÇOAR

V.1.a Dayr Ayn Abata (Le monastère de Saint-Loth)

V.2 AQABA

V.2.a La ville islamique d'Ayla
V.2.b Le musée archéologique de la région d'Aqaba

OPTION NATURELLE

Oued Ramm (Oued Iram)

Les camps romains et l'organisation urbaine

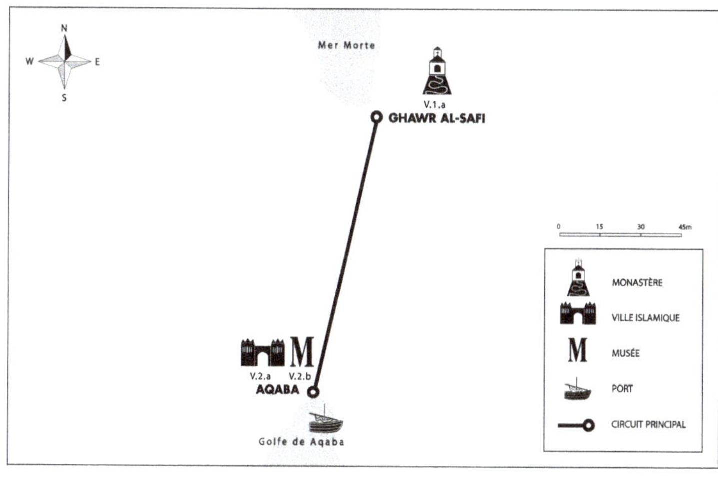

Le rocher de la femme de Loth, route de la mer Morte.

Le plateau jordanien était traversé du nord au sud par deux routes commerciales principales. La plus célèbre, la Grande Voie des rois, était connue au moins depuis le deuxième millénaire av. J.-C., quand les quatre rois de l'Ancien Testament (Genèse, 14) l'empruntent pour aller attaquer les cinq villes des plaines de la mer Morte. Cette route partait de Damas, passait par Amman (Philadelphie), traversait le Oued al-Moujib (l'Arnon), les haut plateaux moabites, Edom, et se terminait à Aqaba (Ayla), sur la mer Rouge. Les caravanes nabatéennes empruntaient cette route pour importer des épices en Syrie.
Après l'annexion du royaume nabatéen par l'empire romain, en 106, Trajan fait entièrement paver cette route, entre 111 et 114, depuis Ayla sur le golfe d'Aqaba jusqu'à Bostra dans le Hawran (Syrie actuelle). Pétra, centre commercial et lieu de pèlerinage du tombeau d'Aaron, se trouve à la jonction de trois routes caravanières: en plus de la *Via Nova Traiana* et de la route qui conduisait à Edroh et à Ma'an, une troisième route, appelée "Darb al-Rasif", longeait le haut plateau en passant par Ras-Dilagha, al-Qanah et al-Houmayma (Avara). À l'époque islamique, cette troisième route était aussi un des chemins de pèlerinage vers Ayla. Le caravansérail tardif d'al-Houmayma avait été fondé par Arétas III (87-62 av. J.-C.) pour servir d'étape entre Ayla, Oued Ramm (Oued Iram) et Pétra. Des fouilles récentes ont permis de mettre au jour un ingénieux système d'adduction d'eau construit par les Nabatéens, un camp romain et quatre églises byzantines. Certaines d'entre elles continueront d'être utilisées pendant les périodes omeyyade et abbasside.
Au cours du règne du calife Abd al-Malik Ibn Marwan (65/685-86/705), Ali Ibn Abd Allah Ibn al-Abbas construit un palais et une mosquée à al-Houmayma pour sa famille et pour héberger les pèlerins sur le chemin des villes saintes de l'islam. Son fils Muhammad revendique le califat et ce sont ses descendants qui vont renverser la dynastie omeyyade en 132/750 (cf. "Les Omeyyades. Naissance de l'art islamique" et "Al-Houmayma").
Les routes caravanières traversaient la magnifique vallée de Oued Iram, célèbre pour ses immenses et pittoresques massifs de grès. Dès le Ve siècle av. J.-C., cette voie de passage va servir de point de rencontre pour les tribus thamoudéennes, adéennes et nabatéennes. La vallée reste un point de confluence pendant toute la période islamique. On a conservé des traces de cette activité: les graffitis islamiques et les ruines de la mosquée de Oued Rabigh.
En suivant le Oued al-Youtm, la route rejoint Aqaba, où la cité islamique d'Ayla a été récemment exhumée. La cité portuaire sera créée par le calife Othman Ibn Affan en 29/650. Une grande mosquée y sera construite par les premiers califes près de la porte de Damas; elle continuera d'être utilisée bien au-delà du IVe/ Xe siècle.
La seconde route, parallèle à la *Via Nova*, partait de Yadoudeh en direction du sud, le long des bords de la steppe, passait près d'Oum al-Rasas (Mayfa'a) pour rejoindre finalement Lejjun et Edroh (cf. "Edroh"). Cette halte caravanière, entre Pétra, Ma'an et l'Arabie, a d'abord été occupée par les Nabatéens. Sous Trajan, les Romains y construiront un camp militaire que les armées des souverains byzantins utiliseront à leur tour. Par le traité de paix conclu avec le prophète Muhammad à Tabouk en 8/630, Ayla, Edroh et la cité voisine d'al-Jarba autorisent les commer-

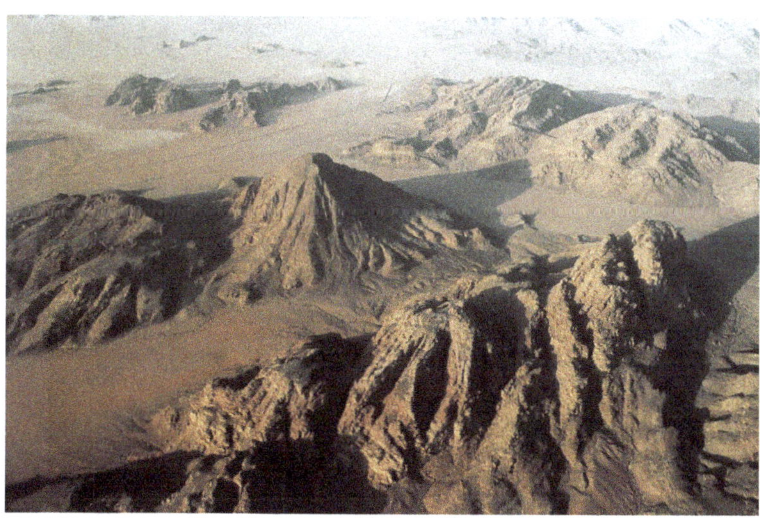

Oued Ramm (Iram), vue générale.

çants musulmans à traverser cette région. Rappelons que c'est à Edroh que se déroulera en 37/658 le célèbre arbitrage entre Ali Ibn Abi Talib et Mou'awiya Ibn Abi Soufyan.

F. Z.

V.1 GHAWR AL-SAFI / ÇOAR

Le site de l'antique Çoar se trouve à Khirbat Cheikh Isa, près de Ghawr al-Safi, à l'extrémité sud-est de la mer Morte, à environ 63 km au sud-ouest de Karak. Çoar est mentionnée pour la première fois dans les récits bibliques de la Genèse (14:2). La cité apparaît sous le nom de Bala' dans l'épisode des quatre rois d'Orient qui envahissent les cinq villes de la plaine de la mer Morte. Cette campagne des quatre rois est censée avoir eu lieu au temps d'Abraham, au cours du deuxième millénaire av. J.-C. Cependant, pour le célèbre spécialiste de l'histoire biblique de Vaux, les récits de la Genèse 14, écrits surtout pour attribuer un rôle à Abraham dans les événements, sont difficilement compatibles avec les connaissances historiques sur le Moyen-Orient. Quoi qu'il en soit, Çoar est de nouveau mentionnée dans le récit du châtiment de Sodome et Gomorrhe. Cet épisode de la Genèse 19 rapporte que Loth, le neveu d'Abraham, priait pour le salut de la petite ville proche de Sodome, et que Yahvé accéda à sa demande. Ainsi, Bala' sera renommée Çoar, "la petite", du fait qu'elle a été épargnée en partie à cause de son insignifiance. Finalement, Loth va s'enfuir dans la montagne et trouver refuge dans une grotte (cf. "Le monastère de Saint-Loth"). C'est là, poursuit le récit, que ses filles donneront naissance l'une à Moab, le père des Moabites, et l'autre à Ben Ammi, l'ancêtre des Ammonites. Des relevés récents faits à Ghawr al-Safi ont permis la redécouverte des ruines de

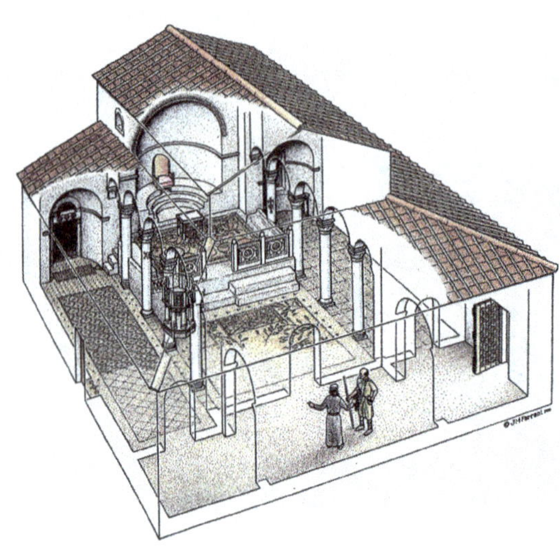

Monastère de Saint-Loth, restitution volumétrique, Ghawr al-Safi.

Khirbat Cheikh Isa –comprenant une impressionnante section d'un mur d'enceinte– qui sont maintenant identifiées comme le site antique de Çoar.
Çoar sera de nouveau mentionnée dans les prophéties de Jérémie (Jr, 48:34) et d'Isaïe (Is, 15:5), à propos d'événements survenus au VIe siècle av. J.-C.: "*Mon cœur gémit sur Moab; ses fugitifs courent jusqu'à Çoar...*" Cet oracle fait référence à une invasion des Babyloniens, soit celle de Nabuchodonosor II, en 598, soit celle de Nabonide, en 552 av. J.-C. Au cours de sa marche sur Tayma, en Arabie, Nabonide, le dernier roi de Babylone, fera la conquête de Moab et d'Edom. Un bas-relief sculpté dans la roche de Sela', au sud de Tafilah, l'immortalisera.
Sous les Nabatéens, la cité devient certainement une des principales haltes sur la route de Pétra à la mer Morte dont le bitume, alors vendu aux Égyptiens qui l'utilisaient pour la momification, était très recherché. Sa position stratégique vaudra à Çoar d'être soumise par le prince asmonéen Alexandre Jannée en 83-82 av. J.-C., mais aussi d'être finalement rétrocédée à Aretas III par Hyrcan II. À la suite de l'annexion du royaume nabatéen, en 106, une garnison romaine s'établit à Çoar. Le camp romain se trouvait au-dessus de Khirbat Cheikh Isa, sur le site d'Oum al-Tawabin.
Sous le règne d'Hadrien (117-138), Çoar sera mentionnée de nouveau dans les archives de Babatha, une femme riche d'origine juive, qui vit à Maoz, le port de Çoar sur la mer Morte. Au moment de la révolte de Bar Kokhba, qui éclate en 132, Babatha rassemble tous ses documents personnels pour les dissimuler dans une grotte près d'En-Gedi. Grâce à ces archives, nous savons qu'elle a été mariée deux fois, non sans avoir rencontré quelques difficultés pour son deuxième mariage, la première épouse de son mari refusant de divorcer. Babatha lui intentera un procès. Elle aura encore d'autres litiges avec Jean, fils de Joseph Eglas, et avec Abodobodas, fils d'Ellouthas, les tuteurs de son enfant orphelin de père, Jésus. Ses procès seront portés devant le gouverneur de Pétra ou d'Areopolis-Rabba.
Au moment de la réorganisation de l'empire romain par Dioclétien, à la fin du IIIe siècle, Çoar sera rattachée à la *Palestina Tertia*. Sur la carte en mosaïques de Madaba, Çoar est figurée par une église, à la droite d'une palmeraie ; elle est nommée "Balak". Au Moyen Âge islamique, la ville de Çoar (*Zaghar*, en arabe) deviendra très prospère et son oasis est alors célèbre pour ses productions de dattes, d'indigo, de sirop, de sucre et de baume.

F. Z.

V.1.a Dayr Ayn Abata (Le monastère de Saint-Loth)

Il se situe à 170 km au sud d'Amman, dans un village appelé Safi, à 2 km au nord de la ville des mines de phosphate. Pour rejoindre le site à partir de la mer Morte, prendre la route d'Aqaba en direction du sud pendant à peu près 60 km. On conseille aux visiteurs en provenance d'Amman de prendre la route de la mer Morte à Na'our et de continuer au sud vers Ghawr al-Safi. Il est recommandé de louer une voiture. Le site est ouvert tous les jours. Entrée gratuite.
Renseignements: bureau du département des Antiquités du sud de la vallée du Jourdain, tél.: 03-378845.

Cet antique lieu de pèlerinage est associé à l'histoire biblique de Loth et de sa famille qui prennent la fuite au moment de la destruction de Sodome et de Gomorrhe. Yahvé leur enjoint de ne jamais s'arrêter dans la plaine ni de regarder derrière eux: "(...) *Or la femme de Loth regarda en arrière, et elle devint une colonne de sel*" (Gn, 19:26). Puis, Loth quitte Çoar "la petite" (Khirbat Cheikh Isa) pour se réfugier dans les collines. Là, dit la Bible, il va demeurer avec ses deux filles dans une grotte.
Dans la carte en mosaïques de Madaba (VIe siècle) (cf. "Le concept de l'iconographie byzantine et omeyyade"), le monastère de Saint-Loth est représenté au-dessus de la ville de Çoar, actuellement Ghawr al-Safi. L'édifice, sur la carte, est une construction rectangulaire avec un fronton percé d'une ouverture circulaire et trois fenêtres latérales.
Le site actuel se trouve à 63 km au sud de Karak, au-dessus de Ghawr al-Safi, surplombant l'extrémité sud de la mer Morte. Les ruines occupent le flanc raide et rocailleux d'une montagne où, dans d'énormes blocs de roche sombre, sont creusées de nombreuses cellules d'ermites. Au pied de cette montagne jaillit une source que le géographe arabe Yaqout al-Hamawi désigne sous le nom de "Ayn Raya", d'après celui d'une des filles de Loth. Les fouilles ont permis d'exhumer un monastère et une église triabsidale. Dans sa nef centrale, deux panneaux de mosaïques sont ornés de dessins géométriques et d'oiseaux

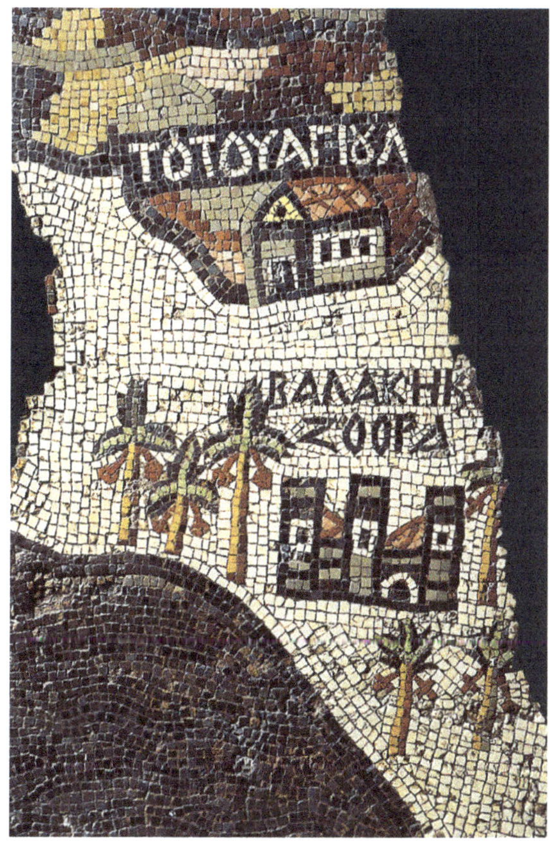

Église Saint-Georges, carte en mosaïques, détail de la représentation de Ghawr al-Safi / Çoar et église de Saint-Loth, Madaba.

Monastère de Saint-Loth, vue aérienne, Ghawr al-Safi.

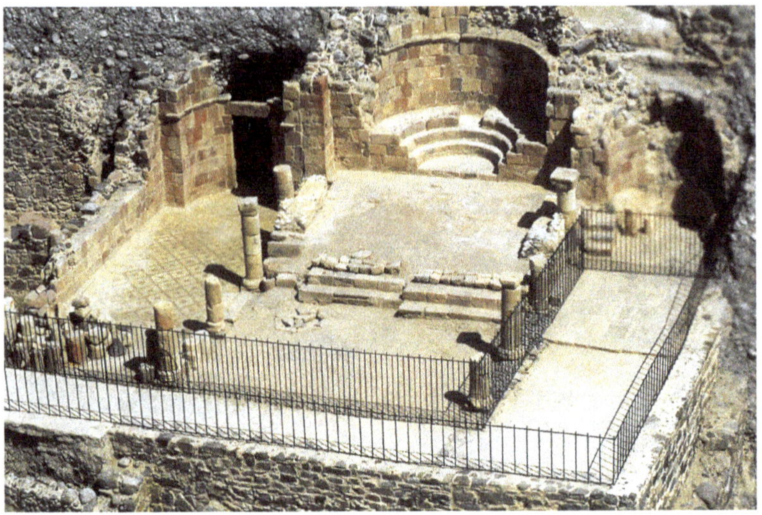

entourés de volutes végétales. Ils portent une inscription qui permet de les dater de 71/691, c'est-à-dire du début de la période omeyyade. Une chaire, décorée de petites colonnes et de panneaux sculptés dans la stéatite douce, a été découverte dans la zone nord de l'abside centrale. La grotte adjacente à l'abside, originellement une tombe de l'âge du bronze ancien, est supposée être celle où Loth et ses filles se seraient réfugiés après la destruction de Sodome par le feu du Ciel. L'épisode nous est rapporté à la fois par l'Ancien Testament (Genèse 19) et par le Coran *(Sourate Hud* 11, 74-83).

En face de la grotte, le sol en mosaïques à motifs géométriques est daté de l'époque du ministère de l'évêque Jacob et de l'abbé Sozimos sur l'église et le monastère. Cette décoration suit la reconstruction omeyyade de l'église, en *Dhou al-Hijja* 71/mai 691. Sous cette première mosaïque, une autre, plus ancienne, peut être datée d'avril 606 grâce à d'évidentes preuves archéologiques indiscutables. D'autres indices indiquent que le site était déjà utilisé comme sanctuaire religieux au début du VIe siècle. Au nord de la caverne, on a retrouvé une auberge pour pèlerins comprenant une pièce commune centrale avec un grand four et plusieurs chambres. Un puits de sépultures collectif avait été creusé dans la même zone. Au sud de l'église, une grande citerne recueillait l'eau de pluie grâce à un canal creusé à flanc de colline et enduit de plâtre.

Le long de la nouvelle route, sur la rive est de la mer Morte, au sud du pont de Oued al-Moujib, on aperçoit une forme pétrifiée qui se dresse en haut d'une grande falaise. La croyance populaire y reconnaît la femme de Loth.

F. Z.

V.2 AQABA

À 340 km au sud d'Amman. Au départ de Dayr Ayn Abata, continuer la route "Araba" vers le Tell sud d'Aqaba, soit en voiture, soit en taxi. Au départ d'Amman, possibilités de visites organisées en car ou autobus locaux – à la gare d'Abdaly ou place du 7e Cercle. Compter environ 4 heures.
Renseignements: bureau du département des Antiquités d'Aqaba, tél.: 03-2019063, ou à l'Office du tourisme: tél.: 03-2013731.

V.2.a La ville islamique d'Ayla

Les ruines de la cité antique sont situées au cœur de la ville, près de l'Aqaba Gulf Hôtel. Le site est ouvert tous les jours. Entrée gratuite.
Renseignements: bureau du département des Antiquités d'Aqaba, tél.: 03-2019063, ou à l'Office du tourisme: 03-2013731.

Le port moderne d'Aqaba (ce sera le nom du site à partir du VIIe/XIIIe siècle) est situé à l'extrémité nord-est du golfe d'Aqaba, dans la région de la vallée du Grand Rift, au sud de Oued Araba. Les eaux souterraines qui coulent sous ce *oued* vont se jeter en mer en dessous de la ville moderne. Elles fournissent l'eau potable, qui est simplement captée à quelques mètres sous la surface du sol. La ville est cernée par le désert et les montagnes: le Sinaï à l'ouest, le Néguev au nord, le Hisma et le Oued Ramm au nord-est.
Quand, en 1917, les soldats de la grande révolte arabe marchent avec Lawrence d'Arabie de Oued Ramm jusqu'aux rives du golfe, Aqaba est encore un village primitif avec quelques huttes en briques crues et des palmeraies. Mais dans son sous-sol se trouve cachée une histoire qui remonte au quatrième millénaire av. J.-C. Le nom du site varie en fonction des sources historiques locales: Aila, Ailana, Elana, Haila, Ailath, Elath, Ayla et Wayla. La ville a vu se succéder les peuples bibliques: Édomites, Israélites, Nabatéens, Romains et Arabes. Des recherches archéologiques récentes ont bien établi que les populations de la région tendent à se déplacer du nord au sud au cours de l'histoire. Ainsi, le *Tell* al-Kaliefeh, qui correspond au peuplement du deuxième au troisième âge du fer (VIIIe-Ve siècle av. J.-C.), est-il situé à 500 m au nord de la côte, à l'intérieur de la frontière entre la Jordanie et Eilat.
On a d'abord cru qu'Ayla était l'Ezion-Geber biblique, où le roi Salomon aurait fait construire une flotte qui appareille pour Ophir (Somalie) et en revient chargée de 420 talents d'or. Les fouilles récentes récusent cette hypothèse et tendent à prouver que la fondation du site ne remonte pas au-delà du VIIIe siècle av. J.-C. Par contre, il sera très tôt un centre de commerce et d'industrie, une halte commerciale pour les caravanes, et on y fond le cuivre de Oued Faynan. Au Ier siècle av. J.-C., Ayla et sa région sont habitées par les Nabatéens, qui y élèvent du bétail et s'adonnent quelque peu à la piraterie aux dépens des navires marchands de la mer Rouge. À cette époque, on trouve des marchands en provenance "d'Ailana" jusqu'en Arabie du sud (Yémen), où ils vont acheter de l'encens, de la myrrhe et d'autres aromates. En 106, l'empereur romain Trajan annexe le royaume nabatéen à la *Provincia Arabia*, nouvellement créée, mettant ainsi Ayla sous l'autorité directe de Rome. La *Via Nova Traiana,* qui va de Bostra en Syrie du sud à Ayla, sera

Aqaba

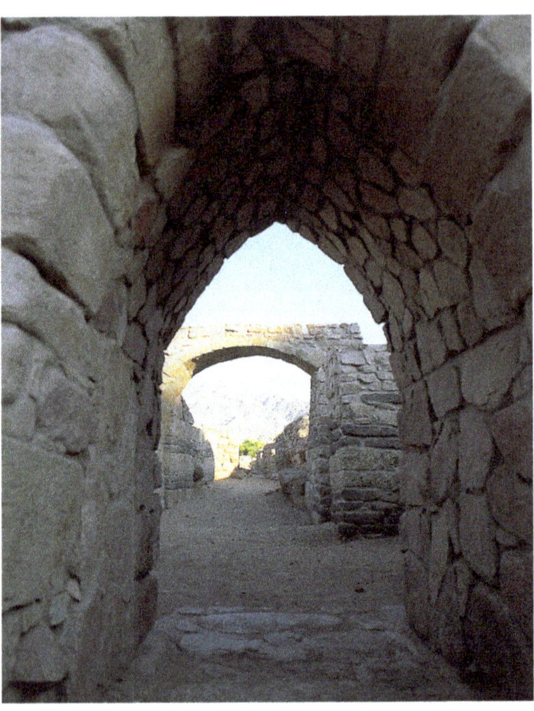

Ville islamique d'Ayla, porte de la ville conduisant au souk et à la résidence centrale, Aqaba.

terminée entre 111 et 114. Avec les réformes administratives et militaires de Dioclétien (r. 284-305), la *Provincia Arabia* est divisée en deux parties; sa partie sud (la région à l'est de la mer Morte) étant rattachée à la *Palestina Tertia*. Au début du IIIe siècle, la *Legio Fretensis* est déplacée de Jérusalem à Ayla, où elle va rester jusqu'à la fin du Ve siècle. Pendant le règne de l'empereur byzantin Léon Ier (457-474), un chef arabe nommé Amorkesos (Imrou al-Qays) occupe l'île d'Iotabe (identifiée soit comme l'île de Graye –connue aujourd'hui sous le nom de Jazirat Fir'aoun– soit comme Tiran, à l'embouchure du golfe d'Aqaba). Il en expulse les officiers des douanes byzantines. Un peu plus tard, Amorkesos se rend à Constantinople où l'empereur lui offre des présents et le nomme *phylarque* d'*Arabia Petraea*. On s'explique mal cette délégation de pouvoirs, alors que la Xe Légion romaine est toujours cantonnée à Ayla. Mais il est probable qu'Amorkesos s'est rangé du côté des Byzantins et qu'on lui a confié la charge d'assurer la sécurité des routes commerciales du sud de l'Arabie au monde méditerranéen. À partir de 335, date à laquelle l'évêque d'Ayla participe au concile de Nicée, les évêques vont se succéder. Grâce à des fouilles commencées en 1994, on a pu découvrir la cité nabatéenne et romaine d'Ayla qui se trouvait à 2 km du *Tell* al-Khaliefeh, dans la zone périphérique de la ville moderne. Au cours des fouilles, un grand ensemble basilical en brique crue a été mis au jour. Les chercheurs l'ont identifié comme étant une église construite au début du IVe siècle. Si cette attribution était confirmée, il s'agirait de la plus ancienne église connue de Jordanie et de Palestine. En 8/630, Ayla se soumet sans combat au prophète Muhammad, qui garantit à la ville la sécurité pour ses bateaux et ses caravanes. Au milieu du Ier/VIIe siècle, les musulmans vont fonder une nouvelle ville avec son enceinte, au sud de la ville romaine et byzantine. Cette cité, découverte au cours des fouilles entreprises à partir de 1986, est un des rares témoignages de l'organisation urbaine du début de l'islam. La cité islamique (165 m sur 140 m) se développe autour de deux axes perpendiculaires débouchant aux quatre portes. Au centre, à leur intersection, est érigé un tétrapyle. Cet édifice central sera transformé plus tard en une luxueuse résidence décorée de fresques. La mosquée occupe une grande partie du secteur nord-est. Sa large cour centrale était entourée de colonnades, avec une double colonnade au sud-ouest; au centre de ce côté se trouvait une niche profonde, le *mihrab*. Toute la ville est entourée d'une solide muraille avec des tours en forme de U. Son plan régulier est une reproduction fidèle de celui des camps romains, exactement comme à Edroh et à Lejjoun, tout proches. Cependant, il n'est pas exclu qu'il ait été repris du modèle du camp byzantin d'Ayla même, mais les recherches n'ont toujours pas permis de redécouvrir ce camp (cf. "Les camps romains et l'organisation urbaine"). La ville va continuer de prospérer jusqu'à la fin du VIe/XIIe siècle, essentiellement grâce à sa situation sur le chemin du pèlerinage annuel de La Mecque et à son rôle de port de transbordement de marchandises. Mais elle subit à cette époque une série de désastres: tremblements de terre, razzias de Bédouins, attaques des croisés. Le processus de migration du site, du nord vers le sud, se confirme jusqu'au bas Moyen Âge où une nouvelle agglomération sera établie autour de la forteresse mamelouke, à environ 1 km au sud de la première Ayla islamique.

G. B.

V.2.b Le musée archéologique de la région d'Aqaba

Situé à côté du château d'Aqaba (la résidence historique de Charif Hussein Ibn Ali). Le musée est ouvert tous les jour,s y compris les jours fériés, de 8:00 à 18:30 en été, de 8:00 à 17:30 en hiver et de 9:00 à 16:00 pendant le Ramadan. Entrée payante (prix symbolique). Les collections, qui vont du chalcolithique à la période islamique tardive, regroupent les découvertes archéologiques d'Ayla, d'al-Houmayma et d'autres sites de la région d'Aqaba. Renseignements: musée archéologique de la région d'Aqaba, tél.: 03-2013861.

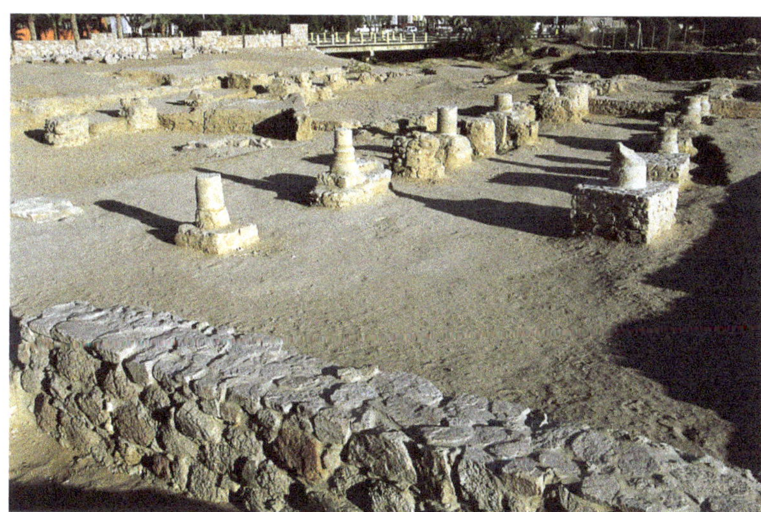

Ville islamique d'Ayla, vue d'une mosquée, Aqaba.

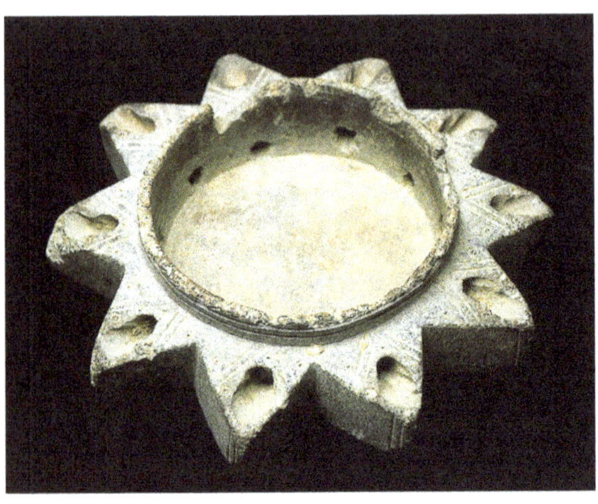

Lampe à huile en stéatite de la ville islamique d'Ayla, musée archéologique de la région d'Aqaba (AM 10).

Lampe à huile en stéatite de la ville islamique d'Ayla, num. inv. AM 10

Cette lampe à huile est une véritable curiosité, tant par sa matière que par sa forme et son style. C'est un objet purement omeyyade ou du tout début de l'islam. La stéatite était une pierre très prisée par les riches Omeyyades, et la plupart des objets sculptés dans ce matériau tendre et sombre sont richement décorés. Il est déjà connu des anciennes civilisations orientales, en particulier pour la fabrication des sceaux cylindres et en général de tous les sceaux dont le travail était très délicat. La forme de cette lampe en soucoupe étoilée, permettait de disposer une mèche à chaque pointe autour du réceptacle à huile. Ce décor évoque l'Orient. D'ailleurs, l'origine de cette lampe est indiscutablement moyen-orientale: l'étoile, qui figure dans de nombreux bas-reliefs assyriens, symbolise "Assur". Aujourd'hui encore, le motif en étoile portant un œil au centre est une protection contre le mal !

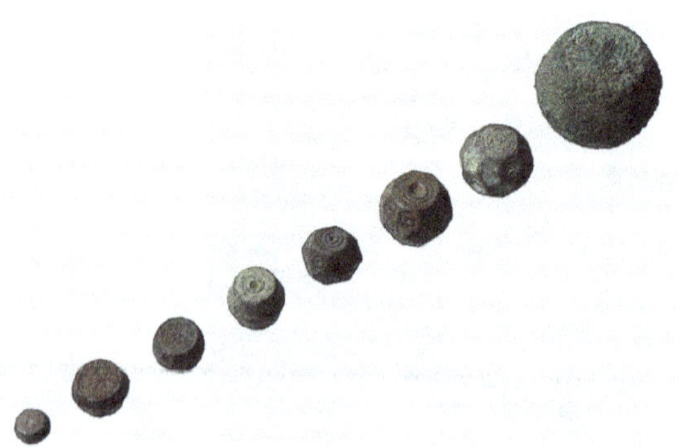

Poids en bronze de la ville islamique d'Ayla, musée archéologique de la région d'Aqaba (AM 10).

Poids en bronze de la ville islamique d'Ayla, num. inv. AM 51

Ces huit poids en bronze ne sont pas très différenciés par leur forme; seule leur taille varie (et par conséquent leur poids). Ce sont des objets très simples. En effet, ils ressemblent beaucoup aux premiers poids connus, ceux en métal de l'âge du bronze, en forme de perle ou de cône, et souvent percés en leur milieu. Le trou central servait probablement à les enfiler sur une lanière de cuir pour préserver l'ensemble et permettre de les transporter plus facilement.

Ornements en bronze de la ville islamique d'Ayla, num. inv. AM 47, 45, 46, 546, 44

Ces petites pièces ornementales de bronze proviennent de récipients ou d'autres objets domestiques. Le coq servait souvent de poignée sur les couvercles des cafetières arabes (c'est le cas aujourd'hui encore). La rosace pourrait avoir appartenu à un brasier. Le crochet double permettait de suspendre une balance ou une marmite en métal au-dessus d'un foyer. Les ornements appliqués en bronze sont connus dans toutes les civilisations et à toutes les époques; en conséquence, ils sont difficiles à dater. D'après leur site d'origine ou la comparaison avec d'autres sites et d'autres objets, il a été possible d'attribuer à ces bronzes une origine islamique certaine. Une attribution qu'il est aujourd'hui facile de vérifier par l'étude physique des métaux et la connaissance de l'évolution des techniques de fonte d'époque en époque.

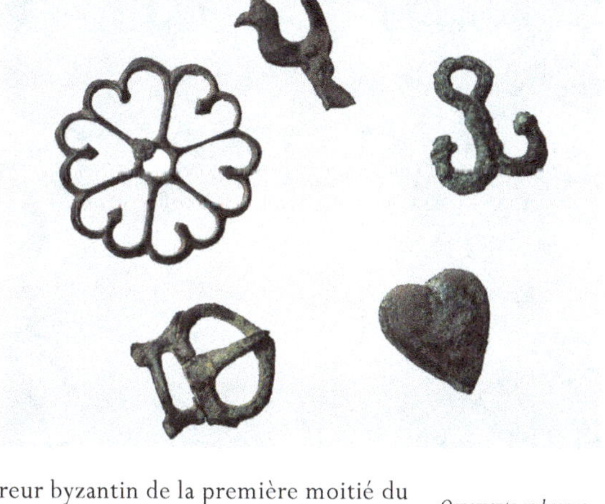

Ornements en bronze de la ville islamique d'Ayla, musée archéologique de la région d'Aqaba (AM 47, 45, 46, 546, 44).

Monnaie d'or de la ville islamique d'Ayla, num. inv. AM 654

Cette pièce d'or, découverte sur le site d'Ayla, est une monnaie très précieuse non seulement parce qu'elle est en or, mais surtout parce qu'elle nous renseigne sur la période de transition de la culture byzantine à la culture islamique. Elle a été frappée à la fin de la période byzantine. Elle porte, côté face, une figuration d'Héraclius et de ses fils tenant un sceptre avec une croix et, côté pile, une grande croix avec une inscription grecque. Héraclius (610-19/640) sera l'avant-dernier empereur byzantin de la première moitié du VIIe siècle, et son règne est contemporain de la transition de l'époque chrétienne à l'époque musulmane au Moyen-Orient.

Cruche en céramique blanche de la ville islamique d'Ayla, num. inv. AM 633

La céramique blanche de cette humble cruche a fait l'objet de bien des débats académiques. Ni sa forme ni la terre

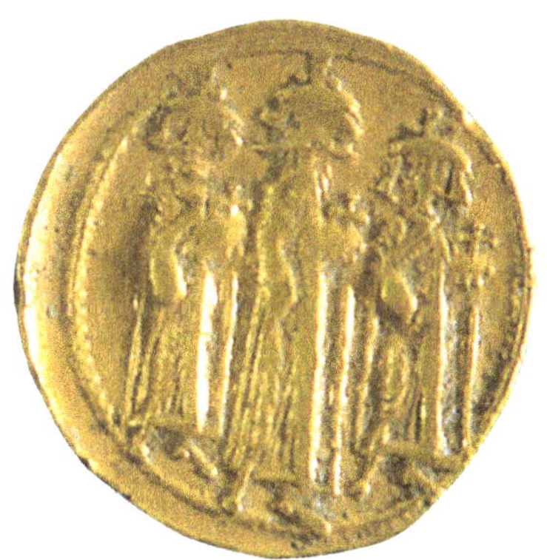

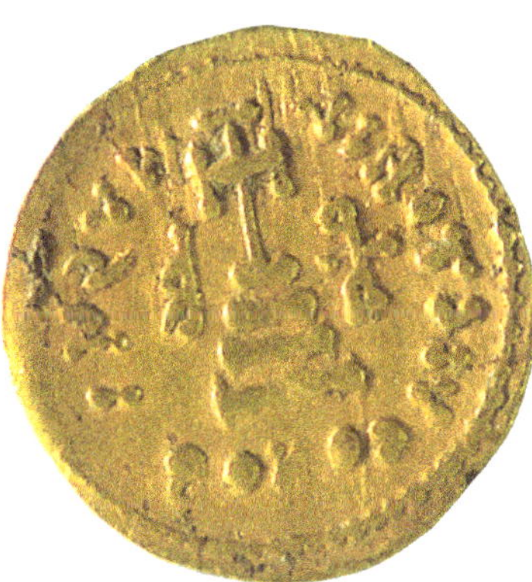

Monnaie d'or de la ville islamique d'Ayla, côté face, musée archéologique de la région d'Aqaba (AM 654).

Monnaie d'or de la ville islamique d'Ayla, côté pile, musée archéologique de la région d'Aqaba (AM 654).

blanche de la ville islamique d'Ayla, musée archéologique de la région d'Aqaba (AM 633).

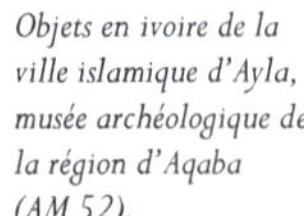

Objets en ivoire de la ville islamique d'Ayla, musée archéologique de la région d'Aqaba (AM 52).

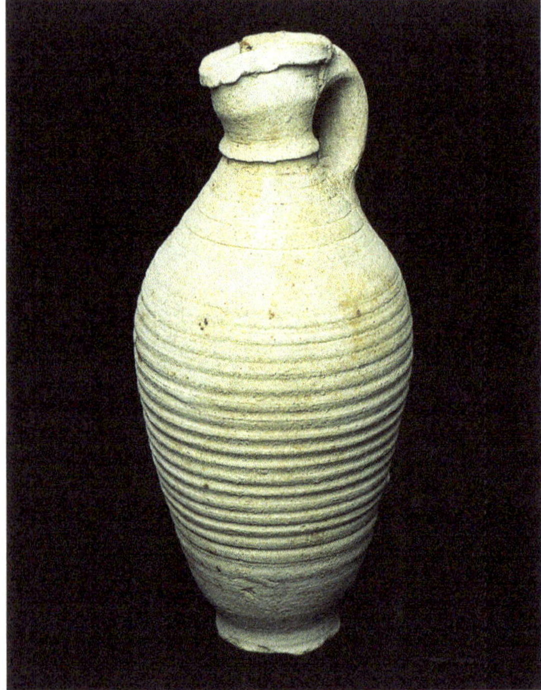

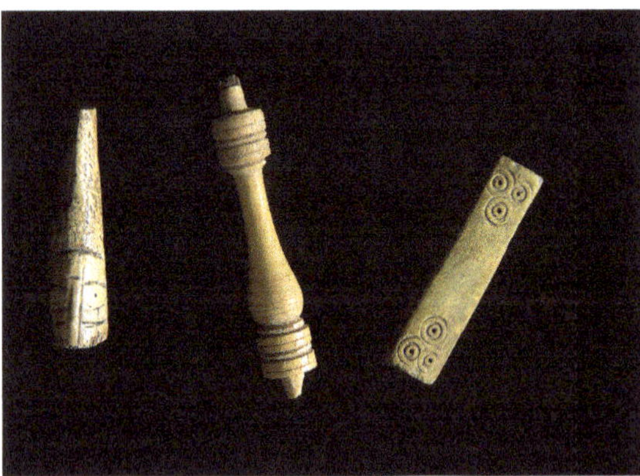

blanche clairement islamique, sans engobe ou autre finition de surface, ne peuvent être attribuées indiscutablement à l'époque omeyyade plutôt qu'à l'époque abbasside. La datation de cet ustensile reste indéterminée, entre la fin du Ier/VIIe siècle et la fin du IIIe/IXe siècle. Quelle que soit sa véritable origine, ce type de cruche était d'un usage domestique courant au début de la période islamique. Mais il n'est pas aisé de dater un objet de ce genre d'après son style et, en somme, l'époque où il restera à la mode, d'autant que l'engouement pour la céramique blanche a perduré pendant plusieurs siècles. En effet, ce genre de céramique blanche était déjà très répandu au début de l'époque romaine, en particulier dans le sud, notamment à Pétra et à Aqaba, et servait pour l'eau ou le vin.

Objets en ivoire de la ville islamique d'Ayla, num. inv. AM 52

L'ivoire a été de tout temps un support précieux et recherché pour la fabrication de petits objets décoratifs ou pour les incrustations, notamment de meubles. L'un de ces trois objets est une poupée copte –sa tête plus exactement, avec ses immenses yeux sculptés et peints. Cet objet présente un grand intérêt puisqu'il apporte la preuve de l'existence de liens commerciaux entre les ports égyptiens et Aqaba ou Ayla, selon son nom à l'époque. Le traitement formel des deux autres objets est caractéristique de la longue tradition du travail de l'ivoire au Proche-Orient; une tradition illustrée particulièrement par les célèbres ivoires de Nimroud au troisième âge du fer. Ces trois objets sont attribués globalement au début de la période islamique.

I. K.

Oued Ramm (Oued Iram)
Oued Iram se trouve à 340 km au sud d'Amman. Au départ d'Aqaba, suivre la route du Désert en direction nord pendant 25 km, et prendre l'embranchement est pendant 35 km jusqu'au site. Accès au site payant tous les jours. Véhicule tout-terrain indispensable. Séjour en hôtel possible.
Renseignements: "The Rest House", tél.: 03-2018867.
Les vallées arides du désert de "sable rouge" avec leurs barrières rocheuses escarpées sont d'une beauté inégalée, dans cette région de la Jordanie qui garde le témoignage des routes caravanières nabatéennes avec leurs caravansérails proches de sites anciens. Grâce aux complexes réseaux d'irrigation inaugurés par les Nabatéens, l'inhospitalité du désert a pu être bravée par les voyageurs, et les tribus ont pu y habiter. Leur perfectionnement au cours du temps profitera à des générations de voyageurs, comme les Omeyyades d'al-Houmayma.
Oued Iram est particulièrement célèbre pour ses rochers sculptés avec leurs antiques inscriptions en langues arabes du nord (safaïtique et thamoudéenne). Ces témoignages nous permettent de lire dans la pierre l'histoire des déplacements des tribus depuis le désert d'Arabie Saoudite, au nord (Meda'in Saleh et al-Oulah), jusqu'à Aqaba et au-delà, vers le sud (Sinaï). Est-il nécessaire de rappeler que ce désert est aussi le décor de la geste de Lawrence d'Arabie et des batailles pour la conquête de l'indépendance ?

LES CAMPS ROMAINS ET L'ORGANISATION URBAINE

Ghazi Bisheh

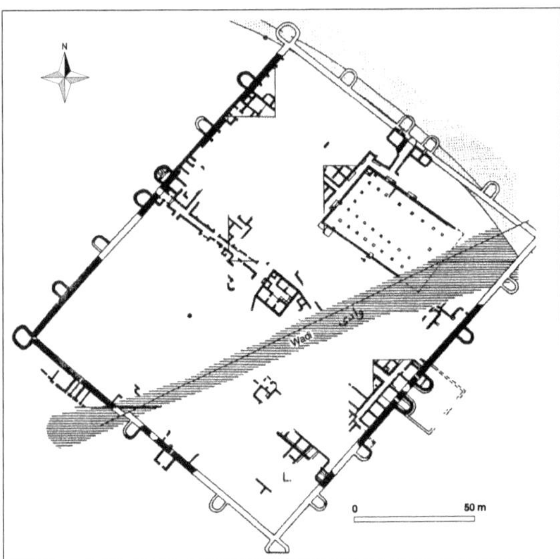

Plan de la ville islamique d'Ayla, Aqaba (Whitcomb, SHAJ 5, 1995).

Dans l'esprit de nos contemporains, l'image de la "ville islamique" est indissociable d'un labyrinthe de rues tortueuses et irrégulières souvent terminées en cul-de-sac. Des rues qui conduisent à des quartiers d'habitations fermés sur eux-mêmes, où les maisons sont tournées vers l'intérieur pour protéger la vie familiale. Le centre de la ville est occupé par le marché/*bazar* qui bourdonne des cris et des activités diverses des marchands. Pour reprendre les mots d'un spécialiste, "(...) *l'irrégularité et l'anarchie semblent être les qualités les plus frappantes de ces villes. En termes sociaux, la ville islamique est constituée d'une agglomération disparate de groupes et d'individus dont les intérêts sont conflictuels.*" À en croire certains commentaires, ces caractéristiques découleraient naturellement de l'absence d'institutions municipales (*curia*) et de la dissémination de la gestion locale dans les cités de l'islam, une désorganisation qui reconduit toujours le lieu commun de la ville immémoriale, statique et intemporelle. Ce genre de portrait demande cependant à être sérieusement amendé, car il suppose l'oubli des spécificités régionales, de la dimension historique et de la genèse historico-sociale du développement urbain. Par commodité, on a souvent trouvé utile de distinguer deux types de cités islamiques en opposant les villes "créées" pendant la période islamique et par la volonté délibérée d'un souverain ou d'une dynastie aux villes "spontanées", qui descendraient directement et comme "organiquement" des époques antérieures.

Les meilleurs exemples de la première catégorie sont les *Dour al-Hijra* (les lieux de l'immigration), tels que Bassora et Koufa en Irak, Foustat en Égypte et Kairouan en Tunisie. Il ne s'agissait à l'origine que d'immenses campements de tentes et d'implantations temporaires de tribus nomades, établis pour contrôler les populations non-arabes des territoires occupés et servir de base pour l'expansion ultérieure. En l'espace de deux générations tout au plus, ces implantations vont faire place à des villes de garnisons permanentes (*amsar*, sing. *misr*) et, comme l'État encourage leur peuplement par des Arabes, elles vont rapidement déborder leur fonction militaire initiale et développer une palette d'activités beaucoup plus diversifiées, culturelles, sociales et politiques. Ces créations artificielles vont faire la preuve de leur viabilité en perdurant et en ne cessant de se développer. La configuration de ces villes de garnisons est largement connue grâce au sources historiques arabes. Les recherches récentes prouvent que, loin d'être due au hasard, leur organisation a été délibérée en fonction d'un plan modèle. La *misr* (pl. *amsar*) est d'abord divisée en quartiers d'habitations (*khitat*), qui sont attribués chacun à une tribu. Au centre est ménagé un espace ouvert (*rahba, sahn*) réservé au gouvernement local et à l'intérieur duquel se trouve la mosquée du vendredi (*Jama'*) avec, sur son côté sud (*kibla*), la maison du gouverneur (*Dar al-Imara*): leur proximité affiche l'unité de l'État et de la religion. Du centre partent en rayon les grandes avenues (*manahij*), de 40 coudées (20 m) de large, et les rues principales (*tourouq*), de 20 coudées (10 m), qui séparent les différents *khitat*. À leur tour, les rues principales se ramifient en un labyrinthe de ruelles (*zouqaq*) de 7 coudées de large. Sans être nécessairement orthogonal, le réseau des grandes avenues et des rues principales est régulier et forme un maillage dans lequel s'insèrent les unités d'habitations. La répartition des tribus en *khitat* homogènes permettait de les contrôler plus étroitement et de faciliter le recrutement des armées et le paiement de la solde des militaires.

En Syrie, Jordanie et Palestine, les Arabo-Musulmans pénètrent dans des contrées qui sont urbanisées depuis longtemps. Mais au moment de leur arrivée, les villes gréco-romaines, avec leurs rues bordées de colonnades, leurs temples, leurs théâtres et leurs marchés, ont déjà perdu une grande partie de leur magnificence: les thermes monumentaux ont disparu, les grands temples se sont dégradés, des échoppes et un habitat pauvre empiètent sur les rues et les colonnades. Les conseils autonomes ont cédé la place à l'administration des évêques et de leur clergé maintenant en charge des affaires de la ville. Les nouveaux arrivants arabes n'ont pas ou peu d'expérience en matière d'urbanisation; ils ne vont pas entreprendre de grandes réformes, mais se contenter d'introduire les nouvelles fonctions indispensables à la société musulmane. Il est d'autant plus remarquable que, pour les implantations nouvelles comme Ayla (Aqaba), les Arabes adoptent le plan régulier calqué sur le modèle du camp romain avec ses deux rues principales qui se croisent à angles droits, au centre (cf. "La ville islamique d'Ayla"). Ayla n'est d'ailleurs pas un exemple isolé puisqu'on retrouve la même organisation à Anjar, au Liban, et à Qasr al-Khayr (est), en Syrie. Ces exemples nous montrent que, contrairement à une idée reçue, la dissymétrie est, dès les origines, étrangère à l'art islamique, alors que la symétrie et l'harmonie sont les principes directeurs dans l'architecture comme pour l'organisation urbaine. L'absence d'autonomie municipale n'empêchera pas bon nombre de villes islamiques de prospérer, pas plus qu'elle n'a fait obstacle à l'intégration des communautés et au développement des relations de solidarité et de cohésion sociale. Dans la jeune philosophie islamique, la ville est une condition indispensable à la réalisation de l'individu, avec son idéal de perfection morale et culturelle.

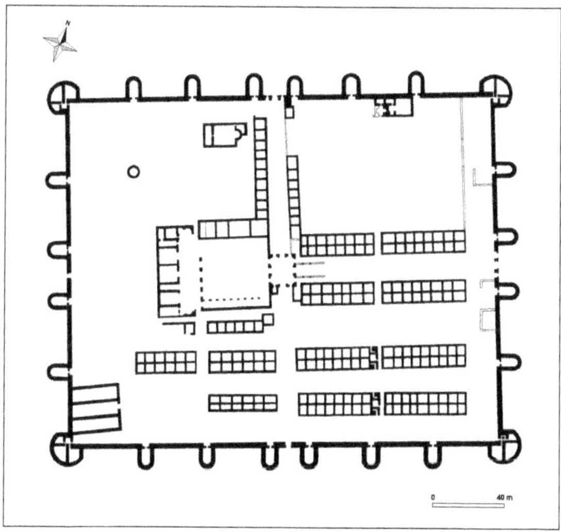

Plan d'un camp militaire, époque romaine, Lejjoun (Whitcomb, SHAJ 5, 1995).

CIRCUIT V

Commerçants et pèlerins

Fawzi Zayadine, Ghazi Bisheh, Ina Kehrberg, Mohammad al-Asad

Deuxième jour

V.3 AL-HOUMAYMA

V.4 EDROH

OPTION NATURELLE
La réserve de Dana

La Terre des prophètes et des disciples
La route du pèlerinage syrien vers les villes saintes de l'islam

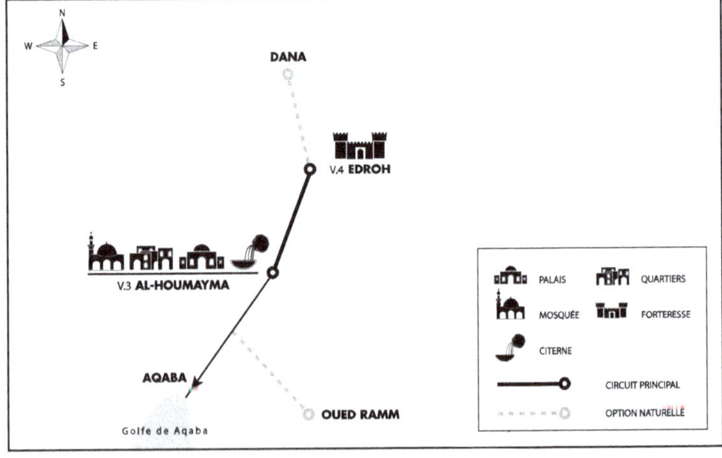

V.3 AL-HOUMAYMA

Le site se trouve à 280 km au sud d'Amman. À partir de Oued Ramm ou d'Aqaba, suivre la direction nord pendant 60 km environ. Il est vivement conseillé de louer un véhicule tout-terrain, car la route est une piste difficile. Ouvert tous les jours. Entrée gratuite. Renseignements: Société pour la préservation d'al-Houmayma, tél.: 03-2014385.

L'importance historique d'al-Houmayma est due au fait que la famille abbasside en fit sa résidence pendant la première moitié du IIe/VIIIe siècle, au moment où le clan ourdit sa révolte contre les Omeyyades. Grâce aux fouilles de grande ampleur entreprises depuis la fin des années 80, nous disposons maintenant d'abondantes informations sur l'histoire du site et sur ses occupations successives au cours des deux derniers millénaires.
Les origines d'al-Houmayma remontent aux Arabes nabatéens. La cité, qui porte alors le nom d'Awara (de l'arabe *al-Hawra*), sera fondée par le roi Aretas (*al-Harith III*, 87-62 av. J.-C.), qui régnait sur Pétra. Les fouilles d'al-Houmayma ont permis de mettre au jour, outre des tombes et une maison, les vestiges impressionnants du réseau d'adduction d'eau construit à l'époque. Cette infrastructure témoigne de l'ingéniosité déployée par les Nabatéens pour capter, acheminer et stocker l'eau: la longueur totale du réseau d'aqueducs qui amenaient l'eau sur le site est de 33 km. On a découvert plus de cinquante citernes et deux barrages, le tout étant réparti sur une surface de 240 km^2 autour d'al-Houmayma. Deux de ces citernes, situées dans al-Houmayma même, avaient une capacité de plus de 900 m^3. Les plus petites citernes étaient de forme circulaire, ce qui les rendait plus économiques et plus simples à construire et à étancher. Par contre, il était plus facile de recouvrir d'un toit les grandes citernes habituellement rectangulaires. Le réseau hydraulique des Nabatéens se révèlera si efficace qu'il continuera d'être utilisé au cours des époques successives.

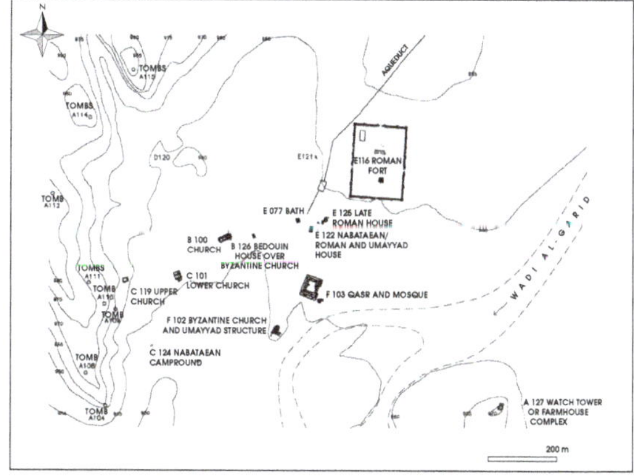

Al-Houmayma (Avara) (Oleson et al., ADAJ 43, 1999).

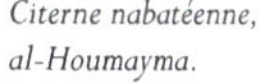

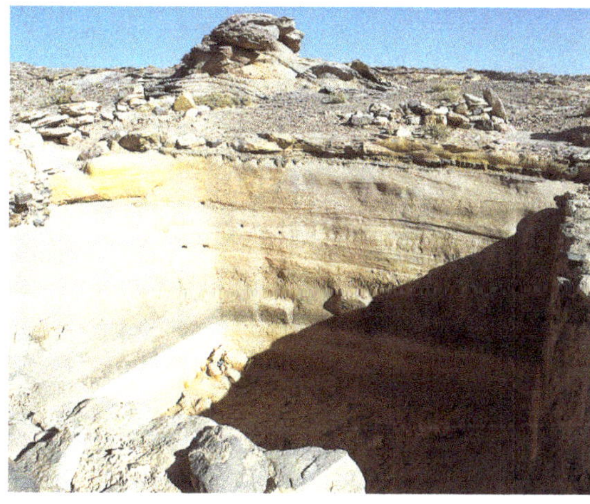

Citerne nabatéenne, al-Houmayma.

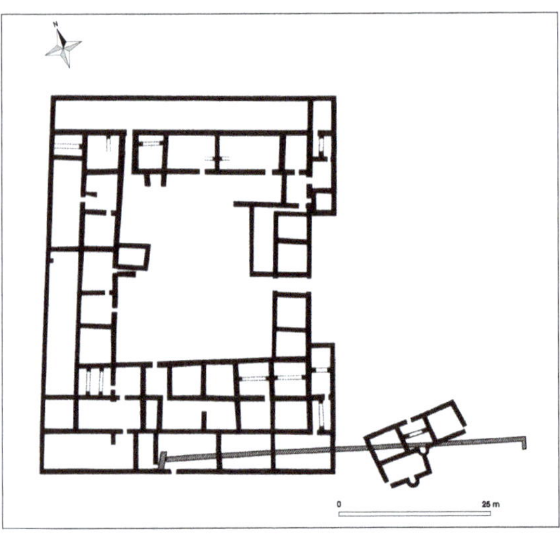

Plan du palais abbasside, al-Houmayma, (Oleson et al., ADAJ 43, 1999).

Après l'annexion romaine de la Nabatée, en 106, al-Houmayma conserve un rôle important grâce à sa position sur la *Via Nova Traiana*. Cette voie, qui traverse la province romaine d'Arabie, du nord au sud, jusqu'au port d'Aqaba, sera terminée sous Trajan –comme son nom l'indique– entre 111 et 114, datation des pierres milliaires les plus anciennes.

Palais abbasside, al-Houmayma.

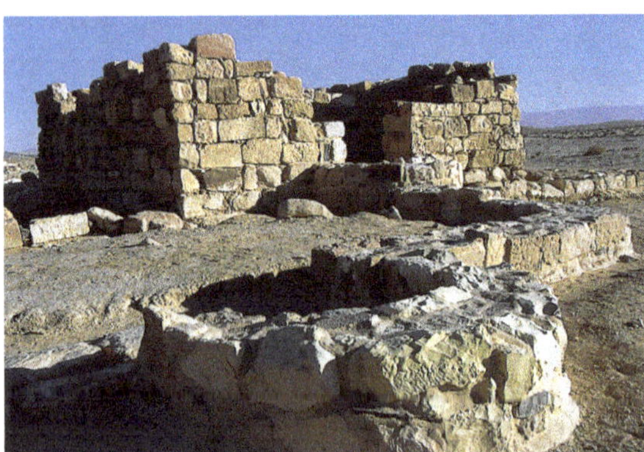

Sous l'occupation romaine, le réseau hydraulique nabatéen sera amélioré, et un fort sera érigé au nord du site. La construction de cette puissante fortification s'est étagée de la seconde moitié du IIe siècle au début du IIIe siècle. Elle ne fait pas moins de 205 m sur 150 m et disposait de quatre tours d'angles et d'une série de tours intermédiaires. Sa taille classe ce fort au second rang après celui de Bostra (en Syrie actuelle) pour l'Arabie romaine. Les vestiges retrouvés au sud-est du fort semblent avoir été des thermes romains. La cité conserve son importance pendant toute la période byzantine, au VIe siècle et au début du VIIe. Quatre églises datant de cette époque ont pour l'instant été retrouvées.

Des textes historiques rapportent que c'est sous le règne du calife omeyyade Abd al-Malik Ibn Marwan (65/685-86/705) que l'Abbasside Ali Ibn Abd Allah Ibn al-Abbas achètera le site d'al-Houmayma. Selon d'autres sources, il lui aurait été octroyé par les Omeyyades. C'est son fils Mouhammad qui, après la mort d'Ali, commencera à fomenter le soulèvement abbasside contre les Omeyyades.

Ali Ibn Abd Allah, pour sa part, va construire un *qasr* et une petite mosquée et planter une oliveraie de cinq cents arbres. Le *qasr*, construit sur les vestiges d'édifices antérieurs, mesure environ 64 m sur 50 m. Il est constitué d'une cour centrale entourée de logements. Toutefois, l'organisation en *bayt* (unités indépendantes, chacune étant organisée autour d'une cour plus petite), commune aux palais omeyyades, est ici absente. Ses murs n'ont pas de tours, et la partie de la façade dans laquelle se trouve l'entrée est en renfoncement. Par ces caractéristiques, il se démarque des autres palais omeyyades du IIe/VIIIe siècle du *Bilad al-Cham* et affiche une influence de la péninsule arabe plutôt que byzantine. Il n'y a là rien de surprenant puisqu'Ali Ibn Abd Allah avait résidé dans la ville de Ta'if, dans le *Hedjaz*, avant de s'installer à al-Houmayma.

On ne connaît pas encore clairement les fonctions des pièces du *qasr*, sauf pour l'une d'entre elles, identifiée comme étant la boulangerie. Une salle, au milieu du côté ouest, avait été ornée de grandes fresques qui ont été presque entièrement détruites par le feu. L'avancement des fouilles a permis de découvrir un grand nombre d'objets précieux, dont une monnaie omeyyade de 115/733-734, et des milliers de fragments d'ivoire.

Une partie de ces fragments a pu être réassemblée, et on a reconstitué un panneau de 30 cm de long environ sur lequel figure en vue frontale un homme en tenue militaire portant une lance et tournant la tête de profil. Par son style, la sculpture permet de déceler une influence perse ou plus orientale encore. La collecte comprend aussi une coquille d'œuf d'autruche peinte en rouge, des poignées en fer et des fragments de cuir, toutes choses qui suggèrent que les possesseurs du palais menaient un train de vie luxueux. Dans ce contexte, il faut ajouter que la famille abbasside entretenait des relations commerciales avec des contrés lointaines et accueillait régulièrement maints voyageurs venus de Syrie et du *Hedjaz*.

À environ 10 m de l'angle sud-est du *qasr*, une petite mosquée a été reconstruite au début du XXe siècle, n'épargnant que les trois premières assises de la construction d'origine. Les côtés de la mosquée mesurent de 5,60 m à 5,75 m; elle est de plan rhomboïdal, et son *mihrab* est visible de l'extérieur. Elle n'est pas clairement orientée dans la direction de La Mecque, ce qui n'est guère étonnant, les toutes premières mosquées ayant souvent une orientation approximative.

Il s'agit d'une des plus petites mosquées conservées du début de la période islamique, en *Bilad al-Cham*, et sa dimension indique qu'elle était réservée à un usage privé. Au sud-est, on a exhumé une seconde mosquée, attenante au mur de la

Palais abbasside, vue aérienne, al-Houmayma.

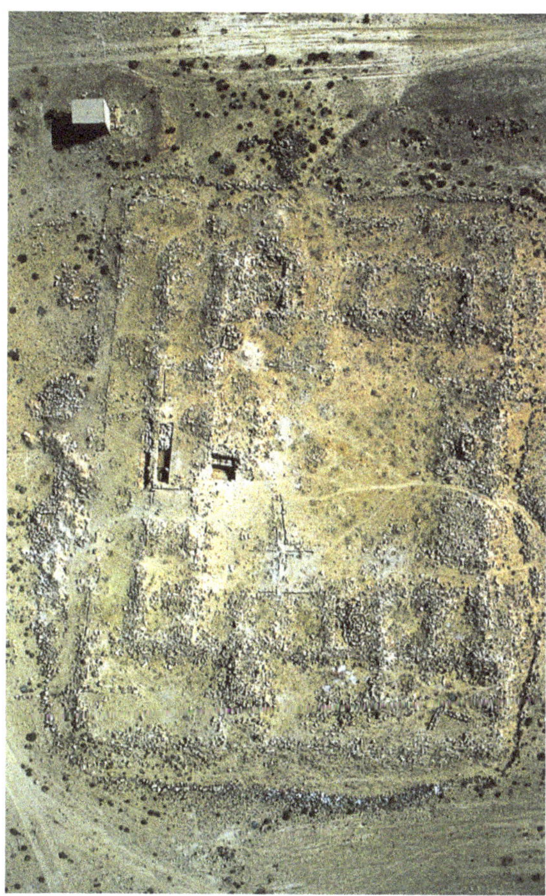

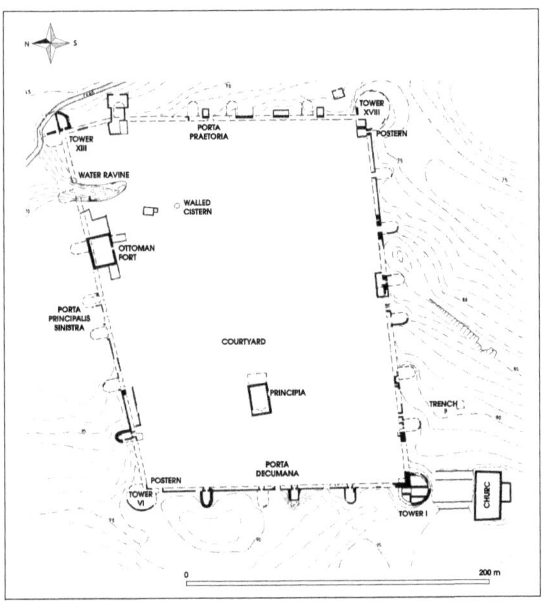

Plan du camp de la légion, époque romaine, Edroh (A. Killick, rep. prélim, 1983, n.p.).

kibla de la première. Jusqu'à présent, il n'a pas été possible d'attribuer une datation à cette mosquée. Il n'est pas inintéressant de remarquer qu'al-Houmayma ne possédait pas de mosquée du vendredi et qu'aucune de ses nombreuses églises d'époque byzantine ne sera reconvertie en mosquée pendant la période islamique. Ce qui nous laisse penser que, au début de la période islamique du moins, il y avait encore assez peu de musulmans à al-Houmayma et que la majorité des habitants continuait d'être chrétiens.

La famille des Abbassides quittera al-Houmayma pour l'Irak dans la première moitié du IIe siècle/fin de la décennie 740. La ville continuera d'être régulièrement habitée, même après que les Ottomans eurent pris possession de la région en 923/1517.

M. A.

V.4 EDROH

Le site se trouve à 120 km au nord d'Aqaba et à 20 km à l'ouest de Ma'an. Au départ d'al-Houmayma, prendre la route du Désert en direction du nord vers Edroh et traverser la ville de Ma'an. Ouvert tous les jours. Entrée gratuite.

Le site d'Edroh se trouve à 20 km au nord-ouest de Ma'an et à l'est de Oued Moussa, dans une région aride dont la pluviométrie n'atteint pas 200 mm. À proximité, une source pérenne, providentielle dans ce contexte de pénurie en eau, pourrait avoir joué un rôle déterminant dans l'emplacement du site. L'édifice principal est un important camp romain. De plan trapézoïdal, il mesure 246 m au nord, 248 m au sud, 177 m à l'ouest et 207 m à l'est. Si les tours en saillie de l'enceinte sont encore debout, l'intérieur du camp n'est plus qu'éboulements et ruines. En enjambement du mur nord de l'enceinte se trouve un fort ottoman avec des murs de 6 m de haut. Il y a aussi une église byzantine à l'extérieur de la tour d'angle sud-ouest. La courbure du mur est, avant qu'il ne se termine au nord, était destinée à enclore la source pour la défendre. Il semble bien que la surface intérieure ait été originellement subdivisée en quatre secteurs: les deux voies axiales se croisant au centre rejoignaient les quatre portes. En plus de ces quatre portes principales, il y avait trois poternes voûtées; s'il en existait d'autres, elles ont été détruites depuis longtemps. Le choix du site d'Edroh est justifié par sa proximité avec Pétra et pour sa position sur une importante route commerciale. Avec le réseau de routes construites à l'époque romaine, et en particulier la *Via Nova Traiana*, l'importance stratégique d'Edroh s'accroît encore. La plus ancienne mention de cette ville a été trouvée dans l'œuvre de Ptolémée (IIe siècle), qui la cite comme faisant partie de l'*Arabia Petraea*. Le code justinien de Beersheba rapporte qu'Edroh versait 650 pièces d'or, plus que toutes les autres villes de la *Palestina Tertia*. C'est un bon indicateur de son importance au VIe siècle, période qui correspond à l'ascension du phylarcat ghassanide auquel sera alors confié le contrôle de la région. On remarquera qu'une source arabe du IVe/ Xe siècle attribue la reconstruction d'Edroh au phylarque ghassanide al-Harith Ibn Jabala. En 8/630, alors qu'Héraclius va faire son entrée triomphale dans Jérusalem reconquise contre les Sassanides, le prophète Muhammad se rend à Tabouk. Pendant son séjour, il recevra des délégations d'Ayla, d'Edroh et de la ville de Jarba voisine, venues négocier un traité de paix. Par cet accord, Edroh acceptera de verser une taxe de 100 *dinars* (monnaies d'or), somme bien moindre que celle qu'elle devait payer pendant le règne de Justinien. Cette baisse d'imposition est peut-être due à une diminution de sa population.

Edroh va encore trouver l'occasion de s'illustrer en 36/657. Au plus fort de la bataille de Siffin entre les forces d'Ali Ibn Abi Talib, le quatrième calife "orthodoxe", et les partisans de Mou'awiya Ier Ibn Abi Soufyan, le gouverneur de Syrie, les deux parties acceptent de s'en remettre à un arbitrage pour mettre fin à la lutte. Les arbitres et leurs importantes suites vont se rencontrer à Edroh, et l'arbitrage conduira à la défaite des partisans du calife Ali. C'est toujours à Edroh qu'en 41/661, Hassan, son fils aîné, se soumettra à Mou'awiya et lui fera allégeance, pavant ainsi la route à l'instaura-

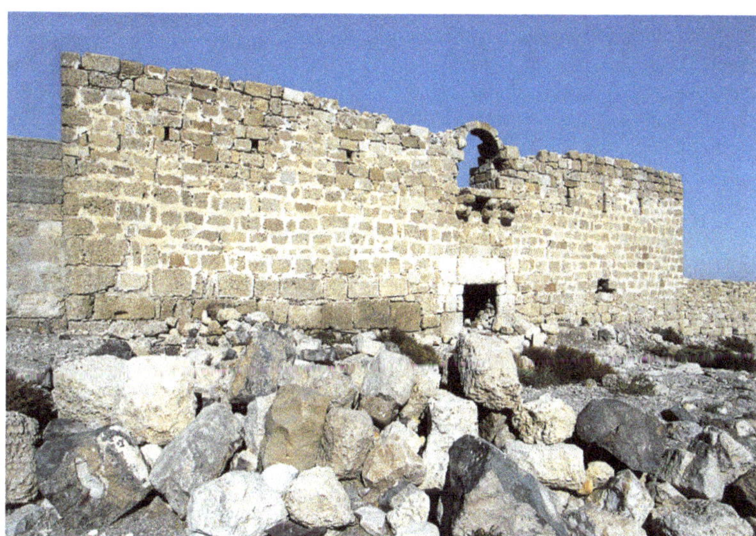

Fort à l'intérieur du camp romain, Edroh.

Edroh

Vue générale du village traditionnel, Dana.

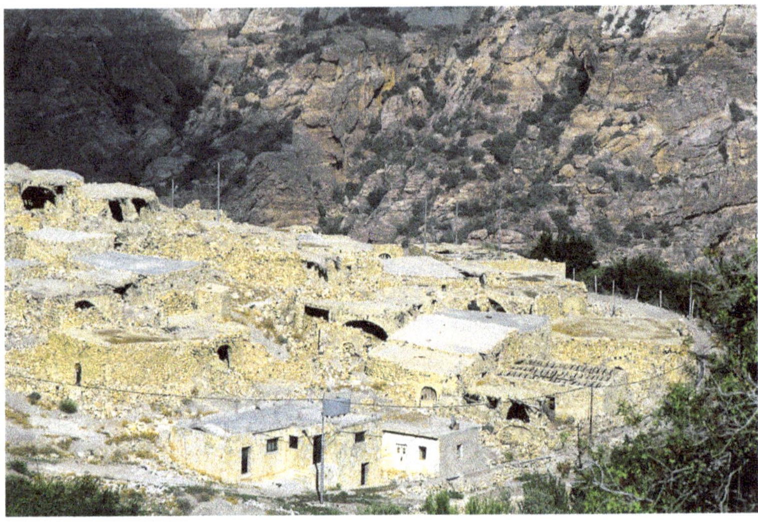

tion de la dynastie omeyyade avec Damas pour capitale. En 67/687-68/688, Ali Ibn Abd Allah Ibn al-Abbas et d'autres membres de la famille abbasside s'installent à Edroh qu'ils quittent d'ailleurs rapidement pour al-Houmayma (cf. “Al-Houmayma”), le site où naît la révolution abbasside et son insurrection missionnaire dont le destin sera de renverser la dynastie omeyyade en 132/750.

G. B.

Le parc naturel de Dana

Dana se trouve à 25 km environ au sud de Tafilah, juste au nord de Chobak sur la voie des Rois. Au départ d'Edroh, en voiture, prendre la direction du nord vers Tafilah. La réserve est l'un des six parcs naturels de Jordanie sous le patronage de la Société royale pour la conservation de la nature (RSCN). Les visiteurs y bénéficieront de conditions exceptionnelles pour découvrir l'extrême richesse et la diversité de la faune et de la flore locales dans un cadre authentique. Ce projet, l'un des plus ambitieux du Moyen-Orient, offre la possibilité d'observer sept habitats différenciés, étagés de moins 250 m à 1 500 m, pour sa partie montagneuse. Depuis les temps ancestraux, l'économie des villageois de la région restait étroitement dépendante du commerce par le Oued Araba. Le Projet Dana soutient les efforts des populations pour préserver leurs villages et leur mode de vie originel, notamment grâce à la restauration des anciennes maisons ottomanes traditionnelles et à la promotion des arts et de l'artisanat locaux.

Renseignements: parc naturel de Dana, tél.: 03-368497.

LA TERRE DES PROPHÈTES ET DES DISCIPLES

Mohammad al-Asad

À l'intérieur des frontières de la Jordanie actuelle se trouvent un grand nombre de sites d'une signification religieuse considérable pour les croyants des trois religions monothéistes: judaïsme, christianisme et islam. Ces sites sont liés aux événements et aux grandes figures de l'Ancien et du Nouveau Testament, du Coran, et généralement à l'histoire des trois religions.

Vu la continuité qui existe entre l'islam et le judéo-christianisme, il n'est pas étonnant que la plupart des sites bibliques soient aussi importants pour les musulmans.

Les vestiges historiques de la majorité de ces sites sont essentiellement dus à des rénovations ou à des restaurations modernes. Selon quoi de tels sites valent plus pour les mémoires collectives qu'ils perpétuent que pour leur architecture.

De nombreux personnages bibliques sont traditionnellement associés aux sites jordaniens, comme Noé, Abraham, Loth, Isaac, Moïse, Aaron, Josué, Élie, David, Salomon, Job, Jean le Baptiste et Jésus-Christ. Le mont Nébo, près de Madaba, est le lieu supposé de la mort de Moïse; Moukawir, sur la mer Morte, au sud de Madaba, celui de la décollation de saint Jean-Baptiste, et la rive est du Jourdain, identifiée comme Oued al-Kharrar, est considérée comme le lieu du baptême de Jésus par saint Jean. Une grotte de la vallée du Jourdain, "la grotte de Loth", sur le flanc de la montagne en face de la mer Morte, serait la grotte où vécurent Loth et ses filles après la destruction de Sodome et Gomorrhe. Le site comprend aussi un monastère byzantin du VIe siècle, récemment mis au jour, et l'église de Saint-Loth (Dayr Ayn Abata). En outre, d'après certaines traditions, les tombes d'Aaron, de Josué et de Job se trouvent en Jordanie, celles de Josué et de Job près de la ville de Salt et celle d'Aaron près de Pétra.

Dès le début du christianisme, le territoire de l'actuelle Jordanie est considéré

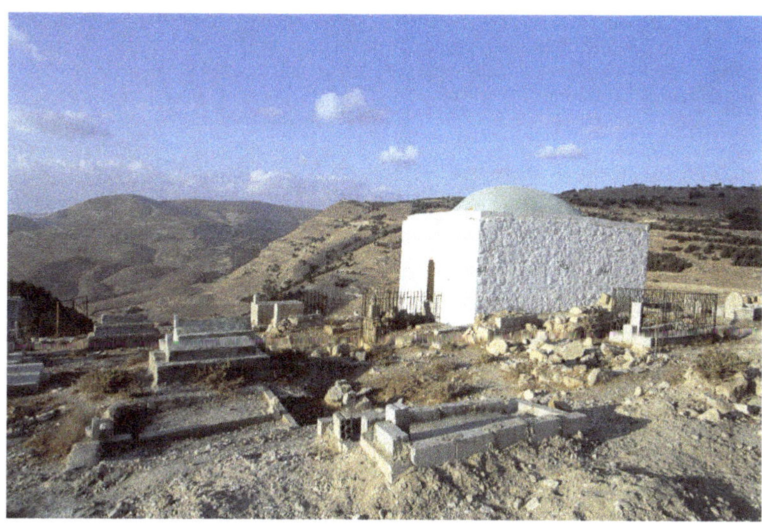

Sépulcre de Noé, près de Karak.

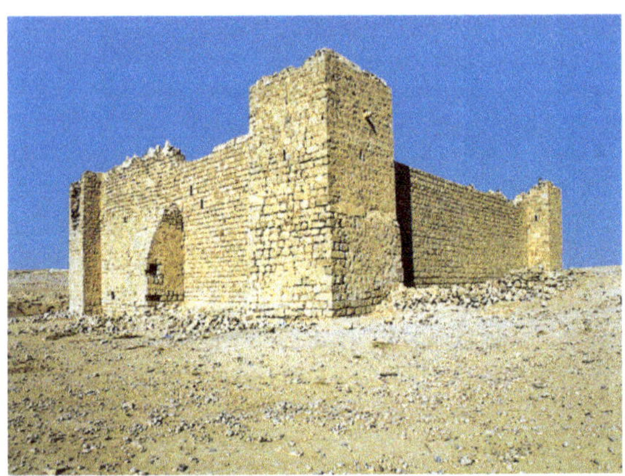

Château de Dab'a.

comme une terre de pèlerinage. Le premier témoignage sur un tel pèlerinage nous vient d'une femme qui se nommait Egeria. Les historiens estiment qu'il s'agirait d'une religieuse espagnole ayant vécu au IVe siècle. Egeria a écrit à ses sœurs des lettres de voyage très détaillées. Par la suite, de nombreux récits de pèlerinages chrétiens en Jordanie nous sont parvenus, comme celui de Pierre l'Ibère au Ve siècle et celui d'un pèlerin anonyme de Piacenza, au cours du VIe siècle. Tous ces premiers récits contiennent une moisson inestimable d'informations pour l'archéologie et l'histoire de la Terre sainte. On trouve aussi en Jordanie une quantité de sites d'extrême importance pour le début de l'islam, tels que ceux des batailles décisives entre les musulmans et les armées byzantines, à Mou'ta et sur le Yarmouk. En outre, comme nombre de compagnons du prophète Muhammad (ses premiers disciples) avaient participé à ces deux batailles, les tombes ou mausolées d'environ quatorze d'entre eux sont dispersés dans tout le pays. Les musulmans originaires des quatre coins du monde islamique viennent s'y recueillir.

La première bataille de Mou'ta, près de Karak, dans le sud de la Jordanie, a lieu en 7/629. Le prophète a envoyé une armée d'environ 3 000 hommes et a confié son commandement à Zayd Ibn Haritha, son fils adoptif. Le commandant en second est Ja'far Ibn Abi Talib, cousin du prophète et frère d'Ali. Le troisième commandant est Abd Allah Ibn Rawaha, un chrétien converti à l'islam qui a toute la confiance du prophète. Les musulmans seront vaincus et les trois commandants périront dans la bataille. On peut voir leurs tombes dans le village d'*al-Mazar*, "le lieu de la visitation", près de Mou'ta. Le village abrite également un grand ensemble religieux dont les travaux ont été achevés récemment.

La bataille de Yarmouk remonte à l'an 15/636, quatre ans après la mort du prophète. Elle doit son nom au fleuve Yarmouk, un affluent du Jourdain, où elle s'est déroulée. L'armée musulmane est conduite par le brillant général Khalid Ibn al-Walid. Khalid avait participé à la bataille de Mou'ta: c'est lui qui, après la mort de ses trois commandants, avait réussi à ramener sains et saufs à Médine les rescapés de l'armée musulmane défaite. Bien que les musulmans aient été deux fois

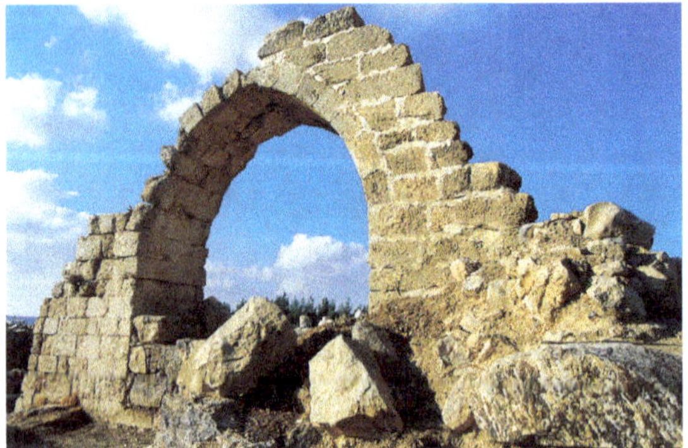

Mosquée du champ de bataille de Mou'ta, près de Karak.

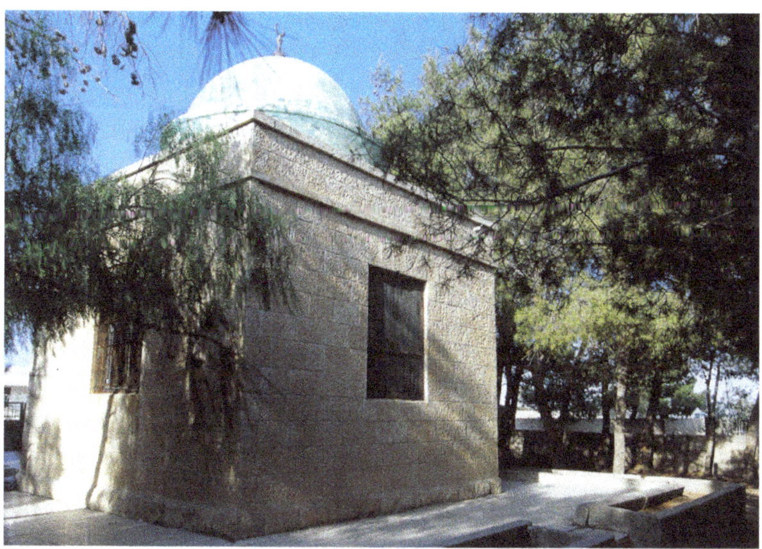

Tombeau de Abd Allah Ibn Rawaha, Mazar, près de Karak.

moins nombreux que leurs adversaires à Yarmouk, ils remporteront une victoire décisive sur les forces byzantines et la Syrie deviendra province musulmane.

Plusieurs compagnons du prophète, combattants de Yarmouk et d'autres confrontations avec l'armée byzantine en Syrie, choisiront de s'établir dans les régions qui font actuellement partie de la Jordanie. Le plus considérable d'entre eux est probablement Abou Oubayda al-Jarrah, l'un des premiers convertis à l'islam, auquel le prophète avait donné le nom d'*al-Amin* "le digne de confiance". Le calife "orthodoxe" Omar Ibn al-Khattab le nomme commandant de l'armée musulmane en Syrie –il succède à Khalid Ibn al-Walid– puis premier gouverneur musulman de Syrie. La tradition rapporte qu'en fait Omar le destinait à sa succession, mais Abou Oubayda mourra avant lui pendant la peste de 18/639. Son tombeau se trouve dans la vallée du Jourdain.

LA ROUTE DU PÈLERINAGE SYRIEN VERS LES VILLES SAINTES DE L'ISLAM

Fawzi Zayadine

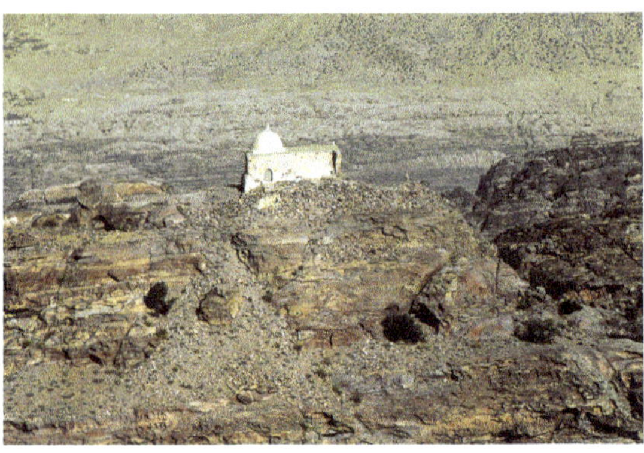

Tombeau d'Aaron, près de Pétra.

Le pèlerinage est un des cinq devoirs de l'islam. Tout musulman adulte doit se rendre à La Mecque au moins une fois dans sa vie. En réalité, cette tradition remonte à la période pré-islamique, car la *Ka'ba* de La Mecque était déjà sacrée pour les Qouraychites et d'autres tribus avant l'islam. Cependant, La Mecque n'est pas la seule ville sainte pour les Arabes, et on connaissait encore d'autres *Ka'abas* dans le *Hedjaz* pendant la *Jahiliya*, ou les temps païens. Il y avait une *Ka'ba* dans la vallée d'Hourad, près de La Mecque, dédiée à *al-Oza,* et une autre près de Ta'if, pour la déesse *al-Lat*.

Château d'al-Qatrana.

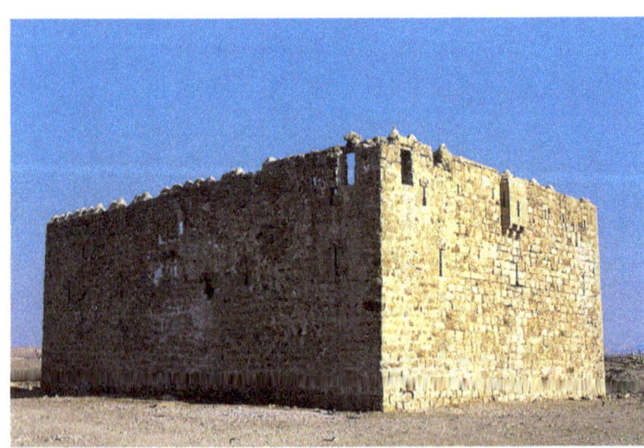

Cependant, la *Ka'ba* de La Mecque était le plus sacré de tous les sanctuaires, car il avait été fondé par Abraham et son fils Ismaël avant même l'apparition du judaïsme ou du christianisme. Après que le prophète Muhammad a conquis La Mecque en 8/630, il entre dans la *Ka'ba*, détruit les idoles, accomplit l'Oumra (petit pèlerinage) et institue cette *Ka'ba* comme l'un des centres religieux de l'islam.

Après que les califes omeyyades ont fait de Damas leur capitale, en 41/661, la route syrienne du pèlerinage sera la première voie établie officiellement. Le voyage de la caravane des pèlerins devait se dérouler pendant les mois de *Chaouâl, Dhou al-Qa'da* et les dix premiers jours de *Dhou al-Hijja.* Les pèlerins devaient arriver à La Mecque le neuvième jour de *Dhou al-Hijja.* On désignait un commandeur du pèlerinage (*amir al-hajj*), et la caravane partait vers le sud, accompagnée par les amis et les parents des pèlerins. La procession du "baldaquin" (*mahmal*), qui se déroulait la veille du départ de la caravane et où on portait le voile de la *Ka'ba*, est une cérémonie de création plus tardive.

La première halte était à Kisweh, au sud de Damas. Les musulmans révéraient ce lieu car c'est là que les messagers envoyés par le prophète Muhammad à l'empereur de Byzance avaient été martyrisés par les Ghassanides. En quittant cette halte, la caravane continuait vers Khan Danoun et Gabagheb. Après ce village, le pèlerinage gagnait Sanamayn, puis Mouzyrib. Dans cette ville, pourvue de sources abondantes, des foires étaient organisées pour que les pèlerins puissent se procurer les provisions indispensables au voyage. La dernière halte en Syrie était Der'a, qui se trouve maintenant sur la frontière jordanienne.

En Jordanie, le chemin du pèlerinage correspondait au trajet du chemin de fer actuel jusqu'à al-Foudayn (Mafraq), qui était une implantation omeyyade (cf. "Al-Foudayn"). La route continuait le long de l'antique voie de Mafraq à Khirbat al-Samra, Zarqa et Amman. Là, la meilleure halte était au centre-ville dans la zone du nymphée et de la mosquée al-Husseini (cf. "Amman").

Le long de la route du Désert, qui deviendra le principal chemin du pèlerinage pendant la période ottomane, une chaîne de forts sera construite. Zizyia est à 30 km au sud d'Amman, près de l'aéroport, et Dab'a, la halte suivante, 50 km après. Toutes deux étaient pourvues d'un fort et d'une citerne. Qatrana était une halte importante du fait de sa position au croisement des routes d'Amman et de Karak. Sa forteresse a été restaurée dans les années 70, et sa citerne immense recueille l'eau de pluie du *oued*. Sur le chemin du retour de La Mecque, à l'arrivée des caravanes à Qatrana, un messager était envoyé à Damas pour annoncer le retour des pèlerins. Hasa est une autre de ces haltes pourvues d'un fort et d'un puits. Pendant l'hégémonie mamelouke, la route sera pavée et un pont sera construit pour permettre aux pèlerins de traverser le *oued*. Le pont de Hasa était aussi une des stations où étaient prélevées les taxes sur les caravanes.

À Ma'an, ville antique fondée par les Minéens (Ma'in), les pèlerins se rassemblaient dans une hostellerie avant de gagner la halte de Moudawwara et de partir pour l'Arabie. La ville avait deux quartiers: Ma'an al-Chamiya, au nord, où étaient rassemblés les pèlerins damascènes, et Ma'an al-Hedjaziya, réservé aux voyageurs *hedjazi*. Il y avait aussi un marché et les pèlerins pouvaient laisser leurs bagages inutiles en garde.

De Ma'an, la route continue vers al-Chidiyya (28 km) et la citadelle de Fassou'a, puis, de là, vers Batn al-Ghoul, à mi-chemin entre Ma'an et Moudawwara. À Moudawwara, la dernière halte en Jordanie, une forteresse (de 19 m de côté) et une citerne seront construites par les Ottomans. De là, la route quitte la Jordanie actuelle et traverse la frontière saoudienne vers Halat Amar.

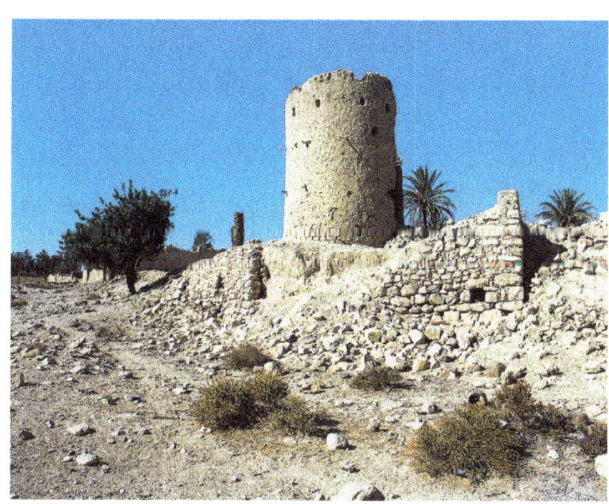

Ma'an, vue d'une palmeraie.

Il existait trois routes conduisant de la frontière jordanienne aux villes saintes de l'islam: La première, la route Tabouki, passait par les anciennes pistes caravanières de Meda'in Saleh (Hegra) vers Tabouk, en traversant le Oued al-Qoura. C'est la route la plus ancienne, celle qu'utilisaient déjà les Nabatéens. À Hegra, qui était une halte importante, on a conservé d'importants vestiges, dont les splendides façades de tombes nabatéennes typiques sculptées dans les falaises sablonneuses. La deuxième route suivait la côte de la mer Rouge à partir d'Aynouna, puis rejoignait la route Tabouki. La troisième route allait directement d'Ayla/Aqaba à Djedda, puis à Médine.

GLOSSAIRE

Ajnad — (Sing. *jund.*) Provinces militaires.

al-Ghawr — Fente, crevasse (vallée du Jourdain).

al-Haram al-Charif — Noble Sanctuaire.

al-Jawf — Ville moderne en Arabie Saoudite dont le nom signifie "dépression".

al-Khadra' — Palais du Dôme vert à Damas.

al-Mazar — Lieu de la visitation

Amil — Gouverneur.

Amir — Commandant militaire, prince ou fonctionnaire de haut rang.

Amsar — (Sing. *misr.*) À l'origine, camps militaires musulmans qui deviendront plus tard des villes comme Basra, Koufa et Wasit.

Apodyterium — Vestiaire.

Arcosolia loculi — (Sing. *arcosolium loculus*) Niche creusée dans le rocher et utilisée comme sépulture.

Auditorium — Gradins pour spectateurs.

Ayn — Source.

Badiya — Région semi-désertique ou confins du désert. Pendant le règne des Omeyyades, désigne les "domaines à la campagne".

Baqara — Vache, génisse.

Bayt — Unité indépendante organisée autour d'une cour. Chaque *bayt* est composé de quatre ou cinq pièces.

Bazar — (En Perse, marché couvert avec portes.) En Orient, marché public ou lieu destiné au commerce.

Bilad al-Cham — Région qui comprend actuellement la Jordanie, la Palestine et la Syrie.

Caldarium — Salle chaude.

Calibè — Monument syrien de l'époque romaine probablement édifié en l'honneur de la famille impériale.

Calife — (De l'arabe *Khalifa.*) Chef suprême de la communauté musulmane, dans la lignée des successeurs du prophète.

Caravansérail — Hôtellerie destinée à l'hébergement des voyageurs et au stockage de leurs biens (marchandises).

Cardo Maximus — Voie romaine orientée selon un axe nord-sud.

Castellum — Caserne.

Castrum — Camp de légionnaires.

Cavea — Sièges dans l'auditorium d'un théâtre.

Chahada — Profession de foi musulmane.

Cheikh — Vieillard, homme respecté pour son âge et ses connaissances. Chef de tribu ou de confrérie.

Chi'a — (Litt. "scission, division, rupture".) Proprement dit *Chi'at 'Ali,* qui veut dire "le parti d'Ali". Les Chiites refusent de reconnaître la légitimité de tous les califes qui se succédèrent après l'assassinat d'Ali.

Coufique	Forme d'écriture arabe angulaire très stylisée et souvent très décorative, utilisée pour la calligraphie des premiers Corans et les inscriptions fondatrices, supposée originaire de Koufa en Irak.
Curia	Conseil ou assemblée municipal.
Dar al-Imara	Résidence du gouverneur.
Darif	Beau.
Day'a	Domaine agricole.
Decapolis	Union de villes de Syrie, Palestine et Jordanie, à l'origine formée par dix villes comme le nom l'indique.
Decumanus	Voie romaine orientée selon un axe est-ouest.
Deiknutai	Verbe grec qui signifie "est montré".
Deutéronome	Livre de l'Ancien Testament, cinquième et dernier du Pentateuque, dans lequel Moïse proclame pour la seconde fois la loi juive.
Dinar	Monnaie islamique en or.
Djebel	Montagne, terrain montagneux.
Dour al-Hijra	Lieux de séjour pour les immigrants.
Drahm	Monnaie d'argent.
Dux Arabiae	Gouverneur de l'Arabie.
Fondouk	Terme particulier de l'Afrique du Nord pour désigner une hôtellerie où peuvent loger bêtes et personnes, magasin pour marchandises et centre de commerce, analogue au caravansérail ou *khan* de l'Orient islamique.
Germani	Patronyme d'une famille romaine.
Hammam	Établissement de bains public ou privé.
Hedjaz	Région d'Arabie, le long de la mer Rouge.
Hijra	Ère islamique; les années sont comptées à partir de l'émigration (*hijra* en arabe) du prophète Mohammed de La Mecque à Médine en l'an 622 de l'ère chrétienne.
Hypocaust	Système de chauffage par le sol et les murs utilisant la vapeur, utilisé dans les bains romains et les villas.
Imam	Celui qui dirige la prière islamique. Guide, chef, modèle spirituel ou membre du clergé, quelquefois aussi homme politique, dans une société musulmane.
Imaret	En turc, cantine de bienfaisance.
Iwan	Salle voûtée fermée par des murs sur trois de ses côtés.
Jahiliya	Période de paganisme précédant la révélation islamique.

Jama'	Grande mosquée où l'on célèbre la prière quotidienne et celle du vendredi.
Jizya	Impôt personnel de capitation frappant les non-musulmans, autorisés en contrepartie à conserver leur culte.
Jund al-Ourdun	Province administrative et militaire de Jordanie.
Ka'ba	(Litt. "cube") Temple de La Mecque devenu le centre du culte islamique, vers lequel se tournent les croyants en prière.
Khan	(En turc, *han*.) Désigne d'une part un gîte d'étape sur les grandes voies de communication, d'autre part un entrepôt puis une hôtellerie (voir aussi fondouk) dans les agglomérations de quelque importance.
Khanqa	Couvent ou hôtel pour les soufis ou derviches.
Kharaj	La plus importante taxe foncière.
Kharijite (mouvement)	Secte religieuse puritaine et très militante opposée à la fois à Ali et à Mu'awiya.
Khitat	Zone résidentielle dans les *amsar*, organisée en fonction des lignées tribales.
Kibla	Direction de la *Ka'ba* vers laquelle les croyants se tournent pendant la prière. Mur de la mosquée où se trouve le *mihrab* qui indique cette direction.
Koubba	Dôme, coupole. Par extension, monument érigé sur la tombe d'un saint.
Kouras	Petites unités administratives.
Kufiyya	Couvre-chef arabe masculin.
Lapidarium	Enceinte ouverte pour exposer des éléments architecturaux.
Legio Fretensis	Légion romaine.
Limes	Frontières romaines fortifiées.
Madrasa	École de sciences islamiques (théologie, droit, Coran, etc.) et lieu d'hébergement pour étudiants, au Moyen Âge. Aujourd'hui école.
Mahmal	Baldaquin.
Manahij	Grandes rues ou avenues.
Maqsoura	Espace réservé, dans une mosquée, au calife ou à l'*imam* pendant la prière publique.
Mawat	Étendue désertique, terres en friche.
Mihrab	Niche placée au milieu du mur du fond dans les mosquées (*kibla*), indiquant la direction de La Mecque.
Minbar	Chaire d'une mosquée d'où l'imam adresse son sermon (*khutba*) aux fidèles.
Mouqarnas	Ornement alvéolé en forme de stalactites qui décore les coupoles ou les encorbellements d'un bâtiment.

Nymphée — Fontaine publique et temple dédié aux nymphes.

Onomasticon — Inventaire géographique de lieux en Terre sainte.

Orchestra — Espace en demi-cercle situé devant la scène, dans un théâtre grec ou romain.

Oued — Cours d'eau temporaire dans les régions arides.

Oumra — Petit pèlerinage.

Pax Romana — Paix qui régna à l'intérieur de l'empire romain entre les différentes nationalités pendant le règne d'Auguste et qui se perpétua lors de l'occupation romaine en Orient.

Phylarque — Chef arabe sous la protection de l'empire romain ou des Byzantins.

Poleis — (Sing. *polis*.) Ancienne ville-État grecque.

Praetorium — Siège administratif et palais du gouverneur où les préteurs romains ou les magistrats élus des provinces vivaient et jugeaient les causes portées devant la Cour.

Propylée — Entrée monumentale d'un temple.

Provincia Arabia — Province arabe créée par Trajan en 106 après l'annexion du royaume nabatéen à la province de Syrie.

Qa'id — Commandant responsable de l'administration d'une province. Caïd.

Qanat — Désigne les réseaux de puits ou de barrages servant à l'irrigation des domaines agricoles.

Qasr — (Du latin, *castrum*.) Palais, château.

Qousayr — Diminutif de *qasr*.

Qur'an — (De la racine *qr'*, "réciter, lire".) Texte sacré de la révélation islamique, transmise par l'archange Gabriel au prophète Muhammad. Coran.

Rahba — Espace ouvert.

Ribat — Forteresse construite sur les zones frontières, d'où les guerriers religieux qui l'habitaient partaient faire la guerre sainte (Afrique du Nord); hospice pour les pèlerins (Égypte mamelouke, Palestine et Syrie).

Sahn — Espace ouvert.

Saqiya — Mécanisme pour pomper l'eau et canal d'irrigation.

Solidi — Monnaie en or.

Soufisme — De l'arabe *souf*, "laine", vêtement des ascètes (*soufis*). Nom donné au mysticisme musulman à partir du VIIIe siècle.

Souk — Marché.

Sourate — Chapitre du Coran, divisé en versets (*ayat*).

Spolia	Pierres prises de monuments anciens.
Tabula ansata	Tablette rectangulaire avec des poignées triangulaires généralement utilisée pour les inscriptions.
Tell	Colline artificielle constituée de couches successives de ruines.
Temenos	Cour sacrée ou enceinte d'un sanctuaire.
Tepidarium	Salle tiède.
Tourouq	Rues principales.
Turbe	Mausolée, tombe.
Uchr	Paiement de la dîme pour les nouvelles terres non développées.
Via Nova Traiana	Voie romaine traversant la province d'Arabie depuis le nord jusqu'au port d'Aqaba au sud. Elle fut terminée et repavée pendant le règne de Trajan entre 111 et 114.
Waqf	Dotation à perpétuité, en général des terres ou des biens, dont les revenus étaient réservés à l'entretien d'une fondation pieuse.
Zaouïa	Établissement religieux sous l'autorité d'une confrérie, affecté à l'enseignement (formation des *cheikhs*), aux prêches et à la rencontre des adeptes, il abrite la tombe d'un saint enterré sur le lieu où il a vécu.
Zouqaq	Ruelles, allées.

CALIFES

Califes Orthodoxes ou “Bien Guidés”

Abou Bakr (r. 11/632-13/634)

Omar Ibn al-Khattab (r. 13/634-23/644)

Othman Ibn Affan (r. 24/644-35/656)

Ali Ibn Abi Talib (r. 35/656-40/661)

Califes Omeyyades

Mou‘awiya Ier Ibn Abi Soufyan (r. 41/661-60/680)

Yazid Ier (r. 60/680-64/683)

Mou‘awiya II (r. 64/683-84)

Marwan Ier Ibn al-Hakam (r. 64/684-65/685)

Abd al-Malik (r. 65/685-86/705)

Walid Ier (r. 86/705-96/715)

Soulayman (r. 96/715-99/717)

Omar Ibn Abd al-Aziz (r. 99/717-101/720)

Yazid II (r. 101/720-105/724)

Hicham (r. 105/724-125/743)

Walid II (r. 125/743-126/744)

Yazid III (r. 126/744)

Ibrahim (r. 126/744)

Marwan II (r. 127/745-132/750)

PERSONNAGES HISTORIQUES

Abd al-Rahman II
Souverain omeyyade andalou (r. 206/822-238/852).

Abd Allah Ibn al-Zoubayr (2/624-73/692)
Chef de la révolte contre les Omeyyades.

Abd Allah Ibn Rawaha (d. 8/629)
Parmi les premiers commandants militaires musulmans.

Abou al-Faraj al-Isfahani (284/897-356/967)
Chroniqueur.

Abou Oubayda al-Jarrah (581-18/639)
Parmi les premiers commandants militaires musulmans.

Al-Abbas Ibn Abd al-Mouttalib (565-32/653)
Oncle du prophète Muhammad.

Alexandre Jannée
Souverain asmonéen (103-76 av. J.-C.); attaque les villes hellénistiques de la Décapole en Jordanie mais est battu par le roi nabatéen Obodas Ier.

Alexandre le Grand (356-323 av. J.-C.)
Successeur du roi Philippe de Macédoine (r. 336-323 av. J.-C.), victorieux des Perses, il occupe la Syrie et la Palestine en 332-331 av. J.-C. Il hellénise l'Orient et fonde la ville d'Alexandrie en Égypte. Il meurt à Babylone en 323 av. J.-C.

Al-Hajjaj Ibn Yusuf al-Thaqafi (41/661-95/714)
Gouverneur omeyyade de l'Iraq.

Al-Harith Ibn Jabala
Phylarque ghassanide contemporain de Justinien, on lui attribue la construction de Edroh, Qastal et al-Qanatir.

Hassan Ibn Ali (v. 3/624-25 – 49/669-70)
Fils aîné de Ali Ibn Abi Talib, troisième calife orthodoxe.

Husayn (4/626-60/680)
Fils de Ali Ibn Abi Talib.

Ali Ibn Abd Allah Ibn al-Abbas (40/661 – 117/735-36)
Prédécesseur des califes abbassides.

Al-Ma'moun
Calife abbasside (r. 197/813-218/833).

Al-Mouqaddasi (d. 375/985)
Né à Jérusalem, il fut un des premiers géographes et explorateurs des pays musulmans. Auteur d'un traité de géographie: *Ahsan al-Taqsim fi Ma'rifat al-Aqalim.*

Amorkesos (Imrou al-Qays)
Chef arabe qui expulsa les fonctionnaires de douanes byzantines et occupa l'île stratégique d'Iotabe dans le golfe d'Aqaba. Il se rend à Constantinople et est officiellement reconnu par Léo Ier, phylarque de l'Arabia Petraea.

Anastase Ier
Empereur byzantin (r. 491-518), il promulgua un édit proclamant la réorganisation de l'empire byzantin.

Antiochos III le Grand (243-187 av. J.-C.)
Roi séleucide (r. 223-187), conquiert la Syrie et la Palestine aux dépens des Ptolémées en 198 av. J.- C.

Antiochos IV Épiphane (215-163 av. J.-C.)
Roi séleucide (r. 175-163), envahit l'Égypte et Jérusalem en 168 av. J.-C. Introduit le culte de Zeus Olympius dans les villes hellénistiques de l'Orient.

Arabios
Poète à Gadara (Oum Qays) au IVe siècle.

Aretas III
Roi nabatéen (r. 87-62 av. J.-C.).

Assurbanipal
Roi d'Assyrie (r. 668-630 av. J.-C.), occupe l'Égypte, la Syrie et la Palestine.

Auguste (Caius Julius Caesar Octavianus, 63 av. J.-C. -14 ap. J.-C.)
Neveu de Jules César, premier empereur romain (r. 27 av. J.-C. -14 ap. J.-C.).

Capitolinus
Gouverneur supposé de la Province d'Arabie au milieu du IIIe siècle.

Constantin le Grand (285-337)
Empereur romain (r. 306-337), devient l'unique empereur de l'empire romain en 306 et déclare le christianisme religion d'État en 324.

Dioclétien (245-313)
Empereur romain (r. 284-305), réorganise l'empire romain d'Orient en créant les trois Palestines: *Prima, Secunda, Tertia.*

Egeria
Pèlerine romaine, a écrit des chroniques sur les lieux saints du Moyen-Orient, de la Palestine à la Jordanie, la Mésopotamie et l'Asie Mineure de 381 à 384.

Eusèbe de Césarée (v. 260-340)
Évêque, exégète, polémiste et historien dont les écrits sur les quatre premiers siècles du christianisme ont été de première importance pour les historiens. Ses œuvres principales sont *L'Histoire ecclésiastique* et *L'Onomasticon.*

Flavius Josephus (v. 37-38 – 100)
Historien juif-romain dont les œuvres les plus connues sont *L'Histoire des guerres juives* (75-79) et *Les Antiquités des Juifs* (93).

Hassan Ibn Ibrahim
Commandant d'Amman, probablement pendant le règne des Fatimides.

Héraclius Ier
Empereur byzantin (r. 610-640).

Hérode Ier le Grand (37-4 av. J.-C.)
Iduméen d'origine, il trouve refuge à Rome. Nommé roi des Juifs il conquiert la Judée et installe sa capitale à Samarie Sébasté.

Hyrcanus (209-168 av. J.-C.)
Fils de Joseph le Tobiade, il succède à son père comme collecteur d'impôts en Jordanie et se fait construire un palais à Iraq al-Amir.

Ibn Abd al-Rabbihi (246/860-328/940)
Chroniqueur.

Ibrahim Ibn Muhammad al-Imam
Membre de la famille abbasside, fomente depuis sa résidence de al-Humayma le renversement de la dynastie omeyyade. Arrêté, il est tué à Harran en 132/749-50.

Jacop
Évêque du monastère de Saint-Loth à Ghawr al-Safi (VIe-VIIe siècle).

Ja'far Ibn Abi Talib (d. 8/629)
Cousin du prophète Muhammad et un des premiers commandants militaires musulmans.

Jason
Grand prêtre de Jérusalem où il introduit l'hellénisme en 168 av. J.-C. mais les Asmonéens mettent fin à son ministère en 167 av. J.-C.

Justinien Ier
Empereur byzantin (r. 527-565).

Khalid Ibn al-Walid (d. 21/642)
Parmi les premiers commandants militaires musulmans.

Khalid Ibn Yazid Ibn Mou'awiya
Fils du deuxième calife omeyyade Yazid (60/680-64/683), achète le domaine d'al-Foudayn en échange d'*al Khadra'*, le "palais du Dôme vert" de Damas.

Khosrô II Abharvez (Parviz)
Roi sassanide (r. 591-628).

Léo Ier
Empereur byzantin (r. 457-474).

Ma'bad Ibn Wahab (d. 125-26/743-44)
Musicien et chanteur.

Malchus de Philadelphie
Historien byzantin, a écrit une histoire de Byzance aux environs de 500.

Mathathias
Grand prêtre du temple de Jérusalem, conduit la révolte des Juifs contre Antiochos IV en 167 av. J.-C.

Pierre l'ibère (s. m. du Ve siècle)
Évêque de Gaza.

Pompée (106-48 BC)
Général romain, conquiert l'Orient en 63 av. J.-C. et crée la province de Syrie. Il est assassiné en Égypte en 48 av. J.-C.

Ptolémée II Philadelphe (306-246 av. J.-C.)
Roi d'Égypte (r. 283-246 av. J.-C.).

Rheetorius
Moine qui construisit l'église d'Élie dans la vallée du Jourdain au VIe siècle.

Rodrigue ou Rodéric
Roi wisigoth d'Espagne (r. 710-711).

Sa'da
Fille de Sa'id Ibn Khalid, propriétaire d'al-Foudayn et épouse de Walid II.

Sa'id Ibn Khalid Ibn Amr Ibn Othman
Arrière-petit-fils du calife orthodoxe Othman Ibn Affan, propriétaire d'al-Foudayn et de maisons à Damas. Deux de ses filles furent mariées aux califes omeyyades Hicham et Walid II.

Salma
Fille de Sa'id Ibn Khalid et épouse de Walid II, décède avant l'assassinat de son mari en 131/749.

Salomon
Prophète et roi d'Israël (r. 970-928 av. J.-C.), construit le temple de Jérusalem avec des artisans et des matériaux en provenance de Sidon et Tyr.

Sozimos
Abbé du monastère de Saint-Loth à Ghawr al-Safi.

Soufyan Ibn Yazid al-Sa'di
Gouverneur de la province d'al-Belqa à la fin du règne omeyyade, arrête Ibrahim al-Imam à al-Houmayma.

Théodose de Philadelphie (fin du IIe siècle av. J.-C.)
Impitoyable souverain hellénistique d'Amman ("Le Tyran"), se réfugia à Gérasa et Gadara.

Théophane
Évêque de Madaba à la fin de l'époque byzantine et au début des Omeyyades (VIIe siècle).

Tibère (42 av. J.-C.-37 ap. J.-C.)
Empereur romain (r. 14-37 ap. J.-C.), fils adoptif d'Auguste.

Tobiyya
Gouverneur de la province ammonite au Ve siècle av. J.-C., sous le règne des Perses.

Trajan (53-117)
Empereur romain (r. 98-117), vainqueur de la deuxième révolte juive, il annexe à l'empire le royaume nabatéen en 106. Il consolide la Décapole, prolonge et pave la *Via Nova Traiana.*

Yahya Ibn Salih
Commandant de l'armée envoyée à al-Belqa pour écraser la révolte de Sa'id al-Foudayni pendant le califat d'al-Ma'mun.

Yaqout al-Hamawi (d. 626/1229)
Géographe arabe, son livre bien connu *Mu'jam al-Buldan* est une encyclopédie des sites historiques de l'Antiquité.

Zayd Ibn Haritha (574-8/629)
Parmi les premiers commandants militaires musulmans.

Zenobie
Reine de Palmyre (Tadmor, en Syrie) (r. 266-272), se révolte contre Rome et occupe l'Égypte avant sa défaite devant l'empereur Aurélien en 273.

Ziryab (d. 236/850)
Musicien et chanteur.

ORIENTATION BIBLIOGRAPHIQUE

ALMAGRO, M. et a., *Qusayr 'Amra*, Madrid, 1975.

ALMAGRO GORBEA, A., *El Palacio, Omeya de Ammán*, vol. I, *La Arquitectura*, Madrid, 1983.

BAGATTI, B., *The church of the Gentiles in Palestine*, Jérusalem, 1971.

BAKHIT et ABBAS (éditeurs), "Bilad al-Sham during the Early Islamic Period", *Udhruh and the Early Islamic Conquests*, Amman, 1987.

BOSWORTH, C. E., *The Islamic Dynasties*, Édimbourg, 1980.

BOWERSOCK, G. W., *Roman Arabia*, Cambridge, Massachusetts, 1983.

BROWNING, I., *Jerash and the Decapolis*, Londres, 1982.

BUJARD, J. et SCHWEIZER, F., *Entre Byzance et l'Islam: Umm er-Rasas et Umm el-Walid. Fouilles genevoises en Jordanie*, Musée d'art et d'histoire, Genève, 1992.

BUTLER, H.C., *Ancient Architecture in Syria. Princeton University Archaeological Expedition to Syria*, II, Brill, Leiden, 1907.

CHARBONNEAUX, J., "Sculpture", *Grèce Hellénistique*, Paris, 1970.

CONDER, C.R., *The Survey of Eastern Palestine*, Londres, 1889.

CRESWELL, K. A. C., *Early Muslim Architecture*, 2 vol., 2ème édition, Oxford, 1969.

CRESWELL, K. A. C. et ALLAN, J. W., *A Short Account of Early Muslim Architecture*, Le Caire, 1989.

DJAIT, H., *Al-Kufa: Naissance de la ville islamique*, Paris, 1986.

Encyclopaedia of Islam, Brill, Leiden, en 1954.

ESTABLET, C. et PASCAL, J.P., *Ultime voyage per al-Mecque*, Damas, 1998.

ETTINGHAUSEN, R., *Arab Painting*, Genève, 1962.

ETTINGHAUSEN, R. et GRABAR, O., *The Art and Architecture of Islam: 650-1250*, New Haven, 1992.

EUSEBIUS, *Das Onomastikon der biblischen Ortsnamen*, traduction G. Olms, Hildesheim, 1966.

GRABAR, O., *The Formation of Islamic Art*, New Haven, 1988.

AL-HAMAWI, Y., *Mu'jam al-buldan*, Beyrouth, 1957.

HARDING, G. L., *The Antiquities of Jordan*, Londres, 1967.

HARRISON, T. et a., *Madaba: Cultural Heritage*, ACOR, Amman, 1996.

HAYES, J. R., (éditeur), *The Genius of Arab Civilization: Source of Renaissance*, 2ème édition, Cambridge, Massachusetts, 1983.

HILLENBRAND, R., *Islamic Art and Architecture*, Londres, 1999.

HITTI, P. K., *History of the Arabs*, 10ème édition, New York, 1970.

HOURANI, A. et STERN, M., (éditeurs), *The Islamic City*, Oxford, 1970.

JAUSSEN, A. et SAVIGNAC, R., *Mission archéologique en Arabie*, 3 vol., Geuthner, Paris, 1909 et 1914.

Jerash Archaeological Project, vol. I, 1981-1983, Amman, 1986; vol. II, 1984-1988, Amman-Paris, 1989.

KHOURI, R. G., *The Desert Castles. A Brief Guide to the Antiquities*. Al Kutba Publ., Amman, 1992.

KING G. R. D. et CAMERON, A., (éditeurs), "The Byzantine and Early Islamic Near East", *The Misr of Ayla: Settlement at al-'Aqaba*, II, Princeton, 1994.

KOCH, G., *Early Christian Art and Architecture*, Londres, 1996.

KRAELING, C.H. (éditeurs) et a., *Gerasa. City of the Decapolis*, ASOR, New Haven, 1938.

LAPIDUS, I., *Muslim Cities in the Later Middle Ages*, Cambridge, 1967.

LE STRANGE, G., *Palestine under the Moslems: a Description of Syria and the Holy Land from A. D. 650 to 1500*, Beyrouth, 1965.

LEWIS, N. (éditeur), *The Documents from the Bar Kokhba Period in the Cave of Letters*, Jérusalem, 1989.

MANNS, F. et ALLIATA, E., (éditeurs), "Early Christianity in Context: Monuments and Documents", S.B.F., *Umm al-Rasas*, Jérusalem, 1993.

MC NICOLL, A. W. et a., "Pella in Jordan 1: an Interim Report of the Joint University of Sydney and College of Wooster Excavations at Pella 1979-1981", *MeditArch* Suppl. 1, Sydney, 1982.

MC NICOLL, A. W. et a., "Pella in Jordan 2: an Interim Report of the Joint University of Sydney and College of Wooster Excavations at Pella 1982-1985", *MeditArch* Suppl 2, Sydney, 1992.

AL-MUQADDASI, *Ahsan al-Taqsim fi Ma'rifat al-Aqalim*, 2ème édition, Brill, Leiden, 1967.

NORTHEDGE, A., *Studies on Roman and Islamic Amman*, B. A M. A., 3, Oxford, 1992.

OLAVARRI-GOICOECHEA, E., *El Palacio Omeya de Amman*, vol. II, *La Arqueologia*, Valence, 1985.

PICCIRILLO, M., *The Mosaics of Jordan*, ACOR, Amman, 1993.

PICCIRILLO, M. (éditeur), *The Madaba Mosaic Map Centenary 1897-1997*, S. B. F., Jérusalem, 1999.

PICCIRILLO, M. et ALLIATA, E., *Umm al-Rasas-Mayfa'a I: Gli Scavi del Complesso di Santo Stefano*, S.B.F., Jérusalem, 1994.

PICCIRILLO, M. et SAQAF, H., *The Holy Sites of Jordan*, Turab, Amman, 1996.

SALLER, S. J., *The Memorial of Moses on Mount Nebo.*, 2 vol., S. B. F., Jérusalem, 1941.

SARTRE, M., *Trois Études sur la Syrie romaine et byzantine*, Bruxelles, 1982.

AL-SAYYAD, N., *Cities and Caliphs: On the Genesis of Arab Muslim Urbanism*, New York, 1996.

SCHICK, R., *The Christian Communities of Palestine from Byzantine to Islamic Rule: A Historical and Archaeological Study*, Princeton, 1995.

SMITH, R., *Pella of the Decapolis*, vol. I, *The College of Wooster Expedition to Pella*, Londres, 1973.

SMITH, R. et PRESTON DAY, L., *Pella of the Decapolis*, vol. II, *Final Report of Wooster Excavations in Area IX, the Civic Complex 1979-1985*, Londres, 1989.

TALBOT RICE, D., *Byzantine Art*, Penguin Books, 1968.

The Decapolis, ARAM Troisième conférence internationale, Septembre 1992, ARAM 4:1 & 2, Oxford, 1992.

VAUX, R., de, *Histoire ancienne d'Israël*, Paris, 1971.

VRIES, B., de, *Umm el-Jimal: A Frontier Town and its Landscape in Northern Jordan*, vol. II, J. R. A., Suppl. Ser. 26, Portsmouth, Rhode Island, 1998.

WALKER, J., *A Catalogue of the Arab-Byzantine and Post-Reform Umayyad Coins*, Londres, 1956.

WHITCOMB, D., *Ayla, Art and Industry in the Islamic Port of Aqaba*, Chicago, 1994.

WHITCOMB, D. et Khouri, R., *Aqaba: Port of Palestine on the China Sea*, Al-Kutba Publ., Amman, 1988.

ZAYADINE, F., *The Frescoes of Quseir 'Amra*, Amman, 1977.

ZAYADINE, F., "Amman-Philadelphie", in *Le Monde de la Bible* 22, 1982.

AUTEURS

Mohammad al-Asad

Architecte et historien de l'architecture, il a été nommé professeur assistant au département Architecture de l'Université de Jordanie. Diplômé de l'université de l'Illinois (licence et maîtrise) à Urbana-Champaign, il a soutenu sa thèse de doctorat sur *l'Architecture islamique* à Harvard, Cambridge, Massachusetts. Chargé de cours à l'Institut de technologie du Massachusetts et à l'université de Princeton, il a mené des recherches à Harvard et à l'Institut d'études avancées de Princeton. Mohammad al-Asad a également été membre du jury pour le Prix d'architecture Aga Khan. Ses travaux sur *l'Architecture du monde islamique* sont unanimement respecté et publiés à la fois en anglais et en arabe. *Old Houses of Jordan: Amman 1920-1950*, Turab, Amman, 1997, est sa plus récente monographie. Membre de diverses associations, il est élu en 1999 président de la fondation CSBE (Centre pour l'étude et la construction de l'environnement).

Ghazi Bhiseh

Né à Amman en 1944, Il obtient sa licence en archéologie à l'Université de Jordanie en 1967. Il est inspecteur au département des Antiquités de 1967 à 1969, puis en 1970 achève ses études en art et architecture islamique à l'université du Michigan (Ann Arbor). Il revient au département des Antiquités où il occupe un poste au service de l'Inventaire de 1970 à 1974. Après son doctorat sur l'art islamique en 1979 (Ann Arbor), il devient directeur des projets archéologiques au département des Antiquités de 1979 à 1981. Il participe alors à de nombreuses fouilles et dirige un chantier à Hallabat. En 1982, il suit des études post-universitaires pour la conservation des bâtiments historiques (Institut d'études avancées en architecture, université de York). La même année, après avoir obtenu son diplôme, il réintègre son poste de directeur des projets jusqu'en 1985, date à laquelle il est nommé directeur général adjoint du département des Antiquités puis directeur général en 1988. Il quitte son poste en 1992 pour devenir professeur associé à l'université Yarmouk d'Irbid et directeur des fouilles du parc archéologique de Madaba. Entre 1995 et septembre 1999, il est à nouveau directeur général du département des Antiquités. Membre de nombreuses institutions internationales, Ghazi Bisheh fait autorité en matière d'architecture et de culture omeyyade et il est connu pour ses publications et ses contributions à des conférences internationales.

Ina Kehrberg

Née en 1945, elle est diplômée de l'université de Sidney où elle obtient sa licence à la fois en archéologie classique et en archéologie du Proche-Orient avec pour spécialités beaux-arts, langues anciennes et histoire. Titulaire d'une maîtrise en archéologie classique, elle achève sa thèse de doctorat en 1987 sur les *Céramiques de l'âge du bronze ancien et moyen à Chypre*. Son travail est publié *in* SIMA, vol. 108 (1995). Bilingue anglais allemand, elle maîtrise le français et possède une bonne connaissance de l'arabe. Entre 1975 et 1979, elle devient d'abord chercheur assistant puis maître de conférence au département Archéologie de l'université de Sydney. De 1980 à 1982, elle est chargée de l'édition au sein de l'équipe de recherche de l'Institut allemand d'archéologie à

Berlin (DAI). Nommée archéologue et céramiste pour le projet archéologique de Jarash, elle s'installe en Jordanie en janvier 1983. De 1995 à 1998, elle occupe le poste de co-éditeur chargée des publications du département des Antiquités (ADAJ puis SHAJ). Depuis 1997, Ina Kehrberg appartient à l'équipe de chercheurs de l'Institut français d'archéologie du Proche-Orient (IFAPO) à Amman. En qualité de directeur de recherche de l'Hippodrome de Jarash et du projet de publication, elle est membre d'honneur de l'Institut britannique d'archéologie et d'histoire à Amman (BIAAH). Participant au niveau international à de nombreuses fouilles et conférences, elle publie des livres et de nombreux articles essentiellement sur le verre et la céramique.

Lara G. Tohme

Diplômée en histoire de l'art, elle est spécialisée dans les arts du début du christianisme et du Moyen Âge. Elle achève actuellement son doctorat sur l'histoire du début de l'architecture islamique. Elle a obtenu une bourse de la Fondation Aga Khan pour l'architecture islamique à l'Institut de technologie du Massachusetts (MIT) à Cambridge, Massachusetts. Elle est également boursière Samuel H. Kress du Centre américain pour la recherche en Orient (ACOR) à Amman, Jordanie.

Fawzi Zayadine

Né à Smakieh, près de Karak, en 1938, il est diplômé de l'École du Louvre en antiquités orientales et islamiques et licencié en langues sémites et en études islamiques de la Sorbonne à Paris. Sa thèse, soutenue à la Sorbonne, portait sur *l'Origine orientale de l'architecture rupestre à Pétra*. En 1967, il est nommé directeur adjoint pour la recherche et les publications à la tête du département des Publications (ADAJ puis SHAJ). De 1971 à 1975, il dirige l'Inventaire du département des Antiquités. Ses multiples articles et livres qui traitent des différents aspects de l'archéologie, depuis la sculpture grecque jusqu'à l'art omeyyade, sont largement publiés en arabe, anglais et français. Toutefois Fawzi Zayadine est peut-être plus connu pour ses nombreux travaux sur les périodes hellénistique (Iraq al-Amir) et nabatéenne (Pétra). Sa plus récente contribution est la publication de son travail sur le *Qasr al-Bint*. Il a participé et dirigé un grand nombre de fouilles et collabore actuellement à une étude épigraphique française à Wadi Ramm. Ses articles qui font autorité en matière d'études classiques sont recherchés par les organisateurs de colloques internationaux. De multiples institutions nationales et étrangères l'ont accueilli parmi leurs membres d'honneur en reconnaissance de sa participation à beaucoup de projets de recherches archéologiques. On peut citer des associations d'écrivains, les Amis de l'archéologie en Jordanie. Il est également membre de l'Institut allemand d'archéologie (DAI). Actuellement il occupe le poste de directeur général adjoint du département des Antiquités.

Bill Lyons

Bill Lyons est photographe professionnel depuis plus de vingt-cinq ans. Après avoir été, au début des années 70, l'assistant de William Cross-Dunning, photographe à Philadelphie (États-Unis), il commence sa propre carrière en photographiant des œuvres d'art exposées dans l'État de Floride. En 1???, il est en poste à Beyrouth comme reporter photographe pour le MER News Service. En 1975, il s'installe à Amman où il exerce depuis son métier de photographe indépendant. Son travail très éclectique est paru dans de nombreuses publications comme *Aramco World*, *Archaeology Today*, *Businessweek*, *The Economist*, *Epoca* (Italie), *Le Figaro* (France), *GEO* (édition allemande), *Insight Magazine, L'Express, Life Magazine, Maclean's, National Geographic* (livres et magazines), *Newsweek, New Scientist, New York Times Magazine, Panorama* (Italie), *Stern, Time* et de nombreux autres. Les livres pour lesquels il a été photographe exclusif ou le principal sont *Pétra. A Traveller's Guide*, publié par Garnet Guides, G.B. et *Old Houses of Jordan,* Turab, Amman, 1997. Il reçoit des commandes de sociétés, du gouvernement ou d'organismes non gouvernementaux dont American Express, Bechtel, British Airways, Canadian International Development Agency (CIDA), CNN International, Coca-Cola, DHL Worldwide Express, MarconiMicrosoft, Nikon, Pepsi-Cola International, UNDP, USAID et la Banque mondiale.

Les Itinéraires-Exposition et guides thématiques de *Museum With No Frontiers (MWNF)*
L'ART ISLAMIQUE EN MÉDITERRANÉE

Ce cycle international d'Expositions Musée Sans Frontières permet de découvrir les secrets de l'art islamique, son histoire, ses techniques de construction, son inspiration religieuse.

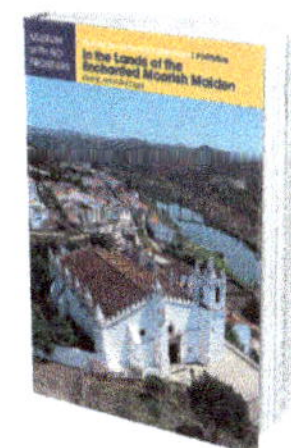

Portugal
DANS LES TERRES DE LA MAURE ENCHANTÉE.
L'art islamique au Portugal. *200 pages*
Huit siècles après la «Reconquête», les villages de l'ancien *Gharb al-Andalus* perpétuent la légende d'une belle princesse mauresque dont l'enchantement était invariablement rompu par un prince chrétien : le souvenir artistique de la présence musulmane au Portugal s'exprime aussi par une subtile symbiose avec les techniques constructives et les programmes décoratifs de l'architecture populaire régionale. L'exposition fournit au visiteur une vision claire de cinq siècles de civilisation islamique (califale, mozarabe, almohade, mudéjare). De Coïmbra aux confins méridionaux de l'Algarve, palais, mosquées christianisées, fortifications et centres urbains témoignent de la splendeur d'un passé glorieux.

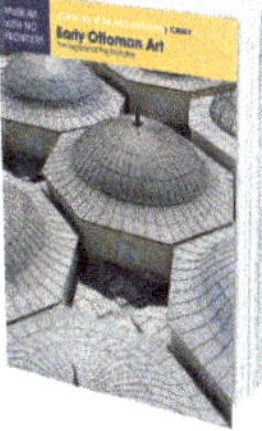

Turquie
GENÈSE DE L'ART OTTOMAN.
L'héritage des émirs. *252 pages*
Cette exposition privilégie les œuvres et les monuments représentatifs d'une époque majeure de l'Anatolie occidentale, véritable pont culturel et artistique entre les civilisations européennes et asiatiques. Aux XIVe et XVe siècles, la transition vers une société turco-islamique conduit les artistes des émirats turcs à élaborer les prémisses d'une brillante synthèse qui culminera dans un art ottoman extraordinairement productif.

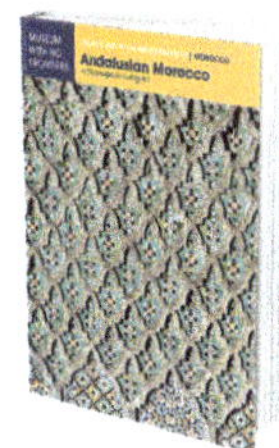

Maroc
LE MAROC ANDALOU.
À la découverte d'un art de vivre. *264 pages*
Dès le début du VIIIe siècle, l'islam marocain porte ses regards au-delà des colonnes d'Hercule et s'installe sur la péninsule Ibérique. Les deux rives partagent dès lors leur destin. De l'incessant mouvement d'échanges culturels, humains et commerciaux qui animera ce Maghreb extrême pendant plus de sept siècles naîtra l'un des plus brillants foyers de la civilisation musulmane, et un art authentiquement hispano-maghrébin qui a laissé des traces dans une architecture monumentale flamboyante, mais aussi dans un urbanisme et des traditions d'un raffinement extrême. L'exposition reflète la richesse historique et sociale de la civilisation andalouse du Maroc.

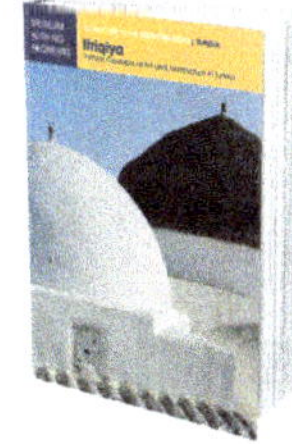

Tunisie
IFRIQIYA.
Treize siècles d'art et d'architecture en Tunisie. *312 pages*
Dès le IXe siècle, sans aucune rupture avec les traditions héritées des Berbères, des Carthaginois, des Romains et des Byzantins, Ifriqiya a été en mesure d'assimiler et de réinterpréter les influences de la Mésopotamie —à travers la Syrie et l'Égypte— et de l'Andalousie : une forme unique de syncrétisme abouti dont les témoignages abondent dans l'actuelle Tunisie, de la majesté des résidences beylicales de la capitale à la rigueur architecturale de l'ibadisme jerbien. *Ribat*, mosquées, médinas, zaouïas, *ksour*, et *ghorfas* jalonnent une terre pétrie d'histoire.

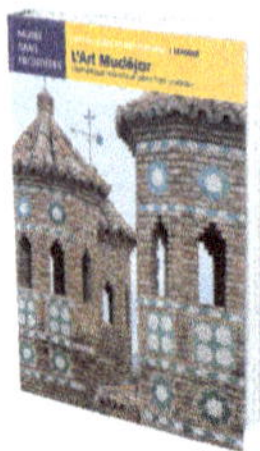

Espagne | Andalousie, Aragon, Castille La Manche, Castille et Léon, Extrémadure, Madrid
L'ART MUDÉJAR.
L'esthétique musulmane dans l'art chrétien. *320 pages*
L'art des Mudéjars (population musulmane restée en al-Andalus après la Reconquête) tient incontestablement une place singulière parmi toutes les expressions de l'art islamique : il est la manifestation visible d'une réelle cohabitation culturelle, d'une forme de compréhension entre deux civilisations qui, au-delà de leur antagonisme politique et religieux, vécurent une romance artistique féconde. Appliquant des schémas rigoureusement islamiques, les maîtres d'œuvre et artisans mudéjars, célèbres pour leur remarquable savoir-faire dans l'art de construction, ont bâti pour des nouveaux venus chrétiens d'innombrables palais, couvents et églises. Les œuvres sélectionnées, par leur variété et leur abondance, témoignent de l'exubérante vitalité de l'art mudéjar.

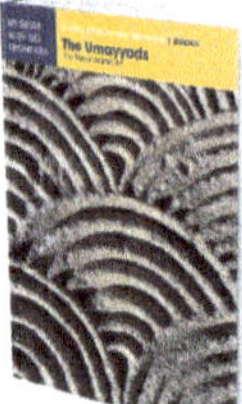

Jordanie
LES OMEYYADES.
Naissance de l'art islamique. *224 pages*
Après la conquête arabo-musulmane du Moyen-Orient, le siège de la dynastie omeyyade (661-750) fut transféré à Damas où la nouvelle capitale hérita d'une tradition culturelle et artistique remontant au moins aux périodes araméenne et hellénistique. La culture omeyyade a ainsi bénéficié du déplacement des frontières entre la Perse et la Mésopotamie, et entre les pays du monde méditerranéen : une situation propice à l'émergence d'un langage artistique novateur dans lequel le subtil métissage des influences hellénistiques, romaines, byzantines et persanes produit un ordre architectural et décoratif parfaitement original. À travers la diversité des oeuvres présentées, l'exposition fournit aussi l'occasion d'une intéressante réflexion sur l'iconoclasme.

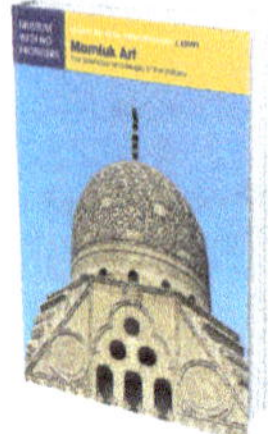

Égypte
L'ART MAMELOUK.
Splendeur et magie des sultans. *236 pages*
Sous la domination mamelouke (1249-1517), l'Égypte devient un opulent centre de passage et de routes commerciales. De grandes richesses arrivent au pays. Le Caire est l'une des villes les plus puissantes du bassin Méditerranéen, l'une des plus sûres et des plus stables. Des érudits du monde entier viennent s'y installer, attirant à leur suite disciples et étudiants. L'architecture et l'art décoratif mamelouks témoignent de la vitalité commerçante, intellectuelle, militaire et religieuse de la période. Caractérisées par une élégante et vigoureuse simplicité, dont la pureté des lignes approche les canons modernes, les œuvres sélectionnées entre le Caire, Rosette, Alexandrie et Foua représentent l'apogée de l'art mamelouk.

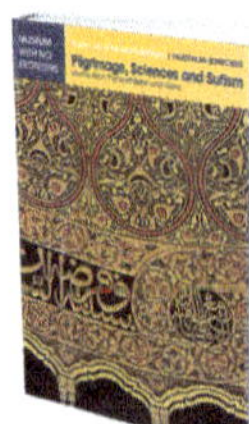

Autorité Palestinienne
PÈLERINAGE, SCIENCES ET SOUFISME.
L'art islamique en Cisjordanie et à Gaza. *254 pages*
Sous le règne des dynasties ayoubides, mamelouke et ottomane, d'innombrables pèlerins affluent en Palestine de tous les horizons du monde musulman, et ce fort courant de religiosité donne un essor décisif au développement de la pensée soufi à travers les *zawiyas* et les *ribats* qui se multiplient par tout le pays. Accueillant les plus grands érudits, de nombreux centres d'études jouissent d'un prestige considérable et favorisent l'épanouissement d'un art raffiné qui conserve encore aujourd'hui tout son pouvoir de fascination. Les monuments et l'architecture islamique proposés par l'exposition, reflètent clairement ces dimensions majeures de pèlerinage, de la science et du soufisme.

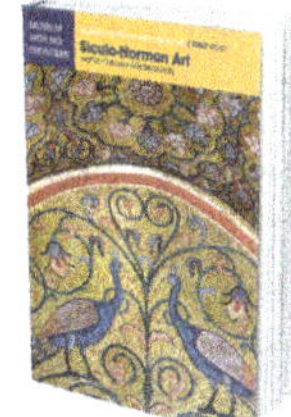

Italie Sicile

L'ART ARABO-NORMAND.

La culture islamique en Sicile médiévale. *328 pages*

Au centre de la Méditerranée, la Sicile est une terre de rencontres où diverses cultures se sont rencontrées et modifiées avant d'atteindre une nouvelle harmonie. Uniques dans le panorama européen, les réalisations architecturales arabo-normandes sont aussi relativement différentes de celles rencontrées dans le monde islamique. L'exposition les présente sous l'angle de leur unicité, et propose des codes d'interprétation permettant de les identifier. Le visiteur attentif n'en apprécie que mieux l'admirable fusion d'éléments issus des sphères culturelles byzantines, arabe et normande en œuvre dans cet art, aussi spécifique que raffiné.

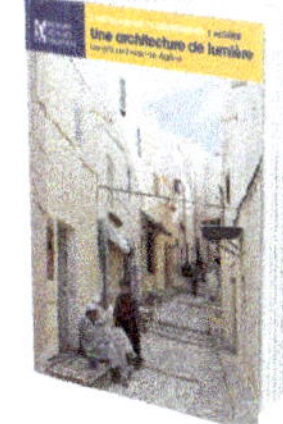

Algérie

UNE ARCHITECTURE DE LUMIÈRE.

Les arts de l'Islam de Algérie. *252 pages*

Le patrimoine artistique de l'Islam au Maghreb central est lié aux événements cruciaux qui ont marqué l'histoire de l'Algérie, depuis l'essor des mouvements religieux dissidents et le règne des grandes dynasties, en passant par le rôle des grands axes de commerce et de pèlerinage et jusqu'à la présence ottomane dans les cités du pourtour méditerranéen. La synthèse des influences arabe et berbère, africaine, andalouse et orientale a façonné des modèles artistiques et architecturaux qui s'expriment dans la pureté et l'harmonie de l'architecture ibadite, des mosquées almoravides et des palais ottomans sur la côte.

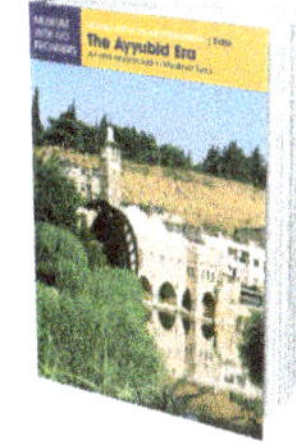

Syrie

THE AYYUBID ERA.

Art and Architecture in Medieval Syria. *288 pages*

Ce nouveau guide de voyage MWNF a été conçu peu de temps avant le début du conflit. Par conséquent, tous les textes se réfèrent à la situation antérieure à la guerre ; ils n'en expriment que davantage notre espoir de voir la Syrie, une terre témoin de l'évolution de la civilisation depuis les débuts de l'histoire de l'humanité, redevenir rapidement un lieu de paix, et le fer de lance d'un renouveau véritablement pacifique pour toute la région. Au cours des XIIe et XIIIe siècles, Bilad al-Cham est le fruit d'un programme stratégique de reconstruction urbaine et de réunification parfaitement élaboré. Au milieu d'une période d'instabilité et de fragmentation, l'Atabeg Nour al-Din Zangi sut imposer un leadership visionnaire pour rétablir les villes syriennes dans leur rôle de maintien de l'ordre et de la sécurité. Après sa mort, son plus brillant général, le Kurde Salah al-Din (Saladin), assuma le pouvoir et mena à bien l'unification de l'Egypte et de Cham en une force unique capable de reprendre Jérusalem aux Croisés. L'empire ayyoubide, en plein essor, poursuivit la politique de mécénat. Bien que d'une durée très brève, cette période a marqué la région d'une empreinte durable. Son esthétique architecturale immédiatement reconnaissable d'une robuste et austère perfection – a survécu jusqu'à aujourd'hui.

www.ingramcontent.com/pod-product-compliance
Lightning Source LLC
LaVergne TN
LVHW010900110826
845149LV00005B/1429

* 9 7 8 3 9 0 2 7 8 2 2 8 1 *